Die schwedischen Gummistiefel

Henning Mankell

Die schwedischen Gummistiefel

Roman

Aus dem Schwedischen von
Verena Reichel

Weltbild

Die schwedische Originalausgabe erschien 2015 unter dem Titel *Svenska gummistövlar* beim Leopard Förlag, Stockholm.

Für Elise

Besuchen Sie uns im Internet:
www.weltbild.de

Lizenzausgabe mit Genehmigung des Paul Zsolnay Verlages Wien für Weltbild GmbH & Co. KG, Werner-von-Siemens-Straße 1, 86159 Augsburg

Übersetzung: Verena Reichel
Umschlaggestaltung: Johannes Frick, Neusäß
Umschlagmotiv: Johannes Frick, Neusäß unter Verwendung von Motiven von Shutterstock (© KN, © FooTToo)
Satz: Datagroup int. SRL, Timisoara
Druck und Bindung: CPI Moravia Books s.r.o., Pohorelice
Printed in the EU
ISBN 978-3-95973-557-5

2020 2019 2018 2017
Die letzte Jahreszahl gibt die aktuelle Lizenzausgabe an.

Dies ist eine für sich allein stehende
Fortsetzung des Romans *Die italienischen Schuhe*,
der 2006 publiziert wurde.

Diese Geschichte spielt acht Jahre später.

Viel hat der gelernt,
der die Trauer kennt.
Aus dem *Rolandslied*

TEIL I

Der Ozean des Nichts

1.

In einer Herbstnacht vor fast einem Jahr brannte mein Haus nieder. Es war ein Sonntag. Nachmittags war Wind aufgekommen. Abends konnte ich auf dem Windmesser sehen, dass die Böen eine Geschwindigkeit von über zwanzig Metern in der Sekunde hatten.

Der Wind kam von Norden und war sehr kalt, obwohl es noch früh im Herbst war. Als ich mich gegen halb elf schlafen legte, dachte ich, dass dies der erste Sturm in diesem Herbst war, der über die Insel hinwegfegte, die ich von Großvater und Großmutter geerbt hatte.

Herbst, bald Winter. Eines Nachts würde die Meeresoberfläche zu gefrieren beginnen. Zum ersten Mal in diesem Herbst hatte ich Socken an, als ich ins Bett kroch. Die Kälte zog an.

Einen Monat zuvor hatte ich mit Mühe das Dach repariert. Es war eine große Arbeit für einen kleinen Handwerker. Viele Dachziegel waren alt und gesprungen, und meine Hände, die einmal bei komplizierten chirurgischen Eingriffen das Skalpell gehalten hatten, waren nicht dazu geschaffen, mit rauhen Dachziegeln zu hantieren.

Ture Jansson, der sein ganzes Berufsleben über, bis zu seiner Pensionierung, hier draußen zwischen den Inseln die Post ausgefahren hatte, übernahm es, die neuen Ziegel vom Hafen hierherzuschaffen. Er wollte sich nicht einmal dafür bezahlen lassen. Da ich in meinem Bootshaus eine improvisierte Praxis eingerichtet hatte, um mich um Janssons eingebildete Zipperlein zu kümmern, dachte er vielleicht, er wäre mir jetzt einen Gefallen schuldig.

All die Jahre habe ich regelmäßig da unten auf dem Steg am Bootshaus gestanden und seine angeblich schmerzenden Arme und den Rücken untersucht. Ich holte das Stethoskop, das neben einem Eiderlockvogel hängt, und stellte fest, dass seine Lungen und sein Herz klangen, wie sie klingen sollten. Bei all diesen wiederkehrenden Untersuchungen hat Jansson sich als kerngesund erwiesen. Doch eine derart gewaltige Angst vor eingebildeten Krankheiten wie die seine habe ich während meiner vielen Jahre als Arzt nie erlebt. Er war Postillion und zugleich ein voll beschäftigter Hypochonder.

Bei einer Gelegenheit klagte er über Zahnschmerzen. Da weigerte ich mich, mich mit seinen Plagen zu befassen. Ob er dann einen Zahnarzt auf dem Festland aufsuchte, weiß ich nicht. Ich frage mich, ob dieser Mann jemals ein einziges Loch in seinen Zähnen hatte. Vielleicht hatte er sich seine Schmerzen beim Zähneknirschen im Schlaf zugezogen?

In der Nacht, in der es brannte, hatte ich wie üblich ein Schlafmittel genommen und war schnell eingeschlafen.

Ich wachte davon auf, dass plötzlich starke Lampen aufflammten. Als ich die Augen aufschlug, war das Licht, das mich umgab, gleißend. Unter der Schlafzimmerdecke hing ein Teppich aus grauem Rauch. Ich sprang barfuß aus dem Bett, lief die Treppe hinunter und in die Küche hinein. Die Socken musste ich im Schlaf abgestreift haben, als es im Zimmer warm geworden war. Überall war ich von dem starken, blendenden Licht umgeben. Im Vorbeilaufen bemerkte ich, dass die Wanduhr in der Küche neunzehn Minuten nach Mitternacht anzeigte. Ich riss meinen schwarzen Regenmantel an mich, der neben der Haustür hing, schlüpfte in meine Gummistiefel, wobei ich mich bei dem einen schwertat, und stürzte hinaus.

Das Haus brannte schon lichterloh in einer dröhnenden Feuersbrunst. Ich musste bis hinunter zum Steg und dem Bootshaus laufen, bis die Hitze erträglich wurde. Dort stand ich dann und sah zu, was geschah. In diesen ersten Augenblicken dachte ich nicht darüber nach, was den katastrophalen Brand verursacht haben konnte. Ich war nur Zeuge des Unmöglichen. Mein Herz schlug so stark, dass ich meinte, es würde im Brustkorb in Stücke zerspringen. Der Brand wütete ebenso in mir selbst.

Die Zeit schmolz in der Hitze dahin. Nach und nach trafen Boote mit verschlafenen Schärenbewohnern ein. Aber hinterher konnte ich nicht sagen, wie lange es gedauert hat oder auch nur, wer gekommen war. Meine Augen starrten wild auf das Feuer und die Funken, die zum Nachthimmel emporwirbelten. Für einen erschreckenden Moment meinte ich plötzlich, die betagten Gestalten meines Großvaters und meiner Großmutter hinter dem Feuerschein zu sehen.

Im Herbst sind wir nicht viele hier draußen auf den Inseln, wenn die Sommergäste abgereist und die letzten Segelboote in ihre unbekannten Heimathäfen gebracht worden sind. Aber jemand hatte das Feuer im Dunkel der Nacht gesehen. Dann hatte sich die Botschaft über die Telefone verbreitet, und alle wollten helfen. Mit den Feuerlöschgeräten der Küstenwache wurde Salzwasser heraufgepumpt und auf das brennende Haus gespritzt. Aber da war es natürlich schon zu spät. Lediglich der Brandherd begann, übel zu riechen. Verkohlte Eichenstämme und Holztäfelungen, Tapeten und Linoleumböden ergeben zusammen einen Gestank, den man nie vergisst.

Im Morgengrauen stand nur mehr eine rauchende und stinkende Ruine da. Zugleich hatte sich der Wind langsam gelegt. Der Sturm war schon zum Finnischen Meerbusen weitergejagt.

Der Wind hatte im Zusammenspiel mit dem Feuer seine böse Absicht vollbracht und dazu beigetragen, dass jetzt von dem schönen Haus meiner Großeltern nichts mehr übrig war.

Erst in der Morgendämmerung schaffte ich es, mir die Frage zu stellen, wie es zu dem Feuer gekommen war. Ich hatte keine Kerzen brennen lassen und auch keine der alten Petroleumlampen. Ich hatte nicht geraucht und auch den alten Holzofen nicht entzündet. Und die Stromleitungen waren erst vor wenigen Jahren neu verlegt worden.

Es gab keine Erklärung. Es schien, als hätte sich das Haus selbst angezündet.

Als könnte ein altes Haus vor Erschöpfung und Trübsinn Selbstmord begehen.

Ich sah ein, dass ich mich in einer entscheidenden Vorstellung von meinem Leben geirrt hatte. Ich zog nach einer misslungenen Operation, die dazu geführt hatte, dass eine junge Frau einen Arm verlor, vor vielen Jahren hierher. Damals dachte ich oft, dass das Haus, in dem ich wohnte, bereits an dem Tag dort stand, an dem ich geboren wurde. Und dass es noch an dem Tag stehen würde, an dem es mich nicht mehr gäbe.

Aber das stimmte also nicht. Die Eichen, die Birken, die Erlen und die einzige Esche würde es weiterhin geben, wenn ich fort wäre. Aber von dem schönen Schärengartenhof sollte nur das Fundament aus Steinblöcken, die von dem seit Langem stillgelegten Steinbruch bei Håkansborg auf dem Festland übers Eis hierhergeschleppt worden waren, übrig sein.

Ich wurde in meinen Gedanken unterbrochen, als Jansson neben mich trat. Er trug einen alten dunkelblauen Overall, nichts auf dem Kopf, aber abgenutzte Motorhandschuhe an den Händen. Ich kannte sie von den Wintern, in denen das Eis weder sicher getragen hatte noch brüchig war und er seinen Hydrocopter für die Posttransporte benutzt hatte.

Er stand da und betrachtete meine Gummistiefel. Als ich selbst hinunterschaute, merkte ich, dass ich bei der Flucht zwei linke grüne Stiefel von der alten Marke Tretorn angezogen hatte. Jetzt verstand ich, warum der eine Stiefel beim Anziehen so eng gewesen war. Und warum der Rundgang um das brennende Haus so beschwerlich gewesen war.

»Ich werde dir ein Paar Stiefel bringen«, sagte Jansson. »Ich habe mehrere zu Hause.«

»Vielleicht steht noch ein Paar unten im Bootshaus«, sagte ich.

»Nein«, entgegnete Jansson. »Ich bin schon dort gewesen und habe nachgeschaut. Es gibt nur ein paar Lederschuhe und alte Krampen, die man früher an den Stiefeln anbrachte, um draußen auf den Klippen Robben zu keulen.«

Dass Jansson bereits in meinem Bootshaus herumgestöbert hatte, wunderte mich nicht. Auch wenn er es diesmal aus Fürsorge wegen meiner beiden linken Stiefel getan hatte. Denn dass er manchmal in mein Bootshaus ging, wusste ich. Jansson war ein Schnüffler. Ich war schon lange davon überzeugt, dass er alle Postkarten gelesen hatte, die durch seine Hände gegangen waren, während die Sommergäste unten an den Stegen gestanden hatten, um Briefmarken zu kaufen.

Jansson sah mich mit müden Augen an. Die Nacht war lang gewesen.

»Wo wirst du wohnen? Was wirst du jetzt tun?«

Ich antwortete nicht, weil ich keine Antwort hatte. Ich näherte mich der qualmenden Ruine. Der falsche Stiefel scheuerte. Das ist alles, was ich jetzt besitze, dachte ich. Zwei linke Stiefel. Alles andere ist weg. Ich habe nicht einmal Kleider zum Anziehen.

In diesem Moment, als mir der ganze Umfang der Katastrophe klar wurde, hatte ich das Gefühl, mich durchzöge ein jammernder Ruf. Aber ich hörte nichts. Alles, was in meinem Inneren geschah, vollzog sich lautlos.

Jansson tauchte wieder an meiner Seite auf. Er hat eine eigentümliche Art, sich zu bewegen, als hätte er Pfoten statt Füße. Er taucht aus dem Nichts auf und steht einfach da. Offenbar scheint er zu wissen, wie er sich aus dem Sichtfeld eines anderen Menschen heraushält.

Warum war nicht sein erbärmliches Haus auf Stångskär statt des meinen niedergebrannt?

Jansson zuckte zusammen, als hätte er meinen verbitterten Gedanken erraten. Aber ich begriff, dass ich das Gesicht verzogen hatte, was er darauf zurückführte, dass er mir zu nahe gekommen wäre.

»Du kannst natürlich bei mir wohnen«, sagte er, nachdem er sich wieder gefasst hatte.

»Das ist sehr freundlich von dir«, erwiderte ich.

Dann betrachtete ich den Wohnwagen meiner Tochter Louise, der in einem Erlenhain hinter Jansson stand. Dort gab es auch eine hohe Eiche, die noch nicht all ihre Blätter verloren hatte. Der Wohnwagen war immer noch hinter herabhängenden Zweigen verborgen.

»Ich habe den Wohnwagen«, sagte ich. »Dort kann ich bis auf Weiteres einziehen.«

Jansson sah mich fragend an. Aber er sagte nichts.

Alle, die sich in der Nacht versammelt hatten, begannen, zu ihren Booten zurückzukehren. Aber bevor sie sich auf den Weg machten, kamen sie an und sagten, sie seien natürlich bereit, mir mit allem zu helfen, was auch immer ich bräuchte.

Tatsächlich hatte sich während einiger nächtlicher Stunden mein Dasein so verändert, dass ich plötzlich alles brauchte. Ich besaß nicht einmal mehr ein zusammenpassendes Paar Gummistiefel.

2.

Ich sah, wie ein Boot nach dem anderen verschwand. Die verschiedenen Motorengeräusche verklangen.

Ich wusste, wer sie alle waren und wie sie hießen. Hier draußen im Schärengarten dominieren einige Familien Hansson und Westerlund. Viele davon sind verfeindet. Sie treffen sich nur auf Begräbnissen oder wenn es ein Seeunglück oder einen Brand gibt. Dann werden alle Feindschaften eingestellt. Um erneut aufzuflammen, wenn die allgemeine Ruhe wieder eingekehrt ist.

Ich werde nie zu einem Teil dieser Gemeinschaft werden, in der sie trotz ihrer internen Fehden leben. Mein Großvater mütterlicherseits gehörte zu einer der kleineren Familien hier draußen, der Lundberg'schen, denen es über Generationen hinweg immer gelungen war, sich aus den Konflikten herauszuhalten. Außerdem hatte er eine Frau geheiratet, die vom fernen Åland kam.

Ich stamme von den Inseln hier draußen ab, gehöre aber trotzdem nicht dazu. Ich bin ein entlaufener Arzt, der sich hier auf seinem ererbten Schärengartenhof versteckt hat. Dass ich heilkundig bin, ist natürlich ein Vorteil. Aber ein richtiger Schärengartenbewohner werde ich nie sein.

Außerdem wissen alle, dass ich ein Winterbader bin. Jeden Wintermorgen steige ich in ein aufgehacktes Eisloch und tauche kurz ein. Von den Einheimischen wird dies mit großem Misstrauen beobachtet. In den Augen der meisten bin ich verrückt.

Von Jansson wusste ich, dass die Leute sich sehr über das Leben wunderten, das ich lebte. Was machte ich hier draußen auf meiner einsamen Insel? Ich fischte nicht, ich engagierte mich weder im Heimatverein noch in einem anderen Zusammenhang. Ich jagte nicht und bemühte mich auch nicht, mein ziemlich heruntergekommenes Bootshaus und die Steinkiste des äußeren Stegs zu reparieren, dem das Eis in den letzten Wintern schwer zugesetzt hatte.

Die wenigen verbliebenen Einwohner hier draußen betrachteten mich also mit Misstrauen. Die Sommergäste, die von dem pensionierten Arzt gehört hatten, hielten mich hingegen für einen Glückspilz, da ich mich in den ruhigen Schärengarten zurückziehen und der Unruhe einer Großstadt entfliehen konnte.

Vor einem Jahr hatte eine große Motorjacht an meinem Steg angelegt. Ich war hinuntergegangen, um ihn zu vertreiben, als ein Mann und eine Frau ein weinendes Kind an Land hoben, dessen Haut plötzlich von einem Ausschlag überzogen war. Sie hatten von dem Arzt gehört, der im Schärengarten wohnte, und baten mich um Hilfe. Ihre Besorgnis führte natürlich dazu, dass ich meine Bootshausklinik öffnete. Das Kind wurde auf die Bank neben dem Verschlag gelegt, in dem noch immer Großvaters Fischnetze hängen, und ich konnte rasch feststellen, dass es sich nur um ein harmloses Nesselfieber handelte. Nach einer Reihe von Fragen stand für mich fest, dass das Kind frisch gepflückte Erdbeeren nicht vertragen hatte. Ich ging hinauf in meine Küche und holte ein rezeptfreies Antiallergikum, das die Eltern ihm geben sollten.

Anschließend wollten sie mich natürlich bezahlen. Aber ich lehnte das ab. Ich stand am Steg und sah ihre protzige Luxusjacht hinter dem Höga Tryholmen verschwinden.

Ich habe immer ein großes Lager an Medikamenten für den privaten Gebrauch vorrätig. Ich bin kein Hypochonder, aber ich will Zugang zu Medikamenten haben. Schließlich will ich nicht riskieren, eines Nachts mit einem Herzinfarkt aufzuwachen, ohne mir wenigstens dieselbe Behandlung zuteilwerden zu lassen, die ich in einer Notaufnahme erhielte. Abgesehen von Medikamenten und Infusionsflüssigkeiten habe ich auch ein paar Sauerstoffbehälter.

Ich glaube, andere Ärzte haben ebenso große Angst vor dem Tod wie ich. Und ich kann heute den Entschluss, Arzt zu werden, bedauern, den ich mit fünfzehn Jahren gefasst hatte. Heute fällt es mir leichter, meinen Vater zu verstehen, den ständig erschöpften Kellner, der mich missgelaunt betrachtete und fragte, ob ich allen Ernstes meine, es sei eine sinnvolle Lebensaufgabe, in den Körpern anderer Menschen herumzuschnippeln.

Damals antwortete ich ihm, ich sei von der Richtigkeit meiner Entscheidung überzeugt. Dabei gab ich aber nicht preis, dass ich nicht glaubte, mich je für eine Ausbildung zum Arzt qualifizieren zu können. Als es mir zu meinem eigenen Erstaunen doch gelang, konnte ich mein Gelübde nicht brechen.

Um die Wahrheit zu sagen: Ich wurde Arzt, weil ich das meinem Vater versichert hatte. Wäre er vor dem Ende meiner medizinischen Ausbildung gestorben, ich hätte sie sofort abgebrochen.

Aber ich habe keine Ahnung, was ich dann mit meinem Leben angefangen hätte. Vermutlich wäre ich schon früher hierher in Großvaters und Großmutters Haus gezogen. Aber wovon ich hätte leben sollen, weiß ich nicht.

Die letzten Boote verschwanden in dem dunstigen Morgen. Das Meer, die Inseln, alles war grauer denn je. Schließlich waren nur noch Jansson und ich übrig. Aus der stinkenden Ruine stieg der Rauch. Hier und da flammte einer der herabgefallenen Eichenstämme auf. Ich zog den Regenmantel enger um meinen Pyjama und machte einen Rundgang um das niedergebrannte Haus. Einer der Apfelbäume, die mein Großvater gepflanzt hatte, war verkohlt. Er sah aus wie eine Theaterkulisse. Eine Wassertonne aus Blech war in der starken Hitze geschmolzen. Das Gras rings um das Haus herum war versengt.

Ich verspürte eine unwiderstehliche Lust, laut herauszuschreien. Aber solange der hartnäckige Jansson da war, konnte ich das nicht. Ich schaffte es jedoch auch nicht, ihn zu verjagen. Mir war klar, dass ich in jedem Fall seine Hilfe brauchen würde.

Ich ging zurück zu ihm.

»Ich möchte dich um einen Gefallen bitten«, sagte ich. »Ich brauche ein Handy.«

»Ich habe ein extra Handy zu Hause, das du borgen kannst«, antwortete Jansson.

»Nur bis ich es geschafft habe, ein neues zu kaufen.«

Jansson sah ein, dass ich sein Handy so schnell wie möglich benötigte. Also ging er hinunter zu seinem Boot. Es war eines der letzten im Schärengarten, das einen Glühkopfmotor hatte, der mit einem Gebläse gestartet werden musste. Wenn Jansson die Post ausfuhr, hatte er ein schnelleres Boot. Aber am Tag nach seiner Pensionierung verkaufte er es und begann, wieder das alte Holzboot zu benutzen, das er einmal von seinem Vater geerbt hatte. Ich habe alles über dieses Boot gehört. Wie es 1923 auf einer kleinen Werft in Västervik gebaut wurde und dass es immer noch seinen Originalmotor hatte.

Ich stand noch an der qualmenden Ruine und hörte, wie Jansson das Schwungrad in Gang brachte. Sein Kopf ragte aus der Luke des Steuerhäuschens hervor, und er winkte zum Abschied.

Nach dem Sturm war es jetzt ganz still. Ich war von Stille umgeben. Eine Krähe saß in einem Baum und betrachtete die Feuerstelle. Ich nahm einen Stein und warf ihn nach ihr. Mit gemessenen Flügelschlägen flatterte sie davon.

Dann betrat ich den Wohnwagen. Ich setzte mich auf das Bett und wurde von der Trauer und dem Schmerz überwältigt. Es war eine Verzweiflung, die ich bis in die Zehen spüren konnte und die mich erhitzte, als hätte ich Fieber. Dann stieß ich einen so lauten Schrei aus, dass die Wände sich zu biegen schienen. Und ich begann zu weinen. So hatte ich seit meiner Kindheit nicht mehr geweint.

Ich legte mich aufs Bett und blickte auf den Stockfleck an der Decke des Wohnwagens, der plötzlich einem Fötus glich. Meine ganze Kindheit und Jugend war von einer ständig gegenwärtigen Angst geprägt gewesen, verlassen zu werden. Es kam vor, dass ich nachts aufwachte und ins Schlafzimmer meiner Eltern tapste, um zu kontrollieren, dass sie nicht auf und davon waren und mich zurückgelassen hatten. Wenn ich sie nicht atmen hörte, fürchtete ich, sie wären tot. Dann beugte ich mich ganz nah zu ihnen herab, bis ich sicher war, ihren Atem zu hören.

Ich hatte keinen Grund für diese Angst, alleingelassen zu werden. Meine Mutter betrachtete es als ihre Lebensaufgabe, dafür zu sorgen, dass ich immer sauber war und anständige Kleidung trug, und mein Vater meinte, die Bedeutung einer guten Erziehung sei entscheidend, um Erfolg im Leben zu haben. Er war selten zu Hause, da er ständig als Kellner in verschiedenen Lokalen arbeitete. Aber wenn er einmal freihatte oder arbeitslos war, weil er wegen irgendeiner Form von Aufsässigkeit dem Wirt gegenüber gefeuert worden war, konnte er mit mir seinen ganz eigenen Unterricht abhalten. Ich musste die Tür zwischen der Küche und unserem beengten Wohnzimmer öffnen und so tun, als ließe ich eine Frau vor mir herein. Oder er deckte mit unzähligen Gläsern und Messern den Tisch für ein feines Essen ein – manchmal sogar für das Festmahl anlässlich des Nobelpreises –, damit ich die Etikette beim Essen, Anstoßen und der Konversation mit vornehmen Tischdamen erlernte. Mal sollte ich einen Nobelpreisträger in Physik darstellen, mal den schwedischen Außenminister oder den noch feineren Ministerpräsidenten.

Es war ein erschreckendes Spiel. Ich war froh, wenn mein Vater mich lobte, aber ständig besorgt, in der Welt, in die er mich einführte, Fehler zu machen. Es lag immer eine unsichtbare Giftschlange zwischen Glas und Besteck verborgen.

Einmal hatte mein Vater tatsächlich bei einem Nobel-Essen serviert. Allerdings war er ganz hinten dem äußersten langen Tisch zugewiesen worden, und daher war er nicht einmal in die Nähe der königlichen Hoheiten und der Preisträger gekommen.

Aber ich sollte lernen, mich in all den Situationen richtig zu verhalten, die vielleicht irgendwann einmal im Leben auftauchen würden, wie unwahrscheinlich es auch war.

Ich kann mich nicht entsinnen, dass er mit mir spielte, als ich ein Kind war. Indessen erinnere ich mich, dass ich lernte, wie man Krawatten und Fliegen bindet, ehe ich zehn Jahre alt war. Servietten kunstvoll zu falten gehörte auch zu meiner Kindheit.

Irgendwann muss ich doch eingeschlafen sein. Für mich ist es nicht ungewöhnlich, meine Zuflucht im Schlaf zu suchen, wenn ich einer großen Belastung ausgesetzt wurde. Ich kann zu jeder Tages- und Nachtzeit und auch an den unterschiedlichsten Orten in den Schlaf fallen. Als würde ich mich auf die gleiche Art zwingen einzuschlafen, wie ich nach Verstecken suchte, als ich ein Kind war. In den Hinterhöfen der Mietshäuser, wo wir wohnten, richtete ich mir geheime Räume zwischen Mülltonnen und Kohlelagern ein. In verschiedenen Wäldchen suchte ich nach dichten Gebüschen. Ich habe in meinem Leben eine Reihe von weiteren, ganz unbekannten Verstecken hinterlassen. Aber keines davon war jemals so vollendet wie der Schlaf.

Als ich aufwachte, fror ich. Meine Armbanduhr war verbrannt, da sie auf dem Tisch neben dem Bett lag. Ich ging hinaus und schaute mir die qualmende Ruine an. Einzelne Wolkenfetzen flogen über den Himmel. Der Sonnenstand ließ mich raten, dass es zwischen zehn und elf Uhr war.

Ich ging hinunter zum Bootshaus und öffnete die schwarz gestrichene Tür. Ich tat es vorsichtig, da die Angeln abgenutzt waren. Die Tür könnte aus ihrer Verankerung fallen, wenn ich zu heftig zog. An einem Haken hatte ich einen Overall und einen abgetragenen Pullover hängen. Zwischen den alten Farbtöpfen lagen auch ein Paar Wollsocken, die meine Großmutter für mich gestrickt hatte, als ich ein Kind war. Damals waren sie viel zu groß. Aber jetzt passten sie mir. Ich suchte in einem anderen Regal, wo alte ausrangierte Batterien und rostiges Werkzeug lagen, bis ich eine Wollmütze fand, auf die Werbung für einen Fernseher aus den sechziger Jahren aufgedruckt war. »Immer bestes Bild«, stand in fast verblichenen Buchstaben darauf. Mäuse hatten daran genagt, ihre Bissspuren erinnerten an ausgefranste Schusslöcher einer Schrotladung. Ich setzte die Mütze auf den Kopf und ging wieder hinaus.

Als ich die Tür geschlossen hatte, entdeckte ich, dass eine Papiertüte auf dem Steg stand. Darin lagen ein Handy, Unterwäsche und ein Päckchen mit Butterbroten. Ich begriff, dass Jansson hier gewesen war, während ich geschlafen hatte. Er hatte auch eine Nachricht auf einem zerrissenen braunen Umschlag hinterlassen.

Handy geladen. Behalt es. Unterhosen frisch gewaschen.

Neben der Papiertüte stand ein rechter Stiefel. Im Gegensatz zu meinen grünen war er schwarz. Außerdem größer, da Jansson kräftige Füße hatte.

Im Stiefel lag noch ein weiteres Papier. *Habe leider keine grünen,* hatte Jansson geschrieben.

Ich überlegte einige Augenblicke, warum er nicht auch den linken Stiefel gebrachte hatte. Aber Jansson lebt nach einer Logik, auf die ich mich nie verstanden habe.

Ich trug die Papiertüte und den Gummistiefel zum Wohnwagen hinauf. Janssons ausgeleierte Unterhosen waren natürlich viel zu groß. Aber es hatte etwas tief Anrührendes, dass er sie dazugepackt hatte.

Ich schlüpfte in den Overall, behielt die Pyjamajacke als Hemd an und zog den Pullover über den Kopf. Mit Hilfe einiger zusammengeknüllter Tüten, die ich in einer Schublade gefunden hatte, stopfte ich den allzu großen rechten Stiefel aus. Dann fühlte ich mich fertig angezogen. Ich setzte mich aufs Bett und aß einige von Janssons Butterbroten. Ich musste Kräfte sammeln, um zu entscheiden, was ich tun sollte.

Ein Mensch, der alles verloren hat, hat nicht viel Zeit. Oder ist es umgekehrt? Ich wusste es nicht.

Das Geräusch eines herannahenden Bootes erreichte mich. Es war nicht Jansson, das konnte ich hören. In all den Jahren, die ich hier draußen wohne, habe ich gelernt, verschiedene Motortypen und einzelne Boote zu identifizieren.

Ich horchte auf das Geräusch, das immer näher kam. Es dauerte nur ein paar Sekunden, bis ich wusste, dass es sich um ein kleineres Boot der Küstenwache handelte, ein schnelles, dreißig Fuß langes Aluminiumboot, mit zwei Volvo-Dieseln im Maschinenraum.

Ich legt mein Butterbrot weg, zog die durchlöcherte Mütze über die Ohren und verließ den Wohnwagen. Ich schaffte es nicht ganz bis hinunter zum Steg, ehe das blau gestrichene Boot um die Landzunge bog, die zum Skärsfjärden hin liegt.

An Bord befanden sich drei Personen. Zu meinem Erstaunen stand eine junge Frau am Lenkrad und dem Steuerruder. Sie trug die Uniform der Küstenwache und hatte blonde Haare, die unter der Mütze hervorquollen. Zum ersten Mal sah ich eine Frau auf einem Schiff der Küstenwache arbeiten.

Sie wirkte beunruhigend jung. Kaum älter als ein Teenager.

Der Mann, der sich breitbeinig mit einem Vertäuungsseil in der Hand an den Bug stellte, hieß Alexandersson. Er war mein körperliches Gegenteil, klein und übergewichtig. Außerdem war er kurzsichtig und hatte schütteres Haar.

Alexandersson war Polizist. Vor ein paar Jahren, als es im Vorfrühling eine große Anzahl von Einbrüchen in verrammelte Sommerhäuschen gegeben hatte, hatte er die Einheimischen besucht, um herauszufinden, ob jemand vielleicht etwas bemerkt hätte. Die Einbrüche wurden niemals aufgeklärt.

Aber Alexandersson und ich verstanden uns gut. Er war etwa zehn Jahre jünger als ich, und was er von meiner Vergangenheit wusste, ahnte ich nicht. Doch nach seinem ersten Besuch dachte ich, er könnte der Bruder gewesen sein, den ich nie gehabt hatte.

Er besaß ein Sommerhäuschen auf einer der kleinen Schären, die Bräkorna hieß. Wenn er zu Besuch kam, tranken wir Kaffee, sprachen über unsere Gesundheit und dann meist über Wind und Wetter. Keiner von uns beiden hatte das Bedürfnis, ernste Themen und Fragen zu erörtern. Ganze Stunden konnten wir still dasitzen und den Vögeln oder dem Wind lauschen, der durch die Bäume zog.

Alexandersson war viele Jahre lang verheiratet gewesen und hatte erwachsene Kinder. Dann hatte ihn seine Frau plötzlich verlassen. Warum, weiß ich nicht und fragte auch nicht danach. Aber ich konnte eine tiefe Traurigkeit bei ihm spüren. Vielleicht erkannte ich mich selbst darin wieder? Noch eine von all diesen Fragen, die ich mir nicht zu beantworten vermochte.

Schwer und ungelenk sprang Alexandersson hinunter auf den Steg. Wir gaben uns die Hand, nachdem er das Vertäuungsseil fest um den Poller des Stegs gelegt hatte. Ein weiterer Mann, den ich nicht kannte, stieg auf das Deck und dann hinunter auf den Steg. Er schien unsicher zu sein, wie man sich auf einem Boot verhielt, das nie ganz still lag. Auch er reichte mir die Hand und sagte, er heiße Robert Lundin und sei Brandingenieur. Er sprach einen Dialekt, den ich nicht sofort einordnen konnte. Aber ich vermutete, dass Lundin von irgendwo aus dem norrländischen Inland stammte.

Die junge Frau hatte die Motoren abgestellt und ein Vertäuungsseil am Heck befestigt. Sie nickte mir zu. Sie schien wirklich sehr jung zu sein.

»Alma Hamrén heiße ich«, sagte sie. »Es tut mir leid, dass Ihr Haus niedergebrannt ist.«

Ich nickte ebenfalls und spürte, dass mir fast die Tränen kamen. Alexandersson verstand, was sich bei mir anbahnte.

»Dann gehen wir wohl hinauf und schauen es uns an«, meinte er schnell.

Alma Hamrén blieb auf dem Steg neben dem Boot. Sie hatte begonnen, mit flinken Fingern eine Mitteilung in ihr Handy zu tippen. Keiner der drei hatte meine unterschiedlichen Gummistiefel kommentiert. Ich konnte nicht einmal erkennen, ob sie es bemerkt hatten. Aber das hatten sie wohl.

Noch immer qualmte es von verschiedenen Stellen in der Ruine.

»Hast du selbst irgendeine Ahnung, was den Brand verursacht hat?«, fragte Alexandersson.

Ich sagte ihm, wie es war. Als ich zu Bett gegangen war, hatte keine Kerze gebrannt, auch kein offenes Feuer. Knapp zwei Stunden lang hatte ich geschlafen, ehe ich davon erwachte, dass das Haus in Flammen stand. Ich erzählte auch von den ausgebesserten Stromleitungen und dass es keinen vernünftigen Grund für den Ausbruch eines Feuers gab.

Lundin stand im Hintergrund und hörte zu. Er hatte keine Fragen. Ich begriff, dass er versuchen sollte, die Brandursachen zu ermitteln, und hoffte, es würde ihm gelingen. Ich wollte wissen, was die Katastrophe ausgelöst hatte.

Zusammen mit Alexandersson begann Lundin, in der Ruine herumzugehen. Ich stand in einigem Abstand da und beobachtete ihre langsamen Bewegungen. Hin und wieder beugte sich einer von ihnen hinunter. Sie erinnerten mich an wachsame Tiere.

Plötzlich befiel mich ein Schwindel. Ich musste mich an der alten Wasserpumpe abstützen.

Alexandersson bemerkte, dass es mir nicht gut ging. Er sah mich forschend an. Ich schüttelte den Kopf und tappte dann hinüber zum Wohnwagen. Dort setzte ich mich auf die Treppe und atmete ruhig aus und ein. Nach einigen Minuten stand ich auf. Der Schwindel war vergangen. Ich machte mich wieder auf zur Brandruine. Aber ich hielt inne, als ich um den Wohnwagen herumgegangen war und die beiden Männer sah, die dort zwischen den verrußten Resten der Dachbalken standen. Sie sprachen miteinander. Ich hörte nicht, was sie sagten, aber ich hatte sofort das Gefühl, dass sie mit bewusst gedämpften Stimmen sprachen, als sollte ich ihr Gespräch nicht hören.

Dann und wann warf Alexandersson einen Blick in meine Richtung. Aber ich war noch vom Gebüsch verborgen, das den Wohnwagen umgab.

Ich wusste dennoch, worum es ging. Sie sprachen über die Brandursache. Dass keine äußeren Anlässe existierten.

Mit leisen Stimmen diskutierten sie, ob ich selbst den Brand gelegt haben könnte.

Ich hielt den Atem an, während ich sie zu verstehen versuchte. War es wirklich möglich, dass sie mir das zutrauten? Oder mussten sie sich nur alle Fragen stellen, auch die unsinnigsten?

Ich blieb zwischen den Büschen stehen, bis sie mit ihrem langsamen und vorsichtigen Stochern zwischen den Brandresten fortfuhren. Hin und wieder machte Lundin ein Foto von etwas, was ihm aufgefallen war.

Ich bog die herunterhängenden Äste zur Seite und ging zur Brandstätte hinauf.

»Wie läuft es?«, fragte ich.

»Es braucht Zeit«, sagte Alexandersson. »Es ist schwierig.«

»Sehr schwierig«, ergänzte Lundin. »Nichts ist offensichtlich.«

Die junge Frau, die Alma Hamrén hieß, saß jetzt auf der Bank, auf der ich Jansson wegen seiner eingebildeten Zipperlein zu untersuchen pflegte, und fingerte an ihrem Handy herum.

Die beiden Männer setzten ihre Arbeit noch ein paar Stunden fort und sagten dann, sie würden wahrscheinlich später am Tag wiederkommen. Ich erwiderte, ich würde dann vielleicht nicht da sein. Ich müsste zum Festland fahren, um einzukaufen.

Ich blieb auf dem Steg stehen, bis das Boot hinter der Landzunge verschwunden war. Dann kehrte ich zur Brandstätte zurück. Auf ein kleines Plastiktuch hatten sie einige der Funde gelegt, die sie gemacht hatten.

Da lagen Fragmente von elektrischen Leitungen, ein paar halb geschmolzene Sicherungen aus meinem Elektrokasten und etwas, an das ich mich vage erinnerte. Als ich mich hinunterbeugte und genauer hinsah, erkannte ich, was es war.

Es war einer der Spanner von den Schuhen, die der italienische Schuhmacher Giaconelli ein paar Jahre zuvor für mich angefertigt hatte.

In diesem Augenblick verstand ich, dass ich wirklich alles verloren hatte.

Nichts von meinem siebzigjährigen Leben war verblieben. Ich besaß nichts mehr.

3.

Ich stand da und schaute auf mein niedergebranntes Haus. Betrachtete ich die Ruine lange genug, kam es mir so vor, als erhöbe es sich aufs Neue aus den rußigen Resten.

Die Brandstätte erinnerte an einen Kriegsschauplatz. Die Ruine hätte das Resultat explodierender Granaten aus einem vorbeirasenden Panzer sein können.

Der Anblick erschütterte mich immer mehr. Den verkohlten Apfelbaum zu betrachten erfüllte mich teils mit Trauer, teils mit Ekel. Es war wie ein Übergriff auf die Erinnerung an meine Großeltern. Ich stellte mir vor, dass der Baum jetzt schwarze, übelriechende Äpfel tragen würde. Keiner würde sie essen können. Der Baum lebte, war aber trotzdem tot.

Ich ging näher heran. Die schwarze Ruine war auch eine Begräbnisstätte. Mein ganzes Leben war kremiert worden. Während einiger gewaltsamer Nachtstunden hatte sich das Haus in einen Ofen verwandelt, in dem alle meine Habseligkeiten in einer verheerenden Hitze hinweggeschmolzen waren.

Es waren jetzt zwölf Stunden vergangen, seit ich mit dem ungleichen Paar Stiefeln aus dem Haus gerannt war. Aber noch immer konnte ich das Ausmaß dessen, was geschehen war, nicht ermessen. Ich lebte noch in dem Haus, in dem ich als Kind gelebt hatte und in das ich dann wieder eingezogen war, als ich nicht mehr in der Lage war, als Arzt zu arbeiten. Ich empfand eine unklare, aber wachsende Sehnsucht nach all dem, was verbrannt war. Am meisten bedauerte ich vielleicht, dass meine Logbücher, wie ich die Tagebücher nannte, zurückgeblieben und jetzt zu toter Asche geworden waren. Als ich aus dem Haus rannte, hatte ich keinen Gedanken an die Bücher in ihren schwarzen Einbänden verschwendet. Da hatte ich nur mein eigenes Leben in den Armen getragen. Ich war mit leeren Händen aus dem Schlund des Drachen gesprungen.

Dann dachte ich an Giaconellis Schuhe. Alles, was von ihnen geblieben war, war der schwarz verbrannte Spanner, der auf Alexanderssons Plastiktuch lag.

Er glich einem Insekt. Vielleicht einem der Hirschkäfer, die ich als Kind in den Sommern gesehen hatte. Sie waren irgendwann verschwunden, ohne dass jemand zu wissen schien, warum. Bei einer Gelegenheit fragte ich Jansson, ob es in den Eichenbeständen des Schärengartens noch welche gäbe. Er erkundigte sich bei allen Einheimischen, denen er die Post brachte. Bis auf die alte Witwe Sjöberg, die in dem einsamen Haus auf Nässelholmen wohnte, hatte seit den sechziger Jahren niemand mehr einen Hirschkäfer gesehen. Sie habe reichlich davon, sagte sie. Aber sie war allgemein als Lügnerin berüchtigt, auch was ihr eigenes Alter betraf.

Im Tod hatten sich Giaconellis handgemachte Lederschuhe, die er mir einst zum Geschenk gemacht hatte, in einen Hirschkäfer aus schwarz verbranntem Metall verwandelt. Ich fragte mich, woraus der Spanner genau gemacht war. Der silberne Kerzenleuchter, den ich Großvater und Großmutter geschenkt hatte, als sie ihre goldene Hochzeit feierten, war nicht mehr da. Das Silber war mit den anderen Brandresten verschmolzen.

Nur der Spanner hatte das Feuer überlebt. Ich würde Giaconelli allerdings nicht mehr fragen können, welches Material er verwendet hatte. Nach vielen Jahren oben in den Hälsinge-Wäldern, wo er seine Schuhwerkstatt gegründet hatte, umgeben von Opernmusik, die aus einem alten Transistorradio drang, war er plötzlich nach Italien zurückgekehrt.

Es hatte den Anschein, als hätte er die Werkstatt in größter Eile verlassen. Keiner seiner wenigen Freunde hatte geahnt, was geschehen würde. Nicht einmal die Haustür hatte er verschlossen. Sie hatte im Wind geschlagen, als ein Nachbar gekommen war, um eine Sohle reparieren zu lassen, die sich an einem Arbeitsschuh gelöst hatte.

Giaconelli hatte alle seine Aufträge erledigt, ehe er sich einfach von dem Arbeitsstuhl erhoben hatte und verschwunden war.

Später erfuhr ich von meiner Tochter Louise, dass er mit dem Zug nach Italien zurückgekehrt war, in sein Heimatdorf Santo Ferrera, nördlich von Mailand, und sich dort in einer einfachen Pension ins Bett gelegt hatte und gestorben war.

Was mit den Werkzeugen, der Werkstatt und allen Schuhleisten geschehen war, war mir unbekannt. Da Louise mir keine Auskunft gegeben hatte, nahm ich an, sie wüsste es selbst nicht.

Ich hob den Spanner von dem Plastiktuch auf. Seit ich mit Louise gesprochen hatte, waren zwei Wochen vergangen. Sie hatte mich spätabends angerufen, als ich gerade eingeschlafen war. Da befand sie sich in einem lärmenden Café in Amsterdam. Was sie dort tat, sagte sie nicht, obwohl ich die Frage zweimal wiederholte. Das Gespräch war sehr kurz. Sie riefe an, um sich zu vergewissern, ob ich noch am Leben sei, und ich fragte meinerseits, ob es ihr gut gehe. Vielleicht betrachteten wir einander als zwei Patienten, wobei wir durch Handygespräche wechselseitige Arztvisiten durchführten?

Der Spanner war eine schwarz gebrannte Erinnerung an handgemachte Lederschuhe und eine vergangene Zeit, in der es Hirschkäfer auf der Insel gegeben hatte. Ich fragte mich, wie Louise reagieren würde, wenn sie erfuhr, dass das Haus, das einmal das ihre werden sollte, niedergebrannt war.

So wenig kannte ich meine Tochter, dass ich mir ihre Reaktion nicht vorstellen konnte. Louise würde vielleicht die Schultern zucken und dann nicht mehr darüber reden. Aber sie könnte auch in Wut geraten, die in Anklagen gegen mich münden würde, weil ich den Brand nicht verhindert hatte. Für sie könnte ich ein Pyromane sein, ohne dass es den geringsten Beweis dafür gab, dass ich der Brandstifter war.

Ich legte den Spanner zurück auf das Plastiktuch, kehrte zum Wohnwagen zurück, verzehrte das letzte von Janssons Butterbroten und ging hinunter zum Bootshaus. Dort hatte ich ein kleines offenes Plastikboot mit Außenbordmotor. Er hat achtzehn PS, und wenn das Wetter gut ist und das Meer ruhig, erreiche ich bis zu zwölf Knoten. Ich zog den Motor in

Gang, setzte mich auf ein verschimmeltes Kissen und fuhr im Rückwärtsgang hinaus. Ich bog um die Landzunge und beschleunigte die Geschwindigkeit.

Als ich mich noch einmal umdrehte, zuckte ich zusammen. Es war immer möglich gewesen, das Dach des Hauses und die oberste Fensterreihe über den Bäumen zu erkennen. Jetzt klaffte da nur ein leeres Loch. Diese Entdeckung erschreckte mich so sehr, dass ich fast auf den kleinen Kogrundet aufgefahren wäre, der gleich hinter der Landzunge liegt. Im letzten Moment gelang es mir auszuweichen.

Draußen in der Bucht stellte ich den Motor ab. Das Meer war leer, kein Laut, keine Boote, nicht einmal Vögel. Ein einsamer Säger flog in hoher Geschwindigkeit dicht über der Wasseroberfläche, unterwegs zu den äußeren Schären.

Ich fror, aber es kam tief aus dem Inneren. Das Boot trieb allein mit dem Wind. Ich legte mich auf den Boden und starrte zum Himmel hinauf, wo die Wolken sich zusammenzogen. In der Nacht sollte es regnen.

Das Wasser gluckerte leise gegen die dünne Plastikhaut, die die Beplankung überzog. Ich versuchte zu entscheiden, was zu tun war.

Da klingelte das Handy, das Jansson mir gegeben hatte. Es konnte niemand anderes sein als er.

»Hast du Probleme mit dem Motor?«, fragte Jansson.

Er sieht mich, dachte ich und drehte den Kopf. Aber das Meer war leer, Janssons Boot war nicht zu entdecken.

»Warum sollte ich Probleme mit dem Motor haben?«

Ich bereute meinen Ärger. Jansson meinte es immer gut, hatte nie anderes im Sinn. Ich hatte manchmal gedacht, die große Menge Post, die er in all diesen Jahren ausgetragen hatte, wäre wie eine Art Liebeserklärung an die schwindende Bevölkerung draußen auf den Inseln. Dass er alle Postkarten las, die von den Sommergästen entgegengenommen wurden, betrachtete er wohl als seine Amtspflicht als seefahrender Postillion. Er musste sich darüber auf dem Laufenden halten, was diese Menschen, die im

Sommer auftauchten, für Ansichten über das Leben und den Tod und uns Einheimische im Schärengarten hatten.

»Wo bist du?«, fragte ich.

»Zu Hause.«

Er log. Von seinem Haus auf Stångskär aus konnte er mich unmöglich sehen, wie ich langsam über die Bucht trieb. Das enttäuschte mich. Während all der Jahre, die ich im Schärengarten gelebt habe, hatte ich in der Überzeugung gelebt, mich niemals vom Verhalten anderer Menschen belasten zu lassen. Dass Jansson hin und wieder nicht ganz aufrichtig war, kümmerte mich nicht. Aber wenn ich soeben mein Heim in einem verheerenden Brand verloren hatte? Ich hatte den Verdacht, er könnte mit dem Feldstecher in der Hand auf einer Klippe stehen.

Ich erklärte ihm, ich hätte den Motor abgestellt, weil ich meine Situation überdenken müsse. Jetzt würde ich zum Festland weiterfahren, um all das einzukaufen, was ich brauchte.

»Ich starte jetzt meinen Motor«, sagte ich. »Horch nur, dann wirst du hören, dass er läuft, wie er soll.«

Ich beendete das Gespräch, ehe er etwas entgegnen konnte. Der Motor startete. Ich gab Gas und fuhr weiter aufs Land zu.

Mein Auto ist alt, aber es ist zuverlässig. Ich habe es auf einem Grundstück oberhalb des Hafens geparkt, das einer eigentümlichen Frau namens Rut Oslovski gehört. Niemand nennt sie Rut, soviel ich weiß. Alle sagen Oslovski. Sie lässt mich dort parken, weil ich meinerseits hin und wieder ihren Blutdruck messe. Ich habe ein Blutdruckmessgerät und ein Stethoskop im Handschuhfach. Oslovskis Blutdruck ist zu hoch, auch wenn sie in den letzten Jahren angefangen hat, Metoprolol einzunehmen. Da sie erst auf die vierzig zugeht, denke ich, es ist wohl das Beste, ihren Blutdruck unter Kontrolle zu halten.

Oslovskis linkes Auge ist aus Glas. Keiner schien zu wissen, weshalb sie es verloren hatte. Überhaupt schien niemand besonders viel über Oslovski zu wissen. Dem zufolge, was Jansson mir erzählt hat, ist sie vor etwa zwanzig Jahren plötzlich im Schärengarten aufgetaucht. Damals war ihre schwedische Aussprache noch schlecht. Sie hatte Asyl und später die schwedische Staatsbürgerschaft erhalten und behauptete, aus Polen zu stammen. Aber Jansson, der sehr misstrauisch sein kann, wies darauf hin, dass niemand je ihren Pass oder irgendeine Bescheinigung dafür gesehen hätte, dass sie wirklich schwedische Staatsbürgerin war.

Oslovski erwies sich als überraschend geschickte Automechanikerin. Außerdem scheute sie sich nicht, mühselige Arbeiten auf sich zu nehmen, wie im Spätherbst oder im Vorfrühling Stege zu reparieren, wenn die Eisschmelze an den Steinkisten gerüttelt und die Planken schief und krumm gebogen hatte. Sie war kräftig, mit breiten Schultern, und nicht schön, aber freundlich. Die meiste Zeit blieb sie für sich.

Die anderen Gelegenheitsarbeiter in der Gegend hielten ein wachsames Auge auf sie. Aber keiner von ihnen konnte feststellen, dass sie ihnen Arbeit wegnahm, indem sie niedrigen Lohn verlangte.

In der ersten Zeit wohnte Oslovski in einer Häuslerkate mitten im Fichtenwald, ein paar Kilometer vom Hafen entfernt. Später kaufte sie das kleine Haus unten am Hafen, das einem pensionierten Lotsen gehört hatte.

Jansson hatte seinen Kollegen gefragt, der im Hafen Briefe austrug: Olsovski bekam nie Post. Sie abonnierte auch keine Zeitungen. Es war fraglich, ob sie überhaupt einen Briefkasten draußen an der Straße hatte.

Manchmal verschwand sie und blieb für mehrere Monate weg. Niemand wusste, wohin, aber eines Tages war sie wieder da. Als wäre nichts gewesen. Sie bewegte sich wie eine Katze in der Nacht.

Ich vertäute das Boot ganz innen im Hafen und ging hinauf zu meinem Auto. Oslovski war nicht zu sehen. Das Auto startete sofort. Ich fürchte den Tag, an dem der Wagen den Geist aufgibt und sich entschließt, zu einem Haufen Schrott zu werden.

Gewöhnlich brauchte ich zwanzig Minuten bis ins Zentrum der Ortschaft. Gerade an diesem Tag ging es jedoch bedeutend schneller. Ich drosselte die Geschwindigkeit erst, als ich einsah, dass ich mich in Gefahr brachte. Und ich begann zu ahnen, dass mit meinem Haus auch etwas in mir selbst abgestorben war. Auch Menschen haben Tragbalken, die zerbrechen.

Ich parkte an der Hauptstraße, die eigentlich die einzige Straße der Ortschaft ist. Sie liegt im Innersten einer Bucht, die von Schwermetallen der Fabriken vergiftet ist, die es hier einmal gegeben hat. Aus meiner Kindheit kann ich mich an den Gestank einer Gerberei erinnern.

Die Sparkasse befindet sich in einem weißen Haus direkt an der vergifteten Bucht.

Ich ging zum Schalter und sagte, ich hätte weder eine Bankkarte noch einen Personalausweis, alles sei beim Brand vernichtet worden. Der Bankbeamte kannte mich, schien aber trotzdem zu zögern, was er tun sollte. Ein Mensch ohne Ausweis stellt in unserer Zeit immer eine Art von Bedrohung dar.

»Ich kann meine Kontonummer auswendig«, erklärte ich.

Ich sagte die Zahlen auf, während er mitschrieb. Dann tippte er meinen Code in seinen Computer.

»Es sollten ungefähr hunderttausend Kronen darauf sein«, sagte ich. »Plus oder minus einen Hunderter.«

Der Bankbeamte schaute mit zusammengekniffenen Augen auf den Computer, als glaubte er nicht an den Text, der auf dem Bildschirm erschienen war.

»Neunundneunzigtausendneun Kronen«, las er.

»Ich muss zehntausend Kronen abheben«, sagte ich. »Wie Sie sehen, habe ich eine Pyjamajacke statt eines Hemdes an. Alles ist futsch.«

Ich hatte bewusst die Stimme erhoben, als ich erklärte, was geschehen war. Es wurde still im Raum. Hinter der Theke gab es abgesehen von dem Bankbeamten zwei Frauen. Und drei Kunden warteten darauf, dass sie an die Reihe kämen. Alle sahen mich an. Ich machte eine idiotische Verbeugung, als hätte ich lautlosen Applaus bekommen.

Der Bankbeamte zählte mir die Scheine hin. Dann half er mir dabei, eine neue Bankkarte zu beantragen.

Ich verließ die Sparkasse und ging in eine Konditorei auf der gegenüberliegenden Seite der Straße. In der Bank hatte ich einen Reklamestift und ein paar Überweisungsformulare an mich genommen. Ich schrieb eine Einkaufsliste. Sie wurde sehr lang. Als weder auf den Formularen noch auf einer Serviette noch Platz war, gab ich auf.

Plötzlich fragte ich mich, wie ich den Schmerz und die Trauer ertragen sollte, die mich erfasst hatten. Ich war zu alt, um neu anzufangen. Die Zukunft war stumm. Ein Ausweg war weder zu hören noch zu sehen.

Ich zerknüllte die Formulare und die Serviette, trank meinen Tee aus und ging auf die Straße hinaus. In dem einzigen Bekleidungsgeschäft, das es in dem Ort gibt, erwarb ich Hemden und Unterwäsche, Pullover und Strümpfe, Hosen und eine Jacke. Ich achtete weder auf Qualität noch auf Preise. Nachdem ich die Tüten im Auto verstaut hatte, ging ich in das Schuhgeschäft, um Gummistiefel zu kaufen. Das einzige Paar, das ich fand, war in Italien hergestellt worden. Das empörte mich. Die Verkäuferin war ein junges Mädchen, das ein Kopftuch trug und schlecht Schwedisch sprach. Ich versuchte mich dazu zu zwingen, höflich aufzutreten, obwohl ich wütend war, dass sie nicht gewöhnliche Gummistiefel von Tretorn hatten.

»Haben Sie keine schwedischen Tretorn?«, fragte ich.

»Wir haben die hier«, erwiderte sie. »Keine anderen.«

»Es ist unmöglich, dass man in einem schwedischen Schuhladen keine klassischen schwedischen Stiefel verkauft.«

Auch wenn ich mich immer noch bemühte, so freundlich wie möglich zu klingen, musste sie mich durchschaut haben. Mein Tonfall war nicht echt. Als ich sah, dass sie Angst bekam, erzürnte mich das noch mehr. Ich hatte eine gewöhnliche, einfache Frage gestellt, die nicht unhöflich oder bedrohlich klingen sollte.

»Wissen Sie überhaupt, wovon ich rede?«, fragte ich.

»Wir haben keine anderen Stiefel«, sagte sie.

»Dann eben nicht. Schade.«

Ich verließ das Geschäft und konnte nicht anders, als die Tür hinter mir zuzuknallen.

Im Eisenwarenladen gab es auch keine Stiefel, nur Arbeitsschuhe mit harten Kappen, um die Füße zu schützen. Ich erstand eine billige Armbanduhr und ging weiter zu einem Lebensmittelladen, der am Hafen liegt. Im Wohnwagen gab es einen Gaskocher, ein paar Töpfe und eine Bratpfanne. Gleichgültig füllte ich meinen schwarzen Plastikkorb mit Nahrungsmitteln. Ich kaufte nichts, was ich haben wollte, aber auch nichts, was ich nicht haben wollte.

Als ich anschließend an der Apotheke vorbeiging, erinnerte ich mich daran, dass mein Medikamentenlager vom Feuer zerstört worden war. Also ging ich hinein. Meine Legitimation als Arzt und das Verschreibungsrecht für rezeptpflichtige Medikamente habe ich noch.

Ehe ich zum Auto zurückging, erstand ich ein Handy mit einem Vertrag. Plötzlich kam mir in den Sinn, dass ich nach dem Brand gar keinen Strom mehr hatte.

Ich fuhr zum Hafen zurück. Von den zehntausend Kronen, die ich abgehoben hatte, war mir ungefähr die Hälfte geblieben. Ich parkte den Wagen an seinem üblichen Platz. Die Tür von Oslovskis Haus war verschlossen. Auf dem Kiesweg lag eine halb verweste Krähe. Vielleicht war Oslowski auf einer ihrer geheimnisvollen Reisen unterwegs?

Ich stellte die Plastiktüten ins Boot und ging dann zum Schiffsbedarfsladen. Dort gab es Stiefel, und sie waren in Schweden hergestellt. Zumindest führte er die Marke Tretorn. Aber meine Größe war nicht vorrätig. Ich bestellte ein Paar und bekam zu hören, dass es sicher zwei Wochen dauern würde, bis sie einträfen.

Der alte Ladenbesitzer hieß Nordin. Als wir über den Brand räsonierten, sprach er, als trüge er einen Trauerflor um die Stimmbänder.

Nordin hatte viele Kinder. Er war drei- oder viermal verheiratet gewesen. Seine jetzige Frau heißt Margareta. Aber sie haben keine Kinder zusammen. Jansson behauptet, Nordin pflege für seine Kinder zu zaubern. Ob das stimmt, weiß ich nicht.

Als ich auf den Kai hinaustrat, fröstelte ich. Ich nahm die Jacke aus einer der Plastiktüten, zog sie über und ging in das Café, das oberhalb des Schiffsbedarfsladens liegt. Ich setzte mich an einen Tisch mit Aussicht über den Hafen, packte mein Handy aus und lud es mit einem Stecker in der Wand auf. Bei Veronika, die das Café betrieb, bestellte ich Kaffee und ein Mazarin-Törtchen. Als ich es vom Teller hob, zerbröselte es in trockene Krümel.

Ein Mann, der bald siebzig Jahre alt wird, steht ohne Heim da, nachdem sein Haus niedergebrannt ist. Er hat keine irdischen Besitztümer mehr, bis auf ein Bootshaus, einen Wohnwagen, ein dreißig Fuß langes offenes Boot und ein altes Auto. Die Frage ist jetzt, was er tun soll. Hat dieser Mann eine Zukunft? Hat er einen wirklichen Grund weiterzuleben?

Ich hielt bei diesem Gedanken inne – meine Tochter Louise – warum dachte ich nicht zuerst an sie? Das beschämte mich.

Ob es nun an meinem zerbröselten Mazarin-Törtchen lag oder an dem Gedanken, der mir gerade gekommen war, konnte ich nicht beurteilen, aber plötzlich begannen mir die Tränen zu fließen. Ich nahm die Papierserviette und wischte mir über die Augen. Es war ein Bild äußerster Einsamkeit. Ein alter Mann sitzt im Herbst in einem verlassenen Café, ein einsamer Gast an einer Hafenanlage, in welche die Segelboote und Motorkreuzer erst nächsten Sommer zurückkehren würden.

Mir war klar, dass ich Louise anrufen musste, auch wenn ich am liebsten noch damit warten würde. Aber sie würde es mir nie verzeihen, wenn sie nicht sofort erführe, was geschehen war. Ich habe eine wilde Tochter, der die Toleranz und die Geduld fehlen, die ich selbst zu besitzen glaube. Sie erinnert mich an ihre Mutter Harriet, die schließlich viele Jahre später mit einem Rollator übers Eis zu mir gewandert kam und dann im Sommer in meinem Haus starb.

Ich wurde in meinen Gedanken unterbrochen, als die Tür des Cafés geöffnet wurde. Eine Frau um die vierzig kam herein. Sie trug die Art von Gummistiefeln, nach denen ich an diesem Tag gesucht hatte, eine warme Jacke und einen Schal, der um Hals und Kopf geschlungen war. Als sie den Schal abnahm, sah ich, dass sie kurzgeschnittenes Haar und ein schönes Gesicht hatte. Sie ging zur Theke vor und betrachtete die unglückseligen Mazarin-Törtchen in der Auslage.

Plötzlich drehte sie sich zu mir um und lächelte. Ich nickte und überlegte, ob ich sie schon einmal getroffen hatte, ohne dass ich mich daran erinnerte.

Veronika kam aus der Küche, und die Frau bestellte Kaffee und ein Weizenbrötchen. Dann kam sie an meinen Tisch. Nein, ich kannte sie nicht.

»Darf ich mich setzen?«, fragte sie.

Sie wartete die Antwort nicht ab, sondern zog einfach den Stuhl heran. Ein Strahl der bleichen Herbstsonne beleuchtete ihr Gesicht, als sie sich setzte. Sie streckte sich nach dem gelben Vorhang und zog ihn so weit zu, dass der Sonnenstrahl verschwand.

Die Frau lächelte, und ich sah, dass sie schöne Zähne hatte. Ich lächelte zurück, zeigte aber nur ein bisschen von den Zähnen in meinem Oberkiefer, deren Schmelz ich immer noch ansehnlich finde. Meine Tochter Louise hat die Zahngene ihrer Mutter geerbt, und sie sind leider nicht so gut wie meine. Bei einigen Gelegenheiten, als Louise zu Besuch war und sich kräftig betrunken hatte, hat sie mich völlig überraschend angegriffen, weil ihre Zähne nicht so weiß sind wie die, die ich im Mund habe.

»Ich heiße Lisa Modin«, sagte die Frau. »Und Sie müssen der Mann sein, der heute Nacht sein Haus niederbrennen sah. Was ich natürlich bedauere. Es muss ebenso schrecklich wie traurig sein. Ein Haus und ein Heim sind ja doch wie eine äußere Haut für einen Menschen.«

Sie hatte einen leichten Dialekt, der sörmländisch sein konnte. Aber ich war nicht sicher. Und noch weniger sicher war ich mir in der Antwort auf die Frage, warum sie sich an meinen Tisch gesetzt hatte. Sie knöpfte ihre warme Jacke auf und hängte sie über den Nachbarstuhl.

Noch immer wusste ich nicht, was sie wollte. Aber das machte nichts. Allein schon die Tatsache, dass sie sich an meinen Tisch gesetzt hatte, brachte mich wie in einem Anfall von Wahnsinn dazu, mich in sie zu verlieben.

Ein alter Mann hat nicht mehr viel Zeit zur Verfügung, dachte ich. Die plötzliche Liebe ist das Einzige, worauf wir hoffen können.

»Ich heiße also Lisa Modin und bin Journalistin. Ich schreibe für das Lokalblatt. Der Redakteur hat mich gebeten, hinauszufahren und die Brandstätte zu besichtigen und mit Ihnen zu reden. Aber als ich in den Schiffsbedarfsladen am Kai ging und fragte, wie ich zu Ihrer Insel gelangen könnte, sagte man mir, Sie wären sicher im Lebensmittelladen. Da waren Sie nicht. Aber hier sind Sie.«

»Woher wussten Sie, dass ich hier bin?«

»Der Mann da unten im Laden hat Sie mir beschrieben. Da war es nicht schwer, sie zu erkennen, zumal im Lebensmittelladen überhaupt niemand war und Sie hier allein sind.«

Lisa Modin zog ein Notizbuch aus ihrer Handtasche. Aber die Musik aus dem Küchenradio schien sie plötzlich zu stören. Sie stand auf, ging zur Theke und bat Veronika, das Radio leiser zu stellen. Nach einigen Augenblicken verstummte es vollständig.

Sie lächelte, als sie zum Tisch zurückkehrte.

»Sie können mit mir fahren«, sagte ich. »Wenn Sie mit einem kleinen offenen Boot vorliebnehmen.«

»Und Sie fahren mich dann auch zurück?«

»Natürlich.«

»Wohnen Sie auf der Insel? Ihr Haus ist doch niedergebrannt.«

»Ich habe einen Wohnwagen.«

»Auf einer Insel? Ich habe gehört, dass sie nicht sehr groß ist? Gibt es eine Autostraße?«

»Die Geschichte mit dem Wohnwagen ist lang.«

Sie hatte einen Stift in die Hand genommen, ihr Notizbuch aber noch nicht geöffnet.

»Die Nachricht über den Brand ist die eine Sache«, sagte sie.

»Darum kümmert sich der Redakteur und befragt Feuerwehrleute und Polizisten. Aber er will, dass ich einen umfassenden Artikel darüber schreibe, was ein niedergebranntes Heim für eine Familie bedeutet.«

»Ich bin allein.«

»Haben Sie nicht einmal Haustiere?«

»Die sind tot.«

»Sind sie verbrannt?«

Der Gedanke schien sie zu erschrecken.

»Tot. Begraben.«

»Eine Frau haben Sie auch nicht?«

»Auch sie ist tot. Eingeäschert. Aber ich habe eine Tochter.«

»Was sagt sie zu dem Vorfall?«

»Noch nichts. Sie weiß es noch nicht.«

Lisa Modin betrachtete mich eingehend. Dann legte sie den Stift beiseite und trank einen Schluck von ihrem Kaffee. Ich stellte fest, dass sie einen Ring mit einem Bernstein an der rechten Hand trug. An der linken sah ich keinen Ring.

»Für heute ist es zu spät«, sagte sie. »Aber morgen? Wenn Sie Zeit haben?«

»Ich habe alle Zeit der Welt.«

»Das haben Sie doch nicht, wenn Ihr ganzer Besitz in Flammen aufgegangen ist?«

Ich antwortete nicht, weil sie natürlich recht hatte.

»Ich hole Sie morgen«, sagte ich stattdessen. »Bestimmen Sie eine Zeit.«

»Um zehn Uhr? Ist das zu früh?«

»Das geht in Ordnung.«

Sie zeigte zum Fenster.

»Da unten?«

»Ich lege bei den Zapfsäulen an. Ziehen Sie sich warm an. Morgen soll es regnen.«

Sie leerte die Kaffeetasse und stand auf.

»Ich komme um zehn«, sagte sie und verschwand aus dem Café.

Ich hörte, wie ein Wagen gestartet wurde. Und ich fragte mich, ob sie wohl wusste, wie ich hieß.

Über das dunkle Meer, mit dem Boot voll Plastiktüten, fuhr ich nach Hause. Ich dachte an Lisa Modin und ihre Handbewegungen, als sie den Schal um Hals und Kopf geschlungen hatte. Dabei empfand ich eine gespannte Erwartung für den morgigen Tag.

Eigentlich nahm ich an, nachdem ich um den Höga Tryholmen gebogen wäre, das Boot der Küstenwache am Steg liegen zu sehen. Aber der Steg war leer. Ich vertäute das Boot im Bootshaus und trug meine Plastiktüten hinauf zum Wohnwagen. Den kleinen Kühlschrank dort hatte ich eingeschaltet, ehe ich aufgebrochen war. Außerdem hatte ich den Heizkörper hochgedreht. Als ich den Wohnwagen betrat, war es warm. Ich kontrollierte den Gasmesser. Der Behälter war gut gefüllt.

Ich packte meine neu eingekauften Kleidungsstücke aus und begann, geistesabwesend zu untersuchen, wo sie hergestellt worden waren. Die drei Hemden waren alle in China produziert worden. Bevor ich meine Stiefel bekäme, würde nichts, womit ich mir die Kälte vom Leib halten konnte, aus einem anderen Land als dem fernen China kommen.

Ich hängte die Hemden auf und fragte mich, warum das für mich von Bedeutung war. Suchte ich nur nach etwas, worüber ich mich beklagen konnte? Als wäre dies das Letzte, was einem alternden Mann bleibt?

Ich zog eines der blauen Hemden an, einen der Pullover und die Jacke. Die Brandstätte oben hatte jetzt ganz aufgehört zu rauchen. Allerdings war der starke, stechende Geruch von den salzwassergetränkten Eichenstämmen noch unangenehm. Der Gestank verursachte mir Übelkeit, wenn ich mich der Ruine näherte. Ich ging langsam rings um das Haus herum, um nachzuschauen, ob nicht trotz allem noch Gegenstände zurückgeblieben waren, außer dem Spanner von Giaconellis Schuhen. Aber ich fand nichts. Das Gefühl, einen Kriegsschauplatz zu betrachten, stellte sich wieder ein.

Nachdem ich den Brandherd umrundet hatte, blieb ich neben dem Plastiktuch stehen. Irgendetwas hatte sich verändert. Ich verharrte einige Minuten, dann gab ich es auf. Etwas war mir aufgefallen, aber ich konnte nicht sagen, was es war.

Ich warf einen Blick auf meine neue Armbanduhr. Ich fühle mich hilflos, wenn ich nicht weiß, wie spät es ist. Das liegt vielleicht daran, dass mein Vater es mit den Uhrzeiten nicht genau nahm und mindestens einmal von einem der Restaurants, in denen er arbeitete, entlassen worden war, weil er drei Tage hintereinander zu spät gekommen war.

Schließlich bestieg ich den höchsten Felsen auf der Insel. Von dort aus habe ich Aussicht in alle Himmelsrichtungen. Mein Großvater hat einmal eine Bank gezimmert, auf der er und Großmutter an warmen Sommerabenden zu sitzen pflegten. Ob sie miteinander redeten oder schwiegen, weiß ich nicht. Aber als ich noch ein Kind war, nahm ich einmal, ein paar Jahre vor ihrem Tod, Großvaters Fernglas und richtete es auf sie, wie sie da saßen. Zu meinem Erstaunen entdeckte ich, dass sie sich an der Hand hielten.

Das war nur ein selbstverständlicher Ausdruck der Zärtlichkeit und Dankbarkeit. Sie waren seit einundsechzig Jahren verheiratet gewesen.

Die Bank war verfallen. Ich hatte sie nicht gepflegt. Ich hatte sie vernachlässigt, wie so vieles hier draußen auf der Insel.

Ich stand da und schaute auf den Schärengarten hinaus. Mein Blick blieb an einer kleinen Schäre hängen, die östlich von meiner Insel liegt. Sie gehört zu meinem Gelände, hat aber keinen Namen. Eigentlich besteht sie nur aus zwei Felsen und einer kleinen Mulde, in der ein paar Bäume wachsen, weil sie darin windgeschützt sind. Als Kind habe ich dort oft Hütten gebaut. Ab meinem zehnten Lebensjahr, als ich ordentlich schwimmen konnte, ließen Großvater und Großmutter mich bei gutem Wetter dort übernachten.

Als ich ein Teenager wurde, hatte ich in den Sommern ein Zelt auf der Schäre. Jetzt sah ich sie plötzlich mit anderen Augen. Mir war ein Gedanke gekommen, von dem ich nicht wusste, wie ich mich dazu verhalten sollte.

Ich setzte meine Wanderung rund um die Insel fort. An der Westseite sah ich zwei Nerze, die rasch zwischen den Klippen verschwanden. Im Übrigen war alles still. Als befände ich mich allein auf einer verlassenen Erde.

Ich stieg wieder von dem Felsen herab und ging erneut zu dem Plastiktuch. Plötzlich erkannte ich, was mir vorher aufgefallen war. Lundin und Alexandersson waren zur Brandstätte zurückgekehrt, während ich meinen Besuch im Ort gemacht hatte. Dann waren sie fortgegangen, ohne eine Mitteilung zu hinterlassen, ob sie wiederkommen würden oder nicht.

Ich konnte es nicht beweisen. Trotzdem war ich mir sicher.

Ich begriff, dass ich verdächtigt wurde, den Brand gelegt zu haben. Da es keinen offenkundigen Anlass für die Feuersbrunst gab, mussten sie auch die Möglichkeit in Betracht ziehen, dass ich ein Brandstifter war.

Natürlich wusste ich, dass ich nichts dergleichen getan hatte. Aber wie sollte ich es ertragen, hier draußen herumzugehen wie ein verdächtigter Verbrecher?

Schon einmal war mein Leben vollständig über den Haufen geworfen worden, als meine Arztlaufbahn wegen eines Operationsfehlers beendet wurde. Hatte mich jetzt eine weitere Katastrophe getroffen? Wie viel konnte ich aushalten?

Ich ging hinunter zum Bootshaus und holte das Blutdruckmessgerät hervor. Dann knöpfte ich mein chinesisches Hemd auf, krempelte den Ärmel hoch und maß meinen Blutdruck. Er betrug hundertsechzig zu achtundneunzig. Für mich ungewöhnlich hoch. Ich kontrollierte den Druck, indem ich ihn auch an dem anderen Arm maß. Hundertneunundfünfzig zu neunundneunzig. Mir gefiel das Ergebnis nicht, obwohl ich begriff, dass das niedergebrannte Haus die Erklärung dafür war. Ich hatte einen Schock erlitten. Aber ich besaß Medikamente, unter anderem Metoprolol, das ich gewöhnlich nicht nahm, aber heute früh aus der Apotheke geholt hatte. Das würde den Blutdruck senken.

Notfalls konnte ich auch auf Oxascand zurückgreifen, die Art von Beruhigungstabletten, die ich bei seltenen Gelegenheiten einnehme.

Ich kontrollierte meinen Puls. Er lag bei achtundsiebzig. Ein wenig zu hoch, aber nicht gefährlich. Ich verstaute die Blutdruckmanschette wieder im Bootshaus. Aus der Ferne war ein Bootsmotor zu hören. Der Laut war jedoch so schwach, dass ich das Boot nicht identifizieren konnte. Nach einer Weile war er verklungen.

Plötzlich fiel mir ein, dass es im Bootshaus einen alten mechanischen Wecker gab. An den erinnerte ich mich aus meiner Kindheit. Ob er noch funktionierte, wusste ich nicht. Ich suchte ihn unter den Werkzeugen hervor und nahm ihn mit hinaus zur Bank. Die Feder hielt, als ich ihn vorsichtig aufzog. Die Uhr begann sofort zu ticken, und die Zeiger bewegten sich. Ich stellte die Zeit ein und plazierte den Wecker neben mir auf der Bank. In diesem Moment waren er, das Handy, die Armbanduhr und die chinesischen Hemden meine kostbarsten Besitztümer.

Wind war aufgekommen. Die Wetterfahne auf dem Bootshausdach pendelte unsicher zwischen Süden und Westen. Ich nahm den Wecker und stand auf.

Jetzt konnte ich nicht länger warten. Ich musste versuchen, meine Tochter Louise zu erreichen.

4.

Louise ist jetzt vierzig Jahre alt. Als wir das letzte Mal miteinander sprachen, war sie also in Amsterdam. Ich nehme an, dass sie dort Freunde hat, von denen zu erzählen sie nicht für nötig empfand. Natürlich war es auch möglich, dass es sie wegen eines ihrer politischen Projekte, denen sie sich widmet, in die holländische Stadt verschlagen hatte.

Sie schreibt nicht nur Briefe an Präsidenten und Diktatoren. Sie hat bei einigen Gelegenheiten Skandale provoziert, indem sie Mülltüten auf reaktionäre Politiker warf. Aus ihren Handlungen schließe ich, dass sie links steht. Manchmal glaube ich, sie ist eine verirrte Anarchistin, in anderen Augenblicken halte ich sie für eine aufrechte radikale Frau, die sich hoffnungsloser Methoden bedient. Wann immer ich versucht habe, mit ihr eine politische Diskussion zu führen, habe ich verloren. Auch wenn sie mich nicht mit Argumenten überzeugen konnte, zermürbte sie mich, indem sie mich dauernd unterbrach.

Wovon sie lebt, weiß ich nicht. Aber sie scheint keine Not zu leiden, und sie besitzt eine Hartnäckigkeit, um die ich sie beneide.

Als Harriet mich damit überraschte, dass ich eine Tochter hatte, war Louise schon erwachsen. Sie lebte damals im Inneren des melancholischen unteren Norrland. Es war ihre Mutter, die mich zu ihr brachte. Harriet hatte nur gesagt, wir würden jemanden besuchen, auf dem Weg zu dem Weiher, der das eigentliche Ziel unserer Reise war. Plötzlich hatte der Wohnwagen vor uns gestanden. Und erst als die Tür geöffnet wurde und eine mir total unbekannte Frau namens Louise vor mir stand, erfuhr ich, dass sie meine Tochter war. Das war natürlich einer der umstürzendsten und entscheidendsten Augenblicke meines Lebens. Ich bekam ein Kind, eine Tochter, die geboren wurde, als sie schon dreißig Jahre alt war.

Sie lebte in dem Wohnwagen, der später auf einer alten Kuhfähre hierher auf die Insel verfrachtet wurde. Und sie blieb hier, bis Harriet gestorben war und wir gemeinsam ihren Körper zusammen mit meinem alten, an Land verrotteten Holzboot verbrannt hatten. Kurz darauf verschwand sie. Von ihrem Tun erfuhr ich durch ein Zeitungsfoto, auf dem sie nackt vor einigen internationalen Politikern tanzte, deren Handlungen sie verachtete.

Ich kenne Louise eigentlich überhaupt nicht. Aber ich wünschte, es wäre so. Sie hat diese Insel mehr und mehr ins Herz geschlossen, und ich habe ihr versprochen, dass sie natürlich alles von mir erben wird. Die Alternative wäre, den Hof zu verkaufen oder ihn dem Heimatverein zu vermachen. Aber ich brauchte kein Geld, und der Heimatverein schien vor allem aus Menschen zu bestehen, die sich darüber stritten, womit der Verein sich eigentlich beschäftigen sollte. Ich möchte nicht, dass das Haus meines Großvaters und meiner Großmutter – falls es wieder aufgebaut wird – in ein schlampig betriebenes Sommercafé verwandelt wird.

Vor ein paar Jahren hatte ich ein halbes Jahr lang einige junge Frauen hier zu Gast. Sie waren aus einem Heim für obdachlose Mädchen vertrieben worden, das eine Frau leitete, der ich den falschen Arm amputiert hatte. Sie hatte mir verziehen, und ich war froh, den Mädchen helfen zu können, als sie heimatlos wurden. Bald begann das Leben auf dieser isolierten Insel die rastlosen Mädchen jedoch unruhig zu machen, und sie verschwanden, als sich eine Unterkunft auf dem Festland bot. Ich habe sie nie wiedergesehen.

Ich war froh, dass sie jetzt nicht hier waren, als das Haus brannte. Mir schauderte beim Gedanken, dass eine von ihnen in den Flammen hätte umkommen können.

Ich saß lange in dem Wohnwagen, ehe ich ausreichend Mut gefasst hatte, dass ich es wagte, Louises Nummer zu wählen. Ich hoffte, sie würde sich nicht melden. Dann könnte ich guten Gewissens bis zum nächsten Tag warten. Aber sie meldete sich nach vier Klingelzeichen. Ihre Stimme klang ganz nah, als stünde sie direkt vor dem Wohnwagen.

Wie üblich begann ich mit der Frage, ob ich störe. Das tat ich nicht. Dann fragte ich sie, wo sie sich befände. Früher begann man ein Gespräch mit der Frage nach dem Wohlergehen. Heute eröffnet man ein Gespräch, indem man sich erkundigt, wo sich jemand aufhält.

Sie antwortete nicht. Das bedeutete, dass sie den Aufenthaltsort nicht preisgeben wollte. Ich beharrte nicht darauf. Aus Rache für übertriebene Neugier pflegt sie wochenlang nicht auf meine Anrufe zu antworten.

Ich berichtete, was geschehen war.

»Das Haus ist niedergebrannt. Es ist heute Nacht geschehen.«

»Welches Haus?«

»Mein Haus, in dem ich wohne. Das, das du erben solltest.«

»Ist es ganz niedergebrannt?«

»Ja.«

»Großer Gott!«

»Das kann man so sagen.«

»Was ist passiert?«

»Das weiß ich nicht und auch sonst niemand. Als ich aufgewacht bin, stand das ganze Haus in Flammen. Ich habe es nicht geschafft, mehr mitzunehmen als mich selbst.«

»Nicht einmal deine Tagebücher?«

»Nichts.«

Sie verstummte. Ich verstand, dass sie zu begreifen versuchte, was ich gesagt hatte.

»Bist du verletzt?«

»Nein.«

»Es muss doch eine Erklärung geben?«

»Die Polizei und ein Brandinspektor sind hier gewesen und haben in der Ruine herumgestochert. Sie konnten keine Ursache finden.«

»Häuser brennen nicht ohne Grund. Bist du sicher, dass du nicht verletzt bist?«

»Mir geht es gut.«

»Was wirst du jetzt tun?«

»Ich weiß nicht.«

»Wo wohnst du?«

»Bis auf weiteres in deinem Wohnwagen.«

Es wurde wieder still. Ihr Erstaunen schien sich trotz allem nicht in eine gegen mich gerichtete Wut zu verwandeln.

»Ich komme.«

»Das musst du nicht.«

»Ich weiß, dass ich das nicht muss. Aber ich will mit eigenen Augen sehen, dass alles weg ist.«

»Du kannst dich auf mein Wort verlassen.«

»Das tue ich auch.«

Sie wollte nicht weitersprechen, das hörte ich an ihrer Stimme. Das Gespräch endete, nachdem sie versichert hatte, sie würde bald von sich hören lassen. Ich legte mich auf die Pritsche und merkte, dass ich verschwitzt war. In diesem Moment war sie immerhin der einzige Mensch, mit dem ich über die Geschehnisse reden konnte.

Nach einer Weile stand ich auf und ging hinaus. Ich legte Janssons Handy in eine kleine Blechschachtel, die unter der Bank auf dem Steg steht. Dann schickte ich ihm eine SMS. Er könne das Handy abholen. Ich hätte einen Fünfziger in die Schachtel gesteckt. Das würde reichen, um die wenigen Gespräche zu bezahlen, die ich geführt hatte. Meine Nachricht beendete ich mit den Worten, ich wolle am liebsten allein sein.

Dann setzte ich mich auf die Bank und lehnte den Rücken an die Wand des Bootshauses, von der die rote Farbe abblätterte. Als ich aufwachte, war die Dämmerung hereingebrochen. Ich fror. Ich ging hinauf zum Wohnwagen und empfand die Dunkelheit plötzlich als erschreckend. Kein Licht kam aus den Fenstern, die es nicht mehr gab. Nicht einmal die Lampe vor dem Bootshaus brannte. Alles war dunkel. Ich zündete die Gaslampe im Wohnwagen an und holte eine alte Petroleumlampe hervor, die Louise einmal von Harriet geschenkt bekommen hatte. Danach öffnete ich eine Dose mit Rinderbrühe und erwärmte sie auf dem Gaskocher. Als das Essen fertig war, drehte ich die Gaslampe aus. Das Licht der Petroleumlampe ist milder.

An diesem Abend kroch ich früh ins Bett. In der Dunkelheit merkte ich, wie müde ich war. Ich schaffte es nicht einmal, mich vor dem morgigen Tag zu graulen. Als wären meine gesamten Kräfte zusammen mit dem Haus verbrannt.

Ich erwachte aus einem Traum von einem Sturm. Mit Hilfe des alten Weckers rechnete ich aus, dass ich neun Stunden geschlafen hatte. So lange hatte ich seit meiner Kindheit kaum geschlafen. Wie ich es immer tue, stand ich sofort auf. Bleibe ich im Bett liegen, breitet sich bei mir eine Unruhe im ganzen Körper aus. Ich zog den Regenmantel an und bemerkte, dass ich am Tag davor vergessen hatte, ein Handtuch zu kaufen. Also beschloss ich, das gelbe chinesische Hemd zu opfern. Damit ging ich hinunter zum Bootshaus. Am äußersten Ende des Stegs führte eine Leiter ins Wasser. Ich kletterte hinunter und ließ mich mit dem Rücken voran ins Wasser gleiten.

Es war kalt. Ich schätzte die Wassertemperatur auf sieben oder acht Grad. In der Nacht war Wind aufgekommen. Die Wetterfahne auf dem Bootshaus pendelte zwischen West und Südwest. Auch ein Radio hatte ich vergessen zu kaufen, dachte ich, als ich wieder aus dem Wasser kletterte. Ich rubbelte mich mit dem gelben Hemd ab, um den Kreislauf auf Trab zu bringen. Dabei vermied ich es, meinen Körper zu betrachten, der mir mit zunehmendem Alter immer abstoßender erschien. An diesem Morgen fühlte ich mich so hinfällig wie noch nie.

Ich eilte zurück zum Wohnwagen und zog mich an. Als ich den Kaffee ausgetrunken und ein paar Butterbrote verzehrt hatte, rief ich die Auskunft an und ließ mich mit Kolbjörn Eriksson verbinden. Er ist im selben Alter wie ich und kam hierher in den Schärengarten, nachdem er ein Leben lang Elektriker auf einem Frachtschiff gewesen war, das im Linienverkehr zwischen Europa und Südamerika verkehrte. Jetzt wohnt er in einem Haus, das er von seinem Onkel geerbt hat, der zu einer der bekannteren Robbenjägerfamilien hier draußen auf den Inseln gehörte. Er war es auch gewesen, der vor ein paar Jahren das gesamte Stromnetz erneuert hatte.

Kolbjörn meldete sich sofort. Als ich sagte, wer ich bin, meinte ich zu hören, wie er aufstöhnte.

»Mein Haus ist niedergebrannt. Aber das weißt du sicher schon?«

»Ich war in der Nacht da«, erwiderte er. »Aber daran erinnerst du dich vielleicht nicht?«

Ich hatte in der Tat keinerlei Erinnerung daran, ihn unter denen gesehen zu haben, die vergeblich versucht hatten, den Brand zu löschen. Wie kam es, dass ich mich nicht an sein charakteristisches Gesicht und die Glatze, seinen langen Körper und die etwas piepsige Stimme erinnerte?

»Nein«, sagte ich. »Aber danke, dass du versucht hast zu helfen.«

»Was ist geschehen?«

»Es kann doch wohl kein Fehler an den elektrischen Leitungen gewesen sein, die du verlegt hast?«, fragte ich.

»Hast du eine brennende Kerze vergessen?«

»Nein. Wir müssen abwarten und sehen, was die Sachverständigen herausfinden.«

Ich war nahe daran zu sagen, dass ich wohl als Brandstifter verdächtig war. Aber ich hielt die Worte zurück, ehe sie mir aus dem Mund flogen. »Ich brauche Elektrizität«, erklärte ich stattdessen. »Zurzeit lebe ich in dem Wohnwagen. Ich brauche Licht und Wärme.«

»Ich habe schon daran gedacht. Ich komme heute.«

In drei Stunden würde ich Lisa Modin abholen.

»Morgen«, sagte ich. »Und bring gern ein paar Lampen mit, sowohl für draußen wie für drinnen im Wohnwagen, wenn du welche hast.«

Kolbjörn versprach, sich am nächsten Tag einzufinden. Wir vereinbarten halb acht Uhr. Ich steckte das Handy in die Jackentasche und ging hinunter zu meinem Boot. Es startete sofort. Ich fuhr hinaus und in einem Bogen auf die namenlose Schäre zu. Kurz vor der Küste stellte ich den Motor ab, klappte ihn hoch und stakte mit einem Ruder an Land. Ich musste das Boot nicht am Ufer vertäuen, da ich es sehen konnte, wo auch immer ich mich auf der Schäre befand. Der Wind kam von Südwest, und die Wellen schlugen gegen den Achterspiegel.

Auf dem Berg der Insel lagen einige Knochen einer Möwe. Knochen und ganze Skelette von Vögeln kenne ich seit meiner Kindheit. Aber ich wollte mir die Schäre nicht als Friedhof vorstellen. Ich ging hinunter zu der Mulde zwischen den beiden Klippen. Da draußen lag das offene Meer. Nur ein paar Felsen, die sich kaum über die Wasseroberfläche erhoben, waren am äußersten Horizont zu erahnen.

In meiner Kindheit hatte ich mir die Felsen als Wale vorgestellt, deren Rücken über die Meeresoberfläche ragten.

Das tue ich heute noch.

Ich stiefelte aus der Mulde wieder heraus und sah von oben, dass dort Platz genug war für den Wohnwagen. Mit Taljen und Seilen würde es auch nicht unmöglich sein, ihn auf eine Fähre zu hieven und an seinen Platz zwischen die beiden dicht bewachsenen Erlenhaine zu stellen.

Anschließend unternahm ich einen Rundgang um die Schäre.

Ich entschied mich, den Gedanken, der mir am Tag davor gekommen war, in die Tat umzusetzen. Meine Tochter würde die Veränderung sicher billigen, die ich plante. Der Wohnwagen würde umgesetzt werden.

Nach diesem Entschluss ging ich zurück zum Boot und fuhr zum Festland hinüber. Es blieb mir immer noch eine Stunde, bis ich Lisa Modin abholen sollte. Ich fragte bei Nordin nach, ob er meine Stiefel bestellt hätte. Das hatte er getan. Er sah fast beleidigt aus wegen meiner Nachfrage.

Ich kaufte eine Schwimmweste für Lisa Modin, für mich selbst hatte ich eine alte Weste, die ich nie benutzte. Als ich das Boot vertäut hatte, hatte ich sie aus der kleinen Plicht im Heck geholt und vergeblich versucht, sie von Öl und Fischschuppen zu befreien.

Ich staunte, als ich Lisa Modins Schwimmweste bezahlte. Nordin stimmte mir zu, dass sie teuer war. Aber er war natürlich nicht derjenige, der den Preis festlegte.

Im Café saßen ein paar Asphaltleger und tranken Kaffee. Sie waren dabei, den Belag an dem Hafenpier auszutauschen, an dem die Küstenwache ihre Schiffe hat. Gerade redeten sie davon, dass einer von ihnen vor ein paar Tagen einen Barsch gesehen hätte. Es kam zu einer lauten Diskussion darüber, ob er sich getäuscht hatte oder nicht. Dass dieser Fisch hier im Schärengarten ausgestorben ist, wissen alle. Ich selbst habe seit fast drei Jahren keine kleinen Barsche mehr im Wasser des Bootshauses gesehen. Der eine oder andere Schwarm von Plötzen war vor dem Steg vorbeigezogen. Aber das war schon alles.

Zerstreut lauschte ich dem Gespräch zwischen den Asphaltlegern. Die Ostsee war im Begriff abzusterben. Der Untergang des Meeres vollzog sich schleichend. Der Boden, den wir nicht mit bloßem Auge sehen konnten, war schon teilweise ganz ohne Leben geworden. Dort gab es nichts anderes als eine sterile Unterwasserwüste. Die immer heftigere Algenblüte betrachtete ich als sommerliche Anfälle von Psoriasis. Das Meer schuppte sich und wurde zugleich erstickt.

Die Asphaltleger standen auf, nachdem sie sich über die Existenz des Barsches geeinigt hatten. Nun war ich allein im Café. Veronika hörte draußen in der Küche Radio. Ich bemerkte, dass sie die Lautstärke heruntergedreht hatte, als ich hereingekommen war.

Veronika ist die Enkelin eines der letzten Lotsen hier draußen. Ich weiß, dass sie einen Bruder hat, der mit einem Wasserkopf geboren wurde und noch zu Hause bei den Eltern wohnt. Veronika selbst lebt in der kleinen Wohnung, die eingezwängt zwischen dem Lebensmittelladen und dem Café liegt.

Sie war freundlich und aufmerksam. Aber sie war auch ängstlich und fürchtete sich, etwas falsch zu machen oder etwas Unpassendes zu sagen. Manchmal glaube ich, sie wird weiterhin in diesem Café bleiben. Kellnern, bis das Alter sie einholt. Sie macht den Eindruck, als würde sie sich keinen Aufbruch zutrauen, der ihr Leben ernstlich verändern könnte. Ich frage mich, welche Sehnsucht sie hegt. Irgendetwas muss es sein.

Ich ging hinaus auf die Toilette und betrachtete mein Gesicht im Spiegel. Es war, wie es war: die Haare ordentlich gekämmt, aber schütter, meine Gesichtszüge waren streng. Ich bemühte mich, mein Spiegelbild anzulächeln. Dann versuchte ich, mir Lisa Modin ohne Kleider vorzustellen. Sogleich schämte ich mich dafür.

An dem chinesischen Hemd, das ich an diesem Morgen angezogen hatte, entdeckte ich einen Fehler. Einen kleinen Konfektionsfehler am Kragen. Das empörte mich so sehr, dass ich mir fast das Hemd ausgezogen und es in den Papierkorb der Toilette geworfen hätte. Aber ich beruhigte mich wieder. Wenn ich den Pullover ein paar Zentimeter hochzog, würde man den Fehler nicht bemerken.

Noch immer blieben zwanzig Minuten, bis ich Lisa Modin treffen sollte. Ich ging zum Lebensmittelladen und kaufte einen Laib Weizenbrot. Zwischen den Regalen war es genauso leer wie im Café. Ich lebte in einem verlassenen Teil von Schweden. Es gab kaum noch Menschen auf den Inseln, ebenso wenig wie Fische im Meer.

Nach dem Einkauf ging ich hinunter zum Boot und wartete. Noch immer wehte nur eine leichte Brise übers Meer. Im Osten bildete sich eine Regenfront, aber sie würde kaum vor dem Abend eintreffen.

Die Asphaltleger lärmten an ihrem Pier. Der Geruch von Teer drang bis zu mir.

Ich schaute hinunter ins Wasser. Keine Fische. Nicht einmal ein kleiner Schwarm von Ukeleien.

Es wurde Viertel nach zehn. Hatte sie beschlossen, doch nicht zu erscheinen?

Im selben Augenblick, als ich mich das fragte, kam ein hellblaues kleines Auto den Hang herunter. Es fuhr schnell und legte auf dem Parkplatz eine Vollbremsung ein. Lisa Modin stieg aus dem Wagen. Sie trug dieselbe Jacke wie am Tag davor. Ich richtete mich im Boot auf und winkte. Vor lauter Eifer übertrieb ich meine Bewegungen, das Boot begann zu schwanken, und ich wäre fast gestürzt. Es endete damit, dass ich mir an einem der Ruder das Knie anschlug und mich unsanft aufs Hellegatt setzte. Ob sie es sah oder nicht, konnte ich nicht erkennen. Jedenfalls stand ich rasch wieder auf, als sie auf das Boot zukam.

»Es tut mir leid, dass ich mich verspätet habe«, sagte sie.

Ich nahm ihre Handtasche und ergriff ihre Hand, um ihr ins Boot zu helfen. Sie trug Handschuhe. Dann gab ich ihr die Schwimmweste und machte die Leinen los. Sie setzte sich auf die Bank mitten im Boot und kehrte mir den Rücken zu. Ich steuerte aus dem Hafen heraus und beschleunigte die Geschwindigkeit.

Nordin stand vor der Schiffshandlung und rauchte seine Pfeife. Er ist einer der wenigen Menschen, die ich heute kenne, die sich hartnäckig weigern, mit dem Rauchen aufzuhören.

Sie schwieg die ganze Fahrt über, saß nur da und schaute auf die Inseln, die Boote und das offene Meer. Ein Seeadler glitt über den Aufwinden dahin. Das war das einzige Mal, dass sie sich zu mir umdrehte. Ich nickte zu dem Vogel hinauf, der an seinen unsichtbaren Fäden hing.

»Königsadler?«, rief sie.

»Seeadler.«

Das war alles, was wir während der Fahrt sprachen. An der Insel angekommen, bremste ich vor dem Steg. Die Brandstätte war vom Boot aus deutlich zu sehen.

Ich musste ihr nicht an Land helfen. Zusammen gingen wir direkt hinauf zu dem niedergebrannten Haus. Sie umrundete das verrußte Häuslergrundstück, einmal, zweimal, das zweite Mal in der entgegengesetzten Richtung. Ich stand neben dem verkohlten Apfelbaum und folgte ihr mit dem Blick. Für einen kurzen Augenblick hatte ich das Gefühl, sie gliche Harriet als junger Frau, obwohl Harriet nie so kurz geschnittenes Haar gehabt hatte. Plötzlich war ich mir nicht sicher, ob ich mich nach einer Erinnerung sehnte oder nach dieser Frau, die die Brandruine umrundete.

Sie kam zu mir herüber und schüttelte den Kopf.

»Was ist passiert?«, fragte sie.

»Ich habe geschlafen und bin davon aufgewacht, dass es ganz hell wurde. Da bin ich hinausgerannt.«

»Ich habe mit Bengt Alexandersson telefoniert. Er sagte, die Brandursache sei noch unklar.«

»Nichts weiter?«

»Nur das. Die Brandursache ist unklar.«

Ich hatte sofort das Gefühl, dass sie nicht die Wahrheit sagte. Alexandersson hatte bestimmt noch mehr gesagt. Vielleichte ahnte sie, dass man mich verdächtigte, selbst den Brand gelegt zu haben?

Ich kehrte ihr den Rücken zu und ging langsam zum Bootshaus und der Bank zurück. Ich hatte keine Lust mehr, sie im Wohnwagen zum Kaffee einzuladen. Lisa Modin folgte mir und setzte sich. Jetzt hatte sie ihren Notizblock und einen Stift in der Hand.

»Wie überlebt man?«, fragte sie.

»Man rennt aus dem Haus, so schnell man kann.«

»So meine ich das nicht. Wie überlebt man, wenn man seine sämtlichen Besitztümer verloren hat?«

»Es ist sehr wenig, was man zum Leben braucht.«

»Aber alle Erinnerungen? Familienkleinode? Fotoalben? Und nicht zuletzt die Böden, auf denen man gegangen ist, die Tapeten, die man ständig gesehen hat, die Türen, die man geöffnet und geschlossen hat.«

»Die wichtigsten Erinnerungen, die man besitzt, sind im Gehirn bewahrt. Ich kann nicht darüber weinen, dass alles weg ist. Ich muss entscheiden, was ich tun soll. Ich habe nicht vor, diesem Brand zu erlauben, mein Leben zu stehlen.«

»Werden Sie das Haus wieder aufbauen?«

»Ich habe mich noch nicht entschlossen.«

»Aber Sie haben es natürlich für seinen vollen Wert versichert?«

»Ja.«

»Und auch das gesamte Inventar?«

»Das weiß ich nicht.«

Sie machte ein paar Notizen auf ihrem Block. Ich sah, dass sie Stenographiezeichen benutzte. Dabei hatte sie die Handschuhe immer noch an. Ich sollte sie fragen, was Alexandersson eigentlich gesagt hatte.

Plötzlich verzog sie das Gesicht und beugte ihren Nacken. Sie hatte Schmerzen, wie ich sehen konnte.

»Ich frage mich, ob ich womöglich einen Bandscheibenvorfall im Nacken bekomme«, sagte sie. »Aber es ist vielleicht nur eine Nackensperre?«

Ich stand auf.

»Auf dieser Bank habe ich meine Arztpraxis«, sagte ich.

Sie sah mich an, als würde ich scherzen.

»Ich werde Sie untersuchen«, sagte ich. »Es dauert nur ein paar Minuten.«

Sie zögerte, nahm dann aber ihr Kopftuch ab und knöpfte die Jacke auf. Ich tastete ihren Hals und die Wirbel ab. Wo tat es weh? Dann bat ich sie, Hals und Nacken nach meinen Anweisungen zu bewegen. Ich ahnte, dass es ein Bandscheibenvorfall sein konnte. Aber um es mit Sicherheit zu wissen, musste sie ein Röntgenbild machen lassen.

Ihr Körper war warm, und ich hatte Lust, mein Gesicht an ihre Haut zu legen. Ich bat sie, ein paar überflüssige Bewegungen mit dem Nacken zu machen, nur um meine Hände dort ruhen lassen zu können.

Sie legte ihr Kopftuch wieder an und versprach, dass sie sich röntgen lassen würde. Ich schlug vor, in meinem Wohnwagen Kaffee zu trinken und unser Gespräch fortzusetzen. Bevor wir hineingingen, machte sie ein paar Fotos von mir, wie ich da auf der Bank saß, das Meer im Hintergrund. Schließlich bat sie mich, ans äußerste Ende des Stegs zu gehen und aufs Meer hinauszublicken. Ich folgte ihren Anweisungen.

Der Wohnwagen war sehr eng, wenn sich zwei Personen darin aufhielten. Ich legte das geschnittene Weizenbrot auf eine Platte und servierte den Kaffee in zwei unterschiedlichen Tassen, andere gab es nicht.

Ich saß auf dem Hocker am Tisch, sie auf der Pritsche mit einem Kissen im Rücken. Sie fragte mich nach der Geschichte des Hofs, wie lange ich dort gewohnt hätte und wie ich meine Zukunft sähe.

Letzteres war am schwierigsten zu beantworten. Ich sagte nur, ich hätte mich noch nicht entschlossen. In mir sei das Feuer nicht erloschen.

»Das ist schön«, sagte sie. »Schön und erschreckend.«

Als es nichts mehr zu geben schien, worüber sie Auskunft haben wollte, fragte ich sie, wie sie in der Lokalredaktion der Zeitung gelandet war. Eine Ehe war in die Brüche gegangen und hatte sie veranlasst, Strängnäs zu verlassen, wo sie für ein anderes Lokalblatt gearbeitet hatte. Sie war hierhergezogen, weil sie hier Arbeit bekommen hatte. Seit einem Jahr war sie jetzt hier, und ich hatte das Gefühl, dass es ihr nicht besonders gut gefiel.

Sie hatte keine Kinder. Das sagte sie, ohne dass ich danach gefragt hätte.

»Was machen Sie in zehn Jahren?«, fragte ich.

»Hoffentlich etwas, was ich mir heute noch nicht vorstellen kann. Was machen Sie selbst?«

»Ich antworte dasselbe wie Sie.«

»Aber bleiben Sie hier wohnen? In einem neu gebauten Haus?«

Ich antwortete nicht. Schweigend saßen wir da. Ein paar Eschenäste kratzten am Dach des Wohnwagens.

»Ich war noch nie hier draußen in den Schären«, sagte sie plötzlich. »Seltsamerweise. Bei der Fahrt hierher habe ich gesehen, wie schön es ist.«

»Es gibt eine besondere Schönheit vor dem Winter«, antwortete ich. »Schöner als jetzt wird es nicht. Auch wenn viele Menschen es als öde und erschreckend empfinden.«

»Ich habe von einer äußeren Schäre gehört, auf der vor langer

Zeit ein paar arme Fischer lebten. Ein Teil der Fundamente soll noch zu sehen sein. Niemand versteht, wie Menschen dort überleben konnten. Ich würde sie gern sehen. Aber wenn ich es recht verstanden habe, darf man dort nicht an Land gehen?«

»Nur während der Brutzeit der Vögel nicht. Jetzt kann man die Insel besuchen.«

»Sind Sie schon dort gewesen?«

»Viele Male. Ich kann sie Ihnen zeigen, wenn Sie wollen.«

Sie nahm mein Angebot sofort an.

»Ich könnte nächsten Mittwoch mitkommen«, sagte sie. »Wenn Sie Zeit haben? Mir ist klar, dass es für Sie im Moment viel zu bedenken gibt.«

»Ich habe alle Zeit der Welt.«

Wir sprachen weiter über den Brand. Sie bat mich zu beschreiben, wie das Haus ausgesehen hatte, Zimmer für Zimmer. Ich erzählte von den dicken Eichenstämmen, die die Wände gestützt hatten, und wie sie im nördlichen Teil des Schärengartens gefällt und dann mit Pferden übers Eis gezogen worden waren. Großvater hatte gewusst, dass eine dieser Fuhren an einer kleinen, unbedeutenden Untiefe versunken war, die aus irgendeinem Grund Kejsaren genannt wurde. Auch wenn das Eis dick war, konnten tückische Risse in der Nähe von Untiefen oder langen seichten Küstenstreifen entstehen. Das Pferd, das Großvater zufolge Rummel geheißen hatte, war zusammen mit dem zwanzigjährigen Fuhrmann direkt im Eis eingebrochen. Niemand war in der Nähe gewesen, niemand hatte Schreie gehört. Erst spätabends, im Schein von Fackeln, hatte man angefangen zu suchen. Am nächsten Tag hatte der Riss sich geschlossen. Man fand weder Pferd noch Fuhrmann, ehe der Frühling kam und das Eis seinen Griff gelockert hatte.

Ich hatte das Gefühl, als würde ich erneut um das Haus herumwandern. Die gesammelten Abdrücke des Lebens mehrerer Generationen waren innerhalb einiger kurzer nächtlicher Stunden ausgelöscht worden. Unsichtbare Spuren von Bewegungen, Worten, Schweigen, Sorgen, Schmerzen und Lachen waren verschwunden. Auch das Unsichtbare kann zu Asche und Ruß werden.

Als wir zum Bootshaus hinuntergingen, empfand ich eine große Erwartung bei dem Gedanken, dass sie wiederkommen würde. Das war jetzt wichtiger als die verkohlte Ruine.

Ich setzte sie im Hafen bei den Zapfsäulen ab.

Wir gaben uns die Hand. Aber ich wartete nicht, bis sie sich ins Auto setzte und davonfuhr.

Nachdem ich das Boot im Bootshaus vertäut hatte, entdeckte ich, dass Jansson sein Handy geholt hatte. In die Blechdose hatte er eine Plastiktüte mit frisch gebackenem Zwieback gelegt.

Jansson war ein Mann mit vielen Eigenheiten. Bei einer Gelegenheit verriet er mir, dass er sich dafür interessierte, wie die Menschen sich im Lauf der Zeiten gegenseitig hingerichtet hatten. Es zeigte sich, dass er alles über merkwürdige und barbarische Hinrichtungsmethoden wusste. Erstaunt und mit wachsendem Widerwillen lauschte ich Janssons Erzählungen über die menschliche Brutalität. Aber plötzlich brach er ab, als hätte er eingesehen, dass er zu weit gegangen war.

Aber am bemerkenswertesten war wohl, dass er einen klaren und starken Tenor hatte. In Harriets letztem Lebensjahr überraschte er uns alle damit, sich in der Abenddämmerung plötzlich von ihrer Geburtstagstafel zu erheben und Schuberts »Ave Maria« zu singen, dass es über die Bucht dröhnte. Alle waren ebenso gerührt wie erstaunt. Keiner hatte gewusst, dass er eine so gewaltige Stimme hatte. Aber als er danach die Anfrage bekam, ob er sich nicht dem Kirchenchor anschließen wollte, sagte er Nein. Keiner hat ihn nach diesem Geburtstagsfest je wieder singen hören. Nur an diesem Tag, als die sterbende Harriet mit einem Blumenkranz im Haar am Tisch saß.

Ich nahm die Zwiebäcke mit zum Wohnwagen. Dort schrieb ich eine Liste von allem, was ich jetzt entscheiden musste. Außerdem überschlug ich meine finanzielle Situation und stellte fest, dass sie, dank meiner Sparsamkeit, nicht so schlecht war, wie ich befürchtet hatte. Auf verschiedenen Bankkonten hatte ich ein paar Hunderttausend Kronen. Dazu einige Aktien und zinslose Obligationen.

Danach bereitete ich mir ein Abendessen zu, wieder aus der Dose, und machte dann einen Rundgang um die Insel.

Als ich von meinem Spaziergang zurückkam, holte ich ein altes Transistorradio aus dem Bootshaus, allerdings glaubte ich nicht, es wieder in Gang bringen zu können. Aber nach dem Auswechseln der Batterien, an die ich gestern beim Einkaufen gedacht hatte, gab es Geräusche von sich. Ich stellte einen Sender ein, legte mich auf die Pritsche und hörte mir einen Vortrag von einem Professor aus Lund an, der von der Geschichte des heilenden Magnetismus handelte. Als Arzt glaubte ich natürlich nicht an die wundertätige Kraft eines Magneten. Aber der Professor hatte eine angenehme Stimme. Also kümmerte es mich nicht, was er sagte.

Darauf folgten Nachrichten und der Seewetterbericht. Die Welt wird mit jedem Tag immer unbegreiflicher. Ich weiß bald nicht mehr, welche Terrorgruppen sich gegenseitig abschlachten. Außerdem war ein palästinensischer Junge außerhalb von Jerusalem bei lebendigem Leib verbrannt worden. Die entsetzlichen Nachrichten endeten damit, dass einige Rebellen im Irak von ihren Feinden gekreuzigt worden waren. Ihr Hass gründete sich ganz und gar auf unterschiedliche Ansichten darüber, was die wahre Religion sei. Dennoch glaubten sowohl die einen, die die Männer festnagelten, wie die anderen, die festgenagelt wurden, sie dienten demselben Gott.

In meinem Wohnwagen gab es keinen Gott. Vielleicht streifte er nachts auf der Insel herum? Vielleicht schlief er im Bootshaus? Hier würde ich ihn niemals einlassen. Nicht einmal, wenn er vollkommen durchgefroren wäre. Im Kontakt mit Göttern konnte ich mich unmenschlich verhalten.

Ich wachte früh am nächsten Morgen auf. Während der Nacht hatte ich von einer Armada von altmodischen Motorbooten geträumt, die die Insel umringten. Sie hatten mit Scheinwerfern ein so starkes Licht auf meinen Wohnwagen gerichtet, dass sie mich an den Brand erinnerten. Ich wachte auf und glaubte, jetzt wäre der Wohnwagen in Brand geraten. Nackt rannte ich in die Dunkelheit hinaus. Mein Herz klopfte noch eine ganze Weile hart, auch nachdem ich begriffen hatte, dass es nur ein Traum war.

Danach lag ich lange wach. Der Wind versetzte den Wohnwagen in sanfte Bewegung. Er war wie ein Schiff, das in den Vertäuungen hin und her schaukelte.

Schließlich schlief ich ein und wachte um sechs Uhr auf. Ich ging hinunter zum Bootshaus und nahm mein erstes Bad. Das Thermometer zeigte sieben Grad. Das gelbe chinesische Hemd musste noch mal als Handtuch dienen. Ich kochte Kaffee und aß mit Sardinen belegte Butterbrote. Sicherheitshalber überprüfte ich auf der Dose, dass sie nicht in China eingelegt und versiegelt worden waren.

Die Sardinen in ihrer Dose hatten die lange Reise von Lagos in Portugal bis hierher zurückgelegt.

Um halb acht kam Kolbjörn in seiner großen Aluminiumfähre. Abgesehen von seinen Kenntnissen als Elektriker hatte er auch einen großen Einblick in verschiedene Formen von Schiffsantrieben. Seine Fähre wird von einem Jetstrahl angetrieben und hat daher keinen Propeller.

Wir plauderten eine Weile unten am Steg. Er hatte eine elektrische Lichtanlage für draußen und ein paar Tischlampen für den Wohnwagen dabei.

Das Stromkabel erreicht meine Insel an der Südseite. Dort gibt es ein Schild, das darauf hinweist, dass hier Ankern verboten ist. Ich fragte Kolbjörn, ob er Kaffee haben wollte. Aber er lehnte dankend ab, er wollte sofort mit der Arbeit beginnen. Auf die Brandstätte hatte er nur einen scheuen Blick geworfen, als wollte er sie am liebsten nicht sehen.

Ich erkundigte mich, ob er einen unqualifizierten Helfer brauche. Er verneinte, er arbeite lieber allein. Als ich fragte, ob wir nicht den Lohn für seine Arbeit vereinbaren sollten, murmelte er etwas Unverständliches zur Antwort.

Ich wusste, er würde eine bescheidene Rechnung stellen. Für ihn war ich ein Mensch in Not, der Hilfe brauchte.

Mein Handy klingelte. Aber ich kannte die angezeigte Nummer nicht. Als ich mich meldete, hörte ich eine eifrige Stimme, die Gartenmöbel aus strapazierfähigem Plastik verkaufen wollte. Ich vernahm noch, die Preise seien nach dem Sommer stark reduziert worden, ehe ich das Gespräch mit einem unmotivierten Wutanfall brüsk beendete. Der Verkäufer meldete sich nicht wieder.

Nachdem ich das Handy in die Tasche gesteckt hatte, hörte ich das Brummen eines Motors. Es war das Boot der Küstenwache. Ich ging hinunter zum Steg. Diesmal stand ein Schiffer der Küstenwache namens Pålsson am Steuer. Abgesehen von Andersson war noch ein mir unbekannter Passagier an Bord. Sie legten hinter Kolbjörns Fähre an und stiegen an Land. Alexandersson trug seine Uniform, der Mann neben ihm einen Mantel, hatte aber darunter einen Overall an.

Alexandersson stellte ihn vor.

»Sture Hämäläinen ist von der Kriminalpolizei. Auch die müssen den Brandort untersuchen.«

Der Mann namens Hämäläinen war klein, dicklich und hatte ein so bleiches Gesicht, dass ich fast glaubte, er wäre weiß geschminkt. Er gab mir die Hand.

»Das ist reine Routine«, sagte er. »Außerdem bekommen Sie Schwierigkeiten mit der Versicherung, wenn die Brandursache nicht geklärt werden kann.«

Er sprach Schwedisch mit finnischem Akzent. Immerhin ist er nicht in China hergestellt, dachte ich verbissen.

Wir gingen hinauf zur Brandstätte. Kolbjörn und Alexandersson nickten einander zu.

»Ich bin kein Pyromane«, sagte ich. »Warum sollte ich mein eigenes Haus anzünden?«

Ich hatte mich an den Mann im Overall gewandt. Aber er antwortete nicht. Er stand da und musterte die Ruine mit zusammengekniffenen Augen. Ich war nicht einmal sicher, ob er mich gehört hatte. Dann begann er bedächtig, die Reste des Hauses zu umrunden.

»Warum soll die Kriminalpolizei in dieser Sache herumstochern?«, fragte ich Alexandersson. »Glaubst du wirklich, dass ich im Haus Feuer gelegt habe?«

»Natürlich nicht.«

»Was, meinst du, wird er finden?«

»Eine Ursache. Er ist sehr tüchtig.«

»Das hoffe ich.«

Ich merkte, dass ich irritiert war. Alexandersson verstand es. Wir schwiegen.

Kolbjörn war dabei, seine Lichtanlage unten am Bootshaus zu montieren.

»Wer ist der fremde Mann?«, fragte er.

»Ein Kriminalpolizist, der untersuchen will, ob ich mein eigenes Haus in Brand gesteckt habe.«

Kolbjörn ließ den Schraubenzieher fallen, den er in der Hand hielt. Ich beugte mich hinunter und reichte ihn ihm.

»Ich bin kein Brandstifter«, sagte ich. »Jetzt fahre ich einkaufen. Im Wohnwagen gibt es Kaffee in einer Thermoskanne.«

Ich fuhr nicht zum Einkaufen. Ziellos kreuzte ich zwischen den Inseln herum. Dann beschloss ich, nach Vrångskär hinauszufahren, der Schäre, die ich in einigen Tagen mit Lisa Modin besuchen wollte.

Ich ging an Land, zog das Boot ans Ufer und setzte mich dort, wo die Erde trocken war, unter eine knorrige Tanne.

Weit draußen am Horizont türmte sich ein Gewitter auf. Ich starrte aufs Meer hinaus und dachte, ich müsste bald entscheiden, was zu tun war.

War mein Leben verbrannt? Gab es immer noch eine Lust in mir, mir nicht nur die Erniedrigungen des Alters vorzustellen? Konnte ich neuen Lebensmut fassen?

Im Grunde ging es um eine einzige Frage. Wollte ich das Haus wieder aufbauen? Oder sollte ich Louise ein verbranntes Grundstück hinterlassen?

Ich starrte weiter aufs Meer hinaus, in der Hoffnung, eine Antwort würde auf den Strand zutreiben. Aber nichts kam.

Jedenfalls beschloss ich, unverzüglich den Wohnwagen hinaus zur Schäre zu schaffen und in die Mulde zwischen den beiden Klippen umzusetzen. Kolbjörn würde sicherlich das Problem lösen, wie man ein Stromkabel zwischen der Heimatinsel und der Schäre verlegte. Er würde nicht zögern, gegen das Gesetz zu verstoßen, wenn es nötig war, ein akutes Energieproblem zu beheben.

Der Entschluss, den Wohnwagen umzusetzen, gab mir die Kraft aufzustehen. Ich ging hinunter zum Boot, pflückte eine der letzten Heckenrosen des Herbstes und fuhr nach Hause.

Beide Boote lagen noch da. Kolbjörn war dabei, ein Stromkabel zum Wohnwagen zu verlegen. Alexandersson und Hämäläinen befanden sich an der Brandstätte.

»Habt ihr etwas gefunden?«, fragte ich.

Ich konnte nicht umhin, den raschen Blick zu bemerken, den sie tauschten. Er beunruhigte mich, steigerte aber auch meine Irritation. Wenn sich Unruhe und Wut mischen, führt das zur Angst.

»Was habt ihr gefunden?«, fragte ich erneut.

»Spuren, die darauf hindeuten, dass das Feuer an verschiedenen Stellen zugleich ausgebrochen ist.«

»Welche Spuren?«

»Es gibt Anzeichen eines Brandbeschleunigers.«

»Der Brand soll also gelegt worden sein?«

Hämäläinen verzog das Gesicht und schüttelte den Kopf. Alexandersson sah eher verlegen aus. Er kratzte mit einem Schuh in der Asche herum, die außerhalb des verrußten Fundaments lag.

»Ich werde also verdächtigt, den Brand gelegt zu haben«, sagte ich.

Hämäläinen zuckte zusammen und sah mir dann direkt in die Augen.

»Haben Sie das?«

»Habe ich was?«

»Den Brand gelegt?«

Ich schaute Alexandersson an.

»Was für einen verdammten Finnenteufel hast du da mitgebracht?«

Ich wartete die Antwort nicht ab, sondern ging hinunter zum Wohnwagen. Kolbjörn, der gerade an der Außenwand auf einer Leiter balancierte, sah, dass ich erregt war. Aber er sagte nichts.

Bald darauf hörte ich, wie das Boot der Küstenwache die Motoren startete. Ich wartete, bis der Lärm verklungen war. Dann ging ich hinaus. Ich erklärte Kolbjörn, dass ich vorhatte, den Wohnwagen auf die namenlose Schäre hinaus umzusetzen. Ob er mir helfen könnte? Ich wusste, dass er eine alte Kuhfähre hatte. Er würde auch die Probleme mit den Blöcken und Taljen lösen können, um den Wagen an seinen Platz in der Mulde zu bringen.

Er versprach, mir zu helfen. Ein Stromkabel würde auch keine Mühe machen.

Kurz vor Einbruch der Dunkelheit war er mit seiner Arbeit fertig. Vor dem Bootshaus brannte eine Laterne.

Ich knipste die Lampe an, die er auf den kleinen Tisch im Wohnwagen gestellt hatte. Es würde jetzt leichter sein, eine Entscheidung zu treffen, dachte ich. Das Licht würde mir helfen.

An diesem Abend aß ich eine Fischsuppe, die keine Erinnerungen hinterließ. Vor Mitternacht war ich eingeschlafen.

5

Am Tag danach suchte ich lange im Bootshaus nach etwas, worauf ich ein paar Punkte aufschreiben konnte. Das Einzige, was ich in einem Kasten mit alten Malerpinseln fand, war ein abgegriffenes Notizbuch, in dem mein Großvater die Ölwechsel eingetragen hatte, die er an seinem Auto, einem PV 444, den er in den fünfziger Jahren fuhr, vorgenommen hatte. Das Buch war von erstarrtem Öl verschmiert, aber es gab eine Reihe leerer Seiten, die für meine Zwecke taugten.

Als ich den Kasten mit den Pinseln wegschieben wollte, entdeckte ich einen anderen Gegenstand, der zuunterst lag, unter ein paar abgeschliffenen Schmirgelpapieren. Als ich ihn hervorholte, sah ich, dass es ein Jo-Jo war. Es war aus Holz und schwarz, und die Schnur war noch intakt.

Eine Kalmar-Rolle hatte ich seit sechzig Jahren nicht mehr in der Hand gehalten. Hatten Großvater oder Großmutter geheimnisvolle Kunststücke damit vollbracht, ohne dass ich davon wusste? Oder konnte das Jo-Jo sogar aus meiner eigenen Kindheit stammen?

Ich ging hinaus auf den Steg, zog die Schlaufe über meinen rechten Mittelfinger und versuchte, das Jo-Jo zum Tanzen zu bringen. Nur mit Schwierigkeiten gelang es mir, es an der Schnur hinauf- und hinunterfahren zu lassen.

Was dann geschah, kann ich mir bis heute nicht erklären. Mir wurde plötzlich schwindlig. Ich fiel eher auf die Bank, als dass ich mich setzte. Auf den Schwindel folgte Übelkeit. Aber ich empfand keine Schmerzen in der Brust oder im linken Arm. Ganz regungslos saß ich da und bemühte mich, langsam zu atmen. Das Jo-Jo hing schlaff an meiner rechten Hand. Allmählich ließ der Schwindel nach. Ich versuchte, daran zu glauben, dass mich nur eine Unpässlichkeit befallen hatte.

Dann musste ich erkennen, dass es sich um eine Panikattacke handelte, die auf den ganzen Körper übergriff. Ich glaubte, jeder Augenblick, jeder Atemzug würde mein letzter sein.

Ich wankte zum Wohnwagen und legte mich auf die Pritsche, davon überzeugt, ich würde hier und jetzt sterben. Ich schluckte zwei Beruhigungstabletten mit dem restlichen kalten Kaffee, der noch in der Tasse war. Aber ich bekam nur einen trockenen Mund, während die Panik weiter wuchs. Also versuchte ich, ganz ruhig zu denken, doch es gelang mir nicht. Es kam mir so vor, als hätte ich eine Herde wilder Pferde im Kopf, die in alle Richtungen auseinanderstoben. Ich schlug mit einer Hand hart gegen die Wohnwagenwand, um sie zu verjagen. Aber was ich auch tat, es war vergebens.

Wie lange ich im Wohnwagen liegen blieb, weiß ich nicht. Den alten Wecker hatte ich auf den Boden gestoßen, als ich mich auf die Pritsche legte. Er war stehen geblieben. Der Uhr an meinem Handgelenk traute ich nicht. Sie war zu billig gewesen.

Als der Anfall schließlich vorüber war und ich mich vorsichtig auf der Pritsche aufrichtete, schien die Sonne nicht mehr durch das Fenster.

Ich stellte das Transistorradio an. Nach ein paar Minuten wurde eine klassische Musiksendung von den Nachrichten unterbrochen. Es war zwei Uhr nachmittags. Mindestens fünf Stunden lang hatte ich gegen die Panik und die Angst angekämpft.

Ich schaltete das Radio aus und trat ins Freie. Das Sonnenlicht war immer noch stark. Ich ging hinunter zum Bootshaus. Auf dem Steg lag das Heft mit Großvaters Aufzeichnungen über die Ölwechsel. Ich steckte es in die Jackentasche.

Nach dem Anfall dachte ich, es wäre nur das Alter. Bislang war ich immer davon ausgegangen, dass der Lauf der Jahre keine Bedeutung hätte. Ich alterte zwar, aber langsam, fast unmerklich. Ich konnte nicht mehr in mein Boot springen wie vor zehn Jahren. Jetzt musste ich mich mit einer Hand abstützen, wenn ich einstieg. Das Altern war ein Nebel, der still übers Meer herangezogen kam.

Aber vielleicht jetzt nicht mehr. Jetzt war ich ein alter Mann, der Angst vorm Sterben hatte. Den Schritt über die unsichtbare Grenze zu tun war das Äußerste, was mir noch im Leben blieb. Es war ein Schritt, den ich fürchtete, mehr als ich es geahnt hatte.

Ich empfand plötzlich das Bedürfnis, mit jemandem zu sprechen, und wählte Janssons Nummer. Aber als die Klingelzeichen ertönten, beendete ich den Anruf. Ich wollte nicht mit ihm reden. Ich hatte nichts zu sagen. Stattdessen rief ich meine Tochter an. Aber auch diesmal unterbrach ich den Anruf, ehe sie sich melden konnte.

Aus der Ferne hörte ich Motorenlärm. Nach einer Weile wurde mir klar, dass es die Küstenwache war und das Geräusch sich näherte. Ich überlegte rasch, ob ich es schaffen würde, die Leinen loszumachen und mit meinem Boot zu flüchten, um nicht mit Alexandersson und wen auch immer er mitbrachte zusammenzutreffen.

Aber die Zeit war zu knapp.

Wieder stand Pålsson am Lenkrad. Wo die blonde Alma Hamrén abgeblieben war, weiß ich nicht. Stattdessen kam Alexandersson erneut in Begleitung von Hämäläinen. Wir begrüßten uns und gingen hinauf zur Brandstätte.

»Seid ihr weitergekommen?«, fragte ich.

Alexandersson warf Hämäläinen einen Blick zu.

»Wir haben keine Erklärung für den Brand«, sagte Hämäläinen. »Aber wir haben ein paar Anhaltspunkte.«

»Was für welche?«

»Eben dass das Feuer an verschiedenen Stellen zugleich ausgebrochen ist.«

»Und was schließt ihr daraus?«

»Es ist zu früh, um das zu beantworten.«

Ich stellte keine weiteren Fragen, da ich wusste, dass ich doch keine ausführlichen Antworten bekommen würde. Als wir an der Ruine angekommen waren, verließ ich sie und ging hinüber zum Wohnwagen. Ich legte das Heft mit den Ölwechseln auf den Tisch und holte einen Stift. Aber ich schrieb nichts. Ich hatte nichts zu sagen. In einem kleinen Spiegel, der an der Wand hing, sah ich mein unrasiertes Gesicht. Ich fand, ich sähe aus wie ein Straßenräuber. Oder vielleicht so, wie man sich einen Brandstifter vorstellt. Ich notierte, dass ich einen Rasierapparat und Schaum kaufen musste. Das war meine erste Aufzeichnung in dem alten Heft meines Großvaters.

Dann legte ich mich auf die Pritsche und musste wohl eingeschlafen sein. Denn ich erwachte davon, dass jemand an die Tür klopfte. Es war Alexandersson.

»Habe ich dich geweckt?«, fragte er.

»Natürlich nicht. Wer zum Teufel schläft denn mitten am Tag?«

Er schüttelte entschuldigend den Kopf.

»Wir haben ein paar Fragen an dich. Nicht ich, aber Hämäläinen.«

Wir gingen hinauf zu Brandstätte, wo Hämäläinen uns erwartete. Die Sonne stand jetzt tief. Der Regen, den ich erwartet hatte, war weitergezogen.

Jetzt geschieht es, dachte ich. Jetzt werden sie mich anklagen.

In der Jackentasche lag das Jo-Jo. Ich überlegte, ob ich es hervorholen und versuchen sollte, die Rolle zum Tanzen zu bringen, während Hämäläinen seine Fragen stellte.

Ich ließ es in meiner Tasche und blickte den Polizisten an.

»Da ist immer noch das Gefühl, dass das Feuer an verschiedenen Stellen ausgebrochen ist.«

»Ist es ein Gefühl oder ein Faktum?«

Er beantwortete meine Frage nicht.

»Man kann keinen Geruch wahrnehmen, aber an allen vier Ecken des Hauses finden sich Anzeichen dafür, dass eine stark brennbare Flüssigkeit ausgeschüttet und dann angezündet worden ist. Das hinterlässt spezielle Spuren im brennenden Holz.«

»Das ist doch ganz unsinnig!«

»Unsinnig oder nicht, es ist etwas, was wir weiter untersuchen müssen.«

»Wonach wollten Sie fragen?«

»Haben Sie Zugang zu Benzin oder Diesel?«

»Ich habe einen Bootsmotor, der mit Benzin betrieben wird. Abgesehen von dem Tank im Boot habe ich einen Kanister mit zwanzig Litern in Reserve.«

»Können wir hinuntergehen und ihn uns ansehen?«

»Den Bootsmotor oder den Reservetank?«

»Ich dachte vor allem an den Reservetank.«

Alexandersson hielt sich auf dem Weg zum Bootshaus ein paar Schritte hinter uns. Als ich den Deckel des Kanisters öffnete und die Benzingase sich verflüchtigt hatten, konnte man sehen, dass er leer war. Wir gingen wieder hinaus auf den Steg.

»Ich verstehe, dass ihr das als einen weiteren Beweis gegen mich deutet. Ein Reservetank sollte immer voll sein.« Ich war so erregt, dass meine Stimme heiser klang. Ich konnte kaum sprechen.

»Wir müssen eine chemische Analyse der Brandreste durchführen«, sagte Hämäläinen.

»Ich habe mein Haus nicht niedergebrannt!«, brüllte ich. »Wenn ihr mich beschuldigt, es angezündet zu haben, schlage ich vor, ihr verhaftet mich hier und jetzt.«

Mit einer pathetischen Geste streckte ich meine Hände aus, damit sie mir Handschellen anlegen konnten. Was sie natürlich nicht taten.

»Schert euch jetzt zum Teufel«, schrie ich. »Macht eure Ermittlungen. Aber benachrichtigt mich, bevor ihr wiederkommt, damit ich mich von hier fernhalten kann.«

Ich zog mein Handy heraus und las die Nummer vor. Alexandersson tippte sie in sein eigenes Handy ein. Hämäläinen stand nur da und schaute auf die rohen Bretter des Stegs.

Es wurde ganz still. Ich fühlte nur, wie meine Wut sich in Verzweiflung wandelte. Der Weg von einem gescheiterten Arzt zu einem verdächtigten Brandstifter war nicht weit.

»Ist da jemand, von dem du dir vorstellen könntest, dass er das Haus angezündet hat«, fragte Hämäläinen plötzlich.

»Jemand, der wusste, dass ich dort schlief, und es riskierte, dass ich verbrannte? Oder war das vielleicht der Zweck des Brandes? Meinen Sie das?«

»Man kann sich viele verwirrte Gründe ausdenken, warum jemand einen Brand legt.«

»Ist es nicht so, dass viele Brandstifter sich einfach nur daran ergötzen zuzusehen, wie sich das Feuer ausbreitet und alles auf seinem Weg verzehrt?«

»Das sind Pyromanen. Bei Brandstiftern existiert ein Motiv, auch wenn es unklar ist.«

»Ich habe keine Feinde hier draußen im Schärengarten.«

»Kommt sonst jemand in Frage?«

Ich überlegte. Harriet hatte mich viele Jahre lang gehasst. Aber sie war tot, und an Wiedergänger glaubte ich nicht.

Einen anderen Feind konnte ich mir nicht vorstellen.

»Nicht, dass ich wüsste. Aber es kann natürlich Menschen geben, die einen verfolgen, ohne dass es einem bewusst ist.«

Das Gespräch stockte. Hämäläinen kehrte zur Brandstätte zurück. Während er die verbrannten Holzstücke, die chemisch analysiert werden sollten, zusammentrug und in Plastiktüten packte, standen Alexandersson und ich auf dem Steg.

Wir sprachen über das Herbstwetter. Wäre es Frühling gewesen, hätten wir über den Frühling geredet. Manchmal frage ich mich, wie viele Stunden im Leben ich mit verschiedenen Menschen über Wind und Wetter gesprochen habe.

Als Hämäläinen zurückkam, hatte Alexandersson es eilig, sich auf den Weg zu machen. Pålsson, der kein Wort verlor, startete die Motoren.

»Was ist mit Alma geschehen?«, fragte ich. »Deiner blonden Seepilotin?«

»Sie hat Grippe«, antwortete Alexandersson. »Sie kommt zurück, wenn sie gesund ist.«

»Falls sie einen Arzt braucht, weißt du, wo du mich findest.«

Ich bereute sofort, was ich gesagt hatte. Alexandersson sah mich erstaunt an. Ich verstand ihn. Womit konnte ich eigentlich einer grippekranken jungen Frau helfen?

Ich blieb auf dem Steg stehen und hob die Hand zum Abschied. Sie war schwer wie ein Stein. Mein kurzer Ausbruch hatte mich erschöpft.

Ich ging hinauf zum Wohnwagen, legte mich auf die Pritsche und versuchte nachzudenken. Wieder die auseinanderstiebende Pferdeherde im Kopf.

Wie lange ich liegen blieb, weiß ich nicht. Schließlich verließ ich den Wohnwagen in der vagen Absicht, im Bootshaus aufzuräumen. Vor vielen Jahren, als ich auf die Insel hinausgezogen war, hatte ich dort drinnen Ordnung gemacht. Danach ist es nicht wieder dazu gekommen. Auch wenn man so einfach lebt wie ich, scheint das Leben zu einem großen Teil daraus zu bestehen, eine ungeheure Menge Schrott zu sammeln, dem jede Bedeutung und jeder Wert fehlen.

Es gibt eine Kammer im Bootshaus, wo Großvater seine Netze verwahrte. Da steht auch der Hocker, auf dem er saß, wenn er die zerrissenen Netze flickte. Einige davon, die noch dort hängen, sind so brüchig, dass die Maschen zerfallen, wenn man sie anfasst. Keines würde noch zum Fischen taugen. Großvater hat viele seiner Netze selbst geknüpft. Das ist eine Erinnerung an ihn, die ich nicht missen möchte.

Ich begann damit, auf einem Regal hinter den Schollennetzen aufzuräumen. Unter verschiedenen Werkzeugen entdeckte ich ein kleines braunes Heft, das mir zuvor nie aufgefallen war. Da es dunkel war, weil die Glühbirne an der Decke nicht mehr funktionierte, nahm ich das Heft mit hinaus und setzte mich auf die Bank. Zu meinem Erstaunen sah ich, dass es ein sehr altes Buch war. Es war 1833 in Stockholm gedruckt worden, nach einem deutschen Original. Wer es übersetzt hatte, stand nicht da, aber der Verfasser des Originals hieß D.J. Tscheiner. Der Titel lautete *Anweisung zu Fang und Pflege von Singvögeln.* Ich blätterte und überlegte, wie die schwer zu entziffernde Schrift bei meinem Großvater gelandet war.

Neugierig geworden kehrte ich ins Bootshaus zurück. Nach längerem Suchen fand ich etwas, was ich für den Teil einer ausrangierten Aalkiste hielt. Dann verstand ich, dass es die Reste eines geflochtenen Vogelkäfigs waren. Ich hatte das Gefühl, etwas gänzlich Unbekanntes im Leben von Großvater und Großmutter zu entdecken. Ein lädierter Vogelkäfig und ein hundertfünfundsiebzig Jahre altes Buch?

Ich setzte die Suche fort. Bald hatte ich die gesamte Fischnetzkammer untersucht, und es blieb nur ein Kasten mit alten Glasgefäßen übrig. Davor lag eine mumifizierte Maus. Die Glasgefäße waren leer. Ich roch daran, ohne feststellen zu können, was darin gewesen war. Leider trugen sie keine Etiketten.

Bis auf eines, das letzte, das ich aus dem Kasten nahm. Ich kehrte wieder zur Bank vor dem Bootshaus zurück. Das Gefäß enthielt etwas Graues, das aus einer erstarrten, einst geleeartigen Substanz bestand. Es sonderte einen schwachen Geruch ab, den ich zu kennen meinte, aber nicht benennen konnte. Was auf dem weißen, aufgeklebten Etikett stand, war schwer zu entziffern. Nach eingehender Betrachtung meinte ich zu erkennen, dass dort *Vogelleim* stand. Ich konnte jedoch nicht ausmachen, ob das Etikett von Großvater oder Großmutter beschriftet war. Das lag auch daran, dass ich in all den Jahren nie auch nur ein Wort gesehen hatte, das sie mit eigener Hand geschrieben hatten.

Vogelleim?

Ich versuchte, die Reste des Vogelkäfigs, das alte Buch und das Glasgefäß in einen begreiflichen Zusammenhang zu bringen. Der entscheidende Hinweis war natürlich der Titel des Buchs über das Fangen und Pflegen von Singvögeln. Die Reste des Vogelkäfigs ergänzten ihn. Aber das Glasgefäß und dessen Inhalt? Hatte ich das Etikett richtig gelesen? War Vogelleim etwas, womit man Finken und Lerchen fing?

Aus meiner Kindheit konnte ich mich nicht erinnern, dass es im Haus einen Vogelkäfig gegeben hätte. Und auch nicht, dass man von anderen Vögeln als den Eiderenten und Samtenten gesprochen hätte, die Großvater schoss, wenn er jagte.

Ich beschloss, meine Versuche, eine Antwort auf diese Fragen zu finden, bis zur Rückkehr meiner Tochter aufzuschieben. Sie hat einen Computer, der ihr hilft, Antworten und Lösungen für die meisten Probleme zu finden, die sich ihr stellen.

Singvögel und Vogelleim.

Also fuhr ich mit dem Aufräumen des Bootshauses fort. Ich fand eine Menge toter Schwalben, die an verschiedenen weggeworfenen Utensilien hängen geblieben und nicht mehr losgekommen waren. Der Dachboden des Bootshauses war wie ein Friedhof für Schwalben. Einige waren ausgewachsen, andere Jungvögel, die kaum flügge gewesen waren, ehe sie sich verfangen hatten.

Nach den toten Schwalben entdeckte ich mein altes Zelt aus der Kindheit. Daneben lag ein ebenso alter Schlafsack. Ich nahm die Stoffbeutel mit hinaus auf den Steg und dachte, beide wären sicher so vermodert, dass man sie nur noch wegwerfen konnte. Aber sowohl der Schlafsack wie auch das Zelt waren heil. Ich konnte der Versuchung nicht widerstehen, das Zelt im Gras aufzubauen. Die Zeltstangen waren noch vorhanden. Ich erinnerte mich an die notwendigen Handbewegungen. Als das Zelt errichtet war, staunte ich darüber, dass es so klein war.

Ich hängte den Schlafsack an eine Wäscheleine, um ihn auszulüften. Dann kroch ich in das Zelt. Die bleiche Herbstsonne tauchte das Innere in graugrünes Licht.

Wie ich dort auf dem grünen Stoff saß, überkam mich eine große Ruhe, ein Gefühl, mich für eine kleine Weile von dem katastrophalen Brand entfernt zu haben. Die Pferde im Kopf hatten aufgehört zu galoppieren. Ich beschloss, noch am selben Nachmittag das Zelt draußen auf der Schäre aufzubauen. Ich musste von dem niedergebrannten Haus und dem verkohlten Apfelbaum wegkommen.

Gegen sechs machte ich mich auf den Weg. Nach einem frühen Essen hatte ich Butterbrote gestrichen, eine Thermoskanne mit Kaffee und eine Plastikflasche mit Wasser gefüllt. Und ich hatte den Schlafsack ausprobiert. Der muffige Geruch war noch da, aber nicht so penetrant, als dass ich ihn nicht hätte benutzen können.

Ich zog das Boot auf die Schäre hinauf und vertäute es an demselben Stein, den ich als Junge benutzt hatte. Dann errichtete ich das Zelt dort, wo ich es immer aufgestellt hatte. Nachdem ich den Schlafsack ausgebreitet hatte, legte ich mich hin. Den unebenen Boden unter meinem Rücken erkannte ich sofort wieder.

Im Halbdunkel sammelte ich Zweige und Äste und legte sie in den Felsspalt. Aber als ich mit den Zündhölzern in der Hand davor kniete, beschloss ich, meinen Scheiterhaufen nicht anzuzünden. Ich hatte genug von brennendem Holz. Stattdessen ließ ich die Zweige dort liegen und kehrte zum Zelt zurück. Ich hatte keine Beleuchtung mitgenommen und lag im Dämmerlicht auf dem Schlafsack, trank Kaffee und aß ein paar von meinen Butterbroten. Der Wind kam und ging in Böen. Mich erfasste ein befreiendes Gefühl. Zum ersten Mal, seit ich aus dem brennenden Haus gestürzt war, fühlte ich, dass ich wieder ganz klar denken konnte.

Dass ich den Wohnwagen umsetzen wollte, hatte ich beschlossen. Aber die Entscheidung, was mit dem niedergebrannten Haus geschehen sollte, wollte ich verschieben, bis meine Tochter kam. Es ging eher um ihre Zukunft als um meine.

Ich dachte an Lisa Modin, die mich besuchen würde. Ich flehte sie in Gedanken an. Damit schadete ich ihr nicht, ich beleidigte sie nicht mit meinen Träumereien, in meinem Alter noch einmal Liebe empfinden zu können.

Die Gedanken an sie trieben mich langsam in diffuse Landschaften hinein, wo die Wirklichkeit in Schlaf und Träume übergeht.

Ich erwachte davon, dass ich fror. Bevor ich in den Schlafsack schlüpfte, öffnete ich das Zelt und ging hinaus. Es war sternenklar und fast windstill. Über diesem Teil des Schärengartens gibt es Einflugschneisen. Aber nach elf Uhr abends herrscht meistens Ruhe.

Die Nacht war still. Herbstnächte hatte es immer gegeben, und Herbstnächte würde es auch geben, wenn ich verstorben wäre. Ich war ein zufälliger Gast in der Dunkelheit und würde nie etwas anderes sein.

In dieser Nacht schlief ich schlecht. Es genügte, wenn das Zelttuch von einem verirrten Windstoß flatterte, um mich aus dem Schlaf zu reißen. Jedes Mal lag ich lange wach, bis ich wieder einschlief, um bald wieder geweckt zu werden.

Ich dachte an Louise und was sie wohl tat. Ich fragte mich, wann sie kommen würde. Ich dachte zurück an die Zeit, als ich Arzt gewesen war, und an die Jahre nach der Katastrophe, als ich die Orientierung in meinem Leben verloren hatte. Ich passierte einen Kreuzweg nach dem anderen.

Es war eine Nacht mit zersplittertem Schlaf und bruchstückartigen Gedanken. In der Morgendämmerung, als sich der erste Lichtstreif über dem Meer zeigte, stand ich auf und verließ das Zelt. Ich hüpfte auf und ab, um Leben in meinen Körper zu schütteln. Ein einsamer Schwan wurde am Strand aufgescheucht und flog auf schweren Flügeln davon.

Ich sah auf meine Uhr. Es war vierzehn Minuten vor sieben. Der Morgen war kalt. Weit draußen am Horizont steuerte ein Lastschiff nach Norden.

Ich ließ das Zelt stehen und faltete nur den Schlafsack zusammen. Thermoskanne, Wasserflasche und Butterbrotpapier nahm ich mit zum Boot. Ich schubste es hinaus und sprang hinein.

Der Motor sprang nicht an, als ich an dem Seilzugstarter zog. Das war mir noch nie passiert. Ich hatte kein Werkzeug, um die Zündstifte zu lösen. Aber ich bezweifelte, dass Wasser ins Benzin geraten war.

Nach einem weiteren Startversuch klappte ich den Motor hoch und legte die Ruder aus. Ich beschloss, Jansson anzurufen. Abgesehen von Berufsmechanikern, die ihre Werkstätten im Landesinneren haben, kenne ich niemanden, der mit einem streikenden Motor so gut umgehen kann wie er. Es widerstrebte mir, ihn anrufen zu müssen, aber ich fand, ich hätte keine Wahl. Allerdings konnte ich nicht einmal davon träumen, Jansson zu bitten, Lisa Modin abzuholen und uns hinaus zur Vrångskär zu fahren und nach ein paar Stunden wieder abzuholen.

Ich ruderte nach Hause, vertäute das Boot und zog weitere zehnmal an dem Seilzugstarter. Immer noch keine Zündung. Ich setzte mich auf die Bank und rief Jansson an. Er meldete sich und versprach, innerhalb einer Stunde zu kommen. Er stellte ein paar Fragen danach, wie der Motor klang, wenn ich zog. Auf die gleiche Art, wie ich ihn befragte, wenn ich seine eingebildeten Zipperlein untersuchte.

»Der Motor startet nicht«, sagte ich. »Er springt einfach nicht an.«

»Wir werden ihn schon in Gang bringen«, antwortete Jansson.

Er kam auf die Minute eine Stunde später an. Ich begleitete ihn zum Bootshaus. Er zog ein paarmal an dem Seil, aber auch ohne Erfolg.

»Wir werden ihn schon wieder flottkriegen«, wiederholte er.

»Komm in den Wohnwagen, wenn du Kaffee willst«, sagte ich.

Jansson hätte es wohl gern gehabt, dass ich bliebe und ihm Gesellschaft leistete, während er an dem Motor herumbastelte. Und ich war ihm dankbar für seine Hilfe. Aber seinen hartnäckigen Strom von Worten konnte ich nicht ertragen. Besonders wenn er anfing, von makabren Hinrichtungsmethoden oder anderem zu reden, was sich in seinen bizarren Wissensschätzen verbarg.

Ich durchstöberte die Schubladen im Wohnwagen und fand ein Kartenspiel. Die einzige Patience, die ich kenne, ist der Idiot. Ich legte ihn ein paarmal, und er ging natürlich nicht auf. Nach einer Zeitspanne, die ich auf eine Stunde schätzte, ging ich zurück zum Bootshaus. Jansson hatte das Gehäuse des Motors abgenommen, die Zündstifte abgeschraubt und leuchtete jetzt mit Hilfe einer Taschenlampe ins Innere des Motors.

»Hast du den Fehler gefunden?«, fragte ich.

»Noch nicht. Aber ich bin sicher, es ist nichts Ernstes.«

Ich fragte nicht weiter. Jansson fuhr mit der Arbeit fort. Ich stand eine Weile still da und betrachtete ihn. Als ich zum Wohnwagen zurückgehen wollte, fiel mir mein Handy ein.

»Kannst du die Uhr auf dem Handy einstellen?«, fragte ich. »Auf diese billigen Armbanduhren verlasse ich mich nicht.«

Jansson knipste die Taschenlampe aus, legte das Werkzeug auf den Boden und nahm mein Handy entgegen. In weniger als einer Minute hatte er die Uhrzeit nach seiner eigenen Armbanduhr eingestellt.

»Ich kenne mich in technischen Dingen nicht so gut aus«, sagte ich, nachdem ich mein Handy zurückbekommen hatte.

»Es ist ganz einfach«, meinte Jansson. »Wenn du willst, kann ich dir auch andere Einstellungen zeigen.«

»Mir genügt die Uhr«, sagte ich. »Das ist alles, was ich brauche.«

»Man kann sich auch vom Handy wecken lassen. Aber das weißt du vielleicht schon?«

»Ich wache von selbst auf.«

Nun blieb ich noch eine Weile stehen und sah zu, wie Jansson mit seiner geduldigen Überprüfung meines defekten Motors fortfuhr. Dann kehrte ich zu meiner Patience zurück.

Obwohl Jansson erklärt hatte, es handele sich nicht um ein ernstes Problem, brauchte er drei Stunden, um den Fehler zu finden und zu beheben. Ich saß da und trank Kaffee, als es an der Tür klopfte.

»Fertig«, sagte Jansson.

»Was war es?«

»Eigentlich nichts. Aber das, was kein Problem ist, lässt sich am schwierigsten finden.«

»Magst du einen Kaffee?«

»Ich sollte nach Hause fahren. Es hat etwas länger gedauert, als ich dachte.«

Wir gingen hinunter zum Bootshaus. Die Schutzhaube war wieder an ihrem Platz, die Werkzeuge weggeräumt.

»Zieh mal«, sagte Jansson.

Ich stützte mich mit der Hand ab und kletterte in das Boot.

Der Motor startete beim ersten Versuch. Ich stellte ihn ab und zog noch einmal. Mit demselben Ergebnis.

Wir gingen hinaus auf den Steg. Ich fragte Jansson, was ich schuldig sei. Er sah beleidigt aus und antwortete, das koste nichts.

»Es gab ja keinen Fehler«, sagte er.

»Irgendwas muss doch gewesen sein, wenn du fünf Stunden hier beschäftigt warst?«

Jansson murmelte etwas Unverständliches, kletterte in sein Boot und gab Gas. Nachdem er den Motor mit dem Schwungrad gestartet hatte, machte ich die Leinen los. Jansson entfernte sich im Rückwärtsgang vom Steg und hob die Hand zum Gruß.

Ich fragte mich, ob er mit seiner schönen Stimme zu singen pflegte, wenn er allein im Boot unterwegs durch die Buchten war.

Eine Wolkenbank, die Regen heranbrachte, näherte sich von Süden. Ich fuhr zum Hafen und kaufte Lebensmittel ein. Auch einen Kollegblock legte ich in den Einkaufskorb. Ungefähr auf halbem Weg zurück zur Schäre kam der Regen. Er war kräftig und prasselte knatternd auf das Boot. Als ich zum Bootshaus einbog, war ich nass bis auf die Haut.

Im Wohnwagen zog ich das letzte unbenutzte chinesische Hemd an. Da ich keine zweite Hose hatte, hängte ich die durchweichte zum Trocknen über die Tischkante und wickelte mir eine Decke um die Beine.

An diesem Abend schlief ich früh ein.

Am nächsten Tag war der Regen fortgezogen. Ich fuhr wieder in die Ortschaft und kaufte weitere Kleidungsstücke in demselben Laden.

Oslovski ließ sich nicht blicken, weder als ich mein Auto holte, noch als ich es wieder parkte. Unten im Schiffsbedarfsladen fragte ich, ob meine Stiefel gekommen seien. Das waren sie nicht.

Alexandersson und Hämäläinen zeigten sich nicht. Ich räumte im Wohnwagen auf und dachte kaum an etwas anderes als an

Lisa Modins Besuch. Die Brandstätte mied ich. Indessen träumte ich zwei Nächte hintereinander von Großvater und Großmutter. Sie führten Gespräche mit mir und sahen beide so aus, wie ich sie aus meiner Kindheit in Erinnerung hatte. Aber im Traum waren die Gespräche stumm. Sie sprachen mit mir, aber ich hörte nicht, was sie sagten.

An den Abenden saß ich über dem Buch von 1833, das von dem Fang und der Pflege von Singvögeln handelte. Ich konnte immer noch nicht begreifen, was für ein Verhältnis mein Großvater zu Vogelkäfigen gehabt hatte. Das Glasgefäß mit dem Vogelleim hatte ich aufs Küchenregal im Wohnwagen gestellt.

An dem Morgen, an dem ich Lisa Modin mit dem Boot abholen sollte, wachte ich früher auf als gewöhnlich. Als ich hinunterging, um mein Morgenbad zu nehmen, war die Sonne noch nicht hervorgekommen.

Nach dem Bad und dem Frühstück ging ich zum Boot und probierte den Motor aus. Er startete sofort. Die bevorstehende Begegnung mit Lisa Modin beunruhigte mich. Ich versuchte, mich von allen Erwartungen freizumachen. Lisa Modin war immer noch eine junge Frau, im Gegensatz zu mir altem Mann. Für eine Liebe fehlten alle Voraussetzungen.

Eine Stunde vor der verabredeten Zeit legte ich bei den Zapfsäulen an. Ich streifte herum und sah, dass die Asphaltleger mit dem Pier der Küstenwache fertig waren. Das große Schiff der Küstenwache war auf See. Ich wusste, dass ihr Überwachungsraum sehr weitreichend war.

An der Bushaltestelle am Kai, die ein paarmal am Tag angefahren wird, hängt eine Anschlagtafel. Kaum etwas vermittelt mir ein so starkes Gefühl vom Verstreichen der Zeit wie die abblätternden Plakate von Sommerfesten oder Tanzveranstaltungen. An der Tafel fanden sich auch handgeschriebene Zettel, die darüber Auskunft gaben, wo man geräucherte Weißfische oder lebendige Kaninchen kaufen konnte. Ein Fahrplan für die Busse war halb zerrissen. Ob vom Wind oder von einem erbosten Reisenden, war nicht zu erkennen.

Ich ging hinauf zu meinem Wagen. Oslovskis Tür war verschlossen, aber die tote Krähe hatte sie weggeräumt. Ich ging sofort davon, da ich nicht riskieren wollte, dass Oslovski herauskam und mich bat, ihren Blutdruck zu messen.

Eine Katze, die meines Wissens nach zum Lebensmittelladen gehörte, spazierte über den Kai. Ihre Anwesenheit verstärkte meinen Eindruck von Ödnis. Ein Friedhof der Sommererinnerungen. Ich blieb stehen und schaute mir die Auslage im Schaufenster des Schiffsbedarfsladens an. Da gab es Rucksäcke, Farbtöpfe und ein paar Anker.

Noch immer blieb eine halbe Stunde, bis Lisa Modin kommen würde. Ich ging auf den Pier hinaus und balancierte auf dem Bruchstein, der die äußere Schutzmauer des Hafens bildete, vor und wieder zurück.

Die Uhr zeigte zehn Minuten nach zehn, als ihr Auto auf den Hafenkai einbog. Zu diesem Zeitpunkt hatte ich schon daran zu zweifeln begonnen, ob sie kommen würde. Sie parkte vor dem Lager des Schiffsbedarfsladens, wo man eigentlich nicht halten darf.

Diesmal trug sie knallgelbes Ölzeug und hatte einen alten Südwester in der Hand. Über einer Schulter hing ein kleiner Rucksack.

»Ich komme immer zu spät«, sagte sie entschuldigend.

»Das macht nichts. Es ist viele Jahre her, seit ich es zuletzt eilig hatte.«

Ich nahm ihren Rucksack entgegen und streckte die Hand aus, um ihr ins Boot zu helfen. Aber sie stellte einen Fuß auf die ausgehauene Stufe und hielt sich mit der Hand an einem Ring fest. Ich machte das Boot los und startete den Motor. Das Geräusch zerriss die Stille im Hafen. Flüchtig sah ich Veronika oben am Fenster der kleinen Wohnung neben dem Lebensmittelladen. Ich hob die Hand und winkte.

Das Wetter war ruhig. Langsam, mit gedrosseltem Motor, verließen wir den Hafen. Lisa Modin setzte sich in den Bug und breitete die Arme aus.

»Wohin fahren wir?«, rief sie.

»Nach Nordosten«, antwortete ich und deutete mit der Hand die Richtung an.

Ich beschleunigte das Boot, und Lisa Modin schien die frische Herbstluft zu genießen. Sie schloss die Augen.

Ich nahm Kurs auf die Insel der armen Menschen.

6.

Das Meer öffnete sich, die Schären wurden spärlicher, kleiner und kahler. Die Pflanzen duckten sich in den Felsspalten. Dornfarn, Krähenbeere, Wollgras und manchmal Kornelkirsche. Ganz weit draußen lagen die äußersten Schären, in den Steinritzen Salzschwaden, Salzspärkling, Fünffingerkraut und Stiefmütterchen. Vom Boot aus konnten wir sie nicht sehen. Aber ich wusste, sie waren da.

Vrångskär lag einsam weit draußen im offenen Meer, und seine Klippen aus Gneis fielen steil ab. Ich drosselte die Geschwindigkeit, als wir uns der südlichen Landzunge näherten. Lisa Modin sah mich an und lächelte.

Langsam umrundeten wir die Schäre mit ihren Steilhängen, Heidefelsen und kleinen eingeschnittenen Buchten. Der Berg war grau mit dunkelroten Einsprengseln in schlangenartigen Sedimenten. In nördlicher Richtung ragte ein Haufen aus Steintrümmern auf, einst ein Seezeichen für eine der geheimen Fahrrinnen der Marine.

»Wo haben die Menschen gewohnt?«, fragte Lisa Modin.

»Es gibt Mulden, die man vom Meer aus nicht sieht«, erklärte ich. »Sie haben ihre Häuser immer im Lee gebaut.«

An der Westseite gibt es einen Naturhafen, einen Spalt in der Schäre und dahinter eine steile Klippe. Ich stellte den Motor ab und ließ das Boot auf das Ufer zutreiben.

Wir gingen an Land. Um zu der großen Mulde zu gelangen, die sich zwischen den Klippen verbarg, mussten wir einen Umweg nehmen, bei dem wir dennoch glatte Klippen zu überwinden hatten, deren Moosbewuchs die Füße immer wieder abgleiten ließ. Ich erbot mich, ihren Rucksack zu tragen. Aber sie schüttelte den Kopf und warf den Rucksack über die Schulter.

Wir passierten einen üppigen Heckenrosenbusch. Ich brach eine späte Herbstblüte ab und reichte sie ihr.

»Sie sind von Menschen gepflanzt worden«, sagte ich. »Angeblich wachsen sie seit fast zweihundert Jahren hier.«

Sie steckte die Rose in die halboffene Brusttasche der Regenjacke. Nun breitete sich die Mulde, wo einst die Wohnhäuser und Scheunen gestanden hatten, vor uns aus.

Vor vielen Jahren hatten Großvater und ich eine Gruppe Archäologen auf einem Sommerausflug nach Vrångskär begleitet. Noch immer konnte ich mich in Einzelheiten an die Erklärungen des Führers über das seit langem verschwundene Fischerdorf erinnern.

Ich zeigte Lisa Modin die wenigen Überreste der steinernen Fundamente, die es noch auf dem Boden zwischen den hohen Klippen gab. Hier hatten höchstens sechs Häuser und genauso viele Scheunen gestanden. Die Tierhaltung war begrenzt gewesen, da es nicht genug Futter für mehr als ein oder zwei Kühe gab. Die Menschen waren im 18. Jahrhundert hinausgezogen, und ihre Armut war so groß gewesen, wie man es sich heute nicht mehr vorstellen kann. Höchstens vierzig Menschen hatten auf Vrångskär gewohnt. Ihr Auskommen war das Fischen gewesen, sonst nichts. Netze und Ruderboote waren die Voraussetzungen für ihr Leben. Wenn die Netze draußen lagen und plötzlich ein Sturm aufzog, mussten sie hinaus, um sie einzuholen. Es gibt zahlreiche Erzählungen von Männern und Frauen, die ihre Netze nicht mehr bergen konnten. Besonders eine Geschichte, die damals erzählt wurde, als ich die Insel mit meinem Großvater besuchte, hatte sich mir eingeprägt. Es war in den neunziger Jahren des 18. Jahrhunderts. Ohne Vorwarnung war ein Sturm aus Nordosten herangezogen. Der junge Fischer Nils Eriksson und seine Frau Emma fuhren sofort mit ihrem Boot hinaus, um die ausgelegten Netze zu bergen. Aber das Boot kenterte. Keiner der beiden konnte schwimmen, und sie starben. Emma fand man später in einem der Netze verfangen, das sie hatte bergen wollen. Was mit Nils geschehen war, erfuhr man nicht. Sein Körper blieb verschwunden.

Sie hinterließen fünf kleine Kinder. Was mit denen passierte, weiß auch niemand.

Ich zeigte Lisa Modin das steinerne Fundament, das am besten erhalten war. Den Archäologen zufolge gehörte es zu den größten Häusern auf der Schäre. Es bestand aus einem einzigen Raum, und darin konnten bis zu zehn Personen gelebt haben.

Wir setzten uns auf einen Felsen neben der Mulde, in der die Ärmsten der Armen ständig darüber nachdenken mussten, ob sie überleben würden oder nicht. Wie es in den strengen Wintern war, wenn das Eis weder trug noch brach, war nicht vorstellbar.

»Trotzdem muss sich jemand an einem Sommertag ins Gras gelegt und in die Sonne geschaut und gedacht haben: Dies ist mein Zuhause«, sagte Lisa Modin.

Ich weiß nicht, warum ich es tat. Aber ich erhob mich von dem Stein und legte mich in das herbstgelbe, schüttere Gras.

»Die Menschen hatten weder Kraft noch Zeit dazu«, sagte ich. »Frauen brachten hier draußen Kinder zur Welt. Dann waren sie vermutlich erst einmal bettlägerig. Und die Kinder starben meistens in den ersten Monaten.«

Lisa Modin sah mich an.

»Erzählen Sie mehr«, sagte sie. »Wenn es noch mehr zu sehen gibt, zeigen Sie es mir.«

Ich kehrte zum Felsen zurück und deutete auf ein paar Steine, die im Gras lagen. Vielleicht hatten auch sie einmal zu einem Fundament gehört, das schon lange verschwunden ist.

»Manchmal fahre ich hinaus und sitze da und schaue auf diese Steine. Bisweilen habe ich das Gefühl, dass sie wandern. Mit unendlich langsamen Bewegungen. Ich denke, sie sind unterwegs zurück zu dem Platz, von dem sie einmal geholt wurden. Diese Schäre ist auf dem Weg, dorthin zurückzukehren, wo sie war, ehe die Menschen herkamen.«

Lisa Modin nickte nachdenklich. Ich fuhr mit meiner Erzählung fort und dachte dabei, dass mir bald nichts Neues mehr einfallen würde.

»Die Letzte, die hier draußen gewohnt hat, war eine alte Frau«, sagte ich. »Ich glaube, sie hieß Sofia Karlsson. Sie war als junges Mädchen hergekommen und hatte einen der letzten Fischer geheiratet, die das ganze Jahr über hier lebten. Nachdem er gestorben war, blieb sie allein hier draußen zurück. Das war so um 1830 herum. Viele von denen, die hier draußen gelebt hatten, waren zur Kupfermine gezogen, die in den inneren Schären eröffnet worden war. Das Leben wurde dort sicher nicht leichter. Aber die Einsamkeit vielleicht geringer. Ein Teil wanderte nach Amerika aus, andere verschwanden einfach. Alle außer Sofia. Wie sie die letzten Jahre allein hier klarkam, weiß niemand. Ihr letzter Winter war sicher nur ein einziges langgezogenes Leiden. Sie war an die neunzig Jahre alt. Eines Tages rutschte sie auf einer vereisten Klippe aus und brach sich ein Bein. Es gelang ihr, sich in ihr Haus zurückzuschleppen. Aber es gab natürlich niemanden, den sie hätte kontaktieren können. Einige Zeit später kam ein einsamer Robbenfänger auf die Schäre. Er fand Sofia tot in ihrem Bett in dem ausgekühlten Haus. Man brachte ihren Körper übers Eis und bestattete sie auf dem Friedhof auf dem Festland. Seitdem ist Vrångskär menschenleer.«

»Und die Steine begannen zurückzuwandern? Das ist ein schöner Gedanke.«

Lisa Modin erhob sich und schlenderte in dem Tak herum, wo die Häuser gestanden hatten. Hin und wieder verschwand sie hinter einer hervorragenden Klippe, kam aber bald wieder zum Vorschein. Ich saß auf dem Felsen und betrachtete sie. Vielleicht war ich wie die Menschen, die einmal hier draußen gelebt hatten, während sie der Mensch der neuen Zeit war?

Wir packten unsere gemeinsame Mahlzeit aus und aßen, ohne viele Worte zu wechseln. Gelegentlich streiften sich unsere Hände, wenn wir uns zufällig nach derselben Brotscheibe oder einem hartgekochten Ei streckten.

Nach dem Essen kletterten wir zum höchsten Punkt der Insel hinauf. Der Wind vom Meer war dort oben rauher. Aber noch immer schienen mir die Wellen nicht so stark geworden zu sein, dass wir sofort zurückfahren müssten.

»Einmal hat ein Archäologe hier oben einen Bärenzahn entdeckt«, sagte ich. »Niemand konnte eine vernünftige Erklärung dafür finden, wie er hier gelandet war. Wölfe sah man vielleicht vereinzelt auf den Inseln in den inneren Schären. Aber es gibt keine Hinweise darauf, dass sich hier draußen ein Bär gezeigt hätte.«

»Wo befindet sich der Bärenzahn jetzt?«

»Ich weiß nicht, vielleicht im Pfarrhaus. Im Schärengarten hat es einige Pfarrer gegeben, die sich für die Natur interessierten.«

»Wer ist jetzt hier Pfarrer?«

Ihre Frage überraschte mich.

»Ich gehe nie in die Kirche«, antwortete ich. »Wer jetzt Pfarrer ist, weiß ich nicht.«

»Ich rufe an und frage. Den Bärenzahn will ich sehen.«

Wir begannen den Abstieg von dem Berg. Ich warnte sie vor dem glatten Moos. Aber ich war es, der ausrutschte, nicht sie. Als wir zum Boot hinunterkamen, nahm ich ihren Rucksack, um ihn an Bord zu tragen. Ich gab nicht acht, sondern trat schräg auf einen Stein an der Wasserkante und fiel kopfüber ins Wasser. Es war nicht tief, aber ich wurde vollkommen durchnässt. Das war etwas anderes, als frühmorgens ins kalte Wasser zu steigen und sich dann gleich abzutrocknen. Ich begann zu frieren, als die Nässe meine Kleidung durchdrang. Natürlich hatte ich nichts zum Wechseln dabei.

Ich schämte mich. Aber Lisa Modin fragte besorgt, ob ich mir wehgetan hätte.

»Ich überlebe das«, sagte ich. »Aber wir müssen jetzt wohl fahren. Ich lege zu Hause an, damit ich mich umziehen kann, bevor ich Sie zum Hafen fahre.«

Unterwegs zitterte ich vor Kälte. Ich gab so viel Gas, wie ich konnte. Lisa Modin bot mir ihre Jacke an, aber ich wollte sie nicht nehmen.

Nachdem ich das Boot am Steg vertäut hatte, eilte ich hinauf zum Wohnwagen. Über die Schulter konnte ich sehen, dass sie auf dem Weg zur Brandstätte war. Ich zog mich bis auf die Haut aus, warf die nassen Sachen auf den Boden und rubbelte mich mit einem der verschmutzten chinesischen Hemden trocken. Dann zog ich das wenige an, was ich zum Wechseln hatte, schlüpfte in den Regenmantel, den ich aus dem brennenden Haus gerettet hatte, und ging hinaus.

Sie stand an der Brandstätte und rieb sich die Füße, da sie fror.

»Ich entschuldige mich für den verrußten Mantel«, sagte ich. »Aber ich habe ihn übergeworfen, als ich vor dem Feuer floh.«

Sie sah mich an. Dann strich sie flüchtig über meine Wange. Es kam so überraschend, dass ich zurückschrak, als hätte sie mich schlagen wollen. Ich fiel rücklings hin. Wir beide brachen in Lachen aus, und sie streckte ihre Hand aus und half mir auf.

»Ich bin nicht gefährlich«, sagte sie.

»Ich pflege normalerweise nicht zu stürzen«, erwiderte ich.

Ich war sehr nahe daran, sie zu umarmen, sie fest an mich zu drücken. Aber es gab eine Hemmschwelle in mir, die ich nicht überwinden konnte.

Wir gingen hinunter zum Steg und dem Bootshaus.

»Ich werde über Vrångskär schreiben«, erzählte sie. »Ich werde von meinem trägen Redakteur Platz für mehrere Artikel verlangen.«

»Wenn Sie wollen, fahre ich Sie gern wieder zurück.«

»Ich muss die Kamera dabeihaben. Aber ich muss ziemlich bald wieder dorthin, ehe der erste Schnee fällt.«

»Sie haben noch einen Monat Zeit. Mindestens.«

Wir legten vom Steg ab. Jedes Mal, wenn ich an dem Seilzugstarter zog, war ich darauf gefasst, dass der Motor nicht anspringen würde. Aber Jansson hatte gute Arbeit geleistet.

Als ich den Blick hob, entdeckte ich Jansson und sein Boot in der Ferne draußen in der Bucht. Es sah so aus, als hätte er einen Passagier an Bord. Er fuhr in meine Richtung, aber er wollte bestimmt zu einer der Inseln weiter nördlich, nach Olsö oder Farsholmen.

Ich legte bei den Zapfsäulen an und begleitete Lisa Modin zum Auto. Ein wütender Zettel unter dem einen Scheibenwischer teilte mit: »Sie sollen zum Teufel hier nicht parken.« Sie sah mich erschrocken an, als sie mir den Zettel reichte.

»Wer hat das geschrieben?«

»Ich weiß es nicht«, antwortete ich. »Vielleicht der Hafenverwalter. Aber darum muss man sich nicht scheren.«

Ich knüllte den Zettel zusammen und steckte ihn in die Tasche. Sie legte ihren Rucksack auf den Rücksitz und setzte sich ans Steuer.

»Danke«, sagte sie. »Ich lasse bald von mir hören.«

Ich gab ihr meine Nummer, und sie tippte sie in ihr Handy ein.

Sie lächelte, als sie die Tür zuschlug und den Motor startete. Mit hoher Geschwindigkeit verschwand sie den Hang hinauf. Ihre Eile machte mich plötzlich eifersüchtig. Wer war es, der sie erwartete?

Ich ging hinüber zum Papierkorb, der neben der Tür des Schiffsbedarfsladens angebracht ist, und warf die zerknüllte Mitteilung hinein. Als ich mich umdrehte, um zu meinem Boot zurückzukehren, entdeckte ich einen Menschen auf dem verlassenen Hafengelände. Es war Oslovski. Sie bewegte sich ruckartig, als hätte sie einen Fuß- oder Hüftschaden. Ich hoffte von Herzen, sie würde mich nicht bitten, ihren Blutdruck zu messen. Im Moment wollte ich nur nach Hause fahren und mich in meinem Wohnwagen aufwärmen.

Oslovski sah müde aus. Sie war blass.

Wir blieben stehen und begrüßten einander. Ich merkte, dass Oslovskis Hand verschwitzt war. Das war sie für gewöhnlich nicht. Ich hatte das Gefühl, dass sie sich verändert hatte, ohne sofort sagen zu können, woran ich das festmachte. Es lag etwas in ihrem sonst klaren Blick, das ich nicht kannte.

Wir wechselten die üblichen Höflichkeitsfloskeln über das Wetter und die Gesundheit. Ich stellte die Frage, ob sie verreist gewesen sei. Oslovski lächelte nur, ohne zu antworten.

In diesem Augenblick wurde mir klar, dass sie Angst hatte. Ich wusste nicht warum, aber ich war davon überzeugt. Sie stand vor mir, war aber trotzdem am Davoneilen. Etwas im Hintergrund erschreckte sie.

»Ich will gleich mit dem Boot hinausfahren«, sagte ich. »Wenn du willst, dass ich deinen Blutdruck messe, können wir hinauf zum Wagen gehen.«

Sie schüttelte den Kopf.

»Es geht mir gut«, antwortete sie. »Nichts schmerzt, der Druck ist weder zu hoch noch zu niedrig.«

Sie wollte gehen. Aber ich wollte sie nicht gehen lassen. Solange ich mit ihr sprach, würde sie bleiben.

»Dieser Hafen wurde für den Heringsfang gebaut«, sagte ich. »Heute gibt es keinen einzigen Berufsfischer mehr. Die Schleppnetze sind verrottet oder nach Afrika verkauft worden.«

»An die baltischen Staaten«, sagte Oslovski mit überraschendem Nachdruck.

Ich sah keinen Grund, ihre Antwort anzuzweifeln. »Alles ist weg«, sagte ich also nur. »Die Schleppnetzfischer und die Besitzer der Boote. Niemand ist mehr am Leben.«

»Das Altern und der Tod«, entgegnete Oslovski. »Ich habe einmal ein Zitat gelesen, das in einer Schreinerwerkstatt an der Wand hing. Dort stand, man solle das Leben nicht zu ernst nehmen, da man es ohnehin nicht überlebt.«

Sie drehte sich rasch um und warf einen Blick zurück, zu der Hafenauffahrt, wo Lisa Modin gerade verschwunden war, und der kleinen Abkürzung, die zu meinem Auto und ihrem eigenen Haus führte. Sie fürchtete etwas außerhalb ihrer selbst. Was konnte es anderes sein als Menschen?

Ich ging hinunter zum Boot. Ängstliche Menschen hatte ich während all der Jahre, die ich als Arzt tätig war, täglich getroffen. Während einiger Sommerwochen hatte ich als Vertretung in der Krebsstation in einem der größten Krankenhäuser des Landes gearbeitet. Einige Krankheitsfälle unter den anderen Ärzten hatten dazu geführt, dass ich innerhalb von zehn Tagen verschiedenen Patienten die allerschlimmsten Befunde überbringen musste. Ich erinnere mich besonders an einen jungen Mann, der einen

Arzt aufgesucht hatte, da er eines Morgens mit einer schmerzhaften Nackensperre aufgewacht war. Ein Orthopäde, der ihn untersucht hatte, vermutete, es könnte etwas anderes sein. Eine Röntgenuntersuchung führte zur richtigen Diagnose.

Jetzt hatte ich das Ergebnis vor mir auf dem Tisch. Die Nackensperre war ein ernster, vermutlich unheilbarer Krebs. Der Muttertumor steckte in seiner linken Lunge, der Schmerz im Nacken kam von einer Metastase, die sich in einem seiner Halswirbel versteckte. Jetzt war es an mir, ihn über all das aufzuklären. Im Journal konnte ich sehen, dass Sven Roland Hansson 1951 geboren und also neunzehn Jahre alt war. Das Ganze geschah 1970. Damals waren die Möglichkeiten, einen Krebs zu behandeln, begrenzt. Heute überleben sechs von zehn Patienten eine Krebsdiagnose. Damals, 1970, waren es nur drei oder vier, die davonkamen.

Ich wusste, dass ich ihm vermutlich das Todesurteil überbringen musste, als ich ihn aus dem Wartezimmer hereinrief. Wenn es schlimme Befunde mitzuteilen galt, war es üblich, dass man eine erfahrene Krankenschwester mit im Zimmer hatte. Ich hatte eine ältere Frau, die seit vielen Jahren in der Abteilung arbeitete, um ihre Teilnahme gebeten.

Sven Roland Hansson betrat mein Zimmer. Er trug eine militärgrüne Jacke und zerrissene Jeans im Stil der Mods aus den sechziger Jahren. Er betrachtete mich und die Schwester mit Widerwillen, vermittelte deutlich den Eindruck, es eilig zu haben, und wollte sich kaum auf den Stuhl setzen, den ich ihm anbot.

Die Schwester hatte mir geraten, direkt zur Sache zu kommen. Wenn etwas ernst war, gebe es keine schonende Art, es zu sagen. Es komme darauf an, den Patienten zu vermitteln, dass der Arzt, der ihm gegenübersaß, sein Schicksal ernst nahm.

Viele Untersuchungen standen noch aus, ehe das Ärzteteam in der Krebsstation die Entscheidung treffen konnte, welche Behandlung die angemessene sein würde. Damit hatte ich eigentlich nichts zu tun, da ich kein Krebsspezialist war, sondern nur ein Stellvertreter in einer hoffnungslosen Situation.

Schließlich setzte sich Hansson auf den Stuhl. Da konnte ich sehen, dass in ihm eine Angst aufgekeimt war. Offenbar war ihm noch nicht aufgefallen, dass er sich auf einer Krebsstation befand.

So genau wie möglich erklärte ich ihm den Ernst seiner Krankheit. Ich sah, wie er blass wurde. Er begriff.

Plötzlich begann er zu schreien. Als hätte ihn jemand verbrannt oder würde in seinem Körper herumschneiden. Ich habe weder früher noch später einen Menschen so schreien gehört. Deshalb vergesse ich es nie. Ich hatte schwer Leidende in angstvoller Stille sterben gesehen, ich hatte Menschen brüllen gehört. Aber nie hatte ich eine Verwandlung erlebt, wie sie der junge Mann durchmachte. Er schrie so heftig los, dass das Kaugummi, das er im Mund hatte, herausschoss und auf meinem weißen Kittel landete. Ich wusste nicht, was ich tun sollte, aber die alte Schwester kam mir zu Hilfe. Zuerst ergriff sie seine Hand. Aber er riss sich los und fuhr fort zu schreien. Da nahm sie seinen Oberkörper in einen resoluten Griff, als wäre er ein sehr kleines Kind. Zugleich gelang es ihr, seine Schreie zu übertönen und mir zuzurufen, ihm etwas Beruhigendes zu geben.

Ein Jahr später entdeckte ich zufällig seinen Namen in einer Zeitung. In jener Zeit war es noch nicht üblich, dass eine Todesanzeige mit etwas anderem als einem christlichen schwarzen Kreuz versehen war. Aber Sven Roland Hanssons kleinen Kasten zierte eine Gitarre.

Ich hatte einen Kollegen, der Anästhesist war. Er spielte Gitarre. Er informierte mich darüber, dass das abgebildete Instrument eine Telecaster war. Eine der berühmtesten Gitarrenformen.

Etwas von derselben Angst, die Sven Roland Hansson überkommen hatte, meinte ich jetzt in Oslovskis Blick zu erahnen.

Ich startete den Motor und fuhr langsam aus dem Hafen heraus. Oslovski stand oben an der Straße, neben einem Baum, um sich unsichtbar zu machen, und beobachtete meine Abfahrt. Ich tat so, als würde ich sie nicht sehen, und gab Gas, während ich vom äußeren Pier abbog. Als ich einen Blick zurück warf, war sie verschwunden.

Vielleicht war es die Kälte, vielleicht Oslovskis Angst, aber mir schauderte. Ich bohrte das Kinn in den Jackenkragen und nahm Kurs auf meine Insel.

Als ich um die Landzunge herumbog, stand jemand auf dem Steg und erwartete mich. Erst dachte ich, es wären Alexandersson und seine Mitarbeiter, die zurückgekommen waren. Aber wo war ihr Boot?

Dann erkannte ich, dass es kein Mann war, der da stand, die Arme um den Oberkörper geschlungen, um sich warm zu halten. Es war meine Tochter Louise. Zu meinem großen Erstaunen begriff ich, dass sie auf Janssons Boot gewesen war, als ich Lisa Modin zum Hafen fuhr.

Ich mag es nicht, von unerwartetem Besuch oder plötzlichen Mitteilungen überrascht zu werden. Es hatte genügt, dass Harriet mich einmal mit der Nachricht überrumpelt hatte, dass Louise meine Tochter war. Ich zog das niemals in Zweifel. Auch Louise nicht. Dabei glichen wir uns äußerlich überhaupt nicht. In ihrem Gesicht erblickte ich Harriet und vielleicht Züge meines Vaters. Und sie hatte weder meinen noch Harriets Körper. Ihr Knochenbau war kräftig. Sie war stark. Würden wir gewalttätig aneinandergeraten, ich bin mir sicher, sie würde siegen. Zugleich war sie eine Frau, die in jeder Hinsicht attraktiv war. Männer sahen ihr nach. Das hatte ich bemerkt, als wir nebeneinander auf der Straße gingen oder in einem Café saßen. Von ihrem Seelenleben verstand ich nicht viel. Sie war so verschlossen, dass ich immer darauf gefasst war, sie würde etwas Unerwartetes tun. Ich versuchte mich daran zu gewöhnen, ohne dass es mir gelang.

Ihre überstürzten Abreisen irritierten mich immer. Ebenso, dass sie mir nicht sagte, wann sie vorhatte wiederzukommen. Als ich ihr von dem Brand erzählt hatte, hatte sie lediglich erklärt, sie würde herkommen. Nicht von wo und auch nicht, wann sie damit rechnete, wieder auf dem Steg zu stehen.

Ich fuhr zum Bootshaus und vertäute das Boot. Ehe ich das Tauende befestigt hatte, schlug sie die Tür auf. Das Sonnenlicht, das ins Bootshaus fiel, blendete mich. Ich sah sie wie einen schwarzen Schatten in der Türöffnung.

Sie kam auf mich zu, und wir umarmten uns. Dabei spürte ich an der Wange, dass ihr Gesicht nass war. Sie weinte oder hatte es gerade getan.

Wir gingen hinaus auf den Steg. Ich hatte einen Kloß im Hals und fürchtete, ich könnte selbst zu weinen anfangen. Wenigstens das hatten sie und ich gemeinsam. Wir trauerten um das alte Haus auf unserer Insel, das bis auf die Grundmauern niedergebrannt war.

Louise hatte wie üblich kaum Gepäck dabei, nur eine kleine braune Tasche. Sie hatte immer mehr Gepäck, wenn sie abfuhr, als wenn sie ankam.

Wir stellten die Tasche im Wohnwagen ab, ehe wir uns hinauf zur Brandstätte begaben. Als ich sie von hinten sah, wie sie da vor mir ging, hatte ich das Gefühl, ich sähe Harriet.

Das erstaunte mich, da sie und Harriet einander im Grunde so unähnlich waren. War es ein Trugbild? Ich hielt inne, um sie zu betrachten. Louise drehte sich sofort um. Ich holte sie ein. Der Apfelbaum glich einer Kulisse aus schwarzem Krepp.

»Als du nicht hier warst, als ich ankam, dachte ich erst, du hättest das Boot hinaus aufs Meer gesteuert, um zu verschwinden. Aber Nilsson sagte, er hätte dich in Richtung Hafen fahren sehen, als wir herkamen.«

»Jansson, nicht Nilsson.«

»Jansson. Habe ich Nilsson gesagt?«

»Ja.«

»Das war der, der an Mamas letztem Geburtstag so schön gesungen hat.«

»Wie hast du ihn gefunden?«

»Ich stieg unten am Hafen aus dem Bus und fragte den Fahrer. Der hieß Nilsson. Er rief Jansson an, und der versprach, sofort zu kommen. Übrigens war etwas komisch mit dem Bus.«

»Was?«

»Ich war der einzige Fahrgast.«

»Zu dieser Jahreszeit ist das nicht ungewöhnlich.«

»Ich bin noch nie allein in einem Bus gewesen. Nirgendwann, nirgendwo. Allerdings war ich einmal die einzige Passagierin in einem großen Verkehrsflugzeug in Mali. Da waren zwei Piloten, zwei Stewardessen und ich.«

»Was hast du in Mali gemacht?«

»Ein Sandsturm hat mich daran gehindert, in Dakar zu landen. Weißt du, wo das liegt?«

»Im Senegal. Dann kannst du also Französisch?«

»Einigermaßen.«

»Was hast du da gemacht?«

»Ich habe einen Sklavenverschiffungshafen besucht, um eine bemerkenswerte Türöffnung zu sehen.«

»Was meinst du damit?«

»Darüber können wir später reden.«

Sie ging weiter hinauf zur Brandstätte. Noch immer lag eine übelriechende Dunstglocke über der schwarzen Ruine. Ein paar kleine Vögel, die in all dem Schwarzen nach Nahrung suchten, flogen auf, als wir uns näherten.

»Hier war mein Zimmer. Wenn ich mich auf deine Schultern stellen würde, hätte ich bis zu meinem Fenster gereicht.«

Sie verließ das steinerne Fundament und kam zu mir. Ich entdeckte, dass sie nicht nur Spuren von Tränen im Gesicht hatte. Sie war auch sehr müde. Oft war sie braungebrannt, wenn sie von ihren vielen Reisen mit unklaren Zielen zurückkehrte. Aber diesmal nicht.

Es gab so vieles, was ich sie immer schon hatte fragen wollen. Und es kam so selten vor, dass sie von sich aus etwas über ihr Leben preisgeben wollte.

»Erzähl, was geschehen ist.«

»Gegen halb elf war ich eingeschlafen. Zwei Stunden später wachte ich davon auf, dass ein scharfes Licht in meinen Kopf drang. Es war entsetzlich heiß. Ich rannte aus dem Haus, das vollständig in Flammen stand. Jetzt, im Nachhinein, kann ich mich erinnern, dass der Brand dröhnte, als würden irgendwelche Monster Sauerstoff ins Feuer blasen.«

»Aber warum fing es an zu brennen?«

»Keiner weiß es. Weder die Polizei noch die Brandinspektoren noch ich.«

»Gibt es so viele Möglichkeiten?«

»Es verbreitet sich schon das Gerücht, ich sei der Brandstifter.«

»Warum solltest du dein eigenes Haus niederbrennen?«

»Vielleicht, weil ich den Verstand verloren habe?«

»Hast du das?«

»Sieht es so aus?«

»Antworte nicht mit Fragen!«

»Ich bin nicht verrückt! Ich bin kein Brandstifter. Als ich aufgewacht bin, stand das ganze Haus in Flammen. Was auch immer die Ursache ist, es war nicht mein Spiel mit den Zündhölzern.«

»Ein Haus fängt nicht von selbst an zu brennen. Waren es vielleicht Mäuse, die die elektrischen Leitungen durchgebissen haben?«

»Dann muss es eine Verschwörung von mindestens vier Mäusen gegeben haben, die außerdem Zugang zu Benzin hatten.«

Ich erzählte ihr, was Hämäläinen gesagt hatte. Sie hörte zu, stellte aber keine Fragen. Stattdessen ging sie langsam um das Haus herum und blieb an jeder der vier Ecken stehen. Ich fragte mich, ob sie am Ende vielleicht die Brandursache entdecken würde.

Sie bewegte sich langsam. Zuletzt machte sie vor dem Plastiktuch halt, auf dem die verbrannten Gegenstände lagen. Ich ging zu ihr hin und hob den Spanner von Giaconellis Schuhen auf. Sie erkannte ihn sofort.

»Nicht einmal die Schuhe konntest du mitnehmen.«

»Ich konnte nichts anderes mitnehmen als mich selbst.«

Sie hockte sich hin und legte den Spanner zurück. Ich hatte das Gefühl, sie würde eine Art Begräbnis vorbereiten. Ich hockte mich neben sie, auch wenn meine Knie knackten.

»Giaconellis Tod«, sagte ich. »Ich weiß darüber nicht mehr, als dass er zurück nach Italien gefahren und in einer Pension gestorben ist.«

»Seine Nieren arbeiteten immer schlechter, aber er wollte nicht von einem Dialyseapparat abhängig werden. Also beschloss er, dass sein Leben ein anständiges Ende nehmen sollte, ließ alles in Hälsingland zurück und reiste in sein Heimatdorf nördlich von Mailand. Nach zwei Wochen war er tot. Ich erfuhr es durch einige seiner Freunde.«

»Was ist aus seiner Schuhmacherwerkstatt geworden?«

»Seine Nachbarn betrachten sie als Museum. Da alle alt sind, weiß niemand, wie lange sie es schaffen werden, sein Andenken zu bewahren.«

Sie stand auf. Ich wäre fast gestürzt, als ich versuchte, mich neben ihr aufzurichten. In letzter Sekunde schaffte ich es, ihr eines Bein zu umklammern.

Wir gingen hinunter zum Wohnwagen. Sie setzte sich auf die Pritsche, ich an den Tisch. Ich hatte Kaffee in einer Thermosflasche.

»Hier ist kein Platz für uns beide«, sagte sie.

»Ich habe deine Ankunft schon vorbereitet. Die Schäre östlich der Insel, diejenige, die keinen Namen hat. Dort habe ich mein altes Zelt aufgeschlagen.«

»Ist das nicht zu kalt?«

»Mein alter Schlafsack ist warm.«

»Ist der nicht verrottet? Ich erinnere mich daran, dass ich ihn gesehen habe, als Mama starb. Ich habe nicht verstanden, warum du ihn nicht weggeworfen hast.«

»Er riecht muffig. Aber hier draußen wird alles gelüftet, weil es immer weht.«

Sie legte sich auf die Pritsche.

»Ich habe eine lange Reise hinter mir. Ich bin müde.«

»Woher kommst du?«

Sie antwortete nicht, schüttelte nur den Kopf. Das ärgerte mich.

»Warum kannst du nicht antworten? Ich verlange nicht zu wissen, was du getan hast. Ich möchte nur erfahren, von wo du kommst.«

Ihre Augen öffneten sich wieder. Sie sah mich mit demselben herausfordernden Blick an, den Harriet manchmal auf mich gerichtet hatte. Aber sie antwortete nicht. Stattdessen wandte sie mir den Rücken zu, zog die Knie an und zeigte mit aller Deutlichkeit, dass sie schlafen wollte.

Es war das einzig Vernünftige, schweigend ein paar Butterbrote zu streichen und eine Dose mitzunehmen, die ich über meinem Spirituskocher erwärmen konnte, den ich vom Bootshaus zum Zelt mitgenommen hatte. Der Wohnwagen gehörte meiner Tochter.

Sie war zu früh und zu plötzlich gekommen. Ich hatte mich weder an mein niedergebranntes Haus gewöhnt noch an den Gedanken, sie hierzuhaben.

Ich machte einen Rundgang um die Insel, folgte der Strandlinie gegen Süden und erinnerte mich an fast jeden Stein aus meiner Kindheit. Ich war dort viele Male mit meiner Angelrute gegangen und an bestimmten auserwählten Steinen stehen geblieben, um die Schnur auszuwerfen.

Eine Angelrute hatte ich nicht mehr. Es gab auch keine Fische mehr im Meer.

Louise schlief mit tiefen Atemzügen, als ich zurückkam. Vorsichtig legte ich die Decke über ihre Beine. Sie rührte sich nicht.

Es dämmerte, als ich hinunter zum Bootshaus ging. Ein Wolkenband lag über dem Meer. Es war angeschlichen gekommen, ohne dass ich es bemerkt hatte. Die Temperatur fiel weiter.

Ich dachte, ich sollte den Kollegblock in mein Zelt mitnehmen, um alles aufzuschreiben, was geschehen war. Aber ich ließ es bleiben. Ich wollte nicht riskieren, Louise zu wecken, indem ich wieder zum Wohnwagen zurückkehrte.

Ich schob das Boot aus dem Bootshaus, startete den Motor aber nicht, sondern ruderte hinüber zur Schäre. Es ging schnell, da ich Rückenwind hatte.

Die Mulde lag windgeschützt. Ich hatte meinen Spirituskocher angeworfen und machte meine Suppe warm. Um nicht zu frieren, hatte ich den Schlafsack über die Beine gezogen. In der Dunkelheit hatte ich das Gefühl, als wäre ich von mir selbst umgeben, in allen Gestalten des Kindes.

Ich dachte an Lisa Modin, an meine Tochter, an Harriet, die vor ein paar Jahren gestorben war.

Nach der Mahlzeit saß ich in totaler Dunkelheit da. Ich war sehr müde.

Gerade wollte ich den Schlafsack ins Zelt mitnehmen, als ich ein Licht entdeckte. Es kam von der Insel, aber ich konnte nicht erkennen, was es genau war.

Ich kniff die Augen zusammen. Da wurde mir klar, dass meine Tochter offenbar mit der Taschenlampe blinkte, die ich auf dem Tisch im Wohnwagen liegen gelassen hatte.

Ich versuchte ihr zuzurufen, aber der Gegenwind war zu stark. Das Blinken der Taschenlampe kam in unregelmäßigen Abständen. Aber ich wusste, sie würde niemals blinken, wenn es nicht wichtig wäre.

Mir fiel ein, dass sie meine Handynummer nicht hatte. Ich ging hinunter zum Boot und ruderte durch die Dunkelheit. Es war dieselbe Dunkelheit, in der ich gelegen hatte, als das Feuer hinter meinen Augenlidern zu brennen begonnen hatte. Würde es noch einmal geschehen? Würde das Meer selbst Feuer fangen und mich zwingen, in eine Richtung zu rudern, in die ich mich retten konnte?

Ich hielt die Ruder still und drehte mich um.

Die Taschenlampe auf dem Steg war erloschen.

7.

Ich vertäute das Boot am Steg. Louise war nicht da. Sie hatte auch nicht die Lampe angezündet, die an der Wand des Bootshauses hing. Hätte sie wirklich sichergehen wollen, dass ich ihre Blinkzeichen bemerken würde, hätte sie statt der schwachen Taschenlampe die starke Außenlampe des Bootshauses benutzt.

Ich wollte gerade nach ihr rufen, als ich entdeckte, dass im Wohnwagen Licht brannte. Ich blieb am Bootshaus stehen. Offenbar hatte sie drinnen im Wohnwagen nicht bemerkt, dass draußen ein starkes Licht angegangen war.

Ein großer, schwerfällig flatternder Vogel war direkt neben dem Lichtkreis der Bootshauslampe zu sehen. Dann und wann im Lauf der Jahre waren Uhus in der Dunkelheit aufgetaucht. Ihre nächtlichen Ausflüge folgten Spuren und Richtungen, über die niemand etwas wusste.

Ich ging hinauf zum Wohnwagen. Aber ich blieb stehen, ehe ich die Tür erreicht hatte, da ich sah, dass der Vorhang vor dem ovalen Fenster nicht ordentlich zugezogen war. Noch nie zuvor hatte ich meiner Tochter nachspioniert. Jetzt schlich ich mich zum Fenster und spähte vorsichtig hinein.

Sie hatte ihren Oberkörper entblößt, saß am Tisch und blätterte in dem Kartenspiel. Aber sie legte keine Patience, sondern schien ganz in Gedanken versunken zu sein.

Ich hatte sie noch nie nackt gesehen. Vorsichtig zog ich mich zurück, damit sie mich nicht bemerkte, falls sie plötzlich einen Blick zum Fenster hin werfen würde.

Ich wollte nicht ertappt werden, wollte aber auch nicht aufhören, in ihre Welt hineinzusehen. Ich begriff, dass sie die Heizung aufgedreht hatte. Deshalb war sie zur Hälfte entkleidet.

Mit dem Blick suchte ich nach der Taschenlampe, konnte aber

große Teile des Innenraums nicht einsehen. Ich konnte sie nicht entdecken.

Ich betrachtete meine halbnackte Tochter. Sie hatte die Brüste ihrer Mutter, groß und schwer. Ich zog mich vom Fenster zurück und klopfte nach ein paar Minuten an die Tür.

»Wer ist da?«

»Ich bin's. Ich habe deine Blinkzeichen mit der Taschenlampe gesehen.«

»Taschenlampe?«

»Ja, Taschenlampe.«

»Warte einen Moment.«

Der Wohnwagen schaukelte ein wenig. Als sie die Tür öffnete, hatte sie einen Pullover an.

Sie ließ mich ein und sah mich mit gerunzelter Stirn an. »Wovon redest du? Welche Taschenlampe?«

Ich hatte soeben die Lampe auf der Küchenablage entdeckt. Ich deutete darauf.

»Ich wollte gerade ins Zelt kriechen, als ich gesehen habe, dass du auf dem Steg stehst und blinkst. Ich habe versucht, dir zuzurufen, aber du hast im Gegenwind nichts gehört. Also bin ich hierhergerudert. Warum hast du nicht die Lampe vor dem Bootshaus genommen und geblinkt? Sie ist ja wie ein Scheinwerfer, den man an- und ausschalten kann.«

Sie antwortete nicht. Schaute mich nur prüfend an. Dann deutete sie mit einem Nicken auf den Hocker. Ich setzte mich und knöpfte die Jacke auf. Es war sehr warm im Wohnwagen. Sie blieb neben der Tür stehen.

»Ich verstehe nicht, wovon du redest«, sagte sie nach einer Weile.

Ich streckte mich nach der Küchenablage und nahm die Taschenlampe, richtete sie auf sie und blinkte.

»So habe ich dich unten am Steg gesehen, wie du zu meinem Zelt Signale gesandt hast. Was wolltest du? Ich habe mir Sorgen gemacht.«

Sie schwieg. Ich sah ein, dass irgendetwas nicht stimmte. Ich hatte mich nicht getäuscht.

»Ich stand nicht mit angeknipster Taschenlampe auf dem Steg.«

»Ich bilde es mir nicht ein.«

»Du hast gesehen, wie es blinkte?«

»Ja.«

»Waren es Morsesignale?«

»Das weiß ich nicht. Es war sehr unregelmäßig. Wie ein hüpfender, unregelmäßiger Puls.«

Sie schüttelte den Kopf. Ich meinte, eine vage Unruhe bei ihr wahrzunehmen. Glaubte sie, ich wäre auf dem Weg, dement zu werden?

Der Gedanke erschreckte mich. Ich konnte mir schwer ein schlimmeres Schicksal vorstellen, als physisch gesund zu sein und mir eines Tages, vielleicht von meiner Tochter, erklären lassen zu müssen, dass mein Gehirn und mein Gedächtnis immer schlechter funktionierten. Schon zu der Zeit, als ich die Ausbildung zum Arzt machte, pflegte ich mit anderen Arztkandidaten zusammenzusitzen und über die schlimmsten Formen des Alterns zu sprechen, die wir uns vorstellen konnten. Im Großen und Ganzen gaben alle dieselbe Antwort. Dement zu werden war schlimmer, als unter physischen Schmerzen zu leiden.

»Du musst mir glauben, wenn ich sage, dass ich nicht unten auf dem Steg war. Warum sollte ich dich belügen?«, fragte Louise.

»Wenn du es nicht warst, wer war es dann?«

»Schleichen Unbekannte hier auf der Insel herum?«

»Nicht dass ich wüsste. Vielleicht ist es der Brandstifter, der zurückgekommen ist?«

Wieder runzelte sie die Stirn.

»Der Einzige, der hier aufgetaucht ist, bist du«, sagte sie.

»Ich kann keiner Sinnestäuschung zum Opfer gefallen sein!«

»Dann müssen wir hinausgehen und nach dem Eindringling suchen.«

Es wurde still. Natürlich gingen wir nicht hinaus.

»Hast du etwas gegessen?«, fragte sie.

»Ich habe gegessen.«

»Magst du einen Kaffee?«
»Dann kann ich nicht schlafen.«
»Magst du ein Glas Rum?«
»Warum sollte ich? Du weißt, dass ich keinen Alkohol trinke.«
»Das stimmt nicht. Manchmal schüttest du ihn hinunter.«
»Das ist etwas ganz anderes. Dann besaufe ich mich.«
»Brauchst du irgendetwas?«
»Ich sollte jetzt zu meinem Zelt zurückrudern und mich hinlegen.«
»Du wirst in der Dunkelheit in die Irre rudern.«
»Es ist nicht weit, ich könnte hinschwimmen.«
»Ich möchte, dass du hierbleibst. Als es dunkel wurde, war es beängstigend, allein zu sein. Ich dachte, hier draußen würden lauter schwarz verbrannte Menschen herumlaufen. Du kannst auf der Pritsche liegen, dann schlafe ich auf dem Boden. Wir sammeln alles, was es an Kissen, Kleidern und Decken gibt, dann wird es weich genug. Jetzt trinke ich ein Glas Rum, und du trinkst nichts, und wir spielen Karten. Dann legen wir uns hin. Obwohl das Haus niedergebrannt ist und es anscheinend blinkende Taschenlampen auf der Insel gibt.«
»Ich verstehe einfach nicht, wer die Taschenlampe in der Hand hatte.«
Sie antwortete nicht. Ich sah, wie sie eine halbgeleerte Flasche mit braunem Rum aus der Tasche zog.
Sie kippte das Glas herunter, verzog das Gesicht und füllte es wieder zur Hälfte. Ich hatte noch nie bemerkt, dass sie das Glas auf dieselbe Art leerte wie ihre Mutter. Harriet hatte nie viel getrunken. Aber wenn sie es tat, schüttete sie den Inhalt in sich hinein, als tränke sie nur mit dem größten Widerwillen.
Louise stellte das Glas auf den Tisch.
»Woran denkst du? An die Taschenlampe?«
»Ich denke, dass ich Harriet sehe, wenn ich dich sehe. Ihr trinkt auf dieselbe Art.«
»Wir werden nicht auf dieselbe Art betrunken. Sie ist nach ein paar Gläsern eingeschlafen. Ich werde entweder wehmütig oder

wütend. Ich weiß nie im Voraus, was geschehen wird. Aber du musst dich nicht sorgen. Heute Abend trinke ich nicht, um mich zu berauschen. Ich friere, wenn ich an all das denke, was fort ist und niemals wieder auferstehen kann.«

»Ich habe immer noch nicht begriffen, was geschehen ist. Aber morgen müssen wir über die Zukunft reden.«

Sie schob das Glas beiseite und griff nach dem Kartenspiel.

»Morgen«, sagte sie. »Nicht heute Abend. Ich stimme dir zu. Was wollen wir spielen?«

Kartenspiele haben mich immer gelangweilt. Wir fingen an, Poker zu spielen. Sie gewann fast jedes Mal, ob sie nun die besseren Karten hatte oder nicht. Ich konnte nie an ihrem Gesicht ablesen, ob sie gute Karten hatte oder ob sie mich täuschte. Hin und wieder war es so, als würde sie mich aus Mitleid gewinnen lassen. Immer wenn ich glaubte, meine Zündhölzer würden endlich ausgehen, musste ich das Spiel fortsetzen.

Wir spielten unter absolutem Schweigen. Sie war ganz auf ihre Karten konzentriert, während ich oft Fehler machte.

Als es halb elf war, beschlossen wir, eine Pause zu machen. Sie verschwand hinaus, um zu pinkeln, kam dann wieder und schmierte ein paar Butterbrote. Sie trank Kaffee, und ich trank Wasser. Dann setzten wir das Spiel fort. Als es Mitternacht war, hatte ich es immer noch nicht geschafft, alle meine Zündhölzer zu verlieren. Ich warf die Karten auf den Tisch und sagte, ich könne nicht mehr. Verdrossen nickte sie und trank die letzten Tropfen aus ihrem Glas. Ich ging hinaus und entleerte meine Blase, während ich hörte, wie sie sich für die Nacht vorbereitete. Eine dünne Mondsichel zeigte sich am Nachthimmel. Die Wolkendecke hatte sich gelichtet. Ich wartete, bis es drinnen im Wohnwagen still wurde. Dann klopfte ich an und trat ein.

Louise hatte ihr Bett auf dem Boden hergerichtet und sich schon hingelegt. Mit geschlossenen Augen wünschte sie mir gute Nacht. Ich zog mich aus, kroch ins Bett und machte das Licht aus. Die Außenlampe des Bootshauses schickte einen schmalen

Streifen Licht durch das Wohnwagenfenster. Ich stand auf, um den Vorhang vorzuziehen.

»Lass es hineinleuchten«, sagte Louise. »Das macht die Nacht weniger dunkel.«

Ich kehrte zu meiner Schlafstatt zurück. Meine Müdigkeit war wie eine sehr schwere Last. Ich war ganz einfach zu alt, um von vorn anzufangen.

Dann tauchte plötzlich Oslovski in meinem Kopf auf. Sie war immer eine Frau gewesen, die starke Gefühle verborgen hatte. Nun hatte sich das geändert. Als ich ihr auf dem Kai begegnete, war deutlich zu spüren, dass sie Angst hatte. Sie zeigte mir sogar, woher die Angst kam. Sie lauerte wie eine Drohung irgendwo hinter ihr in der Außenwelt.

Ehe ich einschlief, erinnerte ich mich daran, dass ich Louise am nächsten Tag davon überzeugen musste, eine Entscheidung für die Zukunft zu treffen. Wenn sie sich immer noch ein Leben auf der Insel vorstellen konnte, musste sie bestimmen, wie ein neu erbautes Haus aussehen sollte. Aus der Versicherungspolice, die ich vor vielen Jahren abgeschlossen hatte, ging hervor, dass ein so altes Haus unmöglich rekonstruiert werden konnte. Doch anhand der Versicherungssumme konnte Louise eine Wahl treffen.

Aber was würde passieren, wenn die verkohlte Ruine sie abschreckte? Was sollte ich tun, wenn sie vorschlug, die Insel zu verkaufen, und möglicherweise den Anteil an ihrem Erbe noch zu meinen Lebzeiten ausbezahlt bekommen wollte? Würde ich die große Last auf mich nehmen, ein neues Haus zu bauen? Oder würde ich mich auf Dauer in dem Wohnwagen einrichten? Vielleicht könnte ich einen Schreiner aus der Gegend bitten, das Bootshaus zu erweitern, sodass ich zwischen Holzwänden leben konnte statt in dem Plastiklaminat, aus dem das Innere des Wohnwagens bestand?

Ich könnte vielleicht mein altes Auto mit der Fähre herüberbringen und an meinen Wohnwagen ankoppeln, so als würde ich mich bereitmachen, mit dem Auto statt mit dem Boot den Styx zu überqueren?

Schließlich musste ich doch eingenickt sein, denn Louises Stimme riss mich aus dem Dämmerschlaf. Sie sprach laut, als setzte sie voraus, dass ich wach war.

»Ich werde einen Garten anlegen.«

Ich hörte klar und deutlich, was sie sagte. Aber ich verstand es nicht. Wenn ich etwas von meiner Tochter zu wissen glaubte, dann dass sie denselben Widerwillen dagegen und dasselbe Desinteresse daran hatte wie ich, mit kleinen Spaten in der Erde herumzustochern, um etwas zum Wachsen zu bringen.

»Wo soll der Garten angelegt werden?«

»Hier.«

»Auf dieser Insel wächst nichts. Es gibt nur Steine und magere Erde. Die wenigen Nährstoffe beanspruchen die Eichen und die Erlen.«

»Ich würde natürlich einen Garten anlegen, der genau zu diesem Boden passt.«

»Ich habe noch nie bemerkt, dass du Interesse daran hast, dich mit Pflanzen zu beschäftigen.«

Der Wohnwagen schaukelte, als sie aus dem Bett sprang, die Decke um ihren Körper wickelte und die Lampe anzündete. Sie setzte sich an den Tisch, während ich liegen blieb und ins Licht blinzelte.

»Ich bin zu dem Dorf gefahren, in dem Giaconelli begraben ist. Er hatte mir von einem schönen Garten erzählt, der hinter einer Mauer liegen solle, die fast ganz von Efeu überwuchert sei. Ich fand die Mauer und kletterte darüber. Mittlerweile war der Garten ganz überwuchert, früher ist er aber sicher einmal sehr schön gewesen. Als ich dort herumging, wurde mir klar, dass ich einen ganz anderen Garten anlegen wollte. Giaconelli hatte mir den Garten gezeigt, zugleich aber gewusst, dass ich meinen eigenen Weg gehen würde. Den Ozean des Nichts wollte ich erschaffen.«

»Was ist das?«

»Das werde ich dir morgen erzählen. Jetzt mache ich das Licht wieder aus.«

Ehe ich einschlief, versuchte ich zu verstehen, was sie mit dem Ozean des Nichts gemeint hatte. Es gelang mir nicht.

Um kurz nach sechs wachte ich auf. Louise schlief tief, die Decke über den Kopf gezogen. Ein Fuß lugte hervor. Als hätte er sich von ihrem Körper losgemacht. Vorsichtig deckte ich ihn mit einem Deckenzipfel zu. Sie zuckte zusammen, schlief aber weiter.

Als ich hinunter zum Steg ging, nahm ich die Kleider und eines der chinesischen Hemden als Handtuch mit. Der Morgen war dunkel und kalt. Der Wind hatte nach Norden gedreht. Ich holte Luft und stieg ins Wasser. Die Kälte schlug wie gewöhnlich hart gegen den Körper. Ich dachte, es gäbe einen bestimmten Punkt im Herbst, an dem die Kälte genau der nach dem Aufbrechen des Eises entspräche. Zwei entgegengesetzte Jahreszeiten vereinigten sich miteinander.

Ich zählte bis zehn, wie ich es immer tue, ehe ich wieder auf den Steg kletterte. Das chinesische Hemd hinterließ kleine blaue Fäden an meinem Körper, als ich mich trockenrubbelte. Nachdem ich mich angezogen hatte, schaute ich aufs Thermometer. Es zeigte drei Grad. Der Wind kam in schwachen Böen. Die Windstöße aus dem Norden bissen mir in Gesicht und Hände.

Nachdem ich mich angezogen hatte, setzte ich mich auf die Bank und kauerte dort in der langsam weichenden Dunkelheit. Was hatte Louise in der Nacht gesagt? Der Himmel des Nichts? Nein. Der Ozean des Nichts. Ich verstand immer noch nicht, was sie gemeint hatte.

Die Tür des Wohnwagens wurde geöffnet. Louise rief mich zum Frühstück. Sie war angezogen und hatte die Haare mit ein paar Spangen hochgesteckt.

»Ich wünschte, ich würde kaltes Wasser so gut vertragen wie du«, sagte sie, als wir uns an den Tisch setzten.

Sie kochte einen für meinen Geschmack viel zu starken Kaffee. Aber da ich das wusste, beschwerte ich mich nicht.

»Früher oder später musst du hineinspringen. Wir haben

keine Badewanne und auch keine Möglichkeit, Wasser zu erhitzen.«

»Am Hafen gibt es eine Dusche für Segler.«

»Ich bezweifle, dass sie jetzt geöffnet ist.«

»Meinst du nicht, sie würden sie öffnen, wenn sie erfahren, dass das Haus niedergebrannt ist?«

Sie hatte natürlich recht. Den Rest des Frühstücks verzehrten wir schweigend. Louise räumte ab und hinderte mich daran, ihr zu helfen, da es zu eng im Wohnwagen war, als dass wir uns beide gleichzeitig hätten bewegen können. Dann beschlossen wir, in ein paar Stunden zum Hafen zu fahren, sobald die Geschäfte geöffnet hatten.

»Der Ozean des Nichts«, sagte ich, als der Tisch abgedeckt war.

»Ich werde es dir zeigen und erklären.«

Wir gingen hinaus. Der Wind war noch böig, und die dichte Wolkendecke hing niedrig. Mittlerweile war es halb acht geworden. Mit bestimmten Schritten ging Louise zu der Rasenfläche hinauf, die hinter dem niedergebrannten Haus lag. Wenn man sich auf einen der Felsen setzt und in Richtung des Rasens schaut, hat man auch freie Sicht auf das Meer. Sie zeigte auf einen flachen Felsen, und ich setzte mich.

Louise berichtete von einer Reise nach Japan, die sie im Jahr zuvor unternommen hatte. Sie kann fesselnd erzählen, wenn sie es darauf anlegt. Ich denke oft, dass sie eine viel stärkere Beziehung zu Worten hat als ich.

Natürlich hatte ich keine Ahnung, dass sie in Japan gewesen war. Genauso wenig, wie ich von ihren Reisen nach Paraguay oder Tasmanien wusste. Was sie nach Japan fahren ließ, schien die Idee gewesen zu sein, ausgetüftelte Papierdrachen nach Europa zu bringen. Sie erwähnte es nebenbei, und ich fragte nicht, was aus der Idee geworden war. Indessen erzählte sie, dass sie zusammen mit einer Freundin die Stadt Kyoto und den zen-buddhistischen Tempel Daisen-in besucht hatte. Dort hatte sie vor einem Garten gestanden, der aus Stein bestand.

Kein Grashalm fand sich zwischen den Steinen und dem Kies. Der Steingarten war im 16. Jahrhundert angelegt worden, und man wollte damit ein Rätsel in der Landschaft erschaffen, das es den Besuchern erleichtern würde, sich beim Meditieren zu konzentrieren.

»Ich wurde ganz still«, erzählte sie. »Es kam mir so vor, als hätte ich etwas gefunden, wonach ich lange gesucht hatte, ohne davon zu wissen. Als ich mich auf eine Bank setzte, zog es mich sofort in diese Steinwelt hinein. Ich empfand eine Ruhe, die mich zugleich aufgekratzt machte. Sofort beschloss ich, dass ich mir einmal einen eigenen Steingarten zulegen würde, als Gruß an den Ozean des Nichts. Denn so hieß der Garten, den ich vor mir hatte. Da hier auf der Insel nichts wächst, wie du selbst gesagt hast, kann ich mir keinen geeigneteren Ort vorstellen, um einen Garten aus Kies und Steinen anzulegen. Dann können die beiden Gärten ihre Steinhände ausstrecken und einander aus Schweden und Japan zuwinken.«

Plötzlich unterbrach sie sich und lief an der Brandstätte vorbei hinunter zum Wohnwagen. Ich hörte, wie die Tür geöffnet und bald wieder geschlossen wurde. Als sie zurückkam, hielt sie eine schwarzweiße Fotografie in der Hand.

»Der Ozean des Nichts«, sagte sie. »So sieht er aus.«

Lange saß ich mit dem Bild in der Hand da. Louise verließ mich und ging um den Rasen herum, den sie in einen Garten verwandeln wollte, der dem auf der Fotografie glich, die ich vor mir hatte.

Ich verstand nicht, was genau sie an diesem Garten in Kyoto so beeindruckt hatte. Kies, Steine, vielleicht Sand und ein paar kleine Hügel, die auf dem ebenen Boden versteinerten Blasen glichen.

Mein Dasein schien zurzeit mit Steinen angefüllt zu sein, dachte ich. Von meinem Haus war nur das steinerne Fundament übrig geblieben. Am Tag davor hatte ich mit Lisa Modin Vrångskär besucht, wo vereinzelte Steinreste an die Menschen erinnerten, die in unfassbarer Armut zu überleben versucht hatten. Dort hatte ich dann erzählt, dass ein Teil der Steine, die für die alten Hausbauten verwendet worden waren, jetzt auf dem Weg zurück seien, aus eigener Kraft, zu den Orten, von denen man sie einmal geholt hatte.

Und jetzt dieses.

Ich steckte die Fotografie in die Innentasche meiner Jacke. Louise kam heran und setzte sich zu mir auf den Felsen.

»Was hast du gesehen?«, fragte ich. »Das Bild kann mir nichts von dem vermitteln, was du in Wirklichkeit erlebt hast.«

»Du wirst es verstehen, wenn ich meinen Garten hier angelegt habe.«

»Meinst du das ernst?«

»Ich meine es immer ernst.«

»Das weiß ich. Aber soll der Garten mit den Steinen angelegt werden, ehe wir ein neues Haus errichten?«

»Vielleicht.«

»Ich denke, das ist ein Entschluss, den du selbst fassen musst.«

Sie nickte stumm. Dann bückte sie sich nach einem Steinsplitter, der sich von dem Felsen gelöst hatte, auf dem wir saßen. Sie stand auf und legte ihn mitten auf den Rasen.

»Mein Garten beginnt mit einem einsamen Stein«, sagte sie.

»Du musst entscheiden, was du mit dieser Ruine anfangen willst.«

»Heute Abend. Jetzt fahren wir.«

Louise saß im Bug, das Gesicht in Fahrtrichtung. Ich dachte an den Steingarten, von dem sie erzählt hatte. Plötzlich kam mir ein Gedanke, der noch nie zuvor in meinem Kopf aufgetaucht war. Ich war so überrascht, dass ich das Gas drosselte. Louise drehte sich um und sah mich fragend an. Ich drehte das Gas ganz aus und ließ den Motor im Leerlauf laufen.

»Warum machen wir halt?«

Ich setzte mich auf die Mittelbank, um näher bei ihr zu sein.

»Du hast gesagt, Buddhisten hätten diesen Garten entworfen?«

»Man nimmt an, dass es ein Mönch namens Soami war.«

»Und er war Buddhist?«

»Zen-Buddhist.«

»Ich kenne den Unterschied nicht.«

»Wenn du willst, erkläre ich ihn dir, wenn wir nach Hause kommen.«

»Ich möchte nur wissen, ob du vorhast, unsere Insel in einen zen-buddhistischen Tempel zu verwandeln? Bist du selbst Buddhistin geworden?«

Als Reaktion auf meine Fragen wurde sie wütend. Sie griff nach dem Schöpfeimer aus Plastik und warf ihn nach mir. Das Regenwasser im Eimer spritzte mir ins Gesicht. Ich warf den Plastikeimer sofort zu ihr zurück. So saßen wir da und attackierten einander mit dem Schöpfeimer, der zwischen uns hin- und herflog, ehe Louise ihn versehentlich ins Wasser warf und ich ihn mit einem Ruder als Bootshaken herausfischen musste.

»Ich bin nicht religiös«, erklärte sie. »Das muss man nicht sein, um einen Garten anzulegen.«

Ich antwortete nicht, gab aber wieder Gas. Wir fuhren weiter aufs Land zu.

Die Duschkabine war abgeschlossen. Louise rüttelte ein paarmal an der Tür, ehe wir zum Schiffsbedarfsladen gingen. Nordin packte gerade einen Karton mit Arbeitshandschuhen aus, als wir eintraten.

Meine Stiefel waren noch nicht gekommen. Und natürlich wurde Louise wütend, als er sagte, die Dusche würde erst im Mai nächsten Jahres wieder geöffnet werden. Er verstand ihre Not, aber zugleich konnte er sich nicht über den Beschluss der Kommune hinwegsetzen. Ich wünschte, Louise hätte kein so hitziges Temperament. Selten oder nie hatte ich erlebt, dass Wut zur Lösung eines Problems beigetragen hätte. Manchmal denke ich, meine Tochter hat anscheinend das Bedürfnis, wütend zu werden. Es ist ihr wichtiger, als einen Konflikt zu vermeiden.

Nordin staunte über ihre aufflammende Wut. Er war wohl nicht daran gewöhnt, dass Leute die Stimme erhoben und zornig wurden wegen etwas, wofür er nicht die Verantwortung trug. Ich versuchte mich in das Gespräch einzumischen, um die Stimmung zu beruhigen, aber Louise schob mich zur Seite.

»Mit wem in der Kommune soll ich reden?«, fragte sie empört.

»Das weiß ich nicht«, antwortete Nordin. »Es sind immer verschiedene Leute, die sich um die Duschanlage kümmern.«

»Wer hat die Schlüssel? Wer sorgt für Warmwasser?«

»Während der Saison tue ich das.«

»Das bedeutet, dass Sie die Schlüssel haben?«

»Ich kann sie nicht hergeben, wenn keine Saison ist.«

»Man muss sich waschen, auch wenn Herbst ist.«

Louise und ich merkten beide, dass Nordin einen Blick auf einen Schlüsselschrank warf, der an der Wand hing. Das genügte, damit Louise hinging, die Schranktür öffnete und den Schlüssel nahm, der an einem Holzstück befestigt war, auf dem mit Neonstift geschrieben stand, dass er zur Duschkabine gehörte. Ohne ein Wort ging sie zur Tür hinaus, ihr zusammengerolltes Handtuch unterm Arm.

Nordin zitterte am ganzen Körper. Ich sah, wie ihn eine große Angst überkam, aufgrund dessen, was er eben hatte erleben müssen. Als hätte ihn jemand beraubt, nicht seiner Besitztümer, sondern der Verantwortung, die zu verteidigen und zu bewahren er einen symbolischen kommunalen Eid geschworen hatte. Ich begriff, dass er einen Trost brauchte, den ich ihm nicht geben konnte.

»Sie meint es nicht böse«, sagte ich lahm. »Sie fühlte sich nur schmutzig. Das Wasser war ihr zu kalt. Wir werden das Problem mit einer Badewanne, Eimern und einer elektrischen Kochplatte lösen.«

Ich ließ ihn mit dem zur Hälfte ausgepackten Karton mit den Arbeitshandschuhen allein und ging zu den Duschen hinüber, wo ich das Wasser laufen hörte. Louise hatte eine Seife und eine Plastikflasche mit Shampoo in ihr Handtuch gewickelt gehabt.

Als ich da in dem kalten Wind stand, dachte ich, vielleicht wäre es das Beste gewesen, wenn sie gar nicht gekommen wäre. Ich wurde mit der Brandkatastrophe leichter ohne sie fertig.

Aber ich wusste auch, dass das nicht ganz stimmte. Ohne sie würde ich es nicht schaffen, eine Entscheidung darüber zu treffen, was mit dem Rest geschehen sollte, der von meinem Leben blieb. Mein eitler Traum, Lisa Modin könnte meine Begleiterin werden, war natürlich nichts anderes als eine Flucht vor der Wirklichkeit.

Als Louise herauskam, waren ihre Haare noch nass. Sie umwickelte sie mit einem Handtuch.

»Ist er gestorben?«, fragte sie.

Ich wurde wütend. Am liebsten hätte ich sie geschlagen. Ihr eine kräftige Ohrfeige gegeben. Aber ich riss nur das Holzstück mit dem Schlüssel an mich, der an ihrer Hand baumelte.

»Ich mag es nicht, wenn du meine Freunde beleidigst«, schnaubte ich. »Hättest du mir die Sache überlassen, hättest du den Schlüssel auf freundliche Art und Weise bekommen. Jetzt bleibst du hier, bis ich den Schlüssel zurückgebracht und um Entschuldigung gebeten habe. Ich werde ihm sagen, dass du dich zu sehr schämst, um es selbst zu wagen.«

Sie öffnete den Mund, um zu protestieren. Mit einer ohnmächtigen Bewegung, um die unmögliche Situation zu beenden, riss ich ihr das Handtuch vom Kopf, das ebenso gelb war wie mein chinesisches Hemd. Es landete auf dem nassen Hafenkai.

»Ich bin bald zurück«, sagte ich. »Entweder bist du noch da und wir fahren zum Einkaufen, oder du hast dich wieder auf eine der Reisen begeben, von denen du nie erzählst.«

Ich kehrte ihr den Rücken zu und ging zum Schiffsbedarfsladen. Der Karton mit den Arbeitshandschuhen war immer noch nicht ausgepackt. Nordin hatte sich auf den Hocker an der Theke gesetzt, wo er Angelleinen und Vertäuungsseile in den Längen abzuschneiden pflegte, die die Kunden verlangten. Er hielt krampfhaft einen Bleistift in der Hand und sah mich nicht an, als ich den Schlüssel zusammen mit einem Fünfziger vor ihm auf den Tisch legte und meine Entschuldigung in Louises Namen murmelte.

Ich war nicht ganz aufrichtig. Ich sagte, sie entschuldige sich, sie sei wütend geworden, weil der Brand sie so sehr mitgenommen habe.

Nordin legte den Bleistift weg, stand auf und hängte den Schlüssel zurück, der erst im nächsten Frühjahr wieder benutzt werden sollte. Ich hatte das Gefühl, er wollte allein sein. Also schloss ich die Tür hinter mir und ging hinauf zu Oslovskis Haus, um das Auto zu holen. Das Zauntor und die Haustür waren geschlossen. Oslovski ließ sich nicht blicken.

Gerade als ich in die Straße einbog, sah ich, dass sich ein Vorhang am Fenster des Hauses bewegte. Ich nahm einen Schimmer von Oslovskis Gesicht wahr, ehe der Vorhang wieder an seinen Platz fiel. Sie war also zu Hause. Und sie hatte immer noch Angst.

Ein wachsendes Unbehagen stieg in mir auf. Erst der Streit meiner Tochter mit Nordin, dann Oslovski, die ängstlich aus ihrem Fenster spähte, in der Sorge, entdeckt zu werden. Irgendetwas bahnte sich an. Mein niedergebranntes Haus war Teil eines größeren Geschehens.

Ich holte Louise, die sich wieder das Handtuch um ihren Kopf gewickelt hatte. Sie setzte sich ins Auto. Schweigend fuhren wir auf den Ort zu. Plötzlich musste ich eine Vollbremsung einlegen, weil ein Fuchs die Straße überquerte. Füchse hatte ich hier noch nie gesehen, nur Elche und Rehe. Von Jansson hatte ich auch erfahren, dass mehr und mehr Wildschweine in der Gegend auftauchten.

»Gib acht!«, rief Louise.

»Der Fuchs sollte achtgeben.«

Ich parkte wie üblich hinter der Bank am Hafenplatz. Während ich einkaufen ging, verschwand Louise in eine andere Richtung. Ich stellte fest, dass das Schuhgeschäft trotz des normalen Werktags geschlossen war.

Wir trafen uns am Auto. Ich erkannte Louises Plastiktüten, sie war in demselben Geschäft gewesen, in dem ich meine chinesischen Hemden gekauft hatte. Wir fuhren weiter zu einem Elektromarkt außerhalb der Ortschaft, wo wir eine Kochplatte, Lampen, Wannen und Eimer kauften. Ob Louise unser Schweigen als belastend empfand, weiß ich nicht. Aber langsam verlor ich die Geduld mit einer Tochter, die kein einziges Wort von sich gab, während ich sie herumkutschierte.

Schließlich verstauten wir die letzten Einkäufe im Auto.

»Ich habe Hunger«, sagte ich. »Aber wenn du auf deinem Schweigen beharren willst, möchte ich nicht, dass wir zusammen essen.«

Sie hielt eine rote Strickmütze in der Hand, die sie eben gekauft hatte. Jetzt setzte sie die Mütze auf den Kopf und brach in Gelächter aus.

»Natürlich gehen wir essen! Ich finde es nur schön, nicht immer reden zu müssen. In der Welt, in der wir leben, wird ununterbrochen gequatscht.«

Es gab ein Restaurant, das zugleich eine Bowlinghalle war. Wir aßen gebratenen Fisch und tranken Wasser. An einem Tisch saßen die Asphaltleger, die ich ein paar Tage zuvor unten am Hafen gesehen hatte. Zu meinem großen Erstaunen hörte ich, dass sie immer noch darüber diskutierten, ob einer von ihnen tatsächlich Barsche gesehen hatte oder nicht.

Nach dem Essen bestellten wir Kaffee. Die Asphaltleger verschwanden. Plötzlich legte Louise ihre Hand auf meine.

»Ich will, dass wir das Haus wieder aufbauen und es dem alten so ähnlich wie möglich sieht. Natürlich ist es der Ort, in dem ich irgendwann in Zukunft wohnen will.«

»Ja«, sagte ich. »Natürlich willst du das.«

Wir fuhren zurück zum Hafen. Ich fragte mich, ob Louise dieselbe Erleichterung empfand wie ich. Schweigend saßen wir da, aber es war ein anderes Schweigen als jenes, das vorhin im Auto geherrscht hatte.

An derselben Stelle wie zuvor lief ein Fuchs über die Straße.

»Ein anderer Fuchs«, sagte Louise. »Dieser war kleiner.«

»War er nicht größer?«

»Er war kleiner.«

Ich beharrte nicht darauf. Der Tag war schwierig genug gewesen. Am Boot angekommen, ließ ich sie aus dem Wagen steigen und lud alle Tüten und Kartons aus.

Als ich das Auto an seinen Platz stellte, waren keine Bewegungen hinter Oslovskis Vorhängen zu sehen. Ich stellte fest, dass ich mir allmählich Sorgen um sie machte. Woher kam ihre Angst? Wovor versteckte sie sich?

Als ich zum Kai hinunterging, sah ich zu meinem Erstaunen, dass Nordin das *Geschlossen-Schild* vor dem Schiffsbedarfsladen aufgehängt hatte. Mich beschlich das unangenehme Gefühl, dass er dort drinnen saß und weinte. Wieder ärgerte ich mich über das Benehmen meiner Tochter. Aber ich wollte die Sache nicht wieder aufwärmen. Jedenfalls nicht in diesem Augenblick.

Ich machte die Leinen los.

»Jetzt will ich fahren«, sagte Louise.

Ich setzte mich in den Bug. Kraftvoll zog Louise den Motor in Gang. Nicht von ungefähr hatte sie geboxt, als ich sie zum ersten Mal traf. Sie war stark und schnell. Und sie kannte das Fahrwasser. Ich fand nur, dass sie sich ein wenig zu nah an dem unsichtbaren Bygrundet hielt, der in der Fahrrinne lag.

Als wir um die letzte Landzunge bogen, sah ich, dass Janssons Boot am Steg lag. Er selbst saß auf der Bank. Wir legten im Bootshaus an, und ich ließ Louise ausladen, während ich zu Jansson hinausging.

Er hatte Post für mich, die Syrén, der neue Briefträger draußen auf den Inseln, ihm übergeben hatte. Vielleicht meinten die Leute von der Post immer noch, ich wollte keine Briefe entgegennehmen?

Der Brief kam von der Polizei. Ich öffnete ihn und las. Ich wurde von der Polizeibehörde der Stadt zum Verhör bestellt, wegen des Verdachts auf Brandstiftung.

In vier Tagen sollte ich mich einfinden, um 11.00 Uhr.

Jansson sah mich fragend an.

»Ich werde keine Antwort schreiben«, sagte ich. »Du musst nicht warten.«

Als Jansson ablegte, blieb ich auf dem Steg stehen.

Ich fragte mich, wie viele Leute in den Schären wussten, dass ich zum Verhör vorgeladen worden war.

Und ich fragte mich, ob ich der Letzte war, der es erfuhr.

Teil II

Der Fuchs läuft gen Golgatha

8.

Die folgenden Tage wurden zu einem einzigen langen Warten. Nachts galoppierten die Pferde in meinem Kopf. Ich erzählte Louise nichts von der Vorladung, die ich erhalten hatte. Sie sah mich zwar forschend an, stellte aber keine Fragen. Sie hatte natürlich mitbekommen, dass Jansson mir den Brief zugesteckt hatte.

Als wir im Wohnwagen zu Abend aßen, begannen wir wieder miteinander zu reden. Wir sprachen über den Inhalt der Gasflasche, die Notwendigkeit einer neuen Bratpfanne und den Bedarf an Waschmittel, um die Kleider sauber zu halten. Wir mieden alles, was unseren Ernst erfordert hätte.

Nachdem wir nach Hause gekommen waren, hatte ich den Tag im Bootshaus verbracht, während sie drinnen im Wohnwagen blieb. Einmal warf ich heimlich einen Blick durchs Fenster. Da saß sie auf der Bettkante und telefonierte mit ihrem Handy. Ich strengte mich an, um zu hören, was sie sagte, ohne dass es mir gelang. Ihr Gesichtsausdruck war ernst. Vielleicht war sie böse, vielleicht traurig, ich konnte es nicht erraten. Als sie das Gespräch abrupt beendete, zog ich mich zurück und ging wieder zum Bootshaus. Ich hatte eine Dose mit Teer geöffnet. Nicht um ihn zu benutzen, sondern um den Geruch einzuatmen. Teer hält sich hier in den Schären ewig.

An der Rückseite des Bootshauses lag ein uralter, undichter Kahn, den ich in den letzten Jahren nicht benutzt hatte. Ich schubste ihn hinunter ins Wasser und sah, dass er gar nicht so viele lecke Stellen hatte wie befürchtet. Nachdem ich die Ruder aus dem Bootshaus geholt hatte, legte ich einen alten Schöpfeimer aus Blech auf das Hellegatt und stieg in den Kahn. Ich konnte ihn benutzen, wenn ich zum Zelt fuhr.

In meiner Kindheit hatte es ein größeres Ruderboot auf der

Insel gegeben. Es war schwarz, mit Teer durchtränkt und wurde von Großvater benutzt, wenn er mit Netzen fischte. Anfangs hatte Großmutter gerudert. Als ich groß genug war, um mit den Rudern umzugehen, und wusste, was mit den Netzen zu tun war, mit denen Großvater hantierte, ging die Aufgabe an mich über.

Plötzlich erinnerte ich mich an eine Begebenheit, die sich ereignet hatte, als ich zehn oder elf Jahre alt war. Großvater erblickte einen Rehbock, der angeschwommen kam. Ohne zu zögern ließ er das Netz fallen, das er in den Händen hielt, schob mich zur Seite und setzte sich selbst an die Ruder. Er holte das Reh ein, stand im Boot auf und schlug dem Tier mit einem der Ruder auf den Kopf.

Das Ruder zerbrach, und das Reh schwamm weiter. Aber Großvater warf sich halb aus dem Boot, und es gelang ihm, das Tier am Geweih zu packen. Zugleich zog er sein Mora-Messer und schnitt ihm die Kehle durch. Das alles ging so schnell, dass ich nicht sofort verstand, was geschehen war. Erst als Großvater das tote Tier mit blutigen Händen an Bord zog, begriff ich es. Das Tier sah mich mit großen, glänzenden Augen an, ohne zu sehen.

Ich war dem Tod begegnet.

Von da an trug ich immer eine gewisse Angst vor Großvater mit mir herum. Ich hatte etwas an ihm gesehen, das ich zuvor nicht erahnt hatte. Den Fischen, die er aus den Netzen pflückte, das Genick zu brechen war eine Sache. Aber auf diese Schlachtung draußen auf dem Meer war ich in keiner Weise vorbereitet gewesen.

Als wir an Land kamen und er das tote Tier auf den Steg warf, übergab ich mich. Er sah mich missbilligend an, ohne etwas zu sagen.

Dann rief er nach Großmutter. Zusammen weideten sie das Reh aus. Aber da war ich schon weggegangen.

Die Erinnerung erweckte das alte Unbehagen wieder zum Leben. Das Ereignis war mindestens sechzig Jahre her, trotzdem konnte ich immer noch den kräftigen Halsschnitt sehen, den Großvater ausgeführt hatte. Er wirkte hasserfüllt, als er das Ruder am Geweih des Bocks zerschlug. Ich glaube, er wäre mit dem lädierten Ruder bis zur finnischen Küste gepaddelt, wenn es nötig gewesen wäre.

Dieses Ereignis machte mir schon als Zehnjährigem klar, dass Menschen nie ganz und gar diejenigen sind, für die man sie hält. Das gilt für alle. Auch für mich. Es gibt immer etwas Unerwartetes bei den Menschen, denen man begegnet und von denen man glaubt, sie zu kennen.

Ich ruderte zurück ans Land, zog den Kahn ins Trockene und schöpfte das Wasser heraus, das eingedrungen war. Ich überlegte, ob ich einen der Ameisenhaufen ausgraben sollte, die es auf der Insel gab, um die undichten Stellen im Boot auszufüllen. Aber ich verzichtete darauf. Ich wusste, meine Tochter würde wütend werden, wenn ich ein Ameisenvolk tötete, um ein Boot abzudichten.

Louise saß auf der Bank auf dem Felsplateau, als ich zurückkam. Ich setzte mich neben sie. Es war an der Zeit, sie zu informieren.

»Ich bin zu einem Polizeiverhör vorgeladen worden«, sagte ich.

»Warum denn?«

»Sie glauben, ich hätte das Haus selbst angezündet.«

»Hast du das?«, fragte sie, ohne mich anzusehen.

»Nein«, sagte ich. »Und du?«

Ich stand auf und ging wieder hinunter zum Bootshaus. In mir begann ein Gefühl von Wut und von Angst zu wachsen. Ich hatte die Kontrolle über das verloren, was geschah.

Ein paarmal in meinem Leben habe ich in kurzen Perioden getrunken, aus Überdruss, Angst oder Wut. Im Moment wünschte ich, ich hätte eine Flasche Wodka, Kognak oder Branntwein, um sie in mein Zelt mitzunehmen.

Ich stieß den Kahn wieder aufs Wasser hinaus, da merkte ich, dass Louise mir gefolgt war.

»Ich begleite dich«, sagte sie.

»Wohin? Zum Zelt?«

»Zur Polizei.«

»Das will ich nicht.«

»Ich komme trotzdem mit. Du stehst ein Polizeiverhör nicht durch.«

Im Kahn lag ein alter Korkschwimmer. Ich nahm ihn und warf ihn nach ihr.

»Du kommst nicht mit«, schrie ich. »Warum sollte ich jemand mitnehmen, wenn ich weiß, dass ich mein Haus nicht angezündet habe.«

Ich wartete ihre Antwort nicht ab, sondern legte die Ruder in die Dollen. Natürlich glitt eines dabei ins Wasser. Als ich mich danach streckte, auf dieselbe Art wie Großvater beim Fangen und Töten des Rehbocks, wurde ich pitschnass. Ob Louise noch am Strand stand, weiß ich nicht. Ich ruderte mit dem Heck voran, um es nicht sehen zu müssen. Als ich die Landzunge umrundet hatte, drehte ich das Boot. Louise stand noch am Strand und folgte mir mit dem Blick. Die Arme hatte sie über der Brust verschränkt. Das ließ mich an einen Indianerhäuptling denken, der dastand und zusah, wie der weiße Mann in einem chinesischen Hemd seinem Schicksal und seinem halb verrotteten Zelt entgegenruderte.

Die halbe Nacht lang lag ich wach und sehnte mich nach etwas zu trinken. Ich wollte mich besaufen und zugleich von dem Wahnsinn befreien, dass die Polizei mich zum Verhör bestellte. Als ich schließlich einschlief, geschah das mit dem Gefühl, ich hätte mich einer Grenze genähert. Wie sollte ich mit all dem fertigwerden, mit meinem Alter, einem niedergebrannten Haus und dem Empfinden, in einem Niemandsland zu leben, in dem keiner nach mir fragte? Oder glaubte ich selbst, ich wäre verrückt geworden und hätte angefangen, mit Benzinkanistern und Zündhölzern herumzulaufen?

Sogar meine Tochter betrachtete mich mehr und mehr als eine Last. Nicht mehr als den verschwundenen und vielleicht ersehnten Vater, der schließlich in ihrem Leben aufgetaucht war.

Als ich in der Morgendämmerung aufwachte, fühlte ich mich, als hätte ich am Abend zuvor getrunken. Die Müdigkeit glich einem Kater. Ich kroch aus dem Schlafsack und verließ das Zelt. Das Meer war grau, die Luft kalt, der Wind noch schwach, aber auf irgendeine Weise bedrohlich, wie es einem vorkommen kann, wenn sich ein Sturm nähert. Zwei einsame Eiderenten schwammen schaukelnd auf dem Wasser. Als ich in die Hände klatschte, hoben sie ab und flogen davon. Seltsamerweise schnurstracks nach Norden. Ich folgte ihnen mit dem Blick, bis es nicht mehr möglich war, sie am Himmel zu erkennen.

Erst am Nachmittag ruderte ich zurück zum Bootshaus. Im Wohnwagen roch es nach Putzmitteln, als Louise die Tür öffnete. Wir verzehrten eine einfache Mahlzeit, sprachen aber nicht viel. Als ich aufbrach, folgte sie mir hinunter zum Bootshaus.

»Warum hast du mit der Taschenlampe geblinkt?«, fragte ich.

»Ich habe nicht geblinkt. Das musst du dir eingebildet haben.«

Es war sinnlos, aufs Neue zu fragen, zu beharren, die Stimme zu erheben und wütend zu werden. Wenn sie es mir nicht erzählen wollte, dann tat sie es nicht.

Wir beide sind Menschen, die lügen, dachte ich. Aber wir logen auf verschiedene Art.

In den folgenden Nächten schlief ich genauso schlecht. Die Tage glichen einander, dasselbe Grau. Ich umrundete meine Schäre und versuchte mich darauf vorzubereiten, was bei der Polizei geschehen würde.

Am Abend vor dem Polizeiverhör Essen im Wohnwagen, Kartenspiele. Wieder begleitete Louise mich hinunter zum Steg.

»Ich fahre morgen mit dir«, sagte sie.

»Nein«, erwiderte ich.

Mehr sprachen wir nicht.

In dieser Nacht schlief ich tief und fest, vor Erschöpfung. Vor dem Einschlafen dachte ich als Letztes daran, dass ich jetzt mehrere Tage kein Morgenbad genommen hatte. Das bedrückte mich.

Am folgenden Tag ruderte ich zurück und fühlte mich endlich ausgeschlafen. Aber als ich zum Bootshaus kam, entdeckte ich, dass das Boot mit dem Außenbordmotor verschwunden war. Ich zog den Kahn an Land und klopfte an den Wohnwagen, vergeblich. Als ich die Tür öffnete, sah ich, dass das Bett gemacht und ihr Rucksack verschwunden war. Sie hatte keine Nachricht hinterlassen.

Ich rief auf ihrem Handy an, bekam aber keine Antwort und konnte auch keine Nachricht hinterlassen. Als ich hinausging, schlug ich die Tür so fest zu, wie ich konnte. Eine Leiste am Dach des Wohnwagens löste sich. Ich ließ sie hängen, ging hinunter zum Steg und setzte mich auf die Bank. So viel wusste ich von meiner Tochter, dass es sinnlos wäre, zu warten und zu hoffen, dass sie rechtzeitig zurückkäme, damit ich mich zur Polizei begeben konnte.

Ich tat das Notwendige und wählte Janssons Nummer. Wie üblich antwortete er sofort, als hätte er mit dem Handy in der Hand bereitgestanden.

»Mein Motor hat keinen Schaden«, sagte ich. »Aber ich brauche jemanden, der mich zum Festland bringt.«

»Wann?«

»Jetzt.«

»Ich komme.«

»Danke.«

Ich beendete das Gespräch, ehe er mich fragen konnte, warum mein Boot plötzlich untauglich war.

Noch immer hatte ich meine Kleidung im Wohnwagen. Die Leiste, die die Tür versperrte, riss ich ab und warf sie ins Gras. Ich wählte das chinesische Hemd, das am wenigsten verschmutzt war, und durchsuchte den Wohnwagen, um zu sehen, ob Louise vielleicht eine Flasche mit Schnaps oder Wein versteckt hatte, ohne Erfolg.

Danach setzte ich mich auf die Bank und wartete. Jansson

kam nach genau sechsundzwanzig Minuten. Er merkte natürlich, dass das Boot fort war, fragte aber nicht nach.

Vielleicht stellte er sich vor, dass er jetzt einen Gefangenentransport unternahm, da er wusste, dass ich genau an diesem Tag von der Polizei vorgeladen war.

Wir fuhren zum Festland, ohne ein einziges Wort zu wechseln. Als wir endlich an einem Kai anlegten, wollte er sich seinen Dienst nicht bezahlen lassen. Ich legte hundert Kronen unter eine Schleppangel auf dem Hellegatt, ohne zu erwähnen, dass ich heimgebracht werden musste, wenn die Polizei mit mir fertig war.

Nordin stand am Schiffsbedarfsladen und putzte ein Fenster, auf das eine Möwe geschissen hatte. Wir grüßten uns. Ich hatte das bestimmte Gefühl, er wüsste, wohin ich unterwegs war.

Kurz bevor ich den Kai verließ, blickte ich über den verlassenen Hafen. Aber mein Boot konnte ich nicht entdecken. Louises Abreise erstaunte mich. Vielleicht sollte ich mir Sorgen machen? Aber ich verwarf diesen Gedanken. Louise war kein Mensch, der sich unnötig selbst Schaden zufügte.

Oslovskis Haus war verlassen. Die Vorhänge zugezogen, kein Lebenszeichen zu sehen. Ich stieg ins Auto und fuhr davon. Wieder musste ich eine Vollbremsung einlegen, weil ein Fuchs über die Straße lief. Als der Schreck nachgelassen hatte, dachte ich wütend, dass ich beim nächsten Mal, wenn das Vieh vor dem Auto auftauchte, alles tun würde, um es zu töten. Der Fuchs lief gen Golgatha, ohne es zu wissen.

Ich brauchte eine Stunde, um in die Stadt zu fahren. Ungefähr auf halber Strecke lag ein unscheinbares Straßencafé, an dem ich gewöhnlich haltmachte. Ich kannte es noch aus meiner Kindheit. Damals bediente dort eine Dame mit knallrot geschminkten Lippen, die einen fast unverständlichen Dialekt sprach. Ich erinnerte mich an die Limonade und einen Teller mit Baisers. Jetzt trank ich Kaffee und kaute erneut an einem Mazarin-Törtchen, einem Zuckergussgebäck, das alle Cafés in unserem Land erobert zu haben scheint.

Ich war der einzige Gast. An den leeren Tischen sah ich mich selbst in verschiedenen Varianten und Altersstufen. Die Einsamkeit ist groß, wenn man von Tischen und Stühlen umgeben ist, die niemand benutzt.

Die Tür öffnete sich, und eine Frau mit Rollator holperte über die Schwelle. Ich erinnerte mich daran, wie Harriet vor ein paar Jahren in der Kälte übers Eis gekommen war. Mich selbst konnte ich mir unmöglich mit einem Rollator vorstellen. Der Gedanke war erschreckend, er war mir zuwider. Wollte ich wirklich weiterleben, wenn meine Füße mich nicht mehr trugen?

Die Frau kaufte einen Zimtwecken und trank ein Glas Wasser. Die Bedienung half ihr mit dem Tablett. Die alte Frau war fast blind. Sie tastete sich voran und erfühlte mit den Händen die Tischkante und den Stuhl, auf dem sie sitzen sollte.

Ich fragte mich, was sie dachte. Und sah vor mir einen Menschen, an dem die Erde zog, der schon auf dem Weg war, unsichtbar zu werden, um schließlich ganz zu verschwinden.

Ich nahm meine Kaffeetasse, schüttete das Getränk in einen Pappbecher und verließ das Café. Noch nie zuvor in meinem Leben hatte ich mit der Polizei zu tun gehabt, abgesehen von Routineangelegenheiten wie dem Erneuern eines Passes und einer Schadensmeldung, als mein Auto einmal angefahren worden war. Jetzt war ich eine verdächtige Person, der man unterstellte, ein schweres Verbrechen begangen zu haben. Ich wusste, dass ich unschuldig war, ahnte aber nicht, was die Polizisten herausgefunden hatten.

Ich saß im Auto und bekannte meine Unruhe. Das Auto hatte sich in einen Beichtstuhl verwandelt.

Das Polizeipräsidium befand sich in einem neuen roten Ziegelbau. Hinter dem vermutlich schusssicheren Glasfenster saß eine Empfangsdame, die keine Uniform trug. Ich nannte meinen Namen und erklärte, wer mich vorgeladen hatte.

Sie tippte eine Nummer ein und sagte: »Er ist da.«

Nach einigen Minuten kam ein junger Polizist durch die Türschleuse, die in die verschiedenen Abteilungen des Polizeipräsidiums führte. Auch er trug keine Uniform. Er streckte mir die Hand entgegen.

»Månsson.«

Sein Händedruck war fest. Aber er zog die Hand rasch wieder zurück, als würde er fürchten hängenzubleiben. Ich folgte ihm durch die Türschleuse. Endlich sah ich flüchtig einen Polizisten in Uniform. Es war beruhigend. In meiner Welt tragen Polizisten Uniform und Schlagstock.

Månsson war kaum älter als dreißig und schien mir modisch gekleidet zu sein. Aus irgendeinem Grund, vielleicht auch eine Mode, die an mir vorübergegangen war, hatten seine Socken verschiedene Farben.

Wir gingen zu einem kleinen Konferenzraum. Als wir eintraten, stand ein weiterer Polizist in Zivil am Fenster und prüfte abwesend die trockene Erde einer Topfpflanze. Er war etwas älter, vielleicht fünfunddreißig. Dieser Polizist gab mir nicht die Hand, er nickte nur und sagte, er heiße Brenne.

Wir setzten uns. Die Stühle waren grün, der Tisch braun. Darauf stand ein Recorder. Brenne stellte ihn an. Aber es war Månsson, der das Wort führte.

Ich bedauerte, mein Jo-Jo nicht mitgenommen zu haben. Nicht, um die beiden Polizisten zu verunsichern, sondern eher, um mich zu beruhigen. Das Kalmar-Jo-Jo in der Hand hätte hilfreicher sein können als ein Anwalt.

Månsson warf einen Blick auf einen Ordner mit Papieren, den er vor sich hatte.

»Dann eröffnen wir das Verhör mit Fredrik Welin. Es ist 11.45 Uhr. Anwesend sind die Kriminalinspektoren Brenne und Månsson.«

Er wandte sich mir zu, ehe er fortfuhr.

»Sie sind anlässlich des Brandes, bei dem Ihr Wohnhaus total zerstört wurde, zum Verhör vorgeladen worden. Ihnen ist klar, dass Sie aus diesem Grund hier sind?«

»Ich bin mir keiner Schuld bewusst. Aber natürlich ist mein Haus niedergebrannt. Alles, was ich besaß, ist fort. Die Kleider, die ich anhabe, sind neu gekauft. Schlechte chinesische Ware.«

Sowohl Månsson wie Brenne sahen mich fragend an. Mein Kommentar entsprach offenbar nicht dem, was sie erwartet hatten.

»Nach unserer Untersuchung konnten wir keine natürliche Ursache für den Brand finden«, fuhr Månsson fort. »Da geklärt ist, dass das Feuer zeitgleich an mindestens vier Stellen an den Ecken des Hauses ausgebrochen ist, gibt es einen guten Grund für die Annahme, dass der Brand gelegt wurde.«

»Das habe ich verstanden. Aber ich habe es nicht getan.«

»Haben Sie einen Verdacht, der in eine andere Richtung weist?«

»Ich habe keine Feinde. Es gibt auch niemanden, der einen finanziellen Vorteil von dem niedergebrannten Haus hätte.«

»Das Haus ist zu seinem vollen Wert versichert?«

»Ja.«

Soweit folgte das Verhör dem Muster, das ich mir vorgestellt hatte. Nichts Unerwartetes, nichts, was erklärte, warum der Verdacht auf mich gefallen war, außer dass es keine Alternative gab.

Brenne durchbrach die Stille, indem er fragte, ob ich Kaffee haben wolle. Das wollte ich nicht. Er unterbrach die Aufnahmen, verschwand zur Tür hinaus und kehrte mit Kaffeebechern für sich und Månsson zurück.

Der Recorder wurde wieder angestellt. Ich vermisste immer noch mein Jo-Jo. Die Fragen, die mir gestellt wurden, schienen sich im Kreis zu drehen, von den exakten Zeitpunkten, wann ich eingeschlafen und aufgewacht war, um aus dem Haus zu rennen, bis zu möglichen Feinden, die die Absicht gehabt haben könnten, mich zu verbrennen. Ich machte die Zeitangaben nach bestem Wissen und verneinte erneut, einen Verdacht zu haben, wer für die Tat verantwortlich sein könnte.

Schließlich hatte ich die ständigen Wiederholungen satt.

»Ich weiß, ich bin hier, weil Sie mich verdächtigen«, sagte ich. »Ich kann nur wiederholen, dass Sie eine falsche Spur verfolgen. Wie der Brand entstanden ist oder wer mir schaden wollte oder nach dem Leben trachten könnte, ahne ich nicht. Ich habe alles gesagt, was ich weiß.«

Månsson betrachtete mich lange schweigend. Dann sprach er ins Mikrofon, erklärte das Verhör für beendet und stellte den Recorder ab.

»Wir werden uns sicherlich wieder melden«, erklärte er, nachdem er aufgestanden war und seine rosa Krawatte zurechtgerückt hatte.

Brenne sagte nichts. Er war zu dem Blumentopf am Fenster zurückgekehrt.

Månsson begleitete mich hinaus zur Rezeption. Ich empfand Erleichterung, als ich das Polizeipräsidium verließ.

Ich ließ das Auto stehen und ging in eines der großen Kaufhäuser, die in der Nähe lagen. Im Ausverkauf erstand ich verschiedene Kleidungsstücke, nachdem ich sorgfältig kontrolliert hatte, dass sie nicht in China hergestellt worden waren. Zu Mittag aß ich in einem italienischen Restaurant in der Galeria des Kaufhauses, aber das Essen schmeckte nicht.

Es könnte für Brenne oder Månsson zubereitet worden sein, dachte ich. Denn es enthielt mehr Langeweile und Erschöpfung als Geschmack.

In einem Alkoholladen in der Nähe kaufte ich schließlich zwei Flaschen Wodka. Dann verließ ich die Stadt. Als ich das Auto holte, sah ich zwei Polizisten, die eine bis zur Bewusstlosigkeit betrunkene Frau zwischen sich vorwärtsschleppten. Die Polizistin glich Lisa Modin. Die Ähnlichkeit war so frappierend, dass ich zuerst glaubte, sie wäre es. Dann sah ich, dass ihr Gesicht magerer war und mit Sommersprossen gesprenkelt.

Ich wollte zurück zum Hafen und dann zu meiner Insel fahren. Aber ehe ich die Stadt verließ, rief ich noch einmal Louise an. Diesmal konnte ich eine Nachricht hinterlassen.

»Wo zum Teufel bist du hin?«, fragte ich. »Ich musste an Land schwimmen, um rechtzeitig zur Polizei zu kommen.«

Ich bat sie nicht, mich abzuholen. Stattdessen rief ich sie erneut an.

»Ich bin schwer misshandelt worden«, sagte ich in meiner neuen Nachricht. »Vermutlich verliere ich die Sehkraft auf dem linken Auge.«

Die Farben der herbstlichen Landschaft, durch die ich fuhr, waren bezaubernd, erfüllten mich aber zugleich mit Unsicherheit. Früher hatten die Jahreszeiten mich nicht beeinflusst. Aber in den letzten Jahren hatten Kälte und Dunkelheit mir eine wachsende Unruhe bereitet.

Als ich in die Ortschaft kam, in der ich meine chinesischen Hemden gekauft hatte, hielt ich an. Das Schuhgeschäft war wieder geschlossen. Im Lebensmittelladen befanden sich nur vereinzelte Kunden. Ich legte Waren in den Korb, die ich nicht unbedingt kochen oder auf andere Art zubereiten musste. Alles konnte kalt gegessen werden. Als ich meine Tüte zum Auto trug, überlegte ich kurz, ob ich Lisa Modins Privatadresse heraussuchen sollte. Die Versuchung war groß, aber ich unterdrückte sie, startete den Wagen und machte mich auf zum Hafen. Es war drei Uhr nachmittags. Die hügelige Straße schlängelte sich durch dichten Wald, nur an einigen wenigen Stellen schimmerte die Wasseroberfläche von Seen und schließlich des Meers wie ein Blinken durch die dunklen Bäume. Wenn man es nicht besser wusste, konnte der Wald unendlich erscheinen.

Abzweigungen gab es wenige. Eigentlich nur eine, die nach Norden führte. Das Schild, das kaum je gesäubert worden war, verwies auf einen Ort, der Hörum hieß. Bis dahin waren es sieben Kilometer. Ich hatte dieses Schild in all den Jahren gesehen, seit meiner Kindheit, aber nie einen Anlass gehabt, in diesen Ort zu fahren. Auch jetzt hatte ich keinen Grund. Aber ich bog einfach ab. Der Entschluss fiel so schnell, dass ich nicht einmal abbremsen konnte. Der Kies spritzte um die Reifen. Mit knapper Not verhinderte ich es, direkt in den Wald hineinzurasen.

Ich fuhr nach Hörum, ohne zu wissen warum. Als ich ein Kind war, träumte ich von einer Straße, die nirgendwohin führte, nur in die Unendlichkeit weiterging. Jetzt kam dieses Gefühl zurück.

Hörum war der Name eines Ortes, den es nicht gab. Ich drosselte die Geschwindigkeit, kehrte aber nicht um. Jetzt würde ich doch die Reise ins Ungewisse unternehmen, die ich mir immer ausgemalt hatte.

Ich hielt an und stellte den Motor ab. Vorsichtig öffnete ich die Tür, als bestünde die Gefahr, dass ich jemanden störte. Um mich herum war es still. In dem dunklen Wald regte sich kein Windhauch. Wie lange ich so stehen blieb, weiß ich nicht. Ich weiß nur, dass ich die Augen schloss und dachte, bald würde es mich nicht mehr geben. Mir blieb nur das Alter. Schließlich würde auch das zu Ende gehen, und dann blieb nichts mehr.

Ich öffnete die Augen und wusste, ich sollte umkehren. Aber ich setzte mich ins Auto und fuhr weiter.

Nach einem steilen Hang lichtete sich der Wald. Entlang der Straße lagen ein paar Häuser. Einige waren verfallen und leer, andere vielleicht noch bewohnt. Ich hielt an und stieg aus dem Wagen. Nirgendwo Bewegungen oder Geräusche. Der Wald war dicht an die Häuser, die rostigen Geräte, die zugewucherten Wiesen herangekrochen. Eine verirrte Herbsthummel summte an meinem Gesicht vorbei. Die beiden Häuser, die vielleicht bewohnt waren, zumindest hatten sie Vorhänge an den Fenstern, lagen mitten in dem kleinen Dorf. An einem Briefkasten war der Deckel hochgeklappt. Darin lag eine nasse, halb vermoderte Zeitung. Ich konnte erkennen, dass sie drei Wochen alt war. Das Lokalblatt mit der Schlagzeile über ein überfahrenes Rennpferd. Die Zeitung, für die Lisa Modin arbeitete.

Aber es gab keine Menschen. Keine Bewegungen hinter den Vorhängen, wie ich es bei Oslovski erlebt hatte. Niemand, der spähte, niemand, der sich fragte, wer ich war. Am äußersten Rand des kleinen Dorfes lag das Haus, das am meisten verfallen war. Die Zauntür war in den Graben geworfen worden und völlig überwuchert. Ich betrat den Hof. Reste eines Tretschlittens verbargen sich in einem Gebüsch. Die Tür an der Vortreppe war angelehnt. Ich betrat das verlassene Haus. Die Zimmer waren leer.

Die Tapeten blätterten ab, ein beschädigter Tisch lag umgekippt am Boden. Die Spuren von Menschen waren spärlich. Auf der Treppe zum Obergeschoss verrottete eine tote Maus. Das ganze Haus wirkte wie ein trauriger Sarkophag, der darauf wartete, dass die Wände einstürzten und ein für alle Mal begruben, was es dort gegeben hatte.

Ich ging hinauf ins Obergeschoss. In einem der Schlafzimmer war die Decke beschädigt. Von all dem Regen, der hineingesickert war, war der Fußboden vermodert.

Aber es gab ein Bett. Abrupt blieb ich stehen. In dem Bett waren Laken, die noch nicht lange dort gelegen haben konnten. Sie waren sauber, gebügelt, vielleicht sogar unbenutzt.

Der Reihe nach ging ich in die drei anderen Schlafzimmer. Nirgends gab es Betten oder Möbel. Nur in diesem einen Zimmer, wo es hineinregnete, stand ein gemachtes Bett.

Hinter der abgelösten Tapete kam eine Zeitung zum Vorschein, die einst als Isolierung gedient hatte. Ich riss einen Fetzen ab und sah, dass sie von 1934 war. Der 12. Mai. Ein Bauer, der 1852 geboren war, war gestorben. Der Probst Johannes Wiman hatte bei der Beerdigung eine Rede gehalten.

Ein Mähdrescher stand zum Verkauf. Außerdem inserierte der Svea Verlag ein Buch, das »ernsthaft die schwierige Judenfrage erörterte«. Es kostete drei Kronen, und sofortige Auslieferung wurde versprochen.

Das Zeitungspapier war porös und zerbröckelte zwischen meinen Fingern.

Aber wer schlief in dem gemachten Bett? Das Rätsel verfolgte mich, als ich das Haus verließ.

Ich ging wieder zum Auto und fuhr zurück zur Hauptstraße. Als ich den Wagen bei Oslovskis Haus abstellte, hörte ich jemanden hämmern. Die Tür zur Garage stand offen. Oslovski war also zu Hause. Als ich die Tür aufschob, drehte sich Oslovski ruckartig um. In der Hand hielt sie eine Stoßstange. Wieder sah ich ihre Angst. Aber als sie feststellte, dass nur ich es war, beruhigte sie sich.

Am selben Tag, an dem Oslovski das Haus bezogen hatte, war ein Lastwagen mit einem alten, ramponierten Oldtimer eingetroffen. Nordin hatte das Ganze gesehen und sich gefragt, was für eine merkwürdige Autoenthusiastin hier eingezogen war.

Jetzt, nach all den Jahren, wusste ich, es war ein viertüriger DeSoto Fireflite Sedan von 1958, den Oslovski nach und nach von einem Haufen Schrott in einen glänzenden Oldtimer verwandelte. Ohne dass ich das geringste Interesse gezeigt hätte, hatte sie mich darüber belehrt, dass die Motorleistung dreihundertfünf PS und die Kompression 10:1 betrugen. Natürlich sagte mir das nichts. Genauso wenig wie die Information, dass die Reifen von der Marke Goodyear waren und die Größe 8 × 14 hatten.

Aber ich hatte verstanden, mit welcher leidenschaftlichen Hingabe sich diese fremde Frau ihrem Auto widmete. Oft war sie unterwegs und kam mit einem Reserveteil zurück, das sie auf einem Schrottplatz entdeckt hatte.

»Ein neuer Fund?«, fragte ich und deutete auf die Stoßstange.

»Danach habe ich vier Jahre auf Schrottplätzen gesucht«, sagte Oslovski. »Jetzt habe ich einen in Gamleby gefunden.«

»Fehlt noch viel?«

»Die Kupplung. Vermutlich muss ich nach Nordschweden fahren, um etwas Brauchbares zu finden.«

»Kannst du nicht annoncieren?«

»Ich will die Sachen selbst finden. Das ist natürlich dumm. Aber es ist eben so.«

Ich nickte und ging davon. Kaum war ich ein paar Schritte gegangen, schon hörte ich wieder ihre eifrigen Hammerschläge. Ich fragte mich, wo ich das alte Auto finden würde, das mein Leben mit Sinn erfüllen konnte. Vielleicht war deshalb mein Haus niedergebrannt? Damit ich eine Lebensaufgabe hatte, indem ich es neu erbaute?

Als ich meine Tüte zum Kai trug, sah ich, dass ein Rettungswagen vor dem Schiffsbedarfsladen stand. Soeben wurde

Nordin auf einer Trage aus seinem Laden transportiert. Ich stellte die Tüten ab und rannte hin. Nordin lag mit geschlossenen Augen da. Er hatte eine Sauerstoffmaske über Mund und Nase.

»Ich bin Arzt und ein Freund von ihm«, sagte ich. »Was ist geschehen? Ist es der Kopf oder das Herz?«

Einer der sehr jungen Sanitäter, er hatte Sommersprossen und außerdem Pickel um die Nase, sah mich zögernd an.

»Ich bin Arzt«, wiederholte ich mit lauter Stimme.

»Vermutlich der Kopf«, sagte der Mann, der eigentlich fast noch ein Junge war.

»Wer hat angerufen?«

»Keine Ahnung.«

Ich nickte und trat ein paar Schritte zurück. Vielleicht hätte ich Nordin zum Krankenhaus begleiten sollen, aber als die Hecktür geschlossen wurde und der Krankenwagen davonfuhr, blieb ich einfach stehen.

Es gab zu viel Tod und Elend rings um mich herum. Hatte Nordin sich das unverschämte Auftreten meiner Tochter so zu Herzen genommen, dass er einen Schlaganfall erlitten hatte?

Veronika kam aus dem Café angerannt und fragte, was passiert sei. Ich erklärte es, so gut ich konnte.

»Warum bist du nicht mitgefahren? Du bist doch Arzt?«

Ich konnte ihr keine befriedigende Antwort geben. Aber sie schien sich schon nicht mehr für mich zu interessieren.

»Ich rufe seine Familie an«, sagte sie. »Jemand muss den Laden schließen. Und sie wissen nicht, was geschehen ist.«

Plötzlich hörten wir aus der Ferne, dass die Sirene des Krankenwagens eingeschaltet worden war. Wir standen still da und hatten beide ein schlechtes Gefühl. Veronika lief hinauf zu ihrem Café. Ich holte meine Tüten und stellte sie unter das vorspringende Dach an dem verrammelten Kiosk, wo es im Sommer geräucherten Fisch gab.

Als ich langsam hinaus auf den Pier ging, begann es zu nieseln. Ich tat ein paar einsame Tanzschritte, um das Gefühl aus dem verlassenen Haus und die Unruhe wegen Nordin abzuschütteln.

Dann rief ich Jansson an. Beim zweiten Klingeln nahm er ab. Natürlich würde er mich holen kommen.

Zusammen mit meinen Tüten wartete ich unter dem Dach auf ihn. Es roch schwach nach dem geräucherten Fisch des Sommers.

9.

Ich hatte es noch nicht einmal geschafft, meine Tüten ins Boot zu stellen, als Jansson fragte, was mit Nordin geschehen sei. Woher er wissen konnte, dass etwas passiert war, war eines der Rätsel an diesem Mann, auf das ich nie eine Antwort bekommen würde. Er war wie eine Telefonistin in früheren Zeiten, die eine Verbindung schaltet und anschließend das Gespräch belauscht.

»Möglicherweise eine Art Schlaganfall«, sagte ich. »Ich weiß es nicht.«

»Wird er sterben?«

»Das wollen wir doch nicht hoffen. Können wir jetzt fahren?«

Im Grunde hat Jansson Angst vor mir. Nicht nur vor mir, sondern vor allen. Sein ständiger Wunsch, zu helfen und sich nützlich zu machen, übertüncht seine Sorge, unseren Unwillen auf sich zu ziehen. Er fürchtet, wir könnten seiner überdrüssig werden und nicht mehr von uns hören lassen, wenn wir Hilfe brauchen.

Jetzt merkte ich es wieder. Er duckte sich, als hätte ich ihm eine Ohrfeige verabreicht. Hastig startete er den Motor und begann, rückwärts aus dem Hafen zu fahren. Zu schnell, als fürchtete er meine Ungeduld.

Gewöhnlich habe ich einen Anflug von schlechtem Gewissen, wenn ich mich Menschen gegenüber brüsk verhalten habe. Aber jetzt staunte ich darüber, dass ich Befriedigung empfand, weil ich Jansson ein bisschen Angst eingejagt hatte. Ich zeigte ihm, dass ich seine übereifrige Untertänigkeit satthatte. Seine Freundlichkeit ärgerte mich, bis ich meine Ungeduld nicht mehr beherrschen konnte. Mehrmals, als er über eingebildete Gebrechen geklagt hatte, war ich versucht gewesen, ihm eine tödliche Krankheit vorzulügen. Bisher hatte ich das nicht getan. Aber als ich auf dem Heimweg im Boot saß, dachte ich, es wäre bald an der Zeit, ihn ernstlich zu erschrecken. Ich würde ein Todesurteil aussprechen, wenn er auf meiner Bank vor dem Bootshaus lag und von meinen Arzthänden untersucht wurde, die er über alles respektierte.

Wir begegneten dem großen Schiff der Küstenwache, die nach einem ihrer Fahndungsaufträge zurück zum Hafen unterwegs war. Ich meinte zu sehen, dass Alma Hamrén im Steuerhäuschen am Lenkrad saß. Meine Tüten kippten um, als wir über die Bugwellen des großen Schiffes hüpften.

Wind war aufgekommen. Jansson hatte seine alte Wollmütze tief in die Stirn gezogen und glich einem verfrorenen Tier, wie er so dastand und sein Boot steuerte. Ich versuchte mich auf die Begegnung mit meiner Tochter vorzubereiten, falls sie zurückgekehrt wäre. Das Wichtigste war, dass ich nicht wütend wurde. Ich ertrug den Gedanken nicht, dass wir voreinander stehen und uns anstarren würden wie zwei hasserfüllte Menschen, die nichts miteinander zu tun haben wollten.

Aber ich war unsicher, ob ich lieber allein sein wollte oder wünschte, dass sie bliebe. Ich konnte mich nicht entscheiden.

Der Wind wehte mir kalt ins Gesicht. Ich saß ihm zugewandt, in der Fahrtrichtung des Bootes. Plötzlich erblickte ich etwas Schwarzes, das sich an der Wasseroberfläche abzeichnete. Wenn es ein Baumstamm war, riskierten wir einen Unfall. Ich drehte mich zu Jansson um und schwenkte die Arme zum Zeichen, dass er ausweichen sollte. Aber er missverstand mich und drosselte stattdessen das Gas.

»Es liegt etwas im Wasser«, rief ich.

Jansson steuerte das Boot ein wenig zur Seite und fuhr langsam vorwärts. Bald hatte er das Ding ebenfalls entdeckt. Noch immer war nicht auszumachen, was es war. Jansson richtete sich breitbeinig im Boot auf und steuerte mit einem Fuß. Während all seiner Jahre als Briefträger in den Schären war er auf viele merkwürdige und zuweilen erschreckende Gegenstände im Wasser gestoßen. Einmal hatte er einen fast völlig verwesten Menschenkörper entdeckt, der nie identifiziert werden konnte. Nach diesem Ereignis kam er in meine kleine Privatklinik auf der Stegbank und klagte über Schlafstörungen. Er erzählte mir, er hätte das Gefühl gehabt, der Körper, den er gefunden hatte, sei angefressen gewesen. Da es kaum fleischfressende Monster in der Ostsee gab, hatte er darüber zu phantasieren begonnen, dass es die Überreste der Mahlzeit eines Kannibalen waren.

Jetzt war es eine tote Robbe, die da im Wasser lag. Keine Buckelrobbe, sondern eine ausgewachsene Kegelrobbe. Sie stank. Die Augen waren von Möwen oder Adlern ausgehackt worden. Jansson stocherte mit dem Bootshaken, während er durch den Mund atmete.

»Sie ist erschossen worden«, sagte er. »Mit einer Schrotflinte.«

Mit dem Bootshaken zeigte er mir, wo die Schrotladung die Robbe an der Oberseite des Kopfes getroffen hatte.

»Das ist eine Riesensauerei«, schimpfte Jansson empört. »Jemand hat sich damit vergnügt, die Robbe zu erschießen, ohne sich weiter um sie zu kümmern.«

»Jetzt fahren wir«, sagte ich. »Wenn sie tot ist, können wir nichts tun.«

»Ich sollte sie an Land ziehen und sie begraben«, sagte Jansson. »Sie sollte nicht hier liegen und stinken.«

»Das musst du tun, nachdem du mich abgeliefert hast«, antwortete ich, wobei ich wiederum meine Stimme erhob.

Ich wandte den Blick ab. Jansson gab Gas.

Als wir zum Steg und dem Bootshaus abbogen, sah ich, dass mein Boot fehlte. Louise war noch nicht nach Hause gekommen. Jansson hatte es ebenfalls entdeckt.

»Dein Boot ist weg«, sagte er, als wir am Steg anlegten.

»Louise hat ein paar Besorgungen zu machen«, erklärte ich.

Ich beeilte mich, meine Tüten auszuladen, und gab Jansson anschließend zweihundert Kronen, ehe er protestieren konnte. Das Geld legte ich unter den Schöpfeimer, damit es nicht davongeweht wurde. Jansson fuhr rückwärts aufs Meer hinaus und würde sich mit Sicherheit daranmachen, die stinkende Robbe zu begraben. Ich winkte und trug meine Tüten ins Bootshaus.

Der Nieselregen kam in Böen. Im Moment gab es eine Unterbrechung. Ich ging zum Wohnwagen hinauf. Louise war bestimmt nicht zwischendurch hier gewesen. In der Tat war alles unverändert wie am Morgen, als ich meine Kleider gewechselt hatte.

Ich setzte mich auf die Bettkante und rief die Auskunft an, um die Nummer von Veronikas Café zu erfahren. Als ich durchgestellt wurde, dauerte es, bis sie sich meldete. Im Hintergrund konnte ich den Lärm von aufgekratzten Gästen hören, obwohl es erst Nachmittag war. Veronika wirkte gehetzt.

Ich fragte sie, ob sie Kontakt mit Nordins Familie gehabt hätte. Das hatte sie. Jetzt wusste sie, dass Nordin eine ernste Gehirnblutung erlitten hatte. Der Ausgang war ungewiss. Veronika gab mir eine Handynummer des Krankenhauses, unter der ich nachfragen konnte. Ich streckte mich nach einem Stift und notierte die Nummer auf der Rückseite einer Zeitschrift über Reformkost, die Louise dabeigehabt hatte.

»Ich höre, dass du viel zu tun hast«, sagte ich.

»Hier ist eine eigentümliche Einladung im Gang«, antwortete sie.

»Auf welche Art eigentümlich?«

»Eine junge Frau hat für fünfundzwanzig Jahre monatlich fünfundzwanzigtausend Kronen gewonnen. Jetzt hat sie ihre Freunde zu einem Fest eingeladen, mitten am Tag. Für mich und das Café sind das wichtige Einnahmen.«

»Ist jemand dabei, den ich kenne?«

»Wohl kaum. Sie heißt Rebecka Karlsson, ist zweiundzwanzig Jahre alt und hat noch nie in ihrem Leben eine Arbeit gehabt. Auch studiert hat sie nicht. Sie wohnt bei ihren Eltern, die sie versorgen müssen. Der Vater ist Schmied, die Mutter Pflegerin in einem Altenheim. Dass ein solcher Mensch so viel Geld gewinnt, ist eine Schande.«

Ich stimmte ihr zu, und wir beendeten das Gespräch. Anschließend ging ich wieder hinaus. Die Ruine meines Hauses lag gespenstisch im matten Nachmittagslicht da.

In dem verrußten Apfelbaum hing etwas, das meine Aufmerksamkeit weckte. Als ich hinging, sah ich, dass es eine Mitteilung war, die Louise aufgehängt hatte. Mit demselben Stift, mit dem ich die Nummer des Krankenhauses notiert hatte, hatte sie geschrieben:

Der Berg!

Nichts weiter. Nur das. Ich sah mich um, ob noch mehr Mitteilungen in den umgebenden Erlen und Eichen hingen. Aber deren Äste waren leer. Ich ahnte, dass das Wichtigste bei dieser Mitteilung das abschließende Ausrufezeichen war. Sie forderte mich auf, zu dem Felsen zu gehen, auf dem Großvaters Bank stand. Einen anderen Berg gab es auf der Insel nicht.

Als ich auf dem Felsplateau ankam, erwartete ich, eine weitere Mitteilung von Louise vorzufinden. Aber weder auf der Bank noch in dem verdrehten Wacholderbusch war etwas. Ich setzte mich und überlegte, ob ich sie falsch verstanden hatte. Oder war es Louises Absicht, dass ich auf dem Berg sitzen und über etwas nachgrübeln sollte, was nichts anderes als eine falsche Fährte war? Ich blickte auf das Meer hinaus, und da begriff ich, warum sie wollte, dass ich hier saß. Mein Boot war an der namenlosen Schäre an Land gezogen worden, auf der ich mein Zelt hatte.

Ich ging hinunter zum Wohnwagen und kramte das alte Fernglas hervor, das seit Harriets Zeiten dort lag. Damit entdeckte ich Louise. Sie saß auf der Ostseite auf einem Stein und kehrte mir den Rücken zu, den Blick aufs Meer gerichtet. Ich betrachtete sie so lange, bis meine Hände von der Anstrengung, das Fernglas zu halten, zitterten.

Es war kalt. Der Nieselregen setzte eben wieder ein. Ich verstand sie nicht. Wahrscheinlich ebenso wenig, wie sie mich verstand. Trotz all unserer Bemühungen schienen wir dazu verdammt, einander misszuverstehen.

Ich ging wieder hinunter zum Wohnwagen, schaltete das Licht an, steckte das Handy zum Aufladen in die Steckdose und überlegte, was Louise eigentlich im Sinn hatte. Als die Dämmerung anbrach, nahm ich die Taschenlampe und kehrte zu der Bank zurück. Jetzt hatte sie ein kleines Feuer vor dem Zelt gemacht. Aber sie saß im Schatten. Ich konnte ihre Gestalt im Fernglas nicht erkennen. Sie verbarg sich in der Dunkelheit, in einem seltsamen Katz-und-Maus-Spiel.

Sie muss wissen, dass ich hier bin, dachte ich. Sie hat Janssons Boot gehört. Und jetzt ahnt sie, dass ich hier oben auf der Bank sitze und sie betrachte.

Plötzlich überfiel mich eine große Müdigkeit. Von meinen Jahren als Arzt konnte ich mich noch an eine andere Art von Müdigkeit erinnern, diejenige nach langen Tagen und Nachtdiensten. Mit Mühe stand ich auf und ging zurück zum Wohnwagen. Ich wärmte mir eine Mahlzeit auf, die zu salzig war und nach Metall schmeckte. Aber ich aß den Teller leer und legte mich auf die Pritsche.

Als ich aufwachte, wusste ich zuerst nicht, wo ich mich befand. Etwas in einem Traum hielt mich noch gefangen. Ich hatte unten am Steg gestanden und Harriet an Land schwimmen sehen. Aber es war kein Meer gewesen. Es war der norrländische Teich, den ich versprochen hatte, ihr zu zeigen, und den wir endlich in dem Jahr besucht hatten, in dem sie starb. Im Traum hatten die Bäume rings um den Teich nicht gerauscht. Es war vielmehr ein Heulen wie von kreischenden Maschinen, das sich unerträglich anhörte.

Ich setzte mich auf. Es war zehn Uhr abends. Louise war nicht zurückgekehrt. Ich wählte ihre Nummer. Sie meldete sich nicht. Ich begann, eine Nachricht zu schreiben, beendete sie aber nach wenigen Worten. Es kam mir sinnlos vor. Ich kochte Kaffee und trank ihn, solange er noch heiß war. Draußen vor dem Wohnwagen hatten Wind und Regen zugenommen. Ich legte mich wieder aufs Bett. Am liebsten wäre ich einfach wieder eingeschlafen. Stattdessen nahm ich die Taschenlampe und ging hinaus in den Regen. Das nasse Moos auf den Felsen war glitschig. Auf dem Weg hinauf zur Bank stürzte ich zweimal. Als ich schließlich dort oben stand, sah ich, dass das Feuer erloschen oder gelöscht worden war. Alles war dunkel. Sie hatte mein Zelt genommen und mir den Wohnwagen überlassen.

Meine nassen Haare klebten an der Stirn. Ich blinkte ein paarmal mit der Taschenlampe auf das Meer hinaus, bekam aber natürlich keine Antwort.

Als ich zum Wohnwagen zurückkehrte, fragte ich mich, warum sie mich mit ihren unbegreiflichen Spielen quälte.

Ich setzte mich an den Tisch und legte meine Patience. Sie ging natürlich nicht auf. Als ich das Kartenspiel wegschob, hatte ich einen Entschluss gefasst.

Am nächsten Tag würde ich sie bitten, von meinen Inseln zu verschwinden. Ich wollte sie nicht hierhaben.

Aber es gelang mir nicht einzuschlafen. Ich nahm auf dem Kissen den Duft der Seife wahr, die sie benutzte. Das machte es mir unmöglich, die Gedanken daran loszulassen, warum sie sich dort draußen in der Dunkelheit in meinem Zelt befand.

In der Nacht stand ich wieder und wieder auf und blätterte in ein paar Büchern und Zeitungen, die noch aus Harriets Zeit stammten. In der Morgendämmerung schlief ich vielleicht eine Stunde lang.

Als der Herbstmorgen vor den Fenstern des Wohnwagens zu ahnen war, stand ich auf. Ich trank eine Tasse Kaffee und ging mit Harriets Fernglas hinauf zum Felsplateau. Am Zelt war alles still. Keine Bewegungen. Ich konnte sehen, dass die Zeltöffnung verschlossen war.

Jetzt wusste ich, was ich tun würde. Ich ging hinunter zum Ruderboot, schöpfte alles Wasser heraus, das durch die Ritzen eingedrungen war, und begann dann, zur Schäre hinauszurudern. Die Sonne hatte sich gerade über dem Horizont erhoben. Die Meeresoberfläche war spiegelblank. Es war der bisher kälteste Herbsttag in diesem Jahr. In der Ferne schrien ein paar Möwen über einer unsichtbaren Beute. Vielleicht war es die verweste Robbe, die Jansson doch nicht an Land bugsiert hatte, um sie unter Tangbüscheln und Sand zu begraben.

Ich ruderte um die Schäre herum. Als ich noch ein paar Ruderschläge hatte, bis die Tiefe in einen steilen Hang überging, hinauf zu den Klippen, fiel mein Blick auf einen Gegenstand im Wasser. Die ersten Strahlen der Sonne schienen auf etwas, was ganz frei einige Meter unterhalb der Oberfläche zu schweben schien. Ich bremste mit den Rudern ab und beugte mich über die Reling. Zuerst konnte ich nicht erkennen, was es war. Dann sah ich, dass es ein Teil eines Treibnetzes war, das sich losgerissen hatte und nun mit den Strömungen umhertrieb. In dem Netz hingen tote Fische, eine Tauchente und Tang. Ich hatte noch nie zuvor ein Fischernetz gesehen, das sich auf die Flucht begeben hatte. Mir kam das Bild von einem Gefangenen in den Sinn, der über eine hohe Mauer geklettert war und jetzt ziellos umherirrte, als ich das Netz da unten in der Stille sah. Oder war es vielleicht ein herrenloser Hund, der nicht wusste, wohin er unterwegs war?

Als die Sonne hinter einer Wolkenbank verschwand, konnte ich das Netz nicht mehr sehen. Ich legte an der dem Meer zugewandten Seite der Schäre an. Vorsichtig, um keine Kratzgeräusche zu machen, zog ich das Boot herauf. Dann schlang ich die Fangleine um einen Steinbrocken, der sich von der Klippe gelöst hatte, und ging hinauf zum Zelt. Ich konnte nicht sicher sein, ob sie nicht wach da drinnen lag. Vielleicht würde sie Angst bekommen, wenn sie draußen Schritte hörte. Das wollte ich nicht. Auch wenn wir uns symbolische Gefechte lieferten, wollte ich sie nicht erschrecken.

Ich hockte mich hin, legte den Kopf an das Zelttuch und lauschte. Aber ich hörte nichts. Leise stand ich auf und ging zur Leeklippe, wo ich selbst gewöhnlich ein Feuer machte. Der Stein war immer noch schwarz von meinen alten Feuerstellen. Louise hatte eine eigene Stelle gewählt, die weniger geeignet war. Ich sammelte Zweige, Äste und eine an Land geschwemmte Planke von einem alten Fischkasten und bedeckte das Ganze mit Moos. Dann entzündete ich das Feuer. Noch immer war es windstill, und der Rauch stieg gerade zum Himmel auf. Ich setzte mich, um zu warten. Noch hatte ich nicht entschieden, was ich sagen wollte, wenn sie aus dem Zelt herauskam.

Ich legte erneut Äste und Zweige auf das Feuer. Hin und wieder kletterte ich auf der Schäre herum, um die Müdigkeit und die Kälte zu vertreiben.

Es verging eine Stunde, es vergingen fast zwei.

Plötzlich hörte ich Geräusche aus dem Zelt. Wieder ging ich vorsichtig hin und lauschte an dem Zelttuch.

Meine Tochter weinte. Das hatte ich seit Harriets Tod nicht erlebt. Louise konnte traurig und bedrückt sein, aber nicht derart, dass die Tränen flossen. Jedenfalls nicht in meiner Gegenwart.

Es war aufwühlend, sie weinen zu hören. Ich wusste überhaupt nicht, was ich tun sollte, kehrte zum Feuer zurück und dachte, dass es wohl das Beste wäre, zur Insel zurückzurudern. Aber ich würde das Feuer nicht löschen können, ohne dass sie das Zischen des Wassers hörte, das ich auf die Glut schüttete.

Ich saß da und lauschte meiner Tochter. Ich blickte auf meine Uhr, um zu wissen, wie lange sie weinte. Es endete nach fünfzehn Minuten. Ihr Schmerz ist groß, dachte ich.

Im Zelt wurde es still. Ich wartete.

Plötzlich hörte ich Louise gähnen. Kurz darauf öffnete sie das Zelttuch. Der Reißverschluss klemmte wie bei mir. Die Haare standen ihr wirr vom Kopf ab, als sie herauskam. Es dauerte ein paar Sekunden, ehe sie mich entdeckte. Sie verharrte völlig regungslos in der Zeltöffnung, als traute sie ihren Augen nicht, dann stand sie auf und lief hinter eine der Klippen, die nach Osten vor dem Wind schützen. Als sie zurückkam, hatte sie sich die Haare gekämmt. Sie holte das Kissen aus dem Zelt und setzte sich ans Feuer.

»Wenn du schon hergekommen bist, hättest du auch Kaffee kochen können«, sagte sie.

Ich antwortete nicht. Ich hatte nicht die geringste Absicht, irgendwelche Fragen zu stellen, ehe sie mir nicht erklärt hatte, warum sie das Boot genommen hatte, als ich zum Polizeiverhör fahren musste. Auf dieselbe Art wie ihre Mutter Harriet hatte sie die Fähigkeit, die Menschen zu verwirren, wenn sie sich in irgendeiner Form unterlegen fühlte, um dann das Gespräch in eine ganz andere Richtung zu lenken.

Ich hatte mir immer eingebildet, bedeutend intelligenter zu sein als Harriet. Aber ich habe eingesehen, dass meine Tochter eine gefährliche Widersacherin war.

»Wie ist es gelaufen?«, fragte sie.

»Was?«

»Das Polizeiverhör. Haben sie dich geschlagen?«

»Mit Schlagstöcken.«

Mit einem Mal wirkte sie sehr müde. Sie wurde zu einer anderen Person, so zusammengesunken und bleich am Feuer. Ich dachte kurz, dass sie als Kind genau so ausgesehen haben musste, als sie mit Harriet zusammenlebte und nicht einmal wusste, dass ich ihr Vater war.

»Können wir nicht ausnahmsweise mal wie erwachsene Menschen miteinander reden?«, fragte sie.

»Ich wurde nicht geschlagen. Sie verdächtigen mich, den Brand verursacht zu haben. Aber sie haben keine Beweise. Und ich habe das nicht getan. Weder absichtlich noch aus Versehen.«

»Aber was kann geschehen sein?«

»Das wüsste ich selbst gern.«

Sie stand auf, verschwand im Zelt und kam mit einer Wasserflasche zurück. Dann bastelte sie ein Gestell, sodass sie den Kaffeekessel über das Feuer hängen konnte. Sie holte eine Tasse und meinen Becher, den ich im Zelt gelassen hatte, gab mir die Tasse und behielt den Becher für sich.

In die Tasse hatte sie ein paar Teelöffel gefriergetrockneten Kaffee gegeben.

Aus dem Nirgendwo kam ein Windstoß und blies ihr den Rauch ins Gesicht. Der Geruch des Feuers erinnerte mich an die Nacht, als mein Haus abbrannte.

»Ich kann es genauso gut hier sagen wie woanders«, meinte sie plötzlich. »Und ich kann es genauso gut jetzt erzählen wie später.«

Gefriergetrockneter Kaffee schmeckt mir nicht. Er erinnert

mich an die vielen langen Jahre des Medizinstudiums, als ich nie etwas anderes trank.

Ich stellte die Tasse ab. Ihre Worte hatten mich beunruhigt. Ich dachte an Harriet und ihre unheilbare Krankheit. War Louise auch krank? Sofort war ich in Sorge. Mein Herz begann so stark zu schlagen, wie als ich aus dem brennenden Haus rannte.

»Was ist es?«, fragte ich. »Es klingt ernst.«

»Es ist ernst.«

Ich stieß die Tasse mit dem Fuß weg. Der Kaffee spritzte auf das Zelttuch.

»Kannst du nicht sagen, was es ist?«

»Ich bin schwanger.«

Sie schleuderte mir die Worte entgegen, als wäre ich eine Volksmenge, an die sie sich mit einer wichtigen Mitteilung wandte.

Ihre Worte beschworen überraschend ein Ereignis aus meiner Erinnerung herauf, von dem ich glaubte, ich hätte es endgültig vergessen können. Einmal, am Anfang meines Medizinstudiums, ehe ich mein Verhältnis mit Harriet hatte, hatte eine junge Frau freudestrahlend vor mir gestanden und berichtet, sie sei schwanger. Wir hatten uns auf einem Studentenabend kennengelernt, und ich hatte sie bald, unbekümmert um den Wahrheitsgehalt meiner Behauptungen, mit Worten über große Liebe, Zukunft und Familie belagert. Sie hatte mir geglaubt. Jetzt war sie schwanger. Ich begegnete ihrer Freude mit stummer Verzweiflung, denn ich wollte keine Kinder haben, nicht damals, weder von ihr noch von einer anderen. Ich erinnerte mich an ihre herzzerreißende Verzweiflung, als ich sie mehr oder weniger zur Abtreibung zwang. Wenn sie das nicht mache, würde ich sie verlassen. Was ich dennoch tat, als sie den Fötus entfernt hatte.

Jetzt war es Louise, die mir diese Worte entgegenschleuderte. Bei ihr gab es keine strahlende Freude, eher eine Vorsicht, sie sprach es wie etwas Sachliches aus, das berichtet werden musste. Aber ich konnte ihre Worte nicht erfassen. Ich hatte mir Louise nie als Mutter vorgestellt. Harriet hatte das vermutlich auch nicht getan. Einmal hatte ich sie nach Louises Freunden gefragt. Sie hatte nur geantwortet, sie wisse nichts über das Sexualleben ihrer Tochter. Danach habe ich das Thema nie wieder angesprochen. Hin und wieder, wenn Louise auf ihre rätselhaften Reisen verschwand oder von ihnen zurückkehrte, hatte ich natürlich überlegt, ob ein Mann der Grund dafür war. Ich hatte jedoch nie irgendwelche Beweise dafür gefunden, dass ein heimlicher Geliebter existierte. Ich bekenne, dass ich hin und wieder in ihrem Gepäck und ihren Taschen herumgeschnüffelt habe. Aber ich habe nie etwas gefunden, was den einen oder anderen Teil ihres Lebens enthüllt oder zumindest angedeutet hätte.

»Hast du gehört, was ich gesagt habe?«

Ihre Stimme klang ungeduldig, als sie in meine Gedanken einbrach.

»Selbstverständlich. Aber ich brauche vielleicht eine Weile, um zu verstehen, was du gesagt hast.«

»Schwanger zu sein kann kaum etwas anderes bedeuten als eine Tatsache.«

»Du wirst nicht alleine schwanger.«

»Das ist die einzige Frage, auf die du keine Antwort bekommst. Wer der Vater des Kindes ist, behalte ich für mich.«

»Warum?«

»Weil ich es so will.«

»Weißt du denn sicher, wer es ist?«

Ich hatte keine Zeit mehr, darüber nachzudenken, ob das, was ich gerade gesagt hatte, sich rächen könnte, als sie sich über das Feuer beugte und mir direkt ins Gesicht schlug. Meine Nase fing an zu bluten, aber ich bemerkte es nicht. Louise sagte auch nichts, obwohl sie es sah. Erst als das Blut über meine Oberlippe geflossen war, nahm ich es wahr. Mit einem schmutzigen Taschentuch, das ich in der Tasche hatte, wischte ich mich ab. Das Blut versiegte.

»Ich werde nicht fragen«, sagte ich. »Und ich zweifle natürlich nicht daran, dass du weißt, wer der Vater deines Kindes ist. Wie weit bist du?«

»Im dritten Monat.«

»Und ist alles in Ordnung?«

»Ich glaube schon.«

»Glaube?«

»Ich war noch nicht beim Arzt, falls du das meinst.«

»Das musst du aber!«

Wir redeten nicht miteinander. Wie üblich fochten wir. Als mein Handy klingelte, war das eine willkommene Unterbrechung.

Es war Veronika.

»Habe ich dich geweckt?«

»Nein.«

»Ich wollte nur erzählen, dass Axel tot ist.«

Zuerst verstand ich nicht, wen sie meinte. Axel? Ich kannte keinen Axel. Dann fiel mir ein, dass das der Vorname von Nordin war. Axel Nordin.

»Bist du noch da?«, fragte sie.

Ich hörte ihrer Stimme an, dass sie traurig war. Oder hatte sie vielleicht Angst? Junge Menschen pflegen auf plötzliche Tode mit Angst zu reagieren.

»Ich bin da.«

»Er ist heute Morgen um kurz nach vier gestorben. Margareta hat angerufen. Sie war ganz verzweifelt.«

Ich wusste, dass Nordins Frau Margareta hieß. Ich wusste auch, dass sie keine Kinder hatten und dass das ein großer Kummer für sie war. Das Ereignis war ebenso seltsam wie unbehaglich, vor allem angesichts dessen, dass ich gerade hier saß und mit meiner Tochter über ein erwartetes Kind sprach. Und dass ihre unfreundliche Art gegenüber Nordin möglicherweise zu seinem Tod beigetragen hatte. Ich stand auf und ging mit dem Handy am Ohr hinaus zu den Klippen.

»Ich möchte das Café heute geschlossen lassen«, erklärte Veronika.

»Ich vermute, der Laden unten am Kai bleibt auch zu«, sagte ich. »Wer wird ihn übernehmen?«

»Er gehört ja dem Interessenverband der Fischer. Die musst du fragen.«

»Ich habe Stiefel bestellt«, sagte ich. »Ich hoffe, sie sind angekommen.«

Veronika war empört. Ich bereute es sofort, dass ich angefangen hatte, über meine Stiefel zu reden.

»Wen kümmern jetzt ein Paar Stiefel?«, schnaubte sie aufgebracht.

Ich antwortete nicht. Wir beendeten das Gespräch mit einigen Worten darüber, dass ich mich bei Margareta melden würde.

Als ich zum Feuer zurückkehrte, war Louise ins Zelt gekrochen. Ich setzte mich hin und wartete. Als sie wiederkam, sah sie verbissen aus.

»Nordin ist tot«, sagte ich. »Er hat eine Gehirnblutung bekommen und ist heute Nacht gestorben.«

»Wer?«

»Der Mann in dem Geschäft mit den Schlüsseln zu den Duschräumen.«

Ich sah kurz einen Anflug von Unruhe über ihr Gesicht huschen. Aber er war ebenso schnell verschwunden wie er gekommen war.

»Das kann kaum an mir liegen«, sagte sie. »So garstig war ich nicht.«

»Niemand behauptet, es hätte etwas mit dir zu tun«, antwortete ich. »Ich weiß nicht mehr, als dass er tot ist.«

Sie stand auf.

»Wir gehen«, sagte sie. »Es ist kalt.«

»Wohin gehen wir?«, fragte ich.

»Um die Insel herum.«

»Das ist keine Insel. Das ist eine Schäre.«

»Was macht den Unterschied?«

»Die Größe vielleicht.«

Wir kletterten über die Klippen und schlitterten über die

Steine, die am Rand des Wassers lagen. Sie bewegte sich sehr leicht, während ich immerzu Angst hatte, das Gleichgewicht zu verlieren. An einer Stelle, als sie sich vor mir befand und außerdem auf einer großen Klippe stand, sodass sie auf mich herabsehen konnte, hielt sie inne und drehte sich um. Sie sagte nichts, sondern sah mich nur an. Dann ging sie ohne ein Wort weiter.

Genau in diesem Augenblick, mit Louise vor mir auf der Klippe, fühlte ich eine Wut in mir aufsteigen, die jedoch genauso schnell wieder verflog. Ich fürchte, ich empfinde einen hoffnungslosen und im Grunde irrsinnigen Neid allen Menschen gegenüber, die weiterleben werden, wenn ich tot bin. Dieser Gedanke beschämt mich genauso, wie er mich erschreckt. Ich verdränge ihn. Aber trotzdem kehrt er immer öfter zurück, je älter ich werde.

Ich frage mich, ob ich dieses Gefühl mit anderen Menschen teile. Ich weiß es nicht und werde das auch niemals ansprechen. Aber dieser Neid ist meine tiefste Dunkelheit.

Kann ich wirklich der Einzige sein, der so empfindet?

Wir kehrten zum Feuer zurück, das fast erloschen war.

»Du musst verstehen«, sagte ich.

»Was verstehen?«

»Dass ich mir oft Gedanken darüber mache, wovon du lebst. Du bittest mich nie um Geld. Ich weiß überhaupt nicht, was du machst.«

Sie sah mich mit einem Lächeln an. Dann stand sie rasch auf und streifte mich, als sie auf ein Erlengebüsch zuging.

»Pinkeln«, sagte sie.

»Sei vorsichtig wegen der Zecken.«

»Fahr jetzt nach Hause«, sagte sie. »Nimm das Motorboot. Ich komme in ein paar Stunden. Aber momentan möchte ich meine Ruhe haben.«

»Wir haben immer noch viel zu bereden«, sagte ich. »Nicht zuletzt, was mit der Ruine geschehen soll. Besonders jetzt, da die nächste Generation unterwegs ist.«

»Ich weiß«, sagte sie. »Aber wir haben doch alle Zeit der Welt, um miteinander zu reden? Über Haus und Kind.«

Ich schubste das Boot aufs Wasser hinaus, klappte den Motor herunter und startete ihn. Ich beschloss, eine Runde aufs offene Meer hinaus zu drehen, ehe ich zum Bootshaus zurückkehrte. Jenseits der äußersten Schären, den namenlosen Buckeln, die kaum über die Wasseroberfläche reichten, wo sich große Schwärme von Heringen zu versammeln pflegten, entdeckte ich zu meinem Erstaunen ein einsames Segelboot, das hart am Wind fuhr und Kurs aufs offene Meer nahm. So spät im Jahr waren selten Freizeitsegler zu sehen. Ich folgte dem Boot mit dem Blick und konnte nicht mehr als eine Person an Bord entdecken. Ob ein Mann oder eine Frau am Steuer stand, ließ sich nicht erkennen. Schließlich kehrte ich um und fuhr nach Hause.

Ich vertäute das Boot und setzte mich auf die Bank. Ich wollte emotional begreifen, was Louise gesagt hatte. Aber ich konnte nicht die bedingungslose Freude empfinden, die angemessen gewesen wäre. Das beunruhigte mich. Warum trug ich meine Gefühle wie eine Last?

Immerhin hatten wir ein Gespräch begonnen, von dem ich hoffte, es wäre nicht schon beendet.

Nach einer Weile ging ich hinauf zum Wohnwagen. Auf dem Weg dorthin warf ich einen Blick auf meine Armbanduhr.

Sie war verschwunden. Ich fühlte in den Taschen nach und ging dann zurück, um zu sehen, ob die Uhr im Boot lag. Nichts.

Ich suchte nach einer Erklärung. Das Armband war aus Stahl und bestimmt nicht kaputtgegangen.

Meine Gedanken wurden unterbrochen, als das Handy klingelte. Es war Jansson.

»Nordin ist tot«, sagte er.

»Ich weiß.«

»Ich werde auf der Beerdigung sein, als Träger. Und du?«

»Er muss doch nähere Angehörige haben als mich?«

»Es ist schrecklich, wie viele Menschen sterben«, murmelte Jansson düster.

»Menschen tun das für gewöhnlich«, antwortete ich.

Dann sagte ich, die Verbindung sei schlecht, und gab vor, ihn nicht mehr zu verstehen. Ich unterbrach das Gespräch und schaltete den Empfang ab.

Jansson musste warten. Ich hatte es vielleicht eilig. Aber im Moment musste alles warten. Ich musste an Louises Kind denken, es war das Beste, was mir geschehen konnte.

10.

Ich stieg hinauf auf den Berg und spähte zur Schäre hinüber. Als ich sah, wie Louise sich ins Ruderboot setzte, ging ich hinunter zum Bootshaus und wartete. Nachdem sie angelegt hatte, vertäute sie das Boot und kletterte auf den Steg. Das Boot schwankte. Ich dachte, sie würde das Gleichgewicht verlieren und ins Wasser fallen. Aber es gelang ihr, rechtzeitig nach einem Poller am Steg zu greifen.

»Das war knapp«, sagte ich.

»Nein«, entgegnete sie. »Mit meinem Gleichgewichtssinn ist alles in Ordnung. Außerdem glaube ich, du weißt nicht, dass ich als Kind versucht habe, auf einem Seil zu balancieren.«

Ich sah sie an und fragte mich, ob sie mich anschwindelte. Harriet hatte mir nie erzählt, dass unsere Tochter probiert hatte, eine Seiltänzerin zu werden.

»Kannst du mir sagen, wie viel Uhr es ist? Ich habe meine verloren.«

»Viertel nach zwölf.«

»Meine Uhr ist verschwunden.«

»Das hast du bereits gesagt.«

»Es ist komisch, dass sie einfach weg ist. Ich hatte sie an, als ich zur Schäre ruderte.«

»Ich habe sie nicht gesehen.«

»Eine Uhr verschwindet doch nicht einfach von selbst?«

»Dann liegt sie bestimmt noch da draußen.«

Ich wunderte mich darüber, dass ihr meine verschwundene Uhr so gleichgültig war. Aber ich ließ die Sache auf sich beruhen. Natürlich würde ich sie finden, wenn ich gründlich suchte. Dass sie mir ins Wasser gefallen war, hielt ich für ausgeschlossen.

Louise ging zum Wohnwagen. Im selben Augenblick, in dem sie die Tür hinter sich zuschlug und der Wohnwagen erzitterte, klingelte das Handy in meiner Jackentasche. Ich nahm es heraus, erkannte die Nummer aber nicht, die auf dem Display angezeigt wurde. Als das Klingeln aufhörte, steckte ich das Handy wieder ein.

Sofort fing es wieder an zu klingeln. Diesmal meldete ich mich, zögernd, da ich fürchtete, von jemandem überrascht zu werden, der eine unangenehme Nachricht hatte.

Es war Lisa Modin.

»Störe ich?«

»Überhaupt nicht. Haben Sie gerade schon einmal angerufen?«

»Ja. Sind Sie auf Ihrer Insel?«

»Wo sollte ich sonst sein?«

Sie lachte in mein Ohr.

»Jetzt rufe ich als Journalistin an«, erklärte sie.

Ich war sofort auf der Hut. Es kam mir so vor, als hätte sich ihre Stimme plötzlich verändert. Sie rief nicht an, um mit mir zu reden, sie meldete sich im Auftrag der Zeitung.

Ich sagte nichts.

»Ich habe gehört, der Staatsanwalt will Anklage gegen Sie erheben, da Sie ernstlich der Brandstiftung verdächtigt werden.«

Wie aus dem Nichts ein Knoten im Magen. Fast hätte ich vor Schmerz ins Handy gestöhnt.

»Sind Sie noch da?«, fragte Lisa Modin.

»Ich bin da.«

»Stimmt das mit dem Staatsanwalt und der Anklage?«

»Ich weiß nicht.«

»Sie wissen es nicht?«

»Ich habe nichts gehört, seit ich bei der Polizei war. Keiner hat angerufen, und ich habe keine Post erhalten. Vielleicht können Sie mir erklären, wie es kommt, dass Sie etwas wissen, was mir niemand erzählt hat?«

»Es ist meine Aufgabe als Journalistin, herauszufinden, was geschieht.«

»Aber es geschieht ja nichts?«

»Sie sind also nicht angeklagt worden?«

»Nein.«

Das Gespräch wurde unterbrochen. Ein paarmal kehrte ihre Stimme noch zurück, aber keiner von uns konnte den anderen verstehen. Ich wartete darauf, dass sie wieder anrufen würde, und versuchte es selbst, ohne Erfolg. Die Handymasten decken nicht das ganze Gebiet am offenen Meer ab. Einmal wurde ich von Nordin gebeten, eine Liste zu unterzeichnen, mit der wir gegen die schlechten Handyverbindungen protestieren wollten. Ich unterschrieb, aber natürlich führte es zu nichts.

Ich ging zurück zum Wohnwagen. Die Temperatur begann zu fallen. Sehr bald würde ich nicht mehr im Zelt schlafen können.

Als ich an die Wohnwagentür klopfen wollte, überlegte ich es mir anders. Noch war ich nicht bereit, mit meiner Tochter zu reden. Ich kehrte zum Bootshaus zurück und setzte mich zwischen die alten Fischnetze. Dort versuchte ich, meine Gedanken zu sammeln und in die Nacht zurückzukehren, als das starke Licht mich plötzlich geweckt hatte. Es war so vieles geschehen, das ich einordnen musste, um nicht in einem unlösbaren Chaos zu enden.

Aber die Gedanken ließen sich nicht sammeln. Ich hörte nur Lisa Modins Stimme in meinem Kopf, als sie fragte, ob ich angeklagt worden sei. Woher konnte sie das wissen? War es ein Gerücht, oder war es wahr?

Wie ich dort drinnen in der Dunkelheit saß, überkam mich die Angst. Ich begann an den Geschehnissen zu zweifein. Konnte es trotz allem sein, dass ich das Haus in Brand gesteckt hatte, ohne es selbst zu wissen? Konnte ich wirklich angeklagt werden, wenn es keine ausreichenden Beweise gab?

Die Angst wich einer heftigen Übelkeit. Ich beugte den Kopf tief hinunter zwischen meine Knie, wie ich es als Medizinstudent gelernt hatte. Wie lange ich so dasaß, weiß ich nicht. Die Übelkeit hatte sich inzwischen in Kopfschmerzen verwandelt, als ich plötzlich eine Hand auf meiner Schulter spürte. Ich hörte mich selbst aufschreien, als ich heftig hochfuhr.

Ich hatte nicht gehört, dass Louise ins Bootshaus gekommen war.

»Was ist mit dir? Warum sitzt du hier?«

»Ich habe nicht viele andere Plätze, an denen ich mich aufhalten kann.«

»Hier ist es kalt. Ich dachte, wir wollten miteinander reden. Ich habe auf dich gewartet.«

Wir gingen hinauf zum Wohnwagen. Ich hielt mich ein paar Schritte hinter ihr und fühlte mich wie ein herrenloser Hund, um den sich niemand kümmern wollte.

Sie kochte Kaffee.

»Willst du etwas zu essen haben?«

»Nein.«

»Nein danke, heißt es.«

»Nein danke.«

»Du musst etwas essen.«

Ich protestierte nicht, als sie mir ein paar Butterbrote schmierte. Tatsächlich war ich sehr hungrig. Louise sah mich forschend an, als würde sie erwarten, dass ich das Gespräch eröffnete. Aber ich hatte nichts zu sagen. Das abgebrochene Telefonat mit Lisa Modin hatte alle ordnenden Gedanken verjagt.

Es war Louise, die als Erste das Boot hörte, das sich näherte. Sie hob den Kopf und lauschte. Das Motorengeräusch wurde lauter. Ich öffnete die Tür. Es war zweifellos Janssons Boot.

»Das ist der Postmann«, sagte ich. »Geh hinunter zum Steg und sag ihm, ich sei nicht da.«

»Die Boote liegen doch so vertäut, dass er sie sehen kann?«

»Dann bin ich eben ertrunken!«

»Ich denke nicht daran zu lügen. Wenn du ihn nicht sehen willst, musst du dich selbst darum kümmern.«

Mir war klar, dass sie nicht umzustimmen war. Jansson und sein Boot waren mein Problem. Ich zog meine Jacke an und ging hinunter zum Steg. Als Jansson um die Landzunge bog, entdeckte ich, dass er nicht allein im Boot war. Lisa Modin saß im Bug, das Gesicht in dem kühlen Wind aufs Meer hinaus gerichtet.

Wie das möglich war, begriff ich nicht. Erst vor kurzem hatten wir unser unterbrochenes Gespräch geführt. Und jetzt war sie schon hier.

Jansson legte an, und Lisa Modin sprang an Land. Jansson blieb im Boot sitzen, er grüßte nur nachlässig mit der Hand an seiner schwarzen Wollmütze.

Lisa Modin trug Ölzeug. In der Hand hielt sie einen Südwester.

»Ich vermute, Sie sind etwas überrascht?«, fragte sie.

»Ja.«

»Ich stand draußen auf dem Kai am Hafen, als ich anrief.«

»Aber Jansson?«

»Es war der reine Zufall, dass er da war.«

Ich sah Jansson an. Er hatte gehört, was wir sagten. Er nickte.

»Ich werde nicht lange bleiben«, sagte sie. »Aber das Handygespräch wurde ja unterbrochen.«

Wir gingen vom Steg zum Wohnwagen hinauf. Jansson hatte das Lokalblatt herausgeholt, für das Lisa Modin schrieb, und zu lesen begonnen.

Die Tür des Wohnwagens war geschlossen. Ich konnte Louise auch nicht hinter dem Fenster entdecken. Allerdings hörte ich, dass sie das Radio angestellt hatte.

»Meine Tochter ist hier«, sagte ich.

»Wie gut, dass Sie nicht allein sein müssen.«

Wir gingen hinauf zur Ruine. Der Brandgeruch lag noch in der Luft, auch wenn er schwächer geworden war.

Plötzlich überkam mich eine gewaltige Lust, Lisa Modin zu umarmen und meine verfrorenen Finger zwischen ihre Kleidung gleiten zu lassen. Aber ich tat natürlich nichts dergleichen.

Wir standen da und betrachteten die Ruine.

»Woran denken Sie jetzt?«, fragte sie. »Nachdem einige Zeit vergangen ist?«

»An nichts«, sagte ich. »Ich begreife immer noch nicht, was geschehen ist.«

»Ich muss es sagen, wie es ist«, erklärte sie, »offenbar hat die

Staatsanwaltschaft beschlossen, eine Voruntersuchung einzuleiten, die vermutlich zu einer Anklage gegen Sie führen wird. Nachdem das Haus zum vollen Wert versichert ist, geht man davon aus, dass das Motiv für den Brand Versicherungsbetrug ist. Aber Sie bleiben dabei, dass Sie nichts wissen?«

»Über den Brand oder über die Anklage?«

»Beides.«

»Nichts. Wäre ich nicht aufgewacht, wäre ich da drinnen verbrannt. Dann wäre es ein geglückter Selbstmordversuch gewesen. Kein Versicherungsbetrug.«

Sie knüllte den Südwester in eine Tasche des Ölzeugs. Ich sah, dass sie ihre Haare noch kürzer geschnitten hatte.

»Ich muss darüber schreiben«, sagte sie. »Aber ich kann nur eine Meldung bringen, keine längere Reportage.«

»Es wäre besser, wenn Sie schrieben, dass ich mein Haus nicht abgefackelt habe. Und dass alle, die dieses Gerücht verbreiten, zur Hölle gejagt werden sollten.«

»Staatsanwälte und Polizisten pflegen nicht dort zu landen.«

Ich stieg auf den Berg hinauf. Sie folgte mit einigem Abstand. Warum war sie überhaupt gekommen? Glaubte sie, ich würde gestehen, dass ich den Brand selbst gelegt hätte?

Ich setzte mich auf die Bank. Sie blieb ein Stück von mir entfernt stehen und schaute aufs Meer hinaus.

»Sehen Sie?«

Ich folgte ihrer Hand mit dem Blick, ohne zu entdecken, was sie meinte. Erst als ich aufstand, verstand ich es. Hinter der Schäre, wo ich mein Zelt hatte, war der Wind stärker. Und dort glitt ein schwarzgekleideter Windsurfer in rasendem Tempo direkt aufs Meer hinaus. Im Sommer sah man sie öfter. Aber nie so spät im Herbst. Im Gegensatz zu den oft so schrillen Farben der Surfer war das kleine Segel schwarz, ebenso wie das Brett und der Surfer. Aus der Ferne sah es aus, als glitte er im Gummizeug auf bloßen Füßen über die Wasseroberfläche.

»Es muss kalt sein«, sagte sie. »Was passiert, wenn er den Halt verliert?«

Wir verfolgten den Windsurfer, bis er hinter dem Låga Höholmen verschwand. Nach einer Weile tauchte er auf der anderen Seite wieder auf, immer noch mit Kurs aufs offene Meer. Irgendetwas an diesem Anblick, das schwarze Segel, die Geschwindigkeit, berührte mich unangenehm. Was war das für ein Mensch, der an einem frostigen Oktobertag direkt aufs Meer hinaussteuerte?

Plötzlich ergriff ich Lisa Modins Hand. Sie war kalt. Ich durfte sie eine kleine Weile halten, ehe sie sie vorsichtig zurückzog.

Hinter uns knackte ein trockener Ast. Als ich mich umdrehte, sah ich, dass Louise auf dem Weg den Berg hinauf war. Lisa Modin entdeckte sie gleichzeitig. Louise war ungekämmt und schien erregt zu sein. Sie musterte Lisa Modin mit einem feindlichen Blick.

»Das ist Lisa Modin«, sagte ich. »Sie ist eine Freundin.«

Lisa Modin streckte ihre Hand aus, aber Louise ergriff sie nicht.

»Louise ist meine Tochter«, sagte ich.

Lisa Modin hatte Louises Zurückhaltung natürlich sofort bemerkt. Die beiden jungen Frauen standen da und starrten einander an, als wäre ihre Feindschaft ganz selbstverständlich.

Plötzlich wandte sich Louise mir zu.

»Warum hast du mir nichts von ihr erzählt?«

»Wir kennen einander noch nicht lange.«

»Schlaft ihr miteinander?«

Lisa Modin schnappte vor Erstaunen nach Luft. Dann fing sie an zu lachen.

»Nein«, sagte ich. »Das tun wir nicht.«

Louise wollte gerade etwas erwidern, aber Lisa Modin kam ihr zuvor.

»Ich weiß nicht, warum Sie so unfreundlich sind«, sagte sie. »Nur damit Sie den Zusammenhang verstehen, ich hatte ein paar Fragen an Ihren Vater. Ich bin Journalistin. Jetzt habe ich eine Antwort bekommen und fahre gleich wieder ab.«

»Was wollten Sie wissen?«

Lisa Modin warf mir einen raschen Blick zu. Aber ich hatte nichts zu sagen. Es ging um mich, aber ich war nicht Teil des Geschehens.

»Die Polizei geht davon aus, dass es Brandstiftung war. Das bedeutet, dass man Ihren Vater verdächtigt.«

Was dann geschah, passierte sehr schnell. Sowohl Lisa Modin wie ich waren völlig überrumpelt, als Louise einen raschen Schritt nach vorn tat.

»Sie verschwinden jetzt von hier«, schrie sie. »Es ist alles schon schwierig genug, ohne dass wir Journalisten hier herumlaufen haben.«

Lisa Modin machte dieser Ausbruch völlig sprachlos. Wut flammte in ihren Augen auf. Eilig ging sie davon, den Felsen hinunter, und stieg in Janssons Boot. Louise und ich blieben auf dem Berg und hörten den Motor starten und schließlich das Geräusch hinter der Landzunge verklingen.

Meine Tochter hatte mir eine der wenigen Hoffnungen für die Zukunft genommen. Nämlich dass Lisa Modin mehr werden könnte als eine zufällige Freundin, der ich hin und wieder die Schären zeigte.

»Ich will, dass du von hier verschwindest«, sagte ich. »Wenn du einen der wenigen Menschen verjagst, die ich mag, will ich dich nicht hierhaben.«

»Glaubst du, sie würde sich für dich interessieren? Sie ist mindestens dreißig Jahre jünger als du.«

»Sie hat mich bisher nicht enttäuscht. Auch wenn wir nicht miteinander schlafen, wie du es ausgedrückt hast.«

Mehr sagten wir nicht, da oben auf dem Berg. Als wir unten beim Wohnwagen anlangten, hatte der Wind weiter an Stärke zugenommen. Ich schaute zu den dunklen Wolken hinauf, die im Westen aufzogen. Etwas später im Jahr hätte ich angenommen, dass nachts der erste Schnee fallen würde.

Wir aßen zusammen. Danach tranken wir Tee. Ich mag die Mischung nicht, die Louise bevorzugt. Sie schmeckt nach unbekannten Gewürzen, die mich nicht ansprechen. Aber ich sagte natürlich nichts.

Danach waren wir beide müde. Ohne dass wir darüber sprechen mussten, entschieden wir, dass ich im Wohnwagen schlafen sollte. Wir spielten Karten, bis es spät genug war, um uns hinzulegen. Ich hörte, dass Louise lange wach lag. Aber schließlich wurde ihr Atem tiefer und schwerer. Da schlief ich auch ein.

Am Tag danach ruderte ich zur Schäre hinüber, um nach meiner Uhr zu suchen. Louise wollte nicht mitkommen, da ihr übel war.

Vielleicht wurde mir gerade in diesem Augenblick klar, dass sie schwanger war. Mit ihrer Übelkeit kam die Einsicht. Meine Tochter würde ein Kind von jemandem bekommen, von dem ich keine Ahnung hatte, wer er war.

Ich ruderte langsam zur Schäre und versuchte, den unbekannten Mann vor mir zu sehen. Aber ich brachte es nur zu einem Gewimmel von Männern wie bei dem Gedränge am Einlass eines Fußballstadions.

Lange suchte ich nach meiner Uhr, ohne sie zu finden. Ich zog sogar einige von den Zeltpflöcken heraus, um nachzusehen, ob die Uhr unter den Zeltboden gerutscht war. Aber die Uhr war und blieb verschwunden.

Es vergingen zwei Tage, an denen nichts geschah. Wechselnde Winde erreichten die Stärke einer steifen Brise. Wir verbrachten die meiste Zeit im Wohnwagen. Ich nahm meine Gewohnheit wieder auf, morgens in dem kalten Wasser zu baden. Und ich versuchte, Louise mit mir zu locken, aber sie wollte nicht. Wenn ich mein Bad beendet hatte, wusch sie sich an der Wasserpumpe. Dabei hörte ich sie schnauben und das kalte Wasser verfluchen.

Ich dachte darüber nach, warum wir uns so merkwürdig verhielten. Zwei erwachsene Menschen, die es nicht fertigbrachten, über eine neue Generation zu sprechen, die unterwegs war. Was genau machte uns beide so untauglich für die gewöhnlichen Gespräche ganz gewöhnlicher Menschen?

Worüber wir trotz allem sprachen, waren die Möglichkeiten, das neue Haus zu bauen. Solange die polizeilichen Ermittlungen liefen und der Staatsanwalt sich nicht festlegte, würde ich kein

Versicherungsgeld bekommen. Aber wir konnten nicht den Winter über im Wohnwagen leben.

Am nächsten Tag rief ich in der Mittagszeit meine Versicherungsgesellschaft an. Es dauerte eine Weile, bis ich mit einem Mann verbunden wurde, der meine Unterlagen heraussuchte. Er stellte sich als Jonas Andersson vor. Ich suchte in meinem Gedächtnis, ob ich ihn je getroffen hatte, konnte mich aber nicht erinnern. Andersson redete zu schnell und schien das Gespräch so bald wie möglich beenden zu wollen. Er hatte noch nichts von dem Brand gehört, da ich keine Meldung geschickt hatte. Er hatte auch nichts darüber gelesen, dass der Verdacht auf Brandstiftung bestand. Vielleicht sprach ich mit einem jungen Mann jener Generation, die aufgehört hatte zu lesen? Nicht nur Zeitungen, sondern auch Bücher? Die Neuigkeiten, die sie eventuell erreichten, kamen ausschließlich aus unterschiedlichen digitalen Quellen.

Das kurze Gespräch mit Jonas Andersson war eine Qual. Ich erwähnte nicht, dass eine polizeiliche Ermittlung lief, die drohte, sich in eine Anklage gegen mich zu verwandeln. Das sollte er selbst herausfinden. Es kam nur darauf an, dass alle Versicherungsraten rechtzeitig eingezahlt worden waren, was er bestätigte.

Die Versicherung galt. Die Gesellschaft würde ein vollwertiges Haus finanzieren, auch wenn es natürlich nicht genauso solide werden würde wie das Haus, das im 19. Jahrhundert erbaut worden war. Weder würden Eichenstämme die Wände stützen, noch würde die Vortreppe wohl mit denselben Holzschnitzereien geschmückt sein wie das alte Haus.

Ich überlegte, ob die Versicherung auch für zerstörte Apfelbäume galt. Aber ich ließ die Frage auf sich beruhen. Jonas Andersson kümmerte sich vermutlich nicht um verkohlte Obstbäume.

Als ich mit der Versicherungsgesellschaft telefonierte, saß ich im Wohnwagen. Louise stand an der Tür und lauschte. Da Jonas Anderssons Stimme sehr schrill war, hörte sie sicher auch, was er zu sagen hatte.

Wir beendeten das Gespräch damit, dass wir vereinbarten, er oder ein Kollege würde herauskommen, um sich die Brandstätte anzusehen. Er benutzte einen eigentümlichen Ausdruck. Die Brandstätte sollte okularbesichtigt werden. Das sollte in wenigen Tagen geschehen.

Andersson fragte indessen nicht, wo ich jetzt wohnte. Ebenso wenig kommentierte er, dass alle meine Besitztümer verbrannt waren. Ich nahm an, seine wichtigste Aufgabe wäre es, dafür zu sorgen, dass die Gesellschaft nicht unnötig viel Geld ausbezahlte.

»Die Versicherung gilt«, sagte ich nach dem Gespräch. »Aber natürlich nicht, wenn ich angeklagt und wegen Brandstiftung verurteilt werde.«

»Was geschieht dann?«

»Ich lande im Gefängnis. Und es wird kein Haus mit dem Geld der Versicherungsgesellschaft erbaut.«

Das Wetter besserte sich zusehends. Auf starke Winde folgte unerwartete Herbstwärme. Ich stieg täglich einmal auf den Felsen und hielt nach dem Windsurfer Ausschau. Aber das Meer war leer. Keine Boote, keine schwarzen Segel.

Wenn die Zugvögel verschwinden, wird es still in den Schären. Wellen und Windrauschen, sonst nichts.

Eines Abends bemerkte ich, dass Louise niedergeschlagen wirkte. Sie saß auf der Bank unten am Steg und hatte den Kopf in die Hände gelegt. Ich war gerade von dem Felsen zurückgekehrt, als ich sie entdeckte. Rasch blieb ich stehen und betrachtete sie heimlich, machte mich aber nicht bemerkbar. Mehr und mehr schien es, als kommunizierten wir miteinander, indem wir uns aus den Augenwinkeln beobachteten. Wir gingen herum und hatten Angst. Meine Angst rührte daher, dass ich meinte, weniger und weniger von meiner schwangeren Tochter zu wissen. Und dass sie an mir vielleicht sah, was das Alter mit einem Menschen macht.

Es war zehn Uhr vormittags am ersten Dienstag im November, als ich ein Motorengeräusch hörte. Da der Wind von Süden kam und der Schärengarten im Übrigen ganz still war, vernahm ich das Boot schon aus der Ferne. Es war nicht Jansson, der draußen heranfuhr. Ich kannte das sich nähernde Motorengeräusch nicht. Das Boot, das um die Landzunge bog, hatte ich noch nie gesehen. Es war ein weißes Plastikboot, das den ungewöhnlichen Namen *Drabant II* trug. Ich fragte mich, was für ein Idiot das wohl war, der seinem Boot einen Pferdenamen gegeben hatte.

Ausnahmsweise gingen Louise und ich zusammen hinunter zum Steg, als der Besuch kam.

Es war die Versicherungsgesellschaft. Aber nicht Jonas Andersson. Der Mann stellte sich als Torsten Myllgren vor. Er konnte nicht älter als fünfundzwanzig sein. Ich hatte mir immer vorgestellt, Ermittler müssten erfahrene Menschen sein, die schon viele verschiedene Arten von Versicherungsfällen betreut hatten. Aber Torsten Myllgren wirkte wie ein Halbwüchsiger.

Die Person, die das Boot gelenkt hatte, war nicht viel älter. Als wir uns begrüßten, fühlte ich nur eine schlaffe, verschwitzte Hand. Mit piepsiger Stimme stellte der junge Mann sich als Hasse vor, falls ich mich nicht verhört hatte. Als ich Louise fragte, zeigte sich, dass auch sie nicht sicher war, wie er hieß.

Wir gingen zur Brandstätte hinauf. Ich erwartete einen Hinweis von Myllgren, dass er jetzt von dem Verdacht auf Brandstiftung wüsste. Aber er sagte nichts.

Myllgren trug einen orangefarbenen Overall und hatte zu meiner Freude solide grüne schwedische Gummistiefel an den Füßen. Es fehlte nicht viel, und ich hätte ihn gefragt, wo er sie gekauft hatte. In der Hand hielt er einen großen Schreibblock und begann sofort, sich Notizen zu machen, als wir zu der verkohlten Ruine gelangt waren.

Hasse zündete eine dicke Zigarre an, nachdem er sich hinter dem Wohnwagen ins Lee gestellt hatte. Ich begann zu glauben, dass er möglicherweise für die Versicherungsgesellschaft lediglich Transporte im Schärengarten erledigte. Der Zigarrenrauch trieb hinauf zu Louise und mir, als wir da standen und Myllgren dabei beobachteten, wie er um die Ruine herumstiefelte. Dann und wann blieb er stehen und machte Fotos mit seinem Handy. Zwischendurch benutzte er auch einen kleinen Recorder, den er in der Tasche hatte, um mündliche Anmerkungen zu machen.

»Wonach sucht er?«, fragte Louise. »Er kann doch nicht erkennen, wie das Haus einmal ausgesehen hat?«

»Ich weiß es nicht«, entgegnete ich. »Du musst ihn selbst fragen.«

»Ich bin froh, dass ich nicht mit einem solchen Mann an der Seite aufwache.«

Ich stutzte über ihren Kommentar. Aber zugleich wurde mir klar, dass sie mir eine Tür geöffnet hatte, um die wichtigste Frage von allen zu stellen.

»Mit welchem Mann möchtest du aufwachen?«

»Das wirst du sehen, wenn du ihn triffst.«

Weitere Fragen wären sinnlos gewesen. Wir sahen weiterhin Myllgren zu, der in der Ruine herumstakste.

»Wonach sucht er?«, fragte Louise.

»Nach der Wahrheit«, antwortete ich. »Wenn es sie denn gibt.«

Plötzlich ergriff Louise meinen Arm. Sie deutete mit einem Nicken hinauf auf den Felsen und zu Großvaters Bank. Wir hatten uns noch kaum hingesetzt, als sie zu reden begann.

»Erinnerst du dich, dass ich in Amsterdam war, als wir ein paar Wochen vor dem Brand telefoniert haben?«

»Ja«, sagte ich. »Ich erinnere mich. Es klang, als wärst du in einem Café.«

»Was glaubst du, was ich in Amsterdam gemacht habe?«

»Ich möchte nicht einmal versuchen zu raten.«

»Ich will es dir erzählen. Wie du weißt, gibt es dort das Rijksmuseum, das Nationalmuseum der Niederländer, in dem Werke von Rembrandt ausgestellt sind. Ich kann mich an seinen Bildern nicht sattsehen. Wer nicht von diesen Meisterwerken berührt wird, ist der Kunst gegenüber völlig blind. Aber ich fahre nicht ein paarmal im Jahr dorthin, um nur die Bilder zu betrachten. Ich bin dort, um anderen Menschen zu helfen, das Museum zu besichtigen. Es gibt eine kleine Gruppe von Menschen, die meisten Holländer, aber einige stammen auch aus anderen Ländern, die eine Vereinbarung mit der Leitung des Rijksmuseums haben. Für sie sammeln wir Geld und organisieren Autos und Krankenwagen. So bieten wir schwerkranken Menschen, die bald sterben werden und die den Wunsch haben, noch einmal im Leben Rembrandts Bilder sehen zu dürfen, die Möglichkeit zu einem letzten Besuch. Dreimal im Jahr hat das Museum ausschließlich für diese Menschen geöffnet, die in Rollstühlen oder auf Tragen kommen. Sie liegen da oder sitzen halb aufgerichtet, oft mit starken Schmerzen, weil sie keine Medikamente genommen haben, um für die Bilder von Rembrandt klar im Kopf zu sein. Die allermeisten möchten Rembrandts Selbstporträts sehen, nicht zuletzt die, auf denen er alt ist. Ihre Begegnung, Auge in Auge, macht den Übergang vom Leben zum Tod weniger schmerzlich. Vielleicht hast du geglaubt, ich würde dort hinfahren, weil man in Holland andere Ansichten über Cannabiskonsum hat als in Schweden? Hast du gedacht, ich würde nach Amsterdam fahren, um zu kiffen? Nein, das war nicht der Grund. Jetzt weißt du etwas über mich, was du noch nicht gewusst hast.«

Plötzlich war vom Boot her ein lautes Radio zu hören. Myllgren schien das bei seiner Inspektion nicht zu stören.

»Was ist das für eine Musik?«, fragte ich.

»Es nennt sich Techno«, sagte Louise. »Aber du weißt sowieso nicht, was das ist.«

Es war ein schöner Herbsttag mit strahlenden Farben, klarem Himmel und wenig Wind. Ich dachte über Louises Geschichte nach.

Eine Stunde war Louise im Wohnwagen verschwunden, und ich ging an der Brandstätte auf und ab, als wollte ich Myllgren mit seiner Aufgabe nicht allein lassen. Eine hinkende Silbermöwe wachte auf einer Klippe in der Nähe. Sie hatte sich schon früher gezeigt. Ein paarmal hatte ich ihr Essensreste hingeworfen.

Myllgren klappte seinen Notizblock wie eine Filmklappe zu, die markierte, dass eine neue Szene beginnen sollte. Er schob sich Snus unter die Oberlippe, zog den Overall zurecht, der anscheinend zwischen seinen Beinen scheuerte, und tat dann einen Schritt in meine Richtung. Dabei stolperte er über einen der Grundsteine des Hauses, die teilweise unter den Brandresten verborgen waren. Er versuchte, die Balance zu halten, aber vergebens. Als er stürzte, hörte ich es in seinem Bein knacken. Vor Schmerz schrie er auf und verlor gleichzeitig seinen Notizblock.

Wie ein angeschossenes Tier lag er in seinem Overall da und hatte große Schmerzen im linken Bein. Man musste nicht Arzt sein, um zu erkennen, dass das Bein zwischen Fußgelenk und Knie gebrochen war.

Louise hatte seinen Schrei gehört und kam aus dem Wohnwagen gelaufen. Hasse, der im Boot saß, begriff auch, dass etwas geschehen war. Wir versammelten uns um Myllgren, der mit seinen Schmerzen kämpfte. Wäre mein Haus nicht niedergebrannt gewesen, hätte ich ihm sofort eine Injektion mit einem schmerzlindernden Mittel gegeben. Jetzt hatte ich ihm nur Schmerztabletten anzubieten. Myllgren war sehr bleich und ließ mich an einen angeschossenen Soldaten in einem Schützengraben denken, der fühlte, wie das Leben aus ihm herausrann.

»Das Bein ist gebrochen«, sagte ich. »Sie müssen ins Krankenhaus.«

»Wir tragen ihn zu meinem Boot«, meinte Hasse, der offenbar den Ernst der Lage nicht begriff.

»Die Küstenwache muss ihn holen«, erklärte ich ihm. »Wenn wir keine Trage benutzen, wird es noch schlimmer.«

Ich bat Louise, eine Decke für Myllgren zu holen.

»Sie müssen Ihr Boot umsetzen«, sagte ich zu Hasse. »Sonst kann die Küstenwache nicht anlegen.«

Hasse öffnete den Mund für einen Einwand. Ich hob die Hand und zeigte auf den Steg. Er machte sich auf den Weg. Ich rief die Küstenwache an und hockte mich dann neben Myllgren. So jung er war, imponierte mir seine Fähigkeit, die Zähne zusammenzubeißen und dem starken Schmerz nicht klein beizugeben.

Die Küstenwache kam nach einer knappen halben Stunde. Die Männer legten Myllgren auf eine Trage und brachten ihn hinunter zum Boot. Es war Alexandersson, der das Kommando führte. Er war ein erfahrener Mann, der in seinem Leben schon viele Tragen transportiert hatte.

Hasse trieb in seinem Boot vor dem Steg herum. Als Myllgren endlich an Bord war, wandte sich Alexandersson mir zu.

»Gestern war ich im Schiffsbedarfsladen, um Malerfarbe zu kaufen«, sagte er. »Maggan fragte nach dir. Sie sagte, deine Stiefel seien gekommen. Sie wird den Laden von Nordin übernehmen. Zumindest bis auf weiteres. Dann geht er wohl an irgendeinen Bruder.«

Nordins Bruder war Rohrverleger, soviel ich wusste. Vielleicht würde er den Laden auf eine gute Art führen?

Alexandersson ging an Bord, und das Boot fuhr rückwärts aufs Meer hinaus. Hasse folgte ihm in seinem weißen *Drabant II*.

»Meine Stiefel sind gekommen«, sagte ich zu Louise, die sich auf die Bank gesetzt hatte.

»Dann holen wir sie morgen. Wir müssen sowieso Essen einkaufen.«

Ich hörte, dass Alexandersson den Motor voll aufdrehte. Das dumpfe Grollen hallte zwischen den Klippenwänden der Inseln wider.

Myllgren tat mir leid. Aber zugleich freute es mich, dass meine Stiefel angekommen waren.

11.

Die Stiefel passten nicht.

Nordins Frau Margareta war bedeutend stattlicher, als ich sie in Erinnerung hatte. Vermutlich litt sie an krankhaftem Übergewicht. So dick kann kein Mensch durch maßloses Essen werden. Sie konnte sich kaum zwischen den Regalen und der Theke in dem Laden bewegen. Als ich eintrat, stand sie über ein Gestell mit Fangnetzen gebeugt. Als die Türglocke klingelte, drehte sie sich um und stieß gegen ein Regal mit Wollsocken, von denen einige zu Boden fielen. Die Vorstellung, ich würde ein plumpes Tier betrachten, das in einen sehr kleinen Laden eingedrungen war, belustigte mich sehr. Aber ich blieb ernst, grüßte, sprach ihr mein Beileid aus und sagte, ich sei froh, dass meine Stiefel gekommen seien. Während sie sie holte, nahm ich auf einem Hocker Platz. Ich zog die ungleichen Stiefel aus, die ich seit dem Brand getragen hatte. Margareta brachte die Stiefel in einer offenen Schachtel. Grün und glänzend. Gummistiefel von Tretorn mit mattgelben, geriffelten Sohlen. Wie üblich begann ich mit dem linken. Es ging nicht. Ich probierte den rechten. Ich nahm einen Stiefel in die Hand und las die Zahl, die auf die Außenseite gestempelt war. Es war die falsche Größe.

»Die Größe passt nicht«, sagte ich zu Margareta, die dabei war, die Wollsocken vom Boden aufzuheben.

Ich fragte mich, wie sie es schaffte, sich vorzubeugen, ohne kopfüber zu stürzen.

»Davon weiß ich nichts«, sagte sie. »Ich habe die Bestellung nicht aufgegeben.«

»Ist nur dieses Paar Stiefel gekommen?«, fragte ich. »Hat er nicht mehrere bestellt?«

»Nur dieses eine Paar.«

Ich legte die Stiefel zurück in die Schachtel.

»Dann müssen wir eine neue Bestellung tätigen«, sagte ich. »Ich habe Schuhgröße dreiundvierzig. Nicht einundvierzig. So kleine Füße habe ich nicht.«

Sie schrieb die Zahl auf einen aufgeschlitzten Briefumschlag, der neben der Kasse lag.

»Vielleicht kann man sie bitten, sich mit der Bestellung zu beeilen«, sagte ich, nachdem ich mich von dem Hocker erhoben hatte. »Es hat ja sehr lange gedauert, bis ich dieses falsche Paar bekommen habe.«

»Ich kenne mich damit so wenig aus«, erklärte Margarete klagend.

Sie schien zu glauben, ich würde sie für den Vorfall persönlich verantwortlich machen.

Durch das Fenster sah ich, wie Louise mit dem Auto zum Kai fuhr. Ich zog meine Stiefel wieder an und verließ das Geschäft. Als Margareta sich erneut über den Haufen mit den Wollsocken beugte, musste ich der Lust widerstehen, sie zu schubsen. Bestimmt wäre sie gefallen, wenn ich sie mit nur einem Finger angestupst hätte. Meine bösartigen Impulse hatten mit den Jahren nicht abgenommen.

Louise fuhr oft viel zu schnell. Obwohl sie das Autofahren nicht von mir gelernt hatte, fuhr sie genauso schlecht wie ich selbst. Nicht nur mit zu viel Gas, sondern auch unaufmerksam und viel zu nah an dem unsichtbaren Mittelstreifen.

Plötzlich fragte ich mich, ob sie überhaupt einen Führerschein hatte. Ich hatte nie einen gesehen.

Wir fuhren durch den Herbstwald. Ich bat sie, vorsichtig zu sein, als der Wald dichter wurde, da viele Elche unterwegs seien. Nur ein paar Jahre zuvor war ein wohlhabender Unternehmer bei einem Frontalzusammenstoß mit einem Elch tödlich verunglückt. Ich konnte nicht feststellen, dass sie die Geschwindigkeit drosselte oder aufmerksamer wurde. Sie antwortete nicht einmal.

Selten oder nie weiß ich, was meine Tochter eigentlich denkt. Ihre innere Welt ist hinter Wallgräben und Barrikaden verborgen, alle unsichtbar, aber trotzdem unmöglich zu überwinden.

Wie sehen meine Verschanzungen aus? Sind sie leichter zu bezwingen?

Auf einer Hügelkuppe hatten wir eine Begegnung mit einem Lastwagen, der viel zu groß und breit für die Straße war. Obwohl Louise so weit wie möglich zum Straßengraben hin auswich, fuhren wir mit nur ein paar Zentimetern Abstand aneinander vorbei. Sie schien ungerührt, während ich hart auf das nicht vorhandene Bremspedal vor mir trat.

»Du fährst zu schnell«, sagte ich wütend, als ich mich beruhigt hatte.

»Der Lastwagen ist zu schnell gefahren«, erwiderte sie.

Ich hatte damit gerechnet, dass sie fauchen würde. Aber ihre Antwort kam ganz gleichgültig, als ob nichts oder fast nichts geschehen wäre.

»Hast du die Uhr gefunden?«, fragte sie plötzlich.

Ich schaute auf meinen linken Arm, als wäre die Uhr dort wieder vorhanden.

»Nein«, antwortete ich. »Keine Uhr.«

»Du musst sie beim Rudern verloren haben.«

»Nein«, sagte ich erneut. »Da bin ich mir sicher.«

»Woher willst du das wissen?«

»Ich weiß es einfach.«

»Eigentlich braucht man keine Uhr. Das Leben lässt sich sowieso nicht messen.«

»Es ist die Zeit, die man misst. Nicht das Leben.«

Sie warf mir einen Blick zu. Aber sie sagte nichts.

Als Arzt war ich jeden Tag gezwungen, die Vergänglichkeit des Lebens zu bedenken. Im Gegensatz zu den Pfarrern, die von der Kürze des Lebens als einer Erinnerung an das ewige Leben predigten, das uns jenseits von allem erwartete, sah ein Arzt, was die Flüchtigkeit eigentlich bedeutete. Immer schoss ein Strom von Bildern durch meinen Kopf, wenn ich daran dachte, wie der Tod ohne Ankündigung eintrat. Nicht einmal schwerkranke Menschen, oft alte, für die es keinen Ausweg mehr gab und bei denen das Ende jederzeit absehbar war, waren bereit zu sterben. Vielleicht sagten sie das zu ihren Angehörigen, wenn diese zu Besuch kamen. Aber wahr war es meistens nicht. Wenn die Angehörigen gegangen waren und der Sterbende ihnen freundlich nachgewinkt hatte, überkamen ihn oft das Weinen und der Schrecken und eine maßlose Verzweiflung, sobald die Tür sich geschlossen hatte.

Diejenigen, die sich am besten auf den Tod verstanden, waren die Kinder. Das war nicht nur meine Erfahrung, sondern wir Ärzte sprachen im Allgemeinen oft darüber. Wie war es möglich, dass Kinder, teils ganz kleine, die das Leben noch vor sich haben sollten, sich so ruhig und bewusst angesichts ihres Todes verhielten? Sie lagen in ihren Betten und warteten still auf das, was kommen würde. Statt des Lebens, das sie niemals haben würden, gab es eine andere, unbekannte Welt, die auf sie wartete.

Kinder starben fast immer ganz still.

Es geschieht nicht oft, dass ich an meinen eigenen Tod denke. Aber als ich im Auto saß und Louise so unvorsichtig fuhr, tauchten die Gedanken an das Ende auf. Früher dachte ich, Ärzte würden einen anderen Tod sterben als die Menschen, die man als Patienten bezeichnet. Ein Arzt kennt alle Prozesse, die dazu führen, dass Herz, Gehirn und andere Organe aufhören zu arbeiten. Deshalb sollte ein Arzt sich auch auf eine andere Art vorbereiten können als ein Mensch mit einem anderen Leben und einem anderen Beruf. Jetzt wurde mir klar, dass es überhaupt nicht so war. Der Tod war für mich als Arzt genauso gnadenlos unerwünscht, und es war genauso schwer, sich darauf vorzubereiten, wie für jeden anderen. Ich weiß nicht, ob ich ruhig oder unter verzweifeltem Widerstand sterben werde. Ich weiß absolut nichts über das, was mich erwartet.

Wieder warf ich einen Blick auf Louise, die noch immer abwesend wirkte. Woran dachte sie? Existierte der Tod überhaupt in ihrem Weltbild? Was hatte Harriets Tod für sie bedeutet? Und was bedeutete das Kind, das sie erwartete? Was bedeutete das Kind für mich?

Gerade als wir in den Ort hineinfuhren und das Auto hinter dem Bankgebäude parkten, brach ein Sturzregen los. Menschen rannten, um dem Regen zu entkommen. Wir blieben im Auto sitzen und teilten verschiedene Besorgungen unter uns auf. Ich war erstaunt, als sie mich bat, Lebensmittel zu kaufen. Ich hatte gedacht, sie würde das lieber selbst tun. Aber sie hatte andere Erledigungen, ohne dass sie näher erklärte, worum es sich handelte.

Wir beschlossen, uns in einer Stunde im Bowlingrestaurant zum Mittagessen zu treffen. Dann saßen wir still da und warteten ab, dass der Schauer vorüberginge. Ich überlegte, ob ich in die Stadt fahren sollte, um ein Paar Gummistiefel zu kaufen, statt auf die neue Bestellung im Schiffsbedarfsladen zu warten. Aber ich konnte mich nicht entscheiden.

Als es aufgehört hatte zu regnen, gingen wir in dem kleinen Ort in verschiedene Richtungen. Ich war zum Lebensmittelladen unterwegs, als Louise mir nachrief. Sie winkte mir, dass ich warten sollte. Als sie bei mir angekommen war, gab sie mir die Autoschlüssel.

»Du bist vielleicht vor mir fertig«, sagte ich.

»Nein, das bin ich nicht.«

Ohne darauf zu reagieren, drehte sie sich um und eilte davon. Ich fragte mich, warum sie es so eilig hatte und welche Besorgungen das waren, die sie machen wollte. Ich folgte ihr mit dem Blick, bis sie in der Bank verschwand.

Es dauerte eine halbe Stunde, um die Lebensmittel einzukaufen, von denen ich glaubte, wir würden sie in der nächsten Woche benötigen. Der Laden war fast leer. Die Kassiererin, die ihrem Umfang nach Frau Nordin glich, war an der Kasse eingenickt. Ich kaufte ein paar Zeitungen mit Kreuzworträtseln. Dann ging ich zurück, stellte die Papiertüten im Auto ab und überlegte, ob ich zur Apotheke gehen sollte. Aber ich unterließ es. Im Moment fehlte es mir an nichts.

Da es zu früh war, um ins Restaurant zu gehen, schlenderte ich zu dem alten Bahnhof hinauf, der nicht mehr in Betrieb war. Die Gleise waren schon lange vor meinem Umzug auf Großvaters Insel aufgerissen worden. Anschließend warf ich einen Blick in verschiedene Geschäfte, um zu sehen, ob Louise vielleicht darinnen war. Aber ich sah sie nicht. In dem Schuhgeschäft, in dem ich vergeblich nach Gummistiefeln gefragt hatte, war das Schaufenster umgestaltet worden. Jetzt standen dort Herbst- und Winterschuhe. Ich versuchte, in den Laden hineinzuspähen, aber ohne Erfolg. Als ich am Bahnhof angekommen war, erinnerte ich mich an all die Male, in denen ich mit dem Schienenbus hier angekommen war und von Großvater abgeholt wurde. Es war immer ein Gefühl der Freiheit, in den Schulferien hierherzufahren. Eine Freiheit, die jetzt, mit dem Abstand von so vielen Jahren, ganz unbegreiflich erschien. War ich denn als Kind und als Erwachsener wirklich ein und dieselbe Person? Oder gab es einen unüberbrückbaren Abstand zwischen uns? Der Gedanke an die ferne Kindheit machte mich für einen Augenblick verzweifelt. Ich verließ den Bahnhof, so schnell ich konnte.

Vor einem kleinen, unscheinbaren Antiquitätenladen blieb ich stehen und betrachtete die Gegenstände, die sich im Schaufenster drängelten. Ich versuchte mir die Menschen vorzustellen, deren frühere Habe jetzt dort ausgestellt war, mit vergilbten Preisetiketten wie weiße Schwänze. Wem hatte die Uhr mit einer Gravur im Deckel des Gehäuses gehört, wem das elegante Rasiermesser?

Viele Jahre lang hatte mein Vater einen speziellen Stift benutzt, als er Kellner war. Es war dieser Stift und kein anderer, mit dem er die verschiedenen Bestellungen auf seinen Notizblock schrieb. Es war auch derjenige, den er für die Rechnungen benutzte. Den Stift hatte er einmal von einem alten Herrn bekommen, der das Lokal besucht hatte, in dem mein Vater kurzfristig arbeitete. Der Alte hatte ihm den Stift als extra Trinkgeld gegeben, nachdem er seine Mahlzeit verzehrt und erklärt hatte, er werde nicht mehr zurückkommen. Ein paar Tage später las mein Vater in der Zeitung, dass der alte Mann Selbstmord begangen hatte. Er hatte sich mit einer Schrotflinte in die Stirn geschossen. Von da an benutzte mein Vater nie einen anderen Stift. Nach seinem Tod suchte ich vergeblich danach. Was er damit gemacht hatte, bleibt für immer ein Rätsel.

Ein neuer Regenschauer war auf dem Weg. Ich eilte zu dem Restaurant und schaffte es gerade durch die Tür, ehe der Regen losbrach. Louise war noch nicht da. Aber wir hatten uns erst vor fünfzig Minuten getrennt. Um die Mittagszeit waren viele Tische besetzt. Ich wählte einen in einer Ecke und wartete auf sie. Nachdem eine halbe Stunde vergangen war, ohne dass Louise sich gezeigt hätte, bestellte ich ein Gericht an der Theke, bezahlte und begann zu essen. Wenn sie nicht rechtzeitig zu der vereinbarten Zeit kam, war das ihr Problem.

Nachdem ich fertig gegessen hatte, war sie immer noch nicht aufgetaucht. Ich wartete noch ein paar Minuten, ehe ich Kaffee holte. Der Regen hatte aufgehört. Ich stellte die Kaffeetasse auf meinen Tisch und ging hinaus auf die Straße. Louise war nirgends zu entdecken.

Plötzlich fragte ich mich, warum sie mir nachgeeilt war, um mir die Autoschlüssel zu geben. Irgendetwas stimmte da nicht.

Der Kaffee schmeckte bitter. Ich schob die halb ausgetrunkene Tasse von mir. Mittlerweile begann das Restaurant sich zu leeren. An der Theke drüben ließ die Kassiererin ein Glas fallen. Ein heftiger Wortwechsel entbrannte zwischen ihr und dem jungen Mann, von dem ich annahm, dass er der Besitzer des Restaurants war. In welcher Sprache sie sich stritten, konnte ich nicht verstehen. Der Ausbruch endete ebenso abrupt, wie er begonnen hatte.

Louise blieb verschwunden. Ich beschloss, noch weitere zehn Minuten zu warten. Danach musste sie selbst zurechtkommen. Sie hatte ein Handy, sie konnte anrufen, aber mein Handy hatte weder Klingelsignale noch Nachrichten empfangen.

Ich versuchte, den Gedanken zuzulassen, dass ihr etwas zugestoßen sein könnte. Ein Unfall. Aber ich konnte keine Unruhe empfinden. Sie hatte ganz einfach unsere Verabredung zum Mittagessen in dem Restaurant sausenlassen.

Schließlich mochte ich nicht länger warten. Als ich das Restaurant verließ, war die Sonne hervorgekommen. Louise stand auch nicht am Auto. Ich setzte mich hinein. Da entdeckte ich einen Zettel hinter einem der Scheibenwischer. Hatte ich einen Strafzettel bekommen? Wütend stieß ich die Tür auf, beugte mich vor und riss den Zettel ab.

Es war kein Strafzettel. Louise hatte eine Nachricht hinterlassen. Da das Papier nicht nass war, musste sie es nach dem Regen dorthin gesteckt haben. Höchstens vor fünf bis zehn Minuten.

Die Nachricht war sehr kurz. *Fahr ohne mich.*

Ich stieg aus, um zu sehen, ob sie irgendwo in der Nähe war. Aber ich konnte sie nicht entdecken.

Also fuhr ich die Straße auf und ab. Aber sie blieb verschwunden.

Ich kehrte zum Hafen zurück. Die Sonnenstrahlen wärmten plötzlich sehr stark, fast wie an einem Sommertag. Ich parkte das Auto und sah mich nach Oslovski um. Ihr Haus wirkte verrammelt. Ich ging hinauf zur Garage, wo ihr Auto steht. Auch die war leer. Aber etwas gab mir zu denken. Oslovski war immer sehr ordentlich. Die verschiedenen Werkzeuge hatten ihren festen Platz in Regalen oder an verschiedenen Wänden. Jetzt lagen verschiedene Werkzeuge auf dem schmutzigen Betonboden verstreut.

Ich ging zurück zum Haus und tat etwas, wozu ich bisher nicht den Mut gehabt hatte. Ich klopfte an Oslovskis Tür. Einmal, zweimal. Aber sie öffnete nicht. Die Vorhänge waren zugezogen. Ich lauschte an der Tür. Drinnen schien sich nichts zu rühren.

Ich nahm meine Papiertüten und ging hinunter zum Boot. Margareta Nordin saß vor der Ladentür und sonnte sich. Irgendwie war es gerade dieses Sonnen, das ihre große Trauer um ihren toten Mann erahnen ließ.

»Komische Wärme«, sagte ich.

»Alles ist komisch«, antwortete sie. »Ich sitze hier und versuche zu begreifen, dass mein Mann tot ist.«

»Den Tod kann man nie begreifen«, sagte ich. »Er folgt keinen Gesetzen und Regeln. Der Tod ist ein unheilbarer Anarchist.«

Sie sah mich fragend an. Ich verstand sie. Die Antwort klang in meinen Ohren ebenso eigentümlich. Auch wenn sie wahr war.

Als ich zu meinem Boot ging, stand Alexandersson vor dem Haus der Küstenwache und rauchte. Als er mich entdeckte, verschwand er schleunigst durch die Tür. Er glaubte wohl, ich hätte ihn nicht gesehen. War es schon so weit gekommen, dass keiner mehr mit mir reden wollte?

Ich warf meine Lebensmitteltüten ins Boot, machte die Leinen los und schob das Boot hinaus aufs Wasser, ohne vorher den Motor zu starten. Es war mir auch egal, dass ich nass wurde, als ich mich hineinsetzte. Ich wollte nur so schnell wie möglich weg.

Natürlich machte der Motor Schwierigkeiten. Ich war schon fast aus dem Hafen gedriftet, ehe er ansprang. Vermutlich stand Alexandersson an einem der Fenster und beobachtete die Szene. Ich fragte mich, ob er mich mit Verachtung oder Mitleid betrachtete. Aber ich nahm an, dass er mich vor allem als Verräter ansah, als einen Mann, der sich als Verbrecher entpuppt hatte.

Ich steuerte die Insel an. Der Wind war zu warm für einen Novembertag. Als ich kurz vor der Küste war, drehte ich das Gas ab und ließ den Motor im Leerlauf laufen.

Mir war klar, dass Louise abgehauen war. Sie hatte sich nicht einmal die Mühe gemacht, eine Tasche zu packen. Aber nach meiner Rückkehr zum Wohnwagen würde ich entdecken, dass ihr Pass verschwunden war. Ihr Geld, ihre Kreditkarte, alles, was für einen Aufbruch nötig war. Sie hatte es geplant und gar nicht die Absicht gehabt, zum Restaurant zu kommen. Das war auch der Grund dafür, dass sie mir die Autoschlüssel gegeben hatte. Vermutlich war sie schnurstracks zur Bushaltestelle gegangen und in die Stadt gefahren. Was sie dann vorhatte, ahnte ich nicht. Ebenso wenig, wohin sie unterwegs war.

Sie hatte ihr ungeborenes Kind mitgenommen. Der Vater des Kindes wartete irgendwo auf sie.

Ich ließ das Boot treiben. Ihr Verschwinden erfüllte mich mit Enttäuschung. Aber die Enttäuschung kam nicht allein. Noch etwas anderes tauchte in meinem Kopf auf. Eine Ahnung, ein Verdacht, der sich rasch erhärtete.

Ich erinnerte mich daran, wie Louise und ich bei dem Zelt draußen auf der Schäre gewesen waren. Sie hatte mich gestreift, als sie zum Pinkeln gegangen war. Und ich hatte entdeckt, dass meine Uhr weg war, als ich nach Hause zurückgekehrt und auf dem Weg zum Wohnwagen war.

Die Erkenntnis traf mich mit gewaltiger Wucht. Louise hatte mir die Uhr abgenommen. Meine Tochter war eine gerissene Taschendiebin. Sie lebte vom Stehlen. Eine andere Erklärung gab es nicht.

Dass sie mich im Auto nach der Uhrzeit gefragt hatte, hatte nur den Grund, dass sie wissen wollte, ob ich einen Verdacht hätte. Meine Antwort muss ihr bestätigt haben, dass ich keine Ahnung vom Verbleib meiner Uhr hatte. Ich verfluchte sie und meine eigene Einfalt. Nun wollte ich wirklich nichts mehr von ihr wissen. Ich brauchte weder sie noch ein Enkelkind. Sie hatte meine Uhr gestohlen und sich auf den Weg zu einem unbekannten Mann gemacht, der der Vater ihres Kindes war.

Wütend setzte ich mich in den Bug, streckte die Beine aus und schloss die Augen.

Vor Müdigkeit und Überdruss schlief ich ein. Als ich davon geweckt wurde, dass der Motor erstarb, hatte ich von Harriet geträumt. Sie stand an der Brandruine und sah genauso aus wie damals, als sie mit ihrem Rollator übers Eis gekommen war. Obwohl es im Traum Spätherbst war, dieselbe Jahreszeit wie jetzt, trug sie Winterkleidung und klagte darüber, dass sie fror. Als ich sie umarmte und sie willkommen hieß, biss sie mich in den Arm.

Verschlafen stolperte ich durch das Boot und zog an dem Seilzugstarter. Als ich die Insel erreicht hatte, ging ich schnurstracks hinauf zum Wohnwagen. Louises Pass, ihr Geld und verschiedene Kreditkarten waren weg. Am Boden ihrer Tasche fand ich auch meine Uhr. Wütend warf ich sie gegen die Wand. Aber als ich sie aufhob, ging sie immer noch. Ich legte sie an und streckte mich auf der Pritsche aus. Die Tür zum Wohnwagen stand halb offen. Draußen war es windstill.

»Louise«, sagte ich laut vor mich hin.

Nur das. Ihren Namen. Nichts weiter. Ich rief sie nicht, noch bettelte und bat ich sie zurückzukommen. Ich sagte nur ihren Namen.

Nach einer Weile beschloss ich, hinaus zu meiner Schäre zu rudern. Mich an die Ruder zu setzen erfüllte mich immer mit großer Ruhe. Ich brauchte nicht viele Ruderschläge, bis meine Unruhe sich gelegt hatte. Ohne Eile ruderte ich dahin und machte immer wieder eine Pause. Ich stellte mir Louise in verschiedenen Situationen vor. In einem Bus, am Eingang eines Flughafens, an Bord einer Fähre. Und ich fragte mich, warum sie gerade diesen Tag gewählt hatte, um sich davonzumachen. Hatte ich sie vertrieben, indem ich allzu viele aufdringliche Fragen über ihren Lebensunterhalt gestellt hatte? Oder ertrug sie den Gedanken nicht, dass ihr Vater der Brandstiftung beschuldigt war?

Sie wurde mir immer unbegreiflicher. Eine Taschendiebin. Und zugleich jemand, der todkranken Menschen half, ein letztes Mal Rembrandts Gemälde zu sehen? Das passte nicht zusammen.

Wieder hielt ich die Ruder still. Vielleicht glaubte sie tatsächlich, ich hätte das Haus niedergebrannt?

Schließlich ruderte ich um die Schäre herum, bis ich schwitzte, legte an und ging zum Zelt.

Ich verharrte mitten im Schritt. Jemand war dort gewesen und hatte es nicht geschafft, seine Spuren zu beseitigen. Nicht Louise, sondern jemand anderes.

Die Steine an der Stelle, wo ich Feuer gemacht hatte, waren bewegt worden. Und mehrere Steine waren dazugekommen. Ich öffnete das Zelt und kroch hinein. Mein Schlafsack lag an seinem Platz. Aber der Reißverschluss war zugezogen. Tagsüber ließ ich ihn immer offen, damit er gelüftet wurde. Jetzt war er ganz geschlossen.

Ich ging wieder hinaus. Wer hatte das Zelt und die Feuerstelle benutzt? Ich wanderte um die Schäre herum, um nach weiteren Spuren zu suchen. Es gab keine. Also kehrte ich zum Zelt zurück und setzte mich auf den Stein, auf dem ich gewöhnlich saß, den Teller mit dem Essen oder die Kaffeetasse auf meinen Knien balancierend. Bildete ich es mir ein? Nein, ich täuschte mich nicht. Jemand war zur Schäre gekommen, hatte die Feuerstelle umgebaut und war dann im Zelt gewesen.

Wäre es Sommer gewesen, hätte ich es besser verstanden. Ein paar mit dem Kajak paddelnde junge Leute könnten das Zelt für eine Nacht benutzt haben. Aber jetzt im Herbst? Jemand von den Einheimischen draußen auf den Inseln konnte es nicht gewesen sein.

Ehe ich zurückruderte, legte ich einen kleinen braunen Stein, der die Form einer Pfeilspitze hatte, direkt unter den unteren Rand des Reißverschlusses am Zelteingang. Wenn jemand das Zelt öffnete, würde der Stein verschoben werden. Aber der Wind würde ihn nicht bewegen können. Niemand konnte ahnen, dass der Stein eine Falle war.

Zurück im Wohnwagen bereitete ich mir eine Mahlzeit zu. Hin und wieder ging ich hinaus auf den Felsen und richtete das Fernrohr auf die Schäre. Aber da war niemand. Nachdem ich gegessen hatte, widmete ich mich den Kreuzworträtseln. Aber ich konnte mich nicht konzentrieren. Ich riss ein Stück von einer der Papiertüten aus dem Lebensmittelladen ab und versuchte, eine Reihe von Punkten über das aufzuschreiben, was während der letzten Wochen geschehen war. Das niedergebrannte Haus, der Verdacht auf Brandstiftung und nicht zuletzt Louises Schwangerschaft. Ich saß da und machte Notizen auf meiner abgerissenen Tüte, bis ich merkte, dass ich angefangen hatte, groteske, aufgedunsene Gesichter zu zeichnen. Da knüllte ich das Papier zusammen und warf es auf den Spültisch.

Ein letztes Mal ging ich hinauf zum Felsen. Es war schon so dunkel, dass ich das Fernglas nicht mehr benutzen konnte. Ich wollte sehen, ob dort draußen am Zelt ein Feuer brannte. Aber alles war dunkel.

Ich überlegte, wer in dem Zelt gewesen sein könnte. Und erinnerte mich plötzlich an das gemachte Bett in dem verlassenen Haus in Hörum.

Ich nahm eine Schlaftablette und ging zu Bett. Aus dem Kissen strömte mir Louises Duft entgegen. Die Sehnsucht nach ihr machte mich rührselig.

Ich dachte auch an ihr ungeborenes Kind. Und ich hoffte, sie hätte sich zu dem Mann, der der Vater war, auf den Weg gemacht.

Kurz bevor die Schlaftablette zu wirken begann, tauchten meine Eltern in meinen Gedanken auf. Als Kind hatte ich mich einmal unter dem Esstisch versteckt. Meine Eltern glaubten, ich schliefe in meinem Bett. Für mich war es nur ein spannendes Abenteuer, ich hatte keinen Verdacht, dass etwas Besonderes geschehen würde. Ich kauerte da unten und sah ihre Schuhe und ihre nackten Füße. Mein Vater, der nach einem Tag in dem Lokal, in dem er gerade arbeitete, immer Schmerzen in den Beinen hatte, zog Schuhe und Socken aus, wenn er nach Hause kam. Er tat das, ehe er überhaupt den Hut oder den Mantel abgelegt hatte. Nach besonders schweren Tagen machte meine Mutter ein Fußbad für ihn zurecht. Da tauchte er die Füße hinein, während sie aßen oder Kaffee oder ein Glas Wein tranken. Meine Mutter hingegen hatte immer Schuhe an. Aus meiner Kindheit kann ich mich nicht erinnern, sie jemals barfuß gesehen zu haben.

Es war ein solcher Fußbadabend, an dem ich mich unter dem Esstisch versteckte. Die Weingläser klirrten, und plötzlich hörte ich meine Mutter sagen, sie würde gern ein Geschwisterchen für mich haben. Noch heute kann ich spüren, wie es in mir zitterte. Der Gedanke an Geschwister war mir noch nie in den Sinn gekommen. Ich hatte mich immer ganz selbstverständlich als das einzige Kind gefühlt, das es in dieser Familie gab und geben würde. Es brauchte keine weiteren. Als ich meine Mutter ihren Wunsch aussprechen hörte, kam es mir so vor, als überließe sie mich unbekannten Menschen und einem unbekannten Schicksal.

Sie wünschte sich gar kein Geschwisterchen für mich. Sie wollte mich vielmehr gegen ein anderes Kind eintauschen. Ich war misslungen und taugte nichts.

Mein Vater antwortete nicht. Wieder klirrten die Weingläser. Da wurde mir klar, dass ich selbst gegen diesen Übergriff protestieren musste. Ich schlug meine Zähne hart in das Bein meiner Mutter, direkt über dem Schuh. Ich biss so fest zu, wie ich konnte. Sie schrie vor Schmerz und zog das Bein weg. Aber meine Zähne ließen nicht locker. Es endete damit, dass sie schreiend von dem Stuhl hochfuhr, wobei er umfiel, und mich an ihrem Bein hängend unter dem Tisch hervorzog. Dann konnte sie sich schließlich von meinen Zähnen befreien. Ich erinnere mich, dass ich meinen Vater ansah. Er hatte das Glas mit Rotwein erhoben. Aber er war mitten in der Bewegung erstarrt. Vor Erstaunen riss er den Mund auf – oder vielleicht vor Entsetzen über seinen Sohn, der einen blutigen Mund hatte wie ein widerlicher Vampir.

Es war das einzige Mal, dass meine Mutter mich schlug. Sie tat es nicht aus Bosheit, sondern aus Angst. Heute kann ich verstehen, wie erschreckend es sein muss, ins Bein gebissen zu werden, während man in aller Ruhe abends mit seinem Mann zusammensaß und ein Glas Wein trank.

Ich schrie vor Schmerz und Angst vor den Schlägen auf. Aber vor allem, weil ich ausgetauscht werden sollte.

An diesem Abend verwandelte ich mich von einem Kind in ein anderes Wesen, von dem ich erst viele Jahre später wusste, was es war. Ich war kein Kind, kein Erwachsener, sondern jemand, der unsichtbar in einem Land lebte, das nicht existierte. Meine Mutter hatte für den Rest ihres Lebens ein schlechtes Gewissen, weil sie mich geschlagen hatte, auch wenn wir nie darüber sprachen. In jedem Blick, den sie auf mich richtete, sah ich ihre Frage, ob ich ihr verzeihen würde oder nicht. Als sie starb, waren alle Fragen unbeantwortet. Heute weiß ich nur, dass ich kein Geschwisterkind bekommen habe. Vielleicht hatte mein gewalttätiger Protest unter dem Tisch dabei eine Rolle gespielt.

Mein Vater sprach nur ein einziges Mal darüber. Da war ich dreizehn oder vierzehn Jahre alt. Er war gerade von einem Lokal entlassen worden, weil er sich mit dem Ober über verschiedene Abläufe gestritten hatte. Jetzt wollte er sich um eine Anstellung in einem der Restaurants des Tivoli bewerben und nahm mich mit auf eine Reise nach Kopenhagen. Meine Mutter hatte ihn nur mit müden Augen angesehen, als er gesagt hatte, die Familie würde vielleicht nach Dänemark umziehen.

Als wir im Tivoli ankamen, blieb noch eine Stunde Zeit, bis er sein Vorstellungsgespräch mit dem Ober des Restaurants haben sollte. Es war ein Tag im Mai, warm, wenn die Sonne schien, sofort kalt, wenn sie sich hinter den Wolken versteckte. Wir tranken Zitronenlimonade und zitterten gemeinsam, wenn es schattig wurde. Plötzlich, ohne dass er die Frage vorbereitet hatte, wollte mein Vater wissen, warum ich an jenem Abend unter dem Tisch gesessen hätte. Seine Frage war freundlich, friedlich, fast rücksichtsvoll. So war er gewöhnlich nicht, wenn er mir Fragen stellte. Jetzt klang es, als ob er mich fragte, was ich zu essen und zu trinken wünschte.

Ich sagte die Wahrheit, ich hätte aus Angst zugebissen, weil ich nicht mehr taugte.

Er fragte mich nie wieder nach dem Abend. Viel später dachte ich, dass er meine Reaktion vielleicht verstanden hatte und der Meinung war, mein Biss wäre vielleicht gerechtfertigt gewesen.

Er bekam keine Stelle im Tivoli von Kopenhagen. Wir fuhren wieder nach Hause. Ein paar Wochen später fing er an, im Restaurant des Hauptbahnhofs zu arbeiten. Dort blieb er sechs Jahre lang, die längste Zeit, die er jemals an ein und demselben Arbeitsplatz verbracht hatte. Hin und wieder gingen meine Mutter und ich dorthin, wenn er servierte. Als ich ihn zwischen den Tischen herumlaufen sah, beschloss ich, niemals Kellner zu werden.

Ich musste von den Gedanken an meine Eltern weggeschlummert sein und wachte davon auf, dass das Handy klingelte. Ich setzte mich abrupt in der Dunkelheit auf, aufgeschreckt von den Klingeltönen, die im Wohnwagen widerzuhallen schienen.

Ein Mann nannte meinen Namen. Aber es war keine Stimme, die ich erkannte.

»Fredrik?«

»Ja, das bin ich.«

»Wer ich bin, spielt keine Rolle. Ich wollte dich nur warnen.«

»Wovor?«

»Du wirst verhaftet werden. Vielleicht schon morgen.«

»Wer bist du?«

»Vielleicht ein Freund. Oder nur jemand, der dich warnen will.«

Das Gespräch wurde beendet. Der kurze Wortwechsel wiederholte sich in meinem Kopf. Die Stimme war mir vollkommen fremd. Eventuell war sie verzerrt oder verstellt gewesen. Vielleicht hatte der Mann ein Taschentuch oder seine Hand über das Handy gelegt?

Ich bekam Angst. Meine Hände zitterten.

In dieser Nacht schlief ich nicht viel. Als der Morgen dämmerte, war ich schon aufgestanden. Ich wusste immer noch nicht, wie ich mich zu dem Anruf verhalten sollte.

Ich ging hinaus in das eiskalte Wasser. Als ich mich abgetrocknet und angezogen hatte, hatte ich einen Entschluss gefasst. Ich würde nicht auf der Insel oder auf der Schäre mit dem Zelt bleiben. Aber auch nicht fliehen. Ich würde nur versuchen, mir Zeit zu lassen, um zu verstehen, was um mich herum geschah.

Der Morgen war grau. Ein schwacher Wind wehte aus dem Norden. Die letzten Zugvögel waren fort. Im Fernglas konnte ich sehen, dass niemand an der Schäre angelegt hatte. Ich steckte das Geld, das ich noch hatte, in die Jackentasche und verließ den Wohnwagen. Die Tür ließ ich unverschlossen. Der Motor startete auf Anhieb. Ich fuhr zum Hafen und legte dort an, wo viele Jahre lang ein halb versunkenes altes Fischerboot gelegen hatte.

Frau Nordin war nicht im Schiffsbedarfsladen, und auch Veronika hatte ihr Café nicht geöffnet. Vor dem Lebensmittelladen stand immerhin ein Brotwagen.

Ich holte mein Auto von Oslovskis Grundstück. Als ich zur

Garage ging, sah ich, dass die Werkzeuge immer noch auf dem Betonboden verstreut lagen. Aber ich entdeckte auch, dass sie benutzt worden waren. Sie lagen an anderen Stellen, in anderen Formationen. Oslovski war da gewesen und hatte an dem Auto gearbeitet.

Ich klopfte nicht an ihre Tür. Hinter den zugezogenen Vorhängen waren keine Bewegungen auszumachen.

Ich fuhr davon.

Man könnte vielleicht sagen, ich hätte einen Plan gehabt. Aber ob er verwirklicht werden würde, das hätte nicht einmal ich selbst beantworten können.

12.

Das Haus hatte drei Stockwerke und lag in einem Wohngebiet an der Einfahrt zur Ortschaft. Als ich ein Kind war, hatte es dort nur Äcker und Wiesen gegeben, auf denen Kühe weideten. Die Mietshäuser waren in den sechziger Jahren erbaut worden und sahen genauso aus wie all die anderen, die in dieser Zeit errichtet wurden.

Ich hatte das Auto vor dem Haus geparkt, das dem Waldrand am nächsten lag. Vermutlich hatte man vom obersten Stockwerk aus Blick auf die tiefe Bucht.

Es war einfach gewesen, es zu finden. Als ich in der Ortschaft angekommen war, hatte ich die Auskunft angerufen. Sie konnte mir Lisa Modins Adresse geben.

Ich ging in dem Bowlingrestaurant essen. Danach machte ich einen Spaziergang auf dem Pfad, der um die Bucht herumführte. Wenn ich jemandem begegnete, senkte ich den Blick. Ich bildete mir ein, man könnte mich erkennen.

Der Spaziergang wurde lang. Erst gegen drei Uhr war ich wieder an meinem Auto. Jemand hatte ein Flugblatt unter einen der Scheibenwischer geklemmt. Wanderverkäufer würden am nächsten Tag mit Moltebeeren zum Markt kommen, um zwischen zwölf und zwei ihre Ware zu verkaufen. Ich fragte mich, ob es so spät im Herbst überhaupt noch Moltebeeren gab.

Ich parkte vor Lisa Modins Haus, und nun saß ich im Auto und behielt die Haustür im Auge. Mit meinem Fernglas betrachtete ich Fenster um Fenster, ohne dass Vorhänge, Topfpflanzen oder Lampen mir einen Hinweis gaben, wo genau sie wohnte.

Schließlich stieg ich aus und ging zur Haustür, die unverschlossen war. Die Namensschilder waren an einer Tafel links von der Treppe angebracht. Einen Aufzug gab es nicht. Jemand hatte mit rotem Filzstift *Kaffer* an die Wand gekritzelt.

Jemand anderes hatte das Wort ausgestrichen und stattdessen *Affenarsch* geschrieben. Lisa Modin wohnte ganz oben in dem Haus. Dort gab es zwei Mieter, Modin L. und Cieslak W. Ich versuchte mich zu entscheiden, ob ich jetzt schon die Treppen hinaufgehen und an ihrer Tür klingeln sollte. Aber es war zu früh am Tag. Ich wollte lieber sicher sein, dass sie zu Hause war.

Annähernd vier Stunden saß ich im Auto, bis Lisa Modin nach Hause kam. Ich hatte Kinder aus der Schule kommen sehen, Fahrräder, die nachlässig vor dem Haus hingeworfen wurden. Ein Hausmeister hatte die Angeln der Haustür geölt. Ein älterer Mann mit Rollator, der sich unendlich langsam bewegte, als rechnete er damit, bei jedem Schritt zusammenzubrechen, hatte die Tür passiert. Er hatte eine Tüte mit Lebensmitteln am Griff des Rollators hängen und kam mir vor wie ein tausend Jahre alter Mann, der durch die Zeitalter gewandert war und jetzt angekommen war an diesem grauen Betonhaus mit nicht unterteilten Fenstern und kleinen Loggien, auf denen kaum zwei Personen Platz hatten.

Während der vielen Stunden des Wartens vermied ich es, an die anonyme Handystimme zu denken, die mich gewarnt hatte. Ich schaffte es auch nicht zu ergründen, warum ich die Insel verlassen hatte und jetzt hoffte, Lisa Modin würde mir für ein paar Tage Zuflucht gewähren. In erster Linie wollte ich keinen Schlafplatz, sondern jemanden, mit dem ich das ganze Geschehen besprechen konnte. Ich kannte Lisa Modin nicht, und sie kannte mich nicht. Aber da Louise jetzt durch die Hintertür getürmt war, gab es niemand anders, dem ich mich anvertrauen konnte.

Ich wollte Klarheit und Trost. Aber ich wusste natürlich nicht, ob sie mir das würde geben können. Sie würde mich vielleicht nicht einmal hineinlassen, wenn ich klingelte und sie entdeckte, wer da vor der Tür stand.

Eine Frau kam aus der Haustür. Sie erinnerte mich an Harriet. Harriet als junge Frau, damals, als ich sie getroffen hatte und wir unsere kurze und chaotische Beziehung hatten.

Das war vierzig Jahre her. Ich hatte gerade meine Approbation als Arzt bekommen. Wir lernten uns, wie man es oft tut, durch Freunde von Freunden kennen und aus reinem Zufall. Ich wusste schon von Anfang an, dass Harriet nicht die große Liebe meines Lebens war. Aber sie zog mich an. Doch ich ahnte bald, dass unsere Beziehung für Harriet mehr bedeutete. Deshalb tat ich auch so, als wäre meine Liebe so viel mehr als ein erotisches Bedürfnis.

Es quält mich bis zum heutigen Tag, dass ich ihr Gefühle vortäuschte, die sie mit mir zu teilen meinte. Nicht einmal damals, als sie übers Eis gewandert kam, mit ihrem Rollator und ihrem unheilbaren Krebs, vermochte ich ihr zu erzählen, was ich damals, vor so langer Zeit, empfunden hatte. Das Letzte, worum ich sie betrog, war die Wahrheit.

Die Frau verschwand den Hang hinunter. Ich war kurz davor aufzugeben, zur Insel zurückzukehren und darauf zu warten, dass die Polizei mich holen käme. Es war eine sinnlose Suche nach einem Versteck, das nicht existierte.

Mit einem Mal fehlten mir meine Mutter und mein Vater, die Geschwister, die ich nie bekommen hatte, Jansson mit seinen eingebildeten Krankheiten, die tote Harriet, Louise, Oslovski und sogar Nordin, der bei der Bestellung meiner neuen Stiefel geschludert hatte. Zugleich fragte ich mich, ob es jemanden gab, dem ich fehlte.

Um zehn Minuten vor sechs kam Lisa Modin den Hang herauf. Sie trug einen Rucksack über einer Schulter und eine Plastiktüte aus demselben Laden in der Hand, in dem ich Lebensmittel eingekauft hatte. Auf dem Kopf hatte sie eine rote Baskenmütze und um den Hals einen Schal geschlungen. Ich ließ mich so tief wie möglich in den Sitz sinken, ohne sie aus den Augen zu lassen. Sie verschwand durch die Haustür. Ein paar Minuten später ging eine Lampe in der Wohnung im obersten Stock an, die der unsichtbaren Meeresbucht zugewandt lag. Ich sah Lisa Modin flüchtig, als sie ein Fenster öffnete.

Ich stieg aus dem Auto, verriegelte es und ging zur Haustür. Ein paar halbwüchsige Jungen kamen heraus und sprachen laut über ein Mädchen, das Rosalin hieß. Es war offenbar ihr gemeinsamer Wunschtraum, sie auszuziehen und mit ihr zu schlafen.

Die Treppen ging ich extra langsam hinauf, um nicht atemlos zu werden. Durch eine Tür konnte ich eine Ziehharmonika hören. Durch eine andere Tür drangen die Geräusche von einem lauten Handygespräch. Da der Rollator draußen vor der Tür stand, wusste ich, dass dort der tausendjährige Mann wohnte. Brauchte er den Rollator nur, wenn er außer Haus war? Oder hatte er einen eigens für die Wohnung?

Ich erreichte die oberste Wohnung und holte Luft. Obwohl ich bedächtig gegangen war, war mein Puls beschleunigt.

An Lisa Modins Tür hing das Bild von einem Mann mit einer Kamera in der Hand. Der Text darunter erklärte, dass die einen Fotografen namens Robert Capa zeigte und das Bild Ende des Zweiten Weltkriegs in Frankreich aufgenommen worden war. Ich hatte noch nie von dem Mann gehört. Aber da Lisa Modin das Bild dort aufgehängt hatte, musste er für sie bedeutungsvoll sein.

Ich horchte an der Tür. In der Wohnung war es still. Vorsichtig öffnete ich den Briefkastenschlitz. In der Diele brannte Licht. Aber noch immer erreichten mich keine Geräusche.

Ich blieb stehen und zögerte. Wie sollte ich ihr erklären, dass ich sie aufsuchte, ohne mich vorher bei ihr zu melden?

Ich machte noch ein paar Ansätze, an der Tür zu klingeln, aber schließlich gab ich auf. Ich hatte nicht den Mut zu klingeln. Es war sinnlos. Wenn ich zum Hafen zurückfuhr, würde ich es zur Insel schaffen, ehe es stockdunkel wurde.

Ich begann die Treppe hinunterzugehen. Doch nach ein paar Schritten machte ich abrupt kehrt, ging zurück und klingelte sofort an der Tür. Am liebsten wäre ich danach davongelaufen, blieb aber stehen. Sie riss die Tür auf, als wäre sie gestört worden. Als sie jedoch sah, dass ich es war, runzelte sie die Stirn und lächelte dabei.

»Sie sind das!«, sagte sie. »Der Mann mit dem niedergebrannten Haus?«

»Ich hoffe, ich störe nicht.«

Sie antwortete nicht, trat aber zur Seite und ließ mich ein. Eine große schwarze Katze saß auf einer Spiegelkommode und betrachtete mich misstrauisch. Als ich versuchte, sie zu streicheln, lief die Katze weg.

Lisa Modin reichte mir einen Kleiderbügel.

»Die Katze heißt Sally«, sagte sie.

»Ich will nicht stören«, wiederholte ich.

»Das haben Sie schon gesagt. Aber ich bin natürlich neugierig, warum Sie hergekommen sind.«

»Ich kann nirgendwo anders hingehen.«

Sie trug einen grünen Bademantel und zog den Gürtel enger um die Taille, während sie darauf wartete, dass ich noch etwas hinzufügen würde. Aber das tat ich nicht.

Schließlich führte sie mich in ihr Wohnzimmer. Auf dem Weg dorthin gingen wir an der halb geöffneten Tür ihres Schlafzimmers vorbei. Die Bettdecke war zur Seite geworfen. Vermutlich hatte sie dort gelegen, als ich auf die Klingel drückte.

Vom Wohnzimmer aus konnte man tatsächlich das blaue Wasser der Bucht sehen. Sie hatte einen Sessel und einen Tisch mit Büchern so plaziert, dass sie von dort die beste Aussicht hatte. Es gab wenige Möbel und fast keine Bilder in dem Raum. Eine Tür führte wohl in ein weiteres Schlafzimmer, während die Küche zum Wohnzimmer hin offen war. Lisa Modin zeigte auf das rote Sofa, das vor einem Glastisch stand, dessen Beine darauf hindeuteten, dass er aus einem arabischen Land stammte.

»Was kann ich Ihnen anbieten?«

»Nichts.«

»Dann mache ich einen Tee. Und Sie können ihn trinken, wenn Sie wollen.«

Sie verschwand hinaus in die Küche. Ich sah mich in dem Zimmer um. Nichts deutete darauf hin, dass ein Mann hier wohnte. Natürlich konnte ich nicht sicher sein, aber nichts hinderte mich an der Hoffnung. Nachdem sie Wasser in die Teekanne gefüllt hatte, verschwand sie in ihrem Schlafzimmer. Als sie wieder herauskam, war sie angezogen.

Sie servierte den Tee in weißen Tassen und stellte eine Schüssel mit Zwieback dazu.

»Erzählen Sie«, sagte sie. »Warum sind Sie hierhergekommen?«

»Ich weiß nicht, wo ich anfangen soll.«

»Von Anfang an ist gewöhnlich am einfachsten.«

Ich wusste schon jetzt, dass ich nicht die Wahrheit sagen würde. Aber ich wusste auch, dass eine Lüge nur dann funktioniert, wenn das meiste, was man sagt, wahr ist. Nur die Schlussfolgerungen dürfen Unwahrheiten enthalten, und damit dreht sich das, was man erzählt, um die eigene Achse. Zugleich dachte ich, dass die Wahrheit unmöglich zu erzählen war, da ich sie nicht kannte.

»Sie wissen selbst, womit es angefangen hat«, sagte ich. »Mit den Beschuldigungen, ich sei ein Brandstifter. Das bin ich nicht.«

»Dann ist es doch wichtig, dass Sie sich verteidigen? Niemand wird verurteilt, wenn seine Schuld nicht erwiesen ist.«

»Ich bin schon verurteilt. Gestern bekam ich einen Anruf, ich würde verhaftet werden. Ich habe auch mehrere anonyme Briefe erhalten.«

»Ich dachte, Sie hätten gesagt, dass Sie keine Post auf Ihrer Insel haben wollten?«

»Die Briefe lagen auf der Bank vor dem Bootshaus. Wie sie dahin gekommen sind, weiß ich nicht.«

Sie betrachtete mich nachdenklich. Der Tee war sehr süß und ganz anders als der, den Louise im Wohnwagen hinterlassen hatte.

»Meine Tochter hat sich davongemacht«, fügte ich hinzu.

»Warum?«

»Fragen Sie mich nicht. Sie hat noch nicht einmal erzählt, dass sie abreisen wollte.«

»Das klingt nach einem sehr merkwürdigen Verhalten.«

»Meine Tochter ist merkwürdig. Außerdem glaube ich, dass sie sich als Prostituierte ihren Lebensunterhalt verdient.«

Woher das Wort kam, weiß ich nicht.

»Das klingt erschreckend«, sagte sie nach einer Pause.

Ich merkte, dass sie auf der Hut war. Sie hatte etwas Wachsames angenommen. Vielleicht war ich einen Schritt zu weit gegangen.

»Ich will nicht darüber reden«, erklärte ich. »Und ich will, dass Sie vergessen, was ich eben gesagt habe.«

»Das Vergessen kann man nicht erzwingen. Aber ich kann es versuchen. Ich weiß allerdings immer noch nicht, warum Sie zu mir gekommen sind.«

»Ich habe sonst niemanden, zu dem ich gehen könnte. Niemanden zum Reden.«

»Das ist nicht genau dasselbe. Sie hätten anrufen können.«

»Wenn Sie wollen, kann ich sofort gehen.«

»Das habe ich nicht gesagt.«

»Ich habe es nicht geschafft, auf der Insel zu bleiben. Ich kenne hier kaum einen Menschen. Die Einzige, die mir einfiel, waren Sie. Aber ich verstehe, dass es ein Fehler war.«

Sie sah mich weiterhin abwartend an.

»Ich hoffe, Sie schreiben nicht darüber«, sagte ich.

»Warum sollte das fürs Lokalblatt interessant sein?«

»Ich weiß nicht.«

»Wenn Sie schon hergekommen sind, ist es wohl das Beste, wenn Sie erzählen, was los ist. Bisher habe ich nicht verstanden, warum Sie Ihre Insel verlassen haben.«

Ich merkte, dass meine Lügen mich unsicher gemacht hatten, wie ich eigentlich fortfahren sollte. Aber an diesem langen Abend gab es Augenblicke, in denen ich es genau so sagen wollte, wie es war. Dass ich mir wünschte, sie würde mich mit in ihr Bett nehmen. Mehr nicht.

Vielleicht durchschaute sie, was ich dachte? Als es sehr spät geworden war und wir eine Flasche Wein geleert hatten, schlug sie vor, ich sollte auf dem Sofa übernachten.

»Aber erwarte dir nichts davon«, fügte sie hinzu.

Ich hatte Lust, ihr zu antworten, man erwarte immer irgendetwas. Aber immerhin war ich so weit gekommen, dass sie mich bleiben ließ.

Sie machte ein Bett auf dem Sofa, trug Tassen und Gläser hinaus und brachte mir ein Handtuch.

»Ich bin müde«, sagte sie. »Ich muss schlafen. Morgen früh muss ich zu einem alten Geschwisterpaar fahren, das auf einem abgelegenen Hof ohne Strom und Wasserleitungen lebt.«

Ich hatte gehofft, ich würde wenigstens dazu kommen, sie zu umarmen. Aber sie nickte nur, löschte ein paar Lampen, abgesehen von der neben dem Sofa, und verschwand ins Badezimmer. Ich wartete damit, mich auszuziehen, bis sie die Schlafzimmertür hinter sich geschlossen hatte.

Eine Weile blieb ich in dem bleichen Licht sitzen, das von der Straße heraufleuchtete. Das Handtuch hatte ich über den Schirm der Stehlampe gehängt.

Nichts war so gekommen, wie ich es mir erhofft hatte. Die kindliche Enttäuschung, die ich empfand, erinnerte mich an die unbeholfenen Liebesversuche, die zum frühen Teenageralter gehörten.

Ich ging in der stillen Wohnung umher. Horchte vorsichtig an ihrer geschlossenen Schlafzimmertür, aber das Gefühl, sie stünde dahinter, ließ mich zurückschrecken. Ich öffnete die Tür zu dem anderen Schlafzimmer. Es gab ein Bett, aber das Zimmer wurde als Arbeitszimmer benutzt. Auf einem Tisch am Fenster standen ein Computer und eine alte Schreibmaschine. Ich blätterte in einigen Papieren, die auf dem Tisch verstreut lagen. Lose, schwer zu entziffernde Notizen, ein paar unvollendete Manuskripte. Auf dem Boden lag ein Packen Tageszeitungen. Die ganze Zeit über lauschte ich auf mögliche Schritte, um nicht von Lisa Modin überrascht zu werden.

Auf einem Regal standen ein paar gerahmte Fotografien. Sie zeigten Menschen, die für einen Fotografen posierten. Ich tippte darauf, dass die Bilder in den dreißiger oder vierziger Jahren entstanden waren. Frauen und Männer mit lächelnden Gesichtern. Hingegen gab es keine Fotografien aus jüngeren Jahren. Keine Bilder von Menschen, die die Eltern oder nähere Verwandte von Lisa Modin hätten sein können.

In der Wohnung, in der ich mich befand, herrschte eine eigentümliche Leere. Es schien, als würden ihr Leben und meines trotz allem einander gleichen.

Ich setzte mich an ihren Schreibtisch und blätterte weiter in ihren Papieren. Da lagen ein paar Briefe, die ich las, nachdem ich die Schreibtischlampe angeknipst hatte. Ich hielt das Papier in der einen Hand, während die andere auf dem Schalter der Lampe ruhte. Ich wollte mich nicht beim heimlichen Lesen erwischen lassen. Viele Male habe ich meine Verachtung für Menschen geäußert, die in dem Leben anderer herumschnüffeln. Aber ich kann selbst auch so sein.

Ein Brief kam von einem Leser, der sich darüber beschwerte, wie Lisa Modin über einen ernsthaften Tierschutzfall berichtet hatte. Eine Anzahl von Kühen war vernachlässigt worden, und man hatte sie notschlachten müssen. Der Verfasser hieß Herbert. Er fühlte sich gekränkt und zu Unrecht bloßgestellt. Ganz unten hatte Lisa Modin notiert: *Wird nicht beantwortet.* Ein anderer Brief war so hasserfüllt, dass ich staunte. Während ich anonyme Anrufe erhielt, bekam Lisa Modin Briefe. Ein namenloser Mann beschwerte sich nicht über etwas, was sie geschrieben hatte, sondern berichtete nur, wie sehr ihn der Gedanke errege, mit ihr zu schlafen. Dass er sadistische Phantasien hatte, war nach ein paar Zeilen klar.

Ganz unten hatte Lisa Modin geschrieben: *Kann er ausfindig gemacht werden?*

Ich löschte die Lampe und erhob mich von dem Stuhl. An der einen Querwand befand sich ein Schrank, in dem ihre Kleider hingen. Ich sog den Duft ihrer Sachen tief durch die Nase ein. Dann nahm ich ein Paar hochhackige Schuhe vom Schrankboden.

Als ich mit den Schuhen in der Hand dastand, hörte ich hinter mir ein Geräusch. Ich drehte mich so heftig um, dass ich mir den Kopf an der Schranktür stieß. Aber da war niemand. Das Geräusch war nur eine Einbildung gewesen. Ich stellte die Schuhe zurück, genau so, wie ich sie vorgefunden hatte, und wollte gerade die Schranktür schließen, als etwas, das ganz hinten hing, meinen Blick auf sich zog. Zuerst konnte ich nicht erkennen, was es war. Vielleicht eine kleine schwedische Fahne, aufgehängt an einem Kleiderbügel. Aber als ich sie herauszog, sah ich, dass es ein besticktes Tuch war. Über der schwedischen Fahne stand »Schweden«. Unter der Fahne war eine Swastika abgebildet, in Schwarz auf weißem und rotem Grund.

Ich blieb mit der eigentümlichen Stickerei in der Hand stehen. Dass sie alt war, meinte ich daran zu erkennen, dass der weiße Stoff vergilbt war. Ich hängte den Kleiderbügel zurück. Direkt daneben, an einem anderen Kleiderbügel, hing ein schwarzer Lederbeutel. Ich nahm ihn herunter und öffnete ihn auf dem Schreibtisch. Darin befanden sich einige nationalsozialistische Kriegsauszeichnungen, unter anderem eine goldene Spange, die auf der Rückseite eine Inschrift trug, die ich als »Nahkampfspange« deutete. Des Weiteren waren da ein Eisernes Kreuz, welchen Grades, konnte ich nicht erkennen, und ein Waffen-SS-Messer in einem Futteral. Zuunterst in dem Beutel lag eine Fotografie. Sie zeigte einen Mann in deutscher Uniform. Er rauchte eine Zigarette und blickte mit einem unrasierten, aber lächelnden Gesicht in die Kamera. Auf der Rückseite stand der Name Karl Madsen. Daneben hatte jemand anders die Worte »Ostfront 1942« hinzugefügt.

Ich hängte den Beutel zurück in die Garderobe, löschte das Licht und verließ den Raum. Noch immer war es still in Lisa Modins Schlafzimmer. Es war Viertel vor drei Uhr morgens. Ich legte mich auf das Sofa, ohne mich auszuziehen, und schlief ein. Irgendwann erwachte ich von einem Traum. Louise war auf einer Straße entlanggegangen, die ich nicht kannte. Auch sie erkannte ich nicht. Sie sah ganz anders aus. Trotzdem wusste ich, dass sie es war. Als ich versuchte, nach ihr zur rufen, drehte sie sich zu mir hin und lächelte. Ihr Mund war ein schwarzes Loch. Sie hatte keine Zähne.

Es war zehn Minuten nach vier. Allein die Situation, dass ich mich in Lisa Modins Wohnung befand, war schon traumartig.

Ich ging zum Fenster und schaute auf den offenen Platz hinunter, der von der schaukelnden Straßenlampe beleuchtet war. Dort unten im Schatten stand mein Auto.

Ich ging zurück in das Zimmer, das Lisa Modins Büro war. Noch einmal öffnete ich die Schranktür und nahm das bestickte Tuch mit der schwedischen Fahne und dem Naziemblem heraus. Warum hing es da zwischen ihren Kleidern? Was bedeutete der Inhalt des schwarzen Lederbeutels?

Ich fand keine Antwort.

Also ging ich zurück zum Sofa und wollte mich gerade hinlegen, als ich der Versuchung, noch einmal an ihrer Schlafzimmertür zu horchen, nicht widerstehen konnte. Aber alles war genauso still wie zuvor.

Vorsichtig griff ich nach der Klinke und öffnete die Tür sacht einen Spaltbreit. Die Jalousie an ihrem Fenster war nur zur Hälfte heruntergezogen, und das Licht der Straßenlaterne fiel auf das Bett. In dem bleichen Nachtlicht glich sie den Frauen, mit denen ich in meinem Leben zusammen gewesen war. Außer Harriet waren es nicht sehr viele. Aber alle lagen sie jetzt in diesem Bett und sahen aus wie Lisa Modin.

Danach streckte ich mich wieder auf dem Sofa aus und schlummerte ein, obwohl ich es eigentlich nicht wollte. Mein Plan war es, morgens auf dem Sofa zu sitzen und zu sagen, ich hätte in der Nacht kein Auge zugetan. Ich hoffte, ihr Mitgefühl zu wecken.

Alle fünfzehn Minuten wurde ich aus dem Zustand zwischen Schlaf und Dahindämmern gerissen. Als ich den Wecker aus ihrem Schlafzimmer hörte und kurz darauf ein Radio angestellt wurde, setzte ich mich auf, kämmte mich und wartete. Behutsam öffnete sie die Tür, um mich nicht zu wecken. Es war sechs Uhr. Sie trug ihren Bademantel, nickte, als sie sah, dass ich wach war, und verschwand ins Badezimmer. Die Dusche begann zu rauschen. Als sie herauskam, hatte sie ein Handtuch um den Kopf gewickelt. Rasch verschwand sie wieder in ihrem Schlafzimmer, während ich auf dem Sofa sitzen blieb, ohne mich zu rühren. Noch immer war es draußen vor den Fenstern dunkel.

»Ich dachte, du schläfst, weil du so müde warst«, sagte sie, als sie angezogen ins Wohnzimmer kam. »Aber jetzt sitzt du hier und bist hellwach?«

»Ich habe nicht geschlafen«, sagte ich. »Ich habe mich nicht einmal ausgezogen.«

»Hast du die ganze Nacht über auf dem Sofa gesessen?«

»Ab und zu habe ich mich hingelegt.«

Sie schüttelte den Kopf und wirkte plötzlich beunruhigt.

»Es ist mir trotzdem gut gegangen«, sagte ich. »Hier hatte ich meine Ruhe. Niemand weiß, wo ich bin.«

»Nichts wird besser davon, dass du nicht schläfst«, entgegnete sie.

»Es wird auch nichts gut, wenn ich schlafe.«

Sie ging in die Küche und deckte den Frühstückstisch. Ich blieb auf dem Sofa sitzen, bis sie rief, der Kaffee sei fertig. Ich war hungrig, trank aber nur Kaffee. Sie versuchte, mir wenigstens ein Butterbrot aufzudrängen, aber ich lehnte dankend ab.

Sie stand mit der Kaffeetasse in der Hand auf.

»Ich muss meinen Tag vorbereiten«, erklärte sie. »In einer halben Stunde geht es los.«

Als sie sich in ihr Büro zurückgezogen hatte, aß ich rasch ein Butterbrot. Zugleich versuchte ich mir auszudenken, wie es mir gelingen könnte, in der Wohnung zu bleiben. Ich wollte nicht zurück zur Insel fahren.

Lisa Modin kam zurück in die Küche und schenkte sich Kaffee nach. Dann stellte sie sich ans Fenster und schaute auf die Meeresbucht hinunter, die im heraufdämmernden Tageslicht langsam Konturen annahm.

»Warum bist du hergekommen?«, fragte sie.

Ihre Stimme klang anders, dunkler. Sie sprach mit halb abgewandtem Gesicht zu mir.

»Das habe ich dir gestern Abend zu erklären versucht. Vielleicht ist es mir nicht gelungen.«

»Du schnüffelst«, sagte sie und drehte sich zu mir um.

Ich fühlte, wie mein Puls stieg. Wie wenn man gerade um Haaresbreite einen Autounfall vermieden hat.

»Ich verstehe nicht, was du meinst?«

Sie stellte ihre Kaffeetasse an der Spüle ab. Ich sah, dass ihre Hand vor Erregung zitterte.

»Du bist in meinem Büro gewesen. Du hast in meinen Papieren geblättert und meinen Schrank geöffnet. Ich kann nicht genau sagen, was du getan hast und warum. Aber ich merke es, wenn sich etwas verändert hat, auch wenn ich nicht sagen kann, was genau.«

»Ich pflege nicht in den Sachen anderer Leute herumzustöbern«, entgegnete ich erregt. »Was du auch glaubst, so hast du unrecht.«

Plötzlich sah sie müde aus und schüttelte langsam ihren Kopf.

»Ich will, dass du jetzt gehst. Ich dachte, du würdest wirklich Hilfe und einen Schlafplatz brauchen. Jetzt weiß ich nicht mehr, wer du bist oder warum du hierhergekommen bist.«

»Ich versichere, ich war nicht in deinem Zimmer.«

Wieder schüttelte sie den Kopf. Wie sie entdeckt hatte, was ich in der Nacht getrieben hatte, wusste ich nicht. Aber sie war sich ganz sicher, und ich würde sie nicht umstimmen können.

»Dann gehe ich«, sagte ich und stand auf.

Sie begleitete mich in die Diele und sah zu, wie ich mir die Stiefel anzog und meine Jacke nahm. Ich öffnete die Tür und drehte mich zu ihr um.

»Wer ist das auf dem Bild, das an der Tür hängt?«

»Robert Capa. Ein Fotograf, den ich mehr bewundere als die meisten anderen Journalisten und Fotografen. Er starb bei der Arbeit an einer Kriegsreportage in Asien, als er auf eine Mine trat.«

Ich entschloss mich hier und jetzt, ein Bein bereits über der Schwelle.

»Irgendwann musst du mir erzählen, warum ein besticktes Tuch mit der schwedischen Fahne und einem Hakenkreuz in deinem Schrank hängt. Wer hat es bestickt? Das musst du mir erklären. Aber nicht jetzt sofort, da du es offenbar sehr eilig hast.«

Ich wartete ihre Antwort nicht ab, da ich sie nicht hören wollte, sondern eilte die Treppe hinunter. Als ich zu dem Rollator vor der Wohnung des alten Mannes kam, schlug ihre Tür mit einem Knall zu.

Ich setzte mich ins Auto, klappte die Lehne zurück und schlief fast sofort ein.

Als ich zwei Stunden später aufwachte, war ich verfroren, und mir war übel. Ich fühlte mir den Puls. Er war viel zu hoch. Siebenundneunzig. Ich stieg aus dem Auto und drehte ein paar Runden, um den Kreislauf zu stabilisieren.

Nach einer Weile fuhr ich zur Sparkasse, parkte dort und wartete im Auto, bis der Alkoholladen öffnete. Ich kaufte Wodka in Halbliterflaschen, weil man sie leichter in einer Jackentasche unterbringen konnte. Außerdem zehn Bierdosen, um den Kater zu lindern, der kommen würde.

Dann ging ich in eine kleine Konditorei und aß ein Sandwich. Da ich allein war, goss ich einen ordentlichen Schluck in den Kaffee. Es gab keinen Grund für mich, damit zu warten. An dem kurzen Stück hinunter zum Hafen gab es keine Polizeikontrollen. Weil ich es nicht gewohnt war, Schnaps zu trinken, setzte die Wirkung sofort ein. Eine beruhigende Wärme durchströmte meinen Körper.

Nachdem ich die Konditorei verlassen und mich ins Auto gesetzt hatte, trank ich noch mehr, ehe ich startete und losfuhr. Ich war betrunken, konnte aber das Auto auf der Straße halten und einen Zusammenstoß mit entgegenkommenden Fahrzeugen vermeiden. Eine plötzliche Munterkeit überkam mich. Ich war überzeugt, meine Abschiedsworte an Lisa Modin hätten ihre Spuren hinterlassen.

Ich parkte vor Oslovskis Haus. Noch immer wirkte es völlig verlassen. Ich horchte auf Geräusche aus der Autowerkstatt, vernahm aber nichts.

Mit meinen Flaschen ging ich hinunter zum Boot. Als ich am Schiffsbedarfsladen vorbeikam, spähte ich nicht ins Schaufenster, ob Frau Nordin da war. Die beiden Küstenwacheschiffe lagen drinnen am Kai. Ich stieg in mein Boot und verließ den Hafen. Gerade als ich das Gas aufdrehte, kam die Sonne hinter den Wolken hervor. Vom Festland her wehte ein leichter Wind.

Ich schlug einen nördlicheren Kurs ein, um einen längeren Heimweg zu nehmen, und fuhr zwischen den Inseln hindurch, auf denen verlassene Sommerhäuser standen. Bei einer Gelegenheit meinte ich, ein Wildschwein zwischen den Bäumen zu erkennen, war aber nicht sicher.

Vor mir lag nun die große Bucht Ramfjärden. Weit draußen sah ich die äußersten Klippen und offenes Meer. Nachdem ich halbwegs durch die Bucht gekommen war, hatte ich vor, nach Osten abzubiegen, um bald zu Hause zu sein. Aber mitten in der Bucht stellte ich den Motor ab und ging vor zum Bug. Ich stürzte, als das Boot schwankte. Eines der Ruder fiel ins Wasser. Es gelang mir, es einzufangen, bevor es davontrieb. Ich setzte mich in den Bug und trank weiter. Es war warm in der Sonne, daher zog ich die Jacke aus.

Ich dachte an nichts, weder an Lisa Modin noch an meine Tochter noch an die unbekannten Polizisten, mit denen ich bald reden sollte. Ich trank. Die Müdigkeit nach der fast durchwachten Nacht holte mich ein. So wie ich im Boot lag, schlief ich ein.

Ich wachte davon auf, dass das Boot gegen etwas stieß. Als ich mich aufsetzte, sah ich direkt in Alexanderssons Gesicht. Er lehnte sich über die Reling des großen Schiffs der Küstenwache, das sich wie ein riesiger Walfisch auftürmte. Als ich in die andere Richtung schaute, wurde mir klar, dass ich bis zu den äußersten Klippen gedriftet war, wo das offene Meer wartete. Die Meeresdünung hatte mein Boot schon erfasst. Ich wusste nicht, wie lange ich geschlafen hatte. Aber ich war noch immer stark betrunken.

»Am besten, du kommst an Bord«, sagte Alexandersson.

»Den Teufel werd ich tun«, sagte ich und geriet ins Straucheln, als ich an dem Seilzugstarter zog.

Der Motor sprang sofort an. Ich setzte zurück und nahm Kurs auf meine Insel. Eigentlich dachte ich, Alexandersson würde mir folgen. Er konnte mich wegen Trunkenheit beim Steuern eines Bootes festnehmen.

Aber die Küstenwache hielt mich nicht auf. Als ich zu Hause ankam, fuhr ich direkt auf den Strand, schaffte es aber, den Motor hochzuklappen, ehe der Propeller Schaden nahm. Ich wankte hinauf zum Wohnwagen. Ehe ich mich hinlegte, tat ich etwas, was ich sonst nie tue.

Ich schloss die Tür ab.

13.

Ich wachte davon auf, dass jemand klopfte.

Es war zwei Tage her, dass mich die Küstenwache in dem treibenden Boot gefunden hatte. Nachdem ich nach Hause zurückgekehrt war, hatte ich weitergetrunken und war erst am Tag danach langsam wieder nüchtern geworden. Die ganze Zeit über wartete ich darauf, dass die Polizei kommen und mich holen würde.

Ich habe mich nur zu wenigen Gelegenheiten in meinem Leben ernsthaft betrunken. Aber ich bin immer allein gewesen. Ich trinke schweigend, bis auf den einen oder anderen Ruf in die Leere hinein. Hin und wieder schlummere ich ein, wache aber meist nach einer kleinen Weile wieder auf.

Als ich langsam nüchtern wurde und fühlte, wie die Reue allmählich abnahm, ging ich hinauf auf den Berg. Ich hatte das Fernglas dabei und betrachtete das Zelt draußen auf der Schäre. Niemand war zu sehen. Aber ich konnte natürlich nicht sicher sein, dass der unbekannte Besucher nicht wieder da gewesen war.

Ich stellte fest, dass ich die ganze Zeit über auf Motorengeräusche horchte. Es war windstill. Aber es war nichts zu hören.

Ich machte mir hin und wieder etwas zu essen, was ich kaum anrührte und dann auf den Klippen unten am Bootshaus den Möwen hinwarf, wo Großvater in meiner Kindheit gesessen und seine Aalkisten repariert hatte. Langsam begann ich in Gedanken zu der Nacht zurückzukehren, die ich bei Lisa Modin verbracht hatte.

Die Ereignisse, von denen das bestickte Tuch erzählte, und der Inhalt des schwarzen Beutels gehörten der Vergangenheit an. Es war fünfundsiebzig Jahre her, dass der Krieg ausgebrochen war und der Siegeszug des nationalsozialistischen Terrors für einige Jahre unaufhaltbar schien. Ich selbst war während des Krieges geboren, und Lisa Modin viel später. Doch offenbar war für sie etwas in ihrer Vergangenheit noch immer lebendig. Aber sie bewahrte es nicht offen auf, die Kriegsauszeichnung auf einem Regal, die Stickerei an einer Wand. Sondern sie hielt es geheim.

Die wichtigste Frage für mich war natürlich, wer der lächelnde Mann war, der dem Kameramann Zigarettenrauch direkt ins Gesicht geblasen hatte. Der Mann, der Karl Madsen hieß.

Die Reue wich einem Gefühl von Niedergeschlagenheit und Selbstverachtung.

Jedes Mal, wenn mich Gefühle dieser Art überfielen, dachte ich an meinen Vater und seine vielen Misserfolge. Ich erinnere mich daran, wie er von seinen langen Schichten nach Hause kam und sich sofort an den Küchentisch setzte und meine Mutter nötigte, sich die Geschichten von all den lästigen Kollegen, Obern und nicht zuletzt den Gästen anzuhören, die er hatte ertragen müssen. Dabei hörte ich ihn nie die Schuld für eine unglückliche Situation auf sich nehmen. Es war immer der andere, der einen Fehler begangen oder sich unverschämt benommen hatte. Als Kind dachte ich, mein Vater wäre ein bemerkenswerter Mann, der nie einen Fehler beging. Aber später verstand ich, dass er natürlich immer nur einem anderen die Schuld zugeschoben hatte und dass er deshalb auch sich selbst mit einem Gefühl belastete, was zuweilen als bodenlose Trauer über ein gescheitertes Leben erscheinen konnte.

Meine Mutter war sein genaues Gegenteil. Sie nahm gern die Schuld für alles auf sich, was in unserem Heim geschah. Kam ich mit schlechten Zeugnissen an, war das ihr Fehler, da sie nicht dafür gesorgt hatte, dass ich in Ruhe meine Aufgaben machen konnte. Hatte ich bei einer Schlägerei auf dem Hof Nasenbluten bekommen, war sie dafür verantwortlich, da sie mich nicht vor eben diesen Jungen gewarnt hatte, die auf mich losgegangen waren.

Ich begann den zweiten Tag nach dem großen Rausch damit, wieder ans Wasser zum Steg zu gehen und mein eiskaltes Bad zu nehmen. Nachdem ich mich trockengerubbelt hatte, konnte ich sogar ein ordentliches Frühstück genießen. Danach schüttete ich den Wodka, der noch übrig war, weg und behielt nur die Bierdosen, die ich noch nicht ausgetrunken hatte.

Nachmittags legte ich mich zum Schlafen hin. Da wurde ich plötzlich von einem Klopfen geweckt. Als ich die Tür öffnete, stand Lisa Modin davor. Sie war genauso gekleidet wie damals, als wir unseren Besuch auf Vrångskär gemacht hatten. Aber sie war ganz bleich, die Begegnung mit mir schien sie zu beunruhigen.

Ich trat zur Seite und ließ sie ein. »Wie bist du hergekommen?«, fragte ich sie, nachdem sie sich an den Tisch gesetzt hatte.

Ich hatte ihr das Bett angeboten, das bequemer war. Aber sie hatte sich auf den Hocker gesetzt.

»Ich bin selbst gefahren«, antwortete sie. »Mein Zeitungsredakteur hat ein kleines Boot. Ich hatte Angst, dass ich auf Grund laufen würde, da ich nur die Richtung weiß, aber nicht, wie dicht an den Inseln oder wie weit davon entfernt man sich halten muss. Aber es ging gut. Ich wollte aber nicht stören.«

»Du störst nicht. Kann ich dir etwas anbieten?«

»Tee?«

Wir tranken Tee. Ich fand ihn nicht gut. Lisa Modin schmeckte er auch nicht. Das konnte ich ihrem Gesicht ansehen. Aber sie sagte nichts. Ich wartete.

Einmal wurde ich während meiner ersten Zeit als approbierter Arzt zu meinem Oberarzt bestellt. Ich wusste nicht, warum ich antreten musste. Deshalb setzte ich mich, ohne ein Wort zu sagen. Der Oberarzt, der streng und ein wenig hochnäsig war, schwieg ebenfalls. So saßen wir ungefähr zehn Minuten da. Dann sah er mich an und bedankte sich für den Besuch. Als ich einem meiner gleichaltrigen Kollegen von der ganz und gar stummen Begegnung erzählte, sagte der, ich hätte ein höheres Gehalt verlangen sollen. Deswegen hätte er mich einbestellt. Er wusste, dass ich unzufrieden war. Aber er selbst hätte nie ein Gespräch über mein Gehalt begonnen.

Ich schenkte ihr Tee nach. Noch immer sagte sie nichts. Ich

sah sie an und erinnerte mich an die Nacht, in der ich sie in ihrem Bett betrachtet hatte.

»Ich nehme nichts zurück«, sagte ich.

Sie sah mich fragend an.

»Ich habe nicht geschnüffelt. Ich habe mich mitten in der Nacht verirrt, als ich auf die Toilette gehen wollte. Erst habe ich mich in der Tür vertan und dann mit dem Schrank. Vielleicht bin ich gestolpert. Aber ich lese nicht die Briefe anderer Leute. Ich krame nicht in den Sachen anderer Menschen herum. Ebenso wenig wie ich jemandem erlaube, in meinen Sachen herumzustöbern. Oder in dem, was mir einmal gehört hat. Nachdem das Haus niedergebrannt ist, ist ja nichts mehr übrig.«

Sie sah mich lange an, nachdem ich verstummt war. Vermutlich überlegte sie, ob sie mir glauben sollte oder nicht. Sich auf das zu verlassen, was ein Mensch sagt, ist immer risikobehaftet. Wahrheiten sind stets provisorisch, während Lügen oft unverrückbar sind.

»Ich bin hergekommen, weil ich etwas erklären möchte. Ob du dich in der Tür geirrt hast oder nicht, ist mir im Moment egal. Du täuschst dich, wenn du glaubst, ich würde etwas verstecken wollen.«

Plötzlich stand sie auf.

»Können wir hinausgehen?«, fragte sie. »Es regnet nicht, es stürmt nicht. Ich brauche Luft. Dein Wohnwagen ist so eng.«

Ich nahm meine Jacke, zog die Stiefel an und öffnete die Tür. Die Sonne schien. Der Spätherbst im Schärengarten war noch immer mild.

Wir spazierten rund um die Insel und blieben schließlich oben an der Bank auf dem Felsplateau stehen.

Dann begann sie zu erzählen. Sie stammte aus Deutschland. Ihre Großmutter Ulrike war mit Karl Madsen verheiratet, einem Mitglied der berüchtigten Waffen-SS. Er hatte zu den Einsatzkommandos gehört, die die abscheulichen Übergriffe an Polen begangen hatten. Ulrike war in ihrer Heimatstadt Bremen geblieben. Lisa Modins Mutter Roswita war nach Kriegsende geboren worden, im Herbst 1945, nachdem Karl Madsen zu seinem letzten Heimaturlaub Ende 1944 zu Hause gewesen war.

Ulrike, die 1917 geboren war, starb Ende der siebziger Jahre. Bis zu diesem Tag hatte Roswita geglaubt, ihr Vater wäre bei der Verteidigung von Berlin im Mai 1945 gefallen. Als sie nun den Nachlass ihrer Mutter durchging, erkannte sie, dass Ulrike die Unwahrheit gesagt hatte. Karl Madsen war ein paar Monate vor Kriegsende in Krakau gelyncht worden. Erhängt an einem provisorischen Galgen auf einem der Marktplätze der Stadt. Er war als Verantwortlicher für unbeschreiblich brutale Handlungen während des Kriegs in Polen entlarvt worden. Was genau er getan hatte, war Ulrikes nachgelassenen Papieren allerdings nicht zu entnehmen. Warum das Bild von Karl Madsen irgendwo an der Ostfront gemacht worden war, ließ sich auch nicht klären. Vermutlich hatte er während einer kürzeren Periode an der Front gekämpft. Das Leben eines Soldaten weist immer Lücken auf.

Wir machten rasch noch einen Rundgang um die Insel, weil Lisa Modin zu frieren begonnen hatte. Dann kehrten wir zu der Bank zurück.

»An meine Großmutter kann ich mich kaum erinnern«, erzählte sie weiter. »Ich war erst sechs oder sieben Jahre alt, als sie verstarb. Da wohnten wir schon in Schweden, wo ich auch geboren bin. Meine Mutter hatte einen schwedischen Seemann kennengelernt, der Lars Modin hieß und gut fünfzehn Jahre älter war als sie, und war von Deutschland hierhergezogen. Ulrike war mitgekommen, mit ihren wenigen Erinnerungen an meinen Großvater. Ich wurde in Uddevalla geboren und hatte eine schöne Kindheit. Warme ruhige Sommertage. Meine Großmutter hatte in unserem Haus eine Wohnung unterm Dach. Sie aß mit uns, aber ich besuchte sie nie in der Wohnung. Dort wollte sie ihre Ruhe haben. Aber ich hatte auch Angst vor ihr. Nicht, weil sie wirklich streng war, sondern weil sie so gut wie stumm war. Sie sprach fast nie. An ihre Stimme erinnere ich mich nicht. Schließlich starb sie, und als ich dreizehn war, ist meine Mutter gestorben. Obwohl sie erst vierzig Jahre alt war, hatte sie eine starke Gehirnblutung bekommen. Danach habe ich mit meinem Vater zusammengewohnt, bis ich zwanzig war. Er ist erst vor wenigen Jahren gestorben. Ein liebenswürdiger alter Mann, der großen Wert auf Ordnung in seinem Zimmer in einem Seniorenheim legte. Meine Mutter hatte mir nie viel über unsere deutsche Vergangenheit erzählt. Erst nach dem Tod meines Vaters entdeckte ich die Sachen, die du in meinem Schrank gefunden hast. Mehr gibt es eigentlich nicht zu sagen.«

Ich hatte keinen Grund, ihr nicht zu glauben, und war der Meinung, sie sollte das wissen.

»Eine bemerkenswerte Geschichte«, sagte ich. »Gerade deshalb glaube ich sie dir. Und ich werde sie natürlich niemandem weitererzählen.«

»Es war für mich notwendig, dir zu erklären, wie es war. Aber jetzt möchte ich nicht weiter darüber sprechen. Das ist meine Geschichte, nicht deine. Nicht unsere. Nur meine.«

Ich erbot mich, im Wohnwagen eine einfache Mahlzeit zuzubereiten. Zu meinem Erstaunen erklärte sie sich bereit, zum Essen zu bleiben. In das kleine Gefrierfach des Kühlschranks hatte Louise ein Fischgratin gelegt, das ich in der neu erworbenen Mikrowelle erwärmte. Dazu holte ich alle Bierdosen, die ich übrig hatte. Wir aßen und tranken und sprachen über alles andere als die Geschichte, die sie erzählt hatte.

Auch das Thema ihrer Rückfahrt schnitten wir nicht an, sondern unterhielten uns weiter und leerten die letzten Bierdosen.

Ich hatte viele Fragen, die ich ihr stellen wollte. Nicht zuletzt wollte ich ansprechen, warum ich überzeugt war, dass sie bald von hier wegziehen würde. Mein Gefühl sagte mir, dass sie nicht in den kleinen Ort passte, in dem sie wohnte und arbeitete. Aber ich ließ es auf sich beruhen. Ich hatte begriffen, dass sie ein Mensch war, der selbst wählte, ob und wann er etwas über sich erzählen wollte.

»Ich muss heute Nacht hierbleiben«, sagte sie, als die Uhr auf Mitternacht zuging.

Ich hatte erwartet, genau das von ihr zu hören.

»In Ordnung«, sagte ich. »Du schläfst im Bett, und ich lege mich auf eine Matratze auf den Boden. Es ist eng. Aber es geht.«

Ich stellte einen Topf mit Wasser auf den Gasherd und gab ihr ein Handtuch.

»Ich gehe hinaus und schaue nach den Booten«, sagte ich dann. »Wenn du dich gewaschen und hingelegt hast, kannst du das Licht ausmachen. Ich finde mich im Dunkeln zurecht.«

»Ich habe noch nie in einem Wohnwagen geschlafen«, meinte sie und lachte. »Tatsächlich habe ich noch nicht einmal in einem Zelt geschlafen.«

Ich nahm meine Jacke und wollte gerade gehen, als sie mich an der Schulter berührte.

»Ich kann auf der Matratze liegen«, sagte sie. »Das Bett gehört dir. Aber erwarte dir nichts.«

Ich antwortete nicht, schüttelte nur den Kopf und ging hinaus in die Dunkelheit. Als ich mich umdrehte, sah ich, dass sie den Vorhang sorgfältig zuzog.

Draußen knipste ich die Taschenlampe aus und stand regungslos im Dunkeln. Von weit her erreichte mich das Geräusch eines Frachtschiffs, das in eine Richtung steuerte, die ich nicht ausmachen konnte. Es war ein Augenblick absoluter Zeitlosigkeit. Ich hatte es immer so empfunden, dass die Zeit, der Gang der Jahre, eine wachsende Bürde war, als ließen sich Tage und Jahre in Hektogramm und Kilo messen. Die Zeitlosigkeit, die ich jetzt empfand, als ich unten am Steg in der Dunkelheit stand, war ein Erlebnis der Schwerelosigkeit. Ich schloss die Augen und lauschte dem Nachtwind. Es gab keine Vergangenheit, keine Zukunft, keine Sorge um Louise, kein Haus, das niedergebrannt war. Vor allem gab es keine Operation, die misslungen war und einer jungen Frau einen Arm gekostet hatte.

Plötzlich spürte ich Tränen in den Augen brennen.

Das war nicht ich, der da in der Dunkelheit am Steg stand. Es war das Kind, das ich einmal gewesen war.

Es gelang mir, mich zu beherrschen, ich wischte mir über die Augen und entdeckte gleichzeitig, dass das Licht im Wohnwagen

trat, um einen Flughafenbus zu suchen. Aber ich überlegte es mir sofort anders. Warum sollte ich in mein Hotel fahren und bis spätnachmittags an der Rezeption warten, bis mein Zimmer frei wurde? Ich ging zurück ins Terminal und fand ein paar leere Plastikstühle. Dort legte ich mich hin, mit dem Rollkoffer als Kopfkissen, und war bald eingeschlafen.

Aber ich wachte jedes Mal auf, wenn sich jemand in der Nähe bewegte. In all den Jahren als diensthabender Arzt in verschiedenen Krankenhäusern habe ich die Kunst erlernt, immer wieder für ein paar Minuten einzuschlafen.

Es war kurz nach sieben, als ich mich aufsetzte. Mein Körper war steifgefroren. In einem Café, das gerade geöffnet hatte, trank ich eine Tasse Kaffee und aß ein Croissant. Die schwarze Frau, die servierte, hatte eine große Narbe an der einen Wange. An derselben Seite fehlte auch ein Stück ihres Ohrs. Ich fragte mich, welchem afrikanischen Bürgerkrieg sie entkommen war. Liberia? Ruanda? Ich versuchte ihr zuzulächeln, um mein Verständnis zu zeigen. Aber sie war nur müde und vielleicht jemand, der keinem Menschen mehr zu trauen vermochte.

Ich ahnte viele Tote hinter ihr. Familie, Freunde, Unbekannte, denen es nicht gelungen war zu entkommen.

Es war Viertel vor acht. Der Flughafen füllte sich allmählich mit Passagieren, die abflogen, und anderen, die gerade gelandet waren. Ich ging hinaus, um einen Flughafenbus in die Stadt zu nehmen, und wählte einen mit der Endstation Opéra. Eine große Zahl chinesischer Männer und Frauen, die zu einer Touristengruppe gehörten, nahm den halben Bus ein. Die Reiseleiterin ging im Bus herum und redete mit ihnen. Als ich mir einen Platz ganz in der letzten Reihe suchte, überlegte ich, ob ich ihnen sagen sollte, dass mein Hemd in China produziert worden war.

Eine schwarze Familie mit einer Unmenge von Gepäck stieg als Letzte ein, ehe der Bus mit einem Ruck startete. Die Fahrt nach Paris war durch die ständigen Staus langgezogen und monoton. So wie sich die Welt vor den Busfenstern präsentierte, sah sie überall aus. Der dicht gedrängte Verkehr flößte mir ein Gefühl der Hoffnungslosigkeit ein, das war die Welt, in die ich zufällig hineingeboren worden war. Was dachten all diese Menschen, oft allein in ihren Autos? Dachten sie überhaupt?

Ich starrte weiter zum Fenster hinaus, kümmerte mich aber nicht mehr um die Autoschlangen, sondern begann stattdessen darüber nachzudenken, wie ich Louise finden könnte. Mein Französisch war alles andere als perfekt. Aber ich konnte mich meistens verständlich machen und begreifen, was andere zu mir sagten.

An der Endhaltestelle Opéra stieg ich aus, sie schien sich seit bald fünfzig Jahren, als ich das erste Mal dort gewesen war, nicht verändert zu haben. Ich hatte vor, zu Fuß nach Montparnasse gehen. Aber nach einem Blick auf die große Métro-Tafel sah ich ein, dass die Entfernung zu groß war. Damals, als ich in jungen Jahren in Paris gewesen war, hatte ich nicht gezögert, vom Zentrum der Stadt bis zu ihren Rändern zu gehen, um einen Flohmarkt zu besuchen oder andere Teile der Stadt zu besichtigen.

Jetzt war es mir zu weit. Ich stieg hinunter in die Unterwelt und suchte mir die Linie, die mich mit einmal Umsteigen in Châtelet nach Montparnasse bringen würde. Genau diese Linie, die von Châtelet nach Osten führte, hatte damals die modernsten Métro-Züge gehabt, mit Gummirädern, die zischten, statt zu kreischen und zu jaulen wie die der anderen Züge. Ich fand keinen Sitzplatz, sondern stand dicht gedrängt mit ein paar schwarzen Frauen, die mit intensiven und leisen Stimmen miteinander schwatzten.

Als ich aus der Unterwelt emporstieg, hatte es zu nieseln begonnen, aber die Rue d'Odessa war nicht weit entfernt. Ich brauchte zehn Minuten, um das Hotel zu finden, während der ich mich ständig vor den aufgespannten Regenschirmen wegducken musste, die mir ins Gesicht zu stechen drohten. Mittlerweile war es zehn Uhr. Mein Zimmer würde ich vermutlich erst in mehreren Stunden beziehen können. Auf dem Hotelschild aus Messing stand tatsächlich, dass es drei Sterne hatte. Das Haus stammte aus dem 19. Jahrhundert, und die Fassade bröckelte, als wäre es langsam und fast unmerklich dabei, einzustürzen. Ein paar Treppenstufen führten hinauf zur Eingangstür, wo eine afrikanische Frau die Glasscheibe putzte, auf die der Name des Hotels eingraviert war. Als ich auf die Treppe zuging, sah sie auf, lächelte und öffnete mir die Tür.

In der engen Rezeption, die mit braunen Tapeten und Holztäfelungen versehen war, roch es nach Lavendel. Ein dicker, abgetretener Teppich bedeckte den Boden. Er war dunkelrot, mit einem eingewebten Muster, das Seejungfrauen zeigte. Hinter der Theke stand ein Mann, der mich mit einem Blick ansah, der mir eigentümlich erschien. Dann erkannte ich, dass er ein Glasauge hatte, genau wie Oslovski.

Ich reichte ihm meinen provisorischen Pass und meine Kreditkarte. Auf holprigem Französisch erklärte ich, für mich sei ein Zimmer gebucht worden. Der Rezeptionist fand meinen Namen sofort auf dem Bildschirm. Als er anmerkte, da sei eine andere Kreditnummer angegeben, sagte ich, es sei die meiner Frau, aber er solle die gültige Kreditkarte verwenden, die jetzt auf der Theke lag.

»Kann ich das Zimmer um halb zwei beziehen?«, fragte ich.

Der Rezeptionist trug ein Namensschild, auf dem Monsieur Pierre stand. Er sah mich freundlich an.

»Sie können das Zimmer schon jetzt in Anspruch nehmen«, erklärte er. »Der vorherige Gast ist sehr früh abgereist, der Arme. Schon um halb fünf.«

Dann nickte er dem schwarzen Mädchen zu, das immer noch die Glastür putzte.

»Rachel hat Ihr Zimmer schon hergerichtet.«

Er nahm den altmodischen schweren Schlüssel mit der Zahl 213, zeigte auf den Aufzug und hieß mich willkommen.

Mein Zimmer ging auf einen Hinterhof hinaus. Wie in der Rezeption war auch hier alles in Braun gehalten. Wieder nahm ich den Lavendelduft wahr. Das Zimmer war nicht groß, aber Rachel hatte gut geputzt. Ich zog die Schuhe aus und legte mich aufs Bett, nachdem ich den Überwurf zurückgeschlagen hatte.

Ich schaute zu der weißen Decke hinauf, über die sich schwarze, dünne Risse schlängelten.

Die Decke war wie ein Nebel, der sich langsam lichtete.

Ich nahm mein Handy und tippte erneut Louises Nummer ein. Noch immer erhielt ich keine Antwort und hatte auch keine Möglichkeit, eine Nachricht zu hinterlassen.

Ich dachte an mein niedergebranntes Haus. An das Zelt draußen auf der Schäre, das eine unbekannte Person benutzt hatte.

Und jetzt dieses Zimmer 213.

Ich erinnerte mich daran, was Louise von dem japanischen Garten erzählt hatte, der Ozean des Nichts genannt wurde.

In meinem Kopf tauchte plötzlich ein Gedanke auf. Nein, ich wollte nicht in diesem Hotelzimmer an einem plötzlichen Herzinfarkt oder einem Schlaganfall sterben. Nicht ehe ich meine Tochter gefunden hatte.

Abrupt setzte ich mich im Bett auf. Jetzt sofort musste ich anfangen, nach ihr zu suchen. Ich stellte mich ans Fenster mit dem Blick auf den Hinterhof. Es regnete mittlerweile stärker.

Flüchtig sah ich eine Ratte, die zwischen ein paar Mülltonnen verschwand.

Ich verließ das Zimmer. Der Aufzug war besetzt und kam nicht, obwohl ich ein paarmal auf den Knopf gedrückt hatte.

Auf der Treppe begegnete ich Rachel, die mit einem Stoß sauberer Laken unterwegs war.

Wieder lächelte sie. Ich dankte ihr dafür, dass sie mein Zimmer so schön hergerichtet hatte. Dann gab ich ihr einen Fünf-Euro-Schein und ging weiter die Treppe hinunter.

Als ich einen Blick über die Schulter warf, stand sie da und sah mir nach.

15.

Als ich zur Rezeption herunterkam, bat ich Monsieur Pierre um die Telefonbücher von Paris. Er erbot sich sofort, die Nummer auf seinem Computer herauszusuchen. Ich lehnte dankend ab, weil ich nicht verraten wollte, dass ich nach verschiedenen Gefängnissen und Polizeirevieren in Paris suchen musste.

Ich bekam die schweren Bände und setzte mich in die geschlossene Bar, nachdem ich Monsieur Pierre um Papier und Bleistift gebeten hatte. Fast eine Stunde lang blätterte ich nach Adressen und Telefonnummern und notierte sie.

Ich fand auch den Namen des Gefängnisses, in dem ich selbst im Frühjahr 1968 einen Nachmittag, eine Nacht und ein paar Morgenstunden verbracht hatte. Dass mein Besuch mit den Studentenprotesten zusammenfiel, hatte ich erst festgestellt, als ich in Paris angekommen war und nach einer billigen Pension in der Umgebung des Quartier Latin suchte. Ich landete inmitten eines Chaos von brennenden Autos, Tränengas werfenden Bereitschaftspolizisten und einem kochenden Menschenmeer. Natürlich kannte ich die Studentenbewegung in Europa, hatte mich ihr aber nicht angeschlossen. Ich hatte gerade meine Ausbildung als Arzt begonnen und nahm nie an den politischen Gesprächen teil, die hier und da in der Kantine oder in den Pausen zwischen den Seminaren geführt wurden. Denjenigen, die Ärzte werden wollten, um in arme Länder zu reisen, misstraute ich. Ich wollte Arzt werden, um ein gutes Gehalt und die Freiheit zu erhalten, meinen Arbeitsplatz selbst zu wählen. Der Gedanke, nach Afrika oder Asien zu reisen, war mir völlig fremd. Ich fand Kommilitonen, die erwogen, Aufgaben in fernen Ländern zu übernehmen, nur naiv und dachte, sie würden es später sicherlich bereuen. Heute ahne ich, dass ich unrecht hatte.

Ich war nach Paris gefahren, um dort eine Frühlingswoche zu

verbringen, nachdem die Examen des Jahres überstanden waren. Ich reiste allein und freute mich, ziellos durch die Straßen flanieren und in die Anonymität der großen Stadt eintauchen zu können.

Schon am ersten Tag in Paris wurde ich von der Polizei festgenommen und in einen großen dunkelblauen Kastenwagen mit Polizeiemblem und vergitterten Fenstern geschubst. Ich hatte eine kleine heruntergekommene Pension in der Nähe der Sorbonne gefunden und war zum Essen ausgegangen. In der Umgebung gab es an diesem Abend keine Demonstrationen, es brannten keine Autos, und Bereitschaftspolizisten waren auch nicht aufgestellt. Ich bog aufs Geratewohl in eine Querstraße ein, in der es ein paar Restaurants gab, wie ich mich erinnerte. Die Straße war sehr kurz, und als ich einige Schritte gegangen war, kamen plötzlich Polizeiautos an und riegelten die beiden Enden der Querstraße ab. Eine Menge Polizisten strömten aus den Wagen und verhaftete alle, die auf der Straße unterwegs waren. Ich bekam keine Erklärung, sondern wurde nur in einen der Bereitschaftswagen gestoßen, der kurz darauf losfuhr. Wir, die da drinnen saßen, waren eine seltsame Mischung. Männer und Frauen, französische Arbeiter, Studenten und ausländische Touristen. Niemand wusste, was vorgefallen war. Eine Frau weinte vor Unruhe. Ob ich selbst verängstigt oder nur erstaunt war, weiß ich nicht mehr. Hingegen merkte ich, dass ich sehr hungrig war.

Erst am nächsten Tag bekam ich etwas zu essen. Wir wurden an der Sûreté Nationale auf der Ile de la Cité zum Aussteigen aufgefordert, wo man uns in einen gigantischen, fensterlosen Keller stieß. Ich zählte über zweihundert Verhaftete, die auf dem Steinboden oder auf den wenigen Bänken entlang der weißgekalkten Wände saßen. Aber ich konnte keine Gemeinsamkeit zwischen diesen Menschen erkennen. Vielleicht waren ein paar Prostituierte darunter, ihre Kleidung deutete darauf hin. Aber die meisten sahen aus wie ganz gewöhnliche Leute. Viele von ihnen waren bestimmt genauso hungrig wie ich.

Unsere Pässe oder andere Ausweispapiere wurden eingesammelt. Aber niemand beantwortete die Frage, warum wir verhaftet worden waren.

Während der Nacht verbreitete sich das Gerücht, es hätte nichts mit den Demonstrationen zu tun. Der Grund war angeblich, dass ein paar Tramper zwischen Rouen und Paris einen Mord an einem Autofahrer begangen hätten. Ich sah mich in der großen Gefängniszelle um und dachte, dass es unter diesen Leuten wohl kaum jemanden gab, der ein trampender Mörder war.

Morgens wurde ich aufgerufen und zu einem Vernehmungsleiter gebracht. Ich erklärte, ich sei Medizinstudent und wohne während einer Ferienwoche in einer Pension. Der Vernehmungsleiter seufzte, gab mir meinen Pass zurück und schlug vor, ich solle offene Plätze meiden, solange ich in Paris sei. Zum Schluss fragte er, ganz nebenbei, wie ich zu den politischen Unruhen in der Stadt stünde. Da ich nach der schlaflosen Nacht auf dem Boden des Gefängniskellers hungrig und müde war, erwiderte ich sofort: »Ich stehe natürlich auf der Seite der Studenten.«

Nach meiner Entlassung ging ich direkt zu einem Café und aß ein Sandwich und trank Kaffee. Aber für den Rest der Woche streifte ich entlang der Hauswände und war ständig beunruhigt, wenn ich einen Polizeiwagen näher kommen sah.

Nachdem ich alle Adressen notiert hatte, gab ich die Telefonbücher zurück und ging nach draußen. Ich achtete genau darauf, an der frisch geputzten Glastür keinen Daumenabdruck zu hinterlassen.

Die Sonne schien durch einen leichten Dunst, der über der Stadt lag. Plötzlich fiel mir auf, dass alle Menschen, denen ich begegnete, bis auf wenige Ausnahmen jünger waren als ich. Das war mir nie so bewusst geworden wie jetzt. Ich befand mich am Rand der Gesellschaft. Ich gehörte zu der Gruppe, die auf dem Weg aus dem Leben heraus war. Hier wurde ich durch jeden Menschen, der mit raschen Schritten zu einem unbekannten Ziel an mir vorbeieilte, daran erinnert.

Als ich jung war, gehörte ich zu den Menschen, die auf einer

Rolltreppe den Schritt beschleunigen. Ich hatte es immer eilig, auch wenn ich nirgendwohin unterwegs war. An einem einsamen Mittsommerabend in Stockholm hatte ich das Moderna Museet auf Skeppsholmen besucht. Danach war ich in einigem Abstand einer schönen Frau gefolgt, die sicherlich zehn Jahre älter war als ich. Ich wollte sie lediglich vor mir gehen sehen. Wir kamen bis zum Norrmalmstorg. Da blieb sie plötzlich stehen, drehte sich um und lächelte. Als ich sie erreicht hatte, fragte sie, was ich wolle.

»Nichts«, sagte ich. »Wir haben offenbar den gleichen Weg.«

»Nein«, antwortete sie. »Das haben wir nicht. Und jetzt bleiben Sie hier stehen und folgen mir nicht weiter. Sonst verschwindet mein Lächeln.«

Ich sah sie in die Biblioteksgatan einbiegen. Damals war ich nicht der Älteste auf der Straße gewesen.

Der Gedanke an die lange Nacht im Kerker der Sûreté Nationale hatte mich hungrig gemacht. Ich schlenderte die Straße entlang und konnte nicht umhin, ins La Coupole zu gehen, obwohl ich vermutete, das Restaurant ließe sich seinen guten Ruf bei den Touristen teuer bezahlen. Zu meinem Erstaunen war es gar nicht überfüllt. Man wies mir sofort einen Einzeltisch an der Glasfront zu, mit Blick auf die Tische auf dem Trottoir.

Während ich die Speisekarte studierte, versuchte ich, den Lärm auszuhalten, der in dem Lokal widerhallte. Hier hatte ich jedes Mal, wenn ich Paris besuchte, allein oder in Gesellschaft gesessen. Manchmal bis spätnachts, ein paarmal in stillen Nachmittagsstunden. Bei einer Gelegenheit hatte ich mit einer amerikanischen Dame am Nachbartisch ein Gespräch angefangen. Sie erwies sich als praktische Ärztin in einem Krankenhaus in Tulsa. Aus irgendeinem Grund, der mir immer noch unbegreiflich ist, verleugnete ich, dass ich selbst Arzt war, und verwandelte mich stattdessen in einen Architekten mit einem kleinen Büro in einer dänischen Stadt. Ich muss stark betrunken gewesen sein und meinen Spaß daran gehabt haben, mir eine Maske aufzusetzen und jemanden zu spielen, der ich nicht war. Dunkel kann ich mich an sinnlose, unwahre Beschreibungen eines Herrenhauses erinnern, das ich angeblich gerade entwarf.

Ich ließ die Gedanken an die amerikanische Dame fallen. Nach kurzem Zögern bestellte ich eine Pasta und Bier. Der junge Kellner hatte Schweißtropfen auf der Stirn. Schon ehe er meine Bestellung aufgenommen hatte, war er unterwegs zu einem anderen Tisch.

Mein Eindruck, der Älteste zu sein, schien sich mehr als zu bewahrheiten, als ich mich in dem Restaurant umschaute. Die Kellner waren jung, und die meisten Gäste waren auch nicht in meinem Alter. Zwar saßen hier und da ältere Männer und Frauen an den Tischen, aber viele waren es nicht.

Ich verzehrte mein Essen und bestellte zum Kaffee einen Calvados. Als ich anschließend auf die Straße hinauskam, fühlte ich mich benebelt. Ich beschloss, einen langen Spaziergang zur Rue Barbet-de-Jouy zu machen, in die Nähe der schwedischen Botschaft in Varenne. Vom Montparnasse brauchte ich keinen Stadtplan, um mich zurechtzufinden. Der Gedanke an mein Alter war plötzlich verschwunden, jetzt genoss ich es, in Paris umherzuwandern.

Ein paarmal verirrte ich mich allerdings doch. Es dauerte lange, um zur Botschaft zu gelangen. Auf dem goldfarbenen Schild unter dem Symbol des schwedischen Staates las ich, dass die konsularische Abteilung geöffnet war. Ich setzte mich in ein Café in der Nähe und trank einen Espresso und überdachte, was Louises verzweifelten Anruf ausgelöst hatte. Ich brauchte die Hilfe der Botschaft, um sie aufzuspüren, und auch später, um juristischen Beistand zu bekommen.

Entschlossen überquerte ich die Straße zur Botschaft. Die Frau am Empfang sprach Schwedisch mit französischem Akzent. Ich erklärte ihr mein Anliegen.

»Wie alt ist das Mädchen?«, fragte sie. »Ist sie mündig?«

»Sie ist vierzig Jahre alt«, erwiderte ich. »Außerdem erwartet sie ihr erstes Kind.«

»Und Sie sind sicher, dass sie verhaftet worden ist?«

»Sie würde in einer solchen Angelegenheit nicht lügen.«

»Aber hat sie nicht gesagt, wo sie sich befindet?«

»Sie kam nicht mehr dazu. Deshalb bin ich hier.«

»Sie wird also beschuldigt, eine Taschendiebin zu sein?«

»Ich fürchte, das ist ihre Art zu leben. Aber ich bin nicht sicher.«

Die Dame sah mich ein wenig abwartend an. Ich nickte schweigend, damit sie verstand, dass ich nicht übertrieb. Dann griff sie nach dem Telefonhörer und rief eine Person an, die Petra hieß.

»Wenn Sie bitte hier bei den ausgelegten Zeitungen warten, Petra kommt gleich. Ihr können Sie Ihr Anliegen erklären.«

»Meine Tochter ist kein Anliegen. Sie ist ein Mensch.«

Ich setzte mich neben das Regal mit den Zeitschriften und betrachtete das Bild des schwedischen Königspaars. Es hing schief. Ich stand auf und fummelte an dem Rahmen herum, bis das Bild noch schiefer hing.

Die Frau, die Petra hieß, war kaum älter als fünfundzwanzig. Sie sah aus wie eine Halbwüchsige in ihrer Jeans und der dünnen Bluse, die über dem üppigen Busen spannte. Während sie mir die Hand entgegenstreckte, betrachtete sie mich mit gerunzelter Stirn.

Dann setzte sie sich auf einen der Stühle im Wartebereich.

»Erzählen Sie«, sagte sie.

»Nicht hier«, entgegnete ich. »Über so etwas spricht man nicht in einer Empfangshalle. Sie haben doch ein Büro?«

Sie musterte mich, wie mir schien, mit Unwillen. Mir wurde klar, dass unser Gespräch dort stattfinden sollte, wo wir saßen.

Ich berichtete, was geschehen war, von dem Handygespräch mit Louise bis zu meiner Ankunft in Paris, und dass es jetzt unmöglich war, Kontakt mit ihr aufzunehmen. Ich erzählte auch, dass wir erst als Erwachsene voneinander erfahren hatten. Und erst jetzt hätte ich herausgefunden, dass sie ihren Unterhalt vermutlich als Taschendiebin bestritt. Jedenfalls hin und wieder. Hoffentlich nicht immer.

Petra hieß mit Nachnamen Munter, wie ich dem Schild auf ihrer Bluse entnahm. Aber darauf stand nicht, welchen Titel sie innehatte. Sie machte sich Notizen, während ich redete. Manchmal hob sie die Hand, damit ich abwartete, bis sie fertig geschrieben hatte.

»Es kann nicht das erste Mal sein, dass die Botschaft Besuch von beunruhigten Eltern bekommt, wenn ihre Kinder verschwunden oder im Gefängnis gelandet sind«, sagte ich. »Sie müssen wissen, was ich zu tun habe.«

»Zuallererst müssen wir herausfinden, wo sie sich befindet. Wir haben offizielle Kanäle.«

»Sie sind also verantwortlich für das, was Sie Angelegenheit nennen?«

»Ich bin Praktikantin«, entgegnete sie ernst. »Ich befinde mich ganz unten. Trotzdem entscheide ich, ob ich das, was Sie erzählen, nach oben weiterbefördere oder es abschreibe.«

»Jetzt befördern Sie es nach oben?«

»Ich glaube Ihnen aufs Wort.«

»Ich mache mir Sorgen um meine Tochter.«

Sie notierte meine Handynummer und den Namen meines Hotels.

»Morgen sollten wir mehr wissen«, sagte sie schließlich, nachdem sie aufgestanden und die Unterredung beendet war.

»Meine Tochter ist schwanger«, wiederholte ich. »Sie hatte Angst, als sie mich anrief.«

Petra Munter betrachtete mich lange. Plötzlich schien sie dem Teenager entwachsen, den ich gesehen hatte, als sie in die Empfangshalle gekommen war.

»Ich werde zusehen, was sich machen lässt. Aber die französische Polizei mag keine ausländischen Diebe, die hierherkommen. Man tätschelt ihnen nicht die Schulter.«

»Was dann?«

Sie verzog das Gesicht, ohne zu antworten. Ich stellte mir vor, dass Louise in demselben Keller in der Sûreté Nationale saß wie ich damals.

Petra Munter begleitete mich zur Tür. Ich gab ihr die Hand.

»Morgen wird sich jemand bei Ihnen melden. Das garantiere ich.«

Sie hatte sich gerade umgedreht, als mir einfiel, dass ich noch ein Anliegen hatte. Sie hörte, dass ich ihr nachkam, und blieb mit ihrer ID-Karte an der Türschleuse stehen.

»Ich brauche einen Pass«, sagte ich. »Vor ein paar Wochen ist mein Haus niedergebrannt. Alles wurde zerstört. Ich bin mit einem provisorischen Einzelreisepass hierhergekommen. Mit einem richtigen Pass würde ich mich sicherer fühlen.«

»Wir haben hier einen ausgezeichneten Passautomaten«, sagte sie. »Er stellt in kurzer Zeit einen schwedischen Pass aus. Aber Sie können genauso gut damit warten, bis Sie wieder zu Hause sind.«

Ich verließ die Botschaft, merkte mir die Öffnungszeiten und machte mich auf den Weg zum Montparnasse.

Das Handy in meiner Jackentasche klingelte. Da starker Verkehr herrschte, bog ich eilig in eine Querstraße ein, ehe ich antwortete. Es war eine schwedische Nummer, die ich nicht sofort erkannte.

Jansson.

»Ich habe gesehen, dass du nicht zu Hause warst«, rief er.

Jansson schreit immer, wenn er mit dem Handy telefoniert. Er hat nie akzeptieren können, dass Abstand keine Rolle spielt, wenn er anruft oder angerufen wird. Ich erinnerte mich an die alte Frau Hultin, die noch lange, nachdem sie Witwe geworden war, auf Vesselskär wohnte. Hin und wieder half ich ihr wegen ihrer Fußbeschwerden.

»Jansson krächzt wie ein Eichelhäher«, pflegte sie zu sagen, wenn die Rede auf unseren Postboten kam.

Sie selbst sprach so leise ins Handy, dass es schwer war zu verstehen, was sie sagte. Sie glaubte wohl, alle Bewohner des Schärengartens säßen an ihren Handys und horchten, was über ihre Hühneraugen getratscht wurde.

»Woher weißt du, dass ich nicht zu Hause bin?«

»Ich bin vorbeigefahren. Die Polizei hat dich gesucht.«

»Nicht auf meinem Handy.«

»Sie sind mit dem Boot gekommen. Es hatte mit dem Brand zu tun.«

»Wollten sie mich verhaften?«

»Davon weiß ich nichts.«

»Aber was haben sie gesagt?«

»Sie haben nur gefragt, ob ich wüsste, wo du bist.«

»Aber das wusstest du nicht?«

»Nein.«

»Ich habe Alexandersson vor meiner Abreise eine Nachricht hinterlassen. Er weiß, dass ich fort bin.«

»Ich muss mir also keine Sorgen machen?«

»Warum solltest du dir Sorgen machen? Warst du es, der mein Haus angezündet hat?«

»Warum sagst du das?«

»Ich bin in Paris.«

»Was zum Teufel machst du da?«

Es kommt selten vor, dass Jansson flucht. Genauso selten, wie er seine schöne Singstimme erhebt.

»Hier bin ich es, der nach Polizisten sucht. Nicht sie nach mir.«

»Jetzt begreife ich nicht, wovon du sprichst.«

»Louise ist offenbar in Schwierigkeiten geraten. Aber ich will nicht, dass du das im Schärengarten verbreitest.«

»Das mache ich nie.«

»Wir wissen beide, dass du das tust. Während all deiner Jahre als Briefträger hast du mindestens genauso viele Gerüchte verbreitet wie Briefe ausgetragen.«

Jansson entgegnete nichts. Aber ich wusste, dass er beleidigt war.

»Die Polizei muss noch mehr gesagt haben«, hakte ich nach.

»Sie wollen, dass ich von mir hören lasse, wenn du zurückkommst.«

»Und das hast du natürlich versprochen?«

»Was hätte ich sonst sagen sollen?«

»Hat etwas in der Zeitung gestanden?«

»Nein.«

Ich überlegte rasch, worum ich Jansson bitten könnte. Ich wollte nicht, dass jemand annahm, ich wäre aus meinem Heimatland geflüchtet.

»Und du bist also in Paris? Im Ernst?«

»Mein Akku ist gleich leer. Ich verstehe nicht, was du sagst.«

Das war nicht wahr. Aber Jansson würde weiterhin versuchen, mir einen Bericht abzupressen, wenn es mir nicht gelänge, ihn sofort loszuwerden.

»Wir müssen später weiterreden«, rief ich und beendete das Gespräch.

Mir war der Schweiß ausgebrochen. Dass die Polizei mich gesucht hatte, konnte nichts anderes bedeuten, als dass sie von meiner Schuld überzeugt war. Ich verabscheue Mitleid, besonders die Sorte, die Menschen vom Typ Janssons in ihrer Einfalt anbieten. Nur ich selbst habe das Recht, mich zu bemitleiden.

Ich wanderte den Boulevard Saint-Michel hinauf und blieb an dem Bistro stehen, wo Sartre und Beauvoir zu ihrer Zeit ihre Tage verbracht hatten. Da viele Leute im Lokal waren, setzte ich mich auf die spärlich besetzte Terrasse. Ich trank einen Kaffee und zwei Gläser Calvados. Meine Reise nach Paris begann immer mehr ein alkoholdampfender Ausflug von meiner einsamen Insel zu werden, wo die Brandruine auf den ersten Winterschnee wartete.

Ich versuchte mir vorzustellen, was geschehen würde, wenn ich Louise ausfindig machte. Ich wusste nicht einmal, wessen man sie verdächtigte.

Meine Gedanken zerstreuten sich. Ich ging zurück zu meinem Hotel, wobei meine Schritte immer langsamer wurden. Ich erahnte das Gesicht eines alten Mannes in den Schaufensterscheiben, in die ich blickte. Eine Madame Rossini, die statt Monsieur Pierre Dienst hatte, gab mir meinen Schlüssel. Irgendwie ähnelten sie einander. Dasselbe abwesende Lächeln und dieselbe Liebenswürdigkeit. Rachel war nicht zu sehen.

Ich legte mich ins Bett und schlief ein. Im Traum brannte das Haus wieder. Ich rannte aus dem blendenden Licht hinaus, um sogleich zurück in mein Bett gebracht zu werden, und die Dunkelheit verwandelte sich ein ums andere Mal in starke Scheinwerfer, die meine Augen versengten. Mein Hund, der vor ein paar Jahren gestorben ist, war wieder am Leben. Ich meinte auch meine Katze mit brennendem Fell hinausflüchten zu sehen.

Als ich aufwachte, war es dunkel. Ich zog mich aus und duschte. Das Wasser war genauso kalt wie das Meer. Es gelang mir nicht, die Temperatur zu regulieren.

Ich hatte gerade das größte Handtuch um meine Hüften gewickelt, als mein Handy klingelte. Wieder war es eine schwedische Nummer. Ich zögerte, ob ich mich melden sollte. War es wieder Jansson? Oder jemand von der Polizei, der mit mir reden wollte?

Es war Lisa Modin.

»Wie ist das Hotel?«, fragte sie.

»Rufst du deshalb an?«

»Ich will kommen.«

»Heute?«

»Morgen. Frag mich nicht, warum.«

»Ich freue mich sehr.«

»Erwarte dir nichts.«

»Warum sagst du das immer?«

»Ich will nur sicher sein, dass du dir nichts erwartest.«

»Wann kommst du?«

»Ich weiß nicht. Morgen.«

»Ich hole dich ab.«

»Das will ich nicht. Hast du deine Tochter gefunden?«

»Ich war in der Botschaft. Sie hoffen, mir morgen helfen zu können.«

Das Gespräch brach ab. Vielleicht hatte Lisa Modin es selbst beendet. Ich versuchte, sie wieder anzurufen, aber ohne Erfolg. Aber ich war sicher, dass sie sich entschlossen hatte. Sie würde kommen, und sie wusste, in welchem Hotel ich wohnte. Das musste bedeuten, dass sie mich sehen wollte. Alles begann sich plötzlich zu verändern. Ich zog mich an und ging hinunter zur Rezeption. Monsieur Pierre war wieder da. Er war nachlässig rasiert.

Ich fragte, ob sich eine Madame Modin aus Schweden für morgen angemeldet hätte. Er schüttelte den Kopf, nachdem er seinen Bildschirm studiert hatte.

»Leider keine Madame aus Schweden«, sagte er. »Nur eine kanadische Frau, die uns jeden Herbst zu besuchen pflegt.«

Ich ging hinaus in den Novemberabend. Es war noch immer mild, und ich schlenderte hinunter zum Gare Montparnasse, kaufte eine schwedische Zeitung und betrat dann ein Restaurant, das ausschließlich Franzosen zu besuchen schienen. Touristen sah ich keine. Ich aß Kalbsbries. Es schmeckte nicht, aber ich war hungrig. Dazu trank ich Wein und dachte abwechselnd an meine Tochter, Lisa Modin und den unglücklichen Jansson, aus dem ich nicht schlau werden konnte.

Nach dem Essen trank ich Kaffee und blätterte die schwedische Zeitung durch. Ich merkte, dass ich sie schon in Arlanda gelesen hatte.

Als ich das Restaurant verließ, fühlte ich mich unerwartet aufgekratzt. Ich begann, zum Quartier Latin zu wandern, obwohl ich die Spaziergänge des Tages in meinen Beinen spürte.

Wieder überkam mich das starke Gefühl, überall der Älteste zu sein.

Ich dachte an Louise. Hatte sie jemand von der Botschaft in den Labyrinthen aufgespürt, die die Gefängnisse der französischen Polizei bildeten?

Bei dem Gedanken, dass ich mir nie erlaubt hatte, Louises Vater zu sein, überkam mich ein Anflug von Trauer. Als sie plötzlich in mein Leben getreten war, hatte ich sie lange eher als Last denn als Freude empfunden. Das war eine Erkenntnis, die ich natürlich niemandem offenbart hatte. Und ohne dass ich Harriet mit meiner Empfindung konfrontiert hatte, war ich der Ansicht, es wäre ihre Schuld. Sie hätte mich meiner Tochter beraubt.

Auch wenn sie jetzt in meiner Welt zu existieren begonnen hatte, würde ich immer unfähig sein, sie so zu lieben, wie man meiner Vorstellung nach sein Kind lieben sollte.

Aber vielleicht würde die Liebe in der Beziehung zu dem Kind entstehen, das sie erwartete? Oder war die auch schon verloren?

Ich ging weiter durch die Straßen, ohne mir darüber klar zu werden.

Schließlich gelang es mir doch zu denken, dass die Geburt eines Kindes der Beginn einer neuen Erzählung in der großen Chronik der Menschheit war.

Ich war zum unteren Teil des Jardin du Luxembourg gelangt, als ich mich an einen Jazzclub erinnerte, den ich bei früheren Aufenthalten in Paris viele Male besucht hatte. Caveau de la Huchette. Ich wusste genau, wo er lag. Vielleicht wurde dort immer noch Jazz gespielt? Ich brauchte ein Ziel für meinen Abendspaziergang.

Doch zuvor ging ich in ein Bistro und trank einen Kaffee. Plötzlich bemerkte ich, dass eine schwarze Frau, die mit einem gleichaltrigen schwarzen Mann an einem Tisch saß, mir hin und wieder Blicke zuwarf. Ich sah mich um, um festzustellen, ob jemand in meiner Nähe war, zu dem sie Blickkontakt suchte. Aber da war niemand, ich saß direkt vor der Fensterscheibe, die auf die abendliche Straße hinausging und im Licht der Straßenlaternen schimmerte. Die Frau war vielleicht zehn Jahre jünger als ich. Ich kannte sie wirklich nicht und widmete mich wieder meinem Kaffee. Aber als ich den Blick erneut hob, schaute sie immer noch zu mir hin.

Sie musste mich kennen, ohne dass ich wusste, wer sie war. Oder, was mir wahrscheinlicher erschien, sie glaubte mich zu kennen.

Plötzlich stand sie auf und drängte sich in meiner Richtung zwischen den Tischen hindurch. Ihr Mann, oder mit wem sie da zusammensaß, schien sich nicht dafür zu interessieren, wohin sie unterwegs war.

Sie sprach mich auf Englisch an.

»Ich bin sicher, dass ich Sie kenne«, erklärte sie.

Ich deutete auf den Stuhl mir gegenüber. Sie setzte sich.

»Ich erinnere mich an Gesichter, auch wenn es Jahrzehnte her ist, dass ich sie gesehen habe«, fuhr sie fort. »Meine Mutter hatte dieselbe Gabe. Sie konnte einen Menschen wiedererkennen, dem sie nur ein einziges Mal vor dreißig oder vierzig Jahren begegnet ist.«

»Und das haben Sie geerbt?«

»Ja.«

»Aber ich weiß überhaupt nicht, wer Sie sind. Ich erkenne Sie nicht wieder, und mich erinnert Ihre Stimme an nichts.«

Sie sah mich prüfend an.

»Jetzt bin ich sicher«, sagte sie. »Als wir beide noch jung waren, kamen Sie zum Pariser Zoll und wollten eine Schreibmaschine abholen, die an Sie geschickt worden war. Ich weiß nicht mehr, aus welchem Land. Sie sollten Zoll bezahlen, weil sie neu war. Aber Sie hatten kein Geld. Schließlich ließ ich Sie einfach so gehen. Ich glaube, Sie haben fast geweint.«

Jetzt erinnerte ich mich nicht nur an die Frau, sondern an die ganze Situation. Es war zu einer Zeit gewesen, als ich mit dem intensiven Traum, Schriftsteller zu werden, nach Paris gezogen war. Ich hatte einen Brief an meinen Vater geschrieben und ihn gebeten, eine Schreibmaschine für mich zu kaufen und sie mir zu schicken. Ich versprach, genug Geld zusammenzuschreiben, um ihm die Kosten bald zu erstatten. Ich machte mir keine Illusionen darüber, dass er die Schreibmaschine kaufen würde. Aber eines Tages kam eine Benachrichtigung vom französischen Zoll. Und diese Frau, die mir jetzt gegenübersaß, hatte mir erlaubt, die hellblaue Schreibmaschine in der schwarzen Tasche mitzunehmen, ohne die Zollgebühr zu entrichten.

»Wie können Sie sich nur daran erinnern?«, fragte ich.

»Ich weiß nicht. Ich habe Sie gesehen, und plötzlich wusste ich, wer Sie sind. Ich erinnere mich, wie Sie mich angefleht haben. Sie waren jung und arm. Kamen Sie aus Irland?«

»Schweden.«

»Wie ist es Ihnen ergangen? Sind Sie Schriftsteller geworden?«

»Ich bin Arzt geworden.«

»Was ist mit der Schreibmaschine passiert?«

»Als ich ein paar Jahre später Geld brauchte, habe ich sie verkauft.«

Sie nickte und stand auf.

»Manchmal trifft man sich wieder«, sagte sie. »Ich bin froh, dass ich die Gabe meiner Mutter geerbt habe, Menschen wiederzuerkennen.«

Sie lächelte und kehrte zu ihrem Tisch zurück. Ich war sprachlos. Ihrem Mann schien sie gar nicht zu erzählen, worüber wir gesprochen hatten.

Ich setzte meinen Spaziergang zu dem Jazzclub fort. Die Schmerzen in den Beinen waren verflogen, die Schritte fühlten sich leicht an. Für eine Weile war ich ein alter Mann, der sich erlaubte, sich nicht um sein niedergebranntes Haus zu scheren.

Der Club lag genau dort, wo ich ihn vermutet hatte. Ich kaufte eine Eintrittskarte und ging hinein. Es war noch früh am Abend. In meinen Erinnerungen an die Zeit vor vielen Jahren stieg man spätnachts eine Treppe in das Kellergewölbe hinab. Jetzt war es zwar erst elf, aber die Treppe und die Kellergewölbe waren dieselben. Als ich unten ankam, fiel mir ein, dass ich das Plakat an der Tür hätte studieren sollen, auf dem das Programm dieses Abends angekündigt wurde.

In der hinteren Ecke der Bühne waren Instrumente und Verstärker aufgebaut, die verrieten, dass hier kein traditioneller oder moderner Jazz gespielt werden sollte. Als ich mich in der Dunkelheit umsah, erkannte ich, dass es sich um eine Reggae-Band handelte, die gerade Pause machte. Überall waren Dreadlocks und bunte Strickmützen zu sehen. Aber an den Tischen saßen auch ältere Männer und Frauen mit ergrauten Zöpfen. Ich war nicht allein mit meinem Alter.

Ich ging zur Bar und bestellte einen Calvados. Als die Musik hinter mir losdonnerte, fühlte ich, wie sich ein Strom von Wärme in meinem Körper ausbreitete.

Ich blieb an der Bar stehen und trank weiter. Die enge Tanzfläche war bald überfüllt. Alle schienen mit allen zu tanzen. Kleine, fast unmerkliche Berührungen an Beinen und Hüften. Ein Schaukeln wie sanfte Meereswellen.

Neben mir an der Bar stand eine Frau mit einem bunten Turban. Ich fragte sie, ob sie mit mir tanzen wolle, und staunte zugleich über meinen Mut. Sie antwortete mit Ja, und wir drängten uns auf die Tanzfläche. Als Gymnasiast hatte ich die elementaren Paartänze zu beherrschen gelernt. Dennoch schämte ich mich die wenigen Male, die ich mit Harriet tanzte, über meine Tolpatschigkeit. Und jetzt fühlte ich mich trotz des Gedränges verlorener denn je. Die Frau, mit der ich tanzte, merkte das sofort. Ich bewegte mich, als hätte ich Hufe. Ihre Enttäuschung war offensichtlich. Sie sah mich an, als hätte ich sie hereingelegt, und ließ mich einfach auf der Tanzfläche stehen. Die Erniedrigung war vollständig.

Ich ging die Treppe hinauf und hinaus auf die Straße. Die Reggae-Musik folgte mir.

Ich war fast am Hotel angelangt, da nahm ich aus irgendeinem Grund mein Handy aus der Tasche. Es hatte nicht geklingelt.

Aber ich entdeckte eine Nachricht. Sie kam von Louise.

Wo bist du?

Ich wählte ihre Nummer. Sie war immer noch nicht erreichbar.

»Ich bin hier«, sagte ich laut zu mir selbst. »Ich bin tatsächlich hier.«

16.

Ich verabscheute die Frau, die mich auf der Tanzfläche hatte stehen lassen. Mit jedem Schritt, den ich auf mein Hotel zuging, setzte ich sie in Gedanken immer gröberen Übergriffen aus.

Auf einer dunklen Straße kurz vor dem Gare Montparnasse kam ein betrunkener Mann auf mich zu und bat mich um Zigaretten. Ich blieb abrupt stehen, ging dann einen Schritt auf ihn zu und sagte, ich hätte seit dreißig Jahren nicht mehr geraucht.

Ich fürchtete natürlich, er würde mich angreifen. Aber meine aufgeregte Stimme ließ ihn offenbar zögern. Er machte sich davon.

In dieser Nacht konnte ich schwer einschlafen. Der Vorfall im Jazzclub schmerzte. Lange lag ich wach. Irgendwann meinte ich zu hören, wie verschiedene Gäste in benachbarte Zimmer heimkamen.

Ein Putzwagen rollte vorbei. Ich fragte mich, ob es Rachel war, die an diesem Morgen so früh zu arbeiten angefangen hatte.

Als es mir endlich gelang, in meinem braunen Zimmer einzuschlafen, war es fünf. Um acht klingelte mein Handy. Es war die Botschaft. Ein Mann stellte sich als Olof Rutgersson vor. Ich war nicht sicher, ob ich seinen Titel richtig verstanden hatte.

»Es ist uns immer noch nicht gelungen, Ihre Tochter ausfindig zu machen«, sagte er.

Er näselte und konnte sicher nichts dafür, dass das seinem Tonfall einen Ausdruck von Arroganz verlieh.

»Wie geht es jetzt weiter?«

»Wir werden sie natürlich finden. Immerhin ist Paris kein Kontinent, sondern eine Stadt. Vermutlich sitzt sie in einem unserer Polizeireviere in Haft. Aber das bedeutet, dass die Suche Zeit braucht. Ich melde mich, sobald ich in dieser Angelegenheit etwas mitzuteilen habe.«

Ich wollte gegen seine hochnäsige Ausdrucksweise protestieren. Louise war keine Angelegenheit. Aber ich sagte nichts. Ich sah ein, dass ich ihn brauchte.

Unten im Frühstücksraum, wo an einer Wand der gigantische Kopf eines Kudubocks mit großen, geschwungenen Hörnern neben ein paar Kupferstichen von den Seine-Brücken hing, waren nur wenige Gäste. Anstelle von Monsieur Pierre hatte heute wieder Madame Rosini Dienst. Eine kleine Vietnamesin nahm meine Kaffeebestellung entgegen.

In einem Eiskübel stand eine Flasche Schaumwein. Ich konnte der Versuchung nicht widerstehen. Meine Wut auf die Frau, die mich auf der Tanzfläche verlassen hatte, schwand.

Nach dem Frühstück machte ich einen kurzen Spaziergang zum Bahnhof und kaufte eine schwedische Zeitung. Als ich zurückkam, ließ ich mich in der Hotelrezeption in einen abgenutzten Ledersessel sinken.

Das Hotel gefiel mir. Lisa Modin hatte eine gute Wahl getroffen. Ehe ich zu lesen begann, fragte ich Madame Rosini, ob eine Buchung für eine schwedische Dame eingegangen sei. Das war nicht der Fall. Lisa Modin hatte offenbar beschlossen, in einem anderen Hotel zu wohnen.

Ich blätterte die Zeitungen durch. Mittlerweile war es halb elf geworden. Rachel kam die Treppe herunter und trug einen Korb mit Lappen und Putzmitteln. Sie lächelte mir zu, ehe sie begann, die Glastür zu putzen.

Mein Handy klingelte. Es war der Mann von der Botschaft.

»Wir haben gute Neuigkeiten«, sagte er. »Wir haben Ihre Tochter gefunden. Sie befindet sich auf einem Revier in Belleville.«

»Was in aller Welt macht sie in diesem Stadtteil?«

»Das kann ich nicht beantworten. Aber ich hole Sie in Ihrem Hotel ab.«

Genau eine Stunde später hielt ein Auto mit Diplomatenkennzeichen vor dem Hotel. Der Fahrer stieg nicht aus, um die Tür zu öffnen. Ich setzte mich neben Olof Rutgersson. Er war mager und in den Fünfzigern. Sein Gesicht war grau, fast farblos.

Wir fuhren durch die Stadt, und ich bat ihn zu berichten.

»Ich habe nicht viel zu sagen«, antwortete er. »Mit Hilfe unserer üblichen Kanäle und dem sehr schlechten Datensystem der französischen Polizei haben wir sie gefunden. Mehr weiß ich nicht. Jetzt müssen wir herausfinden, wie ihre Situation ist, damit wir entscheiden können, wie wir weiter verfahren.«

»Sie sprechen von meiner Tochter, als wäre sie ein Schiff«, sagte ich.

»Das sind nur Worte«, erwiderte Olof Rutgersson. »Außerdem schlage ich vor, dass Sie mich das Gespräch mit der Polizei allein führen lassen. Immerhin habe ich einen Diplomatenpass. Das haben Sie nicht.«

Olof Rutgersson führte ein paar Gespräche auf seinem Handy. Ich sah eine kleine Tätowierung oberhalb seines Handgelenks. Da stand »Mama«.

Plötzlich erkannte ich die Straße, es war einer von Georges-Eugèn Haussmanns breiten Boulevards. Wir standen im Stau, und Olof Rutgersson sprach in sein Handy.

Ich wusste, wo ich mich befand. Vor bald fünfzig Jahren war ich eines Tages genau hier aus der Métro herausgekommen. Es war zu der Zeit, als ich als schlecht bezahlter Schwarzarbeiter in einer kleinen Werkstatt am Jourdain gesessen und unter der ruhigen Anleitung von Monsieur Simon Klarinetten restauriert hatte. Wie ich diese Arbeit bekommen hatte, weiß ich nicht mehr. Es war eine enge und schmutzige Werkstatt in einem Hinterhof gewesen. Außer Monsieur Simon, einem freundlichen Mann, gab es dort noch einen weiteren Instrumentenbauer, der fett, kurzsichtig und garstig war. Wenn Monsieur Simon unterwegs war, um eine Besorgung zu machen, fing er an, auf mir herumzuhacken und zu erklären, ich sei eine Belastung, da ich ungeschickte Finger hätte und morgens fast immer zu spät käme. Ich habe ihm nicht widersprochen. Ich verachtete nur seine Feigheit und wünschte, er würde zwischen seinen Saxophonklappen tot umfallen.

Manchmal schickte Monsieur Simon mich los, um bei verschiedenen Musikgeschäften reparierte Blasinstrumente abzuliefern. Und bei einer dieser Gelegenheiten, als ich mit einem Paket unter dem Arm aus der Métro emporstieg, landete ich plötzlich, ganz unerwartet, in einer großen Menschenmenge. Zuerst dachte ich, es wäre ein Unglück geschehen. Dann erkannte ich, dass die Leute auf jemanden warteten, der vorbeifahren sollte. Und da erblickte ich Präsident de Gaulle, der sich in einem offenen Wagen stehend näherte. Das Instrument, ich glaube, es war eine frisch reparierte Klarinette, hatte ich unter den Arm geklemmt und machte eine Bewegung mit der anderen Hand, um eine Zigarette aus der Innentasche meiner Jacke zu fischen. Sofort spürte ich zwei Hände, die mich am Handgelenk und an einer Schulter packten. Das Paket mit der Klarinette ließ ich fallen. Die zwei Männer, Bereitschaftspolizisten in Zivil, wie ich später herausfand, hatten geglaubt, ich würde eine Waffe zücken.

Als sie sich vergewissert hatten, dass ich keine bösen Absichten hatte und mein Paket eine Klarinette und keine Bombe enthielt, zuckten sie die Schultern und ließen mich laufen.

Da war der Präsident längst verschwunden. Die Menschenmenge zerstreute sich.

»Einmal habe ich Präsident de Gaulle genau hier gesehen«, sagte ich zu Olof Rutgersson.

Er war dabei, eine SMS zu senden, und hörte nicht richtig zu, was ich sagte.

»Ich habe de Gaulle einmal gesehen«, wiederholte ich. »Genau hier. Das ist fast fünfzig Jahre her.«

»Sicher«, murmelte Olof Rutgersson. »Natürlich haben Sie de Gaulle genau hier gesehen. Vor fünfzig Jahren.«

Fast hätte ich ihm eine gescheuert. Oder sein Handy genommen und es aus dem Autofenster geworfen. In dem Moment wünschte ich, ich wäre so ein Mensch. Aber das war ich nicht.

Das Polizeirevier von Belleville lag in einer Straße, deren Name ich nicht mitbekam. Olof Rutgersson stieg mit einer für mich völlig überraschenden Energie aus. Im Auto hatte er zusammengesunken dagesessen, gegähnt und auf sein Handy gestarrt. Jetzt war er wie verwandelt. Er wiederholte seine Aufforderung, ihm das Wort zu überlassen.

In dem heruntergekommenen Eingangsbereich stand ein junger Drogensüchtiger und übergab sich. Zwei Polizisten in Uniform betrachteten ihn mit Abscheu. Ein Polizist in Zivil hinter der hohen Empfangstheke nickte Olof Rutgersson zu, als der mit seinem Diplomatenpass herumwedelte. Nach einem kurzen Handygespräch kam ein älterer Polizist, der am Stock ging, aus einem hinteren Raum. Wir folgten ihm in ein Büro, wo von einem überladenen Schreibtisch und einigen von Büchern und Aktenordnern durchgebogenen Regalen der Staub hochwirbelte. So musste es zu Napoleons Zeit in den französischen Gerichtsräumen ausgesehen haben.

Der Mann ließ sich mühsam auf den Stuhl hinter dem Schreibtisch sinken. Ich begriff, dass er große Schmerzen hatte. Seine steifen Finger deuteten auf einen schweren Rheumatismus hin. Olof Rutgersson setzte sich auf den Besucherstuhl, der dem Schreibtisch am nächsten stand, und verwies mich auf einen Hocker gleich neben der Tür.

Er sprach ein vollendetes Französisch. Außerdem redete er sehr schnell und mit dem Nachdruck, den Menschen, die keinen Widerspruch dulden, oft in der Stimme haben. Es fiel mir schwer, dem Gespräch zu folgen. Aber so viel verstand ich, es herrschte Unklarheit darüber, ob Louise sich wirklich in diesem Polizeirevier befand. Der französische Polizist, der Armand hieß, rief einen jüngeren Kollegen herbei, der auch keine klare Auskunft geben konnte. Als die beiden Polizisten ihr Gespräch beendet hatten, stand Olof Rutgersson auf und kam zu mir herüber.

»So ist es immer mit der französischen Polizei«, sagte er. »Es gibt niemanden, der über irgendetwas eine eindeutige Auskunft geben könnte.«

»Ist Louise nicht hier?«

»Die französische Polizei verliert oft Menschen. Aber wir geben natürlich nicht auf. Bei der schwedischen Polizei ist das wahrscheinlich genauso.«

Nach weiteren verwirrten Gesprächen und dem Ein- und Ausgehen anderer Assistenten schien Klarheit darüber zu herrschen, dass Louise sich wirklich auf diesem Polizeirevier befunden hatte, jedoch am selben Morgen in eines der Untersuchungsgefängnisse der Sûreté Nationale auf der Ile de Cité gebracht worden war. Warum man sie verlegt hatte, konnte der Polizist nicht beantworten. Er trank eine Tasse nach der anderen von dem starken Kaffee. Als er wegen des heißen Getränks das Gesicht verzog, sah ich, dass er schlechte Zähne hatte. Das verursachte mir eine leichte Übelkeit.

Olof Rutgersson zeigte große Beharrlichkeit und bestand darauf zu erfahren, warum Louise verlegt worden war und wie die Anklage eigentlich lautete. Eine Antwort bekam er nicht. Der Einsatzwagen, der sie und einige andere Häftlinge abgeholt hatte, hatte alle Papiere mitgenommen.

»War sie in Gesellschaft?«, fragte ich.

Olof Rutgersson gab die Frage weiter. Aber auch ob Louise und einer der gleichzeitig und wegen desselben Vergehens Festgenommenen einander gekannt hatten, war nicht zu klären.

Es ging noch eine halbe Stunde so weiter, wobei der Botschaftsangehörige immer gereizter wurde, bis er einsah, dass er hier nichts würde ausrichten können. Als wir das Polizeirevier verließen, wollte er essen gehen. Wir besuchten ein Café in der Nähe. Der Fahrer wartete im Auto. Ich nahm einen Tee, während Olof Rutgersson ein Sandwich aß und Kaffee trank.

Irgendwann klingelte mein Handy. Es war Lisa Modin. Olof Rutgersson hörte dem kurzen Gespräch diskret zu.

»Die Mutter des Mädchens?«, fragte er anschließend.

»Sie ist tot«, sagte ich. »Es war eine Freundin.«

»Das tut mir leid. Ich wusste nicht, dass Ihre Frau tot ist.«

»Wir waren nicht verheiratet. Wir haben nur eine Tochter zusammen.«

Wir stiegen wieder in den Wagen und verließen Belleville. Der Verkehr hatte zugenommen. Olof Rutgersson versandte erneut SMS und führte Handygespräche. An der rechten Hand trug er einen Ehering. Ich versuchte mir vorzustellen, wie seine Frau aussah. Es gelang mir nicht.

Ich selbst wartete darauf, dass Lisa Modin wieder anrufen würde. Bei dem kurzen Telefonat hatte ich nicht verstanden, ob sie sich schon in Paris befand oder nicht. Die Vorstellung, ein Zimmer mit ihr zu teilen und dicht an ihren Körper geschmiegt dazuliegen, ließ meine Gedanken an Louise manchmal ganz aus meinem Kopf verschwinden. Aber ich war zu alt, um ein schlechtes Gewissen zu haben. Wie mein Vater wollte ich nicht werden. Als er alterte und von schweren Gelenkschmerzen geplagt wurde, begann er darüber zu grübeln, welche Menschen er in seinem Leben bösartig oder überheblich behandelt hatte. Auch wenn er selbst von unangenehmen Gastwirten malträtiert worden war, und nicht zuletzt von schnoddrigen Gästen, wollte er offenbar im letzten Lebensabschnitt Abbitte für seine Sünden tun.

Ich erinnere mich an eine Gelegenheit nach dem Tod meiner Mutter, als ich ihn in der kleinen dunklen Wohnung in der Vasastan besuchte. Ich hatte gerade meine Approbation erhalten und mein Stethoskop und die Blutdruckmanschette mitgebracht, um meinem Vater zu zeigen, dass ich jetzt die Werte kontrollieren konnte, über die er sich ständig Sorgen machte.

Bei diesem Besuch übernachtete ich in seiner Wohnung. Ich legte mich früh hin, da ich am nächsten Morgen im Krankenhaus in Söder antreten sollte. Mein Vater war ein einsamer Nachtwanderer. Während all der Jahre als Kellner hatte er Gewohnheiten angenommen, die dazu führten, dass er selten vor drei Uhr morgens einschlief.

Ich wachte plötzlich auf, ohne zu wissen warum. Die Tür zum Wohnzimmer war angelehnt. Plötzlich hörte ich, wie mein Vater eine Telefonnummer wählte. Ich fragte mich, wen er so spät nachts anrief. Leise stand ich auf und ging zu der angelehnten Tür. Ich konnte ihn sehen, wie er da saß, den Telefonhörer ans Ohr gedrückt. Da sich niemand meldete, legte er den Hörer vorsichtig wieder auf und hakte einen Namen auf einer handgeschriebenen Liste ab, die er vor sich hatte.

Als ich morgens aufstand, schlief er noch. Ich schaute auf die Liste, die er neben dem Telefon liegen gelassen hatte. Es waren Namen verschiedener Menschen, die ich nicht kannte. Neben einige Namen hatte er vermerkt, dass die Person tot war. Es gab auch viele Telefonnummern mit einem Fragezeichen dahinter.

Als ich ihn das nächste Mal besuchte, fragte ich ihn nach den nächtlichen Telefongesprächen. Wen rief er an? Was waren das für Menschen, die auf seiner Liste standen? Ohne Umschweife antwortete er, es seien Menschen, die er in seinem Leben schlecht behandelt habe. Jetzt wollte er sie, ehe es zu spät sei, anrufen und sich entschuldigen. Leider seien viele von ihnen schon tot. Das quälte ihn. Ich fragte mich, ob das der Grund dafür war, dass er seine Kleidung vernachlässigte und sich nicht die Mühe machte, Flecken von Hemden und Hosen zu entfernen.

Nach unserem Gespräch hatte er noch ein halbes Jahr zu leben. Wie viele von denen, die auf seiner Liste standen, er noch erreicht hatte, weiß ich nicht. Aber als ich seine Wohnung ausräumte, behielt ich die Liste. Seitdem lag sie in einem meiner Schreibtischfächer. Erst als mein Haus niederbrannte, verschwand sie endgültig.

Wir fuhren über die Brücke zur Ile de la Cité und steuerten die Adresse an, die wir in Belleville bekommen hatten. Olof Rutgerssons Diplomatenpass, den er eifrig wie ein Kreuz hochhielt, half uns dabei, in sehr kurzer Zeit zu dem Büro zu gelangen, in dem wir erfahren konnten, wo Louise sich befand. Eine Voruntersuchungsleiterin, nach dem französischen Recht eine Richterin, die in verschiedenen Fällen ermittelt, bestellte uns in ihren großen Büroraum. Es erstaunte mich, dass dort ein Bechstein-Flügel stand. Sie bat uns, Platz zu nehmen, und legte eine Mappe vor sich auf den Tisch. Da ich Louises Vater war, wandte sie sich an mich. Aber Olof Rutgersson übernahm sofort die Rolle desjenigen, der Antworten einforderte. Die Richterin, die ein weinrotes Kostüm trug und eine kleine Brandwunde an einer Wange hatte, sprach genauso schnell wie Rutgersson. Ich hatte nicht die mindeste Möglichkeit, ihrem Gespräch zu folgen. Mein Eindruck von Rutgersson veränderte sich allmählich. Er schien seine Aufgabe sehr ernst zu nehmen. Was mit Louise geschehen war, war ihm nicht gleichgültig. Hin und wieder unterbrach er das Gespräch mit der rotgekleideten Richterin und gab mir kurze Zusammenfassungen.

Schließlich schien sich ein klares Bild dessen abzuzeichnen, was mit Louise geschehen war. Louise war verhaftet worden, nachdem sie im Gedränge in einem Métro-Zug in der Nähe von Saint-Sulpice eine Brieftasche aus einer Innentasche gestohlen hatte. Nach Belleville, das weit von Saint-Sulpice entfernt lag, war sie nach ihrer Festnahme vermutlich gebracht worden, weil die vielen Arrestzellen der Stadt überfüllt waren. Es bestand kein Zweifel, dass sie den Diebstahl begangen hatte. Der ältere Mann, der bestohlen worden war, hatte nichts bemerkt, aber ein Mitreisender in dem Zug hatte Louise beobachtet und sie festgehalten. Wie sich herausstellte, war er als Zivilbeamter bei der französischen Polizei angestellt.

Es gab keine Beweise dafür, dass eine weitere Person beteiligt gewesen wäre. Aber vermutlich arbeitete sie nicht allein.

Louise war festgenommen worden und sollte formell in Untersuchungshaft genommen werden. Olof Rutgersson zufolge hatte die französische Polizei im vergangenen Jahr begonnen, Spezialeinsätze gegen die zunehmenden Raubüberfälle und die große Anzahl von Taschendieben durchzuführen, die Paris heimsuchten. Die Zustände ähnelten fast schon denen in Barcelona, dem Paradies der europäischen Taschendiebe. Als ich Rutgersson bat, die Richterin zu fragen, ob es keine Möglichkeit gäbe, Louise nur zu verwarnen, da sie in Frankreich noch nicht straffällig geworden und außerdem schwanger sei, breitete die nur die Hände aus. Eine umgehende Freilassung schien nicht wahrscheinlich.

»Kann man ihr kein Bußgeld auferlegen?«, fragte ich.

»Es ist zu früh, um eine Diskussion anzufangen«, sagte Olof Rutgersson. »Das Wichtigste ist jetzt, sie zu treffen und ihre Version des Geschehens anzuhören.«

»Das Wichtigste ist, sie darüber zu benachrichtigen, dass wir hier sind«, entgegnete ich. »Das hat Vorrang vor allem anderen.«

Ein Polizist in Uniform führte uns durch Korridore, über Treppen und durch Verbindungsgänge immer tiefer in die Unterwelt hinab. Ich überlegte, ob ich nicht ausgerechnet hier damals selbst eingesessen hatte, als mich die Polizei 1968 verhaftet hatte. Mir kam alles bekannt vor, die weißgekalkten Kellergewölbe, die Stahltüren, die Holzbänke und die fernen Geräusche von Menschen, die einander etwas zuriefen. Es war wie ein Labyrinth, in dem man sich jederzeit verirren konnte, um dann nie wieder hinauszufinden.

Olof Rutgersson und ich wurden schließlich in ein fensterloses Zimmer mit einem dunkel gebeizten Holztisch und ein paar wackeligen Sprossenstühlen geführt. Nach einer Wartezeit, die Olof Rutgersson mit Gelassenheit hinzunehmen schien, während ich selbst immer unruhiger wurde, öffnete sich die Tür, und Louise wurde von einer Polizistin hereingeführt. Sie hatte keine Gefängniskleidung an, sondern eine Hose und eine Bluse, die ich wiedererkannte.

Sie war sehr bleich. Zum ersten Mal, soweit ich mich erinnere, lag in ihrem Blick Freude darüber, mich zu sehen. Gewöhnlich betrachtete sie mich abwartend. Aber diesmal nicht.

Immerhin trug sie keine Handschellen. Die Polizistin hinderte mich nicht daran, meine Tochter zu umarmen.

»Du bist doch gekommen«, sagte sie.

»Natürlich bin ich gekommen.«

»In meinem Leben ist es die Regel, dass niemand kommt.«

Ich stellte ihr Olof Rutgersson vor. Die Polizistin hatte sich neben der Tür postiert und schien völlig desinteressiert an unserer Anwesenheit zu sein. Wir setzten uns an den Tisch. Ohne dass ich sie dazu auffordern musste, berichtete Louise, was geschehen war. Und ich hatte keinen Grund, ihr nicht zu glauben.

Sie gestand, die Brieftasche im Gedränge des Métro-Zugs gestohlen zu haben. Für mich gab es keinen Zweifel mehr daran, dass sie sich auf diese Weise ernährte. Aber sie gestand nur diesen einzigen Fall. Ich verstand sie. Warum sollte sie Olof Rutgersson verraten, dass sie keine anderen Einkünfte hatte als die, die sie zusammenstehlen konnte? Wir hatten eine stillschweigende Übereinkunft geschlossen. Sie war wegen dieser Brieftasche festgenommen und des Diebstahls überführt worden. Mehr nicht.

»Haben Sie so wenig Geld?«, fragte Olof Rutgersson, nachdem Louise geendet hatte.

Wieder änderte sich mein Eindruck von ihm. Wo ich vorher einen energischen und effektiven Botschaftsangehörigen zu entdecken gemeint hatte, sah ich jetzt ein ausnehmend gefühlloses Wesen vor mir.

»Warum sollte sie sonst eine Brieftasche stehlen«, sagte ich. »Bedenken Sie, dass sie zudem schwanger ist. Und dass ihr künftiges Erbe, mein Haus in Schweden, vor ein paar Wochen abgebrannt ist.«

Olof Rutgersson sah mich fragend an. Mir wurde klar, dass ich ihm nichts von dem Brand erzählt hatte. Dann nickte er schweigend.

»Wir können Ihnen einen Rechtsbeistand verschaffen«, sagte er. »Leider kann die Botschaft die Kosten nicht übernehmen. Aber wir können Ihnen die Summe bis auf weiteres vorstrecken.«

»Wird es teuer?«, fragte ich.

»Nicht unbedingt.«

»Dann zahle ich.«

Olof Rutgersson nickte und nahm sein Handy. Aber dort unten in den tiefen Kellergewölben hatte er keinen Empfang. Er wechselte ein paar Worte mit der Polizistin, die ihn hinausließ. Ich hörte seine raschen Schritte auf der Treppe, als er dem Tageslicht und den Ätherwellen entgegeneilte.

Ich ergriff die Hand meiner Tochter. Das war ein ungewohntes Gefühl. Zum ersten Mal seit dem Tag vor bald zehn Jahren, als Harriet mir erklärt hatte, die junge Frau, die in der Tür ihres Wohnwagens in den Wäldern von Hälsinge stand, sei meine Tochter, empfand ich es auch so. Ich wünschte, Harriet wäre nicht tot. Dann würde sie endlich sehen können, dass meine Tochter und ich einander gefunden hatten.

Ich fragte Louise, wie es ihr gehe. Und ich fragte nach dem Kind. Sie antwortete leise, alles sei gut. Schließlich konnte ich nicht umhin, sie außerdem zu fragen, was geschehen war, dass sie nicht zu unserem verabredeten Mittagessen erschienen war und stattdessen einen Zettel unter den Scheibenwischer geklemmt hatte.

»Ich musste einfach weg«, sagte sie. Ihre Antwort machte mir klar, dass sie nicht erzählen wollte, warum sie so plötzlich abgereist war.

Wir kamen uns näher, während Olof Rutgersson in den oberen Geschossen Äthersignale jagte. Da unten in der Unterwelt verstand ich meine Tochter besser als je zuvor. Dass sie sich auf der Flucht befand, hatte ich nun begriffen. Aber mehr auch nicht.

Eine Frage hatte ich noch.

»Du hast mich angerufen«, sagte ich. »Du hast niemand anderen angerufen?«

»Nein.«

»Warum hast du mich angerufen? Es war natürlich ganz richtig. Aber nur ein paar Tage zuvor bist du ja verschwunden?«

»Ich habe sonst niemanden, den ich um Hilfe bitten kann.«

»Du hast immer gesagt, du hättest viele Freunde?«

»Das ist vielleicht nicht wahr.«

»Lügt man wirklich in solchen Dingen?«

»Was andere tun, weiß ich nicht. Aber ich sage nicht immer, wie es wirklich ist. Genau wie du.«

Sie wollte das Gespräch nicht weiterführen. Das konnte ich ihrer Stimme anhören. Bis hierher, aber nicht weiter. Sie hatte mich angerufen. Niemand anderen.

In dem Moment kam Olof Rutgersson zurück. Seine Art, sich zu bewegen, hatte etwas von einem Wiesel. Das Handy hielt er in seiner Hand, als wäre es eine Waffe. Er hatte es immer eilig.

»Madame Riveri wird diesen Fall übernehmen«, sagte er, noch ehe die Polizistin es geschafft hatte, die Tür hinter ihm zu schließen. »Sie ist uns schon früher sehr nützlich gewesen. In drei Fällen ist es ihr gelungen, dass schwere Anklagen gegen schwedische Bürger fallen gelassen wurden. Sie wird in einer Stunde hier sein. Wir können ihr die Verantwortung vertrauensvoll übergeben.«

Er reichte Louise die Hand und wünschte ihr viel Glück.

»Leider kann ich nicht bleiben«, sagte er. »Wir haben eine Besprechung in der Botschaft, an der ich teilnehmen muss. Aber Madame Riveri wird mich auf dem Laufenden halten.«

Er verschwand durch die Tür. Wieder klapperten seine Schritte draußen auf der Treppe.

»Er ist eine große Hilfe gewesen«, erklärte ich.

»Ich bin froh, dass er nicht der Vater meines Kindes ist.«

Was sie damit meinte, verstand ich nicht. Oder vielleicht tat ich genau das.

Madame Riveri war in den Fünfzigern, elegant gekleidet und bewegte sich und sprach mit einer gemessenen Haltung, die keinen Zweifel daran ließ, was sie von ihren eigenen juristischen Fähigkeiten hielt. Mit einer entschiedenen Geste wies sie die Polizistin aus dem Besuchsraum und zog ein Notizbuch aus ihrer Handtasche. Als sie feststellte, dass das Französisch meiner Tochter nicht für ein sinnvolles Gespräch ausreichte, wechselte sie ins Englische. In allen Einzelheiten bekam ich jetzt zu hören, wie Louise auf der Jagd nach einem geeigneten Opfer in der Métro herumgefahren war. Madame Riveri wollte genau wissen, an welcher Haltestelle sie die Métro betreten hatte, wo sie umgestiegen war und warum sie genau diesen Mann als Opfer ausersehen hatte. Louise antwortete auf eine Art, die mich davon überzeugte, dass sie Vertrauen zu Madame Riveri hatte.

Sie sprachen über das ungeborene Kind, ohne dass Louise die Frage nach dem Vater gestellt wurde. Schließlich fragte Madame Riveri, ob es das erste Mal sei, dass Louise so ein Vergehen begangen hatte. Sie antwortete mit Ja. Ich konnte sofort erkennen, dass Madame Riveri ihr nicht glaubte. Louises Fingerfertigkeit verriet viel über Übung und lange Praxis.

»Was Sie sagen, ist natürlich nicht wahr. Aber es kann günstig sein, wenn Sie eine Ersttäterin sind, die ertappt worden ist.«

Mit einem Knall klappte Madame Riveri ihren in Leder gebundenen Notizblock zu und steckte ihn in die Handtasche.

»Ich möchte Sie bitten, ohne meine Anwesenheit keine Aussage zu machen«, sagte sie. »In zwei oder höchstens drei Tagen sollten Sie hier raus sein. Früher geht es wohl nicht. Aber wer weiß.«

Sie stand auf, gab Louise die Hand und bedeutete mir, ihr zu folgen. Die Polizistin kam in den Besuchsraum und begleitete Louise hinaus. Madame Riveri stieg so schnell die Treppen hinauf, dass ich Schwierigkeiten hatte hinterherzukommen. Als wir auf die Straße hinauskamen und die schwere Tür hinter uns zugeschlagen war, gab sie mir eine Visitenkarte.

»Ich werde natürlich alle Kosten übernehmen«, sagte ich.

Sie lächelte ironisch.

»Natürlich werden Sie das«, entgegnete sie. »Aber darüber müssen wir jetzt nicht sprechen.«

Ich wollte von ihr erfahren, was jetzt geschehen würde. Aber sie winkte ein Taxi herbei und verschwand, ohne dass wir uns zum Abschied auch nur die Hand gegeben hatten.

Ich machte mich auf den Weg zu meinem Hotel. Es lag Regen in der Luft. Auf der Seine-Brücke blieb ich stehen und sah einen Lastkahn unter mir hindurchfahren. Eine Frau hängte Wäsche auf. Ein Kinderwagen war an Deck festgezurrt. Ich zuckte zusammen, als jemand mir auf die Schulter klopfte. Abrupt drehte ich mich um und sah direkt in ein unrasiertes und schmutziges Gesicht. Als der Mann um Geld bat, schlug mir sein schlechter Atem entgegen. Ich gab ihm einen Euro und ging weiter.

Ich erinnerte mich an die Furcht meines Vaters, die er mir einmal anvertraut hatte. Aus heiterem Himmel erzählte er mir von seiner Angst davor, eines Tages seine Rechnungen nicht mehr begleichen zu können und auf der Straße leben zu müssen. Warum er mir das erzählte, habe ich nicht verstanden. Vielleicht hatte er mich warnen wollen? Aber ich war sparsam und sorgte immer dafür, Rücklagen zu haben, falls etwas Unerwartetes eintreffen würde.

Ich ging weiter zu meinem Hotel. Monsieur Pierre war zurück und lächelte auf seine freundliche Art. Ich betrat die Bar und trank eine Tasse Tee, ehe ich den Aufzug zu meinem Zimmer nahm.

Kaum hatte ich mich hingelegt, klingelte das Handy. Es war Madame Riveri, die mir mitteilte, dass sie schon am folgenden Tag ein Treffen mit einem Magistratsgericht vereinbart hatte, um Louises Freilassung und Ausweisung aus Frankreich zu verlangen. Jetzt fragte sie, ob ich das Flugticket nach Schweden bezahlen könne. Ich antwortete, das würde ich natürlich übernehmen.

Wie ich so auf dem Bett lag, schlief ich ein. Im Traum lief mein Vater in einem leeren Gartenlokal herum. Ein starker Wind blies. Die Serviette, die er über einem Arm trug, flatterte wie ein halb abgerissener Flügel. Ich versuchte, nach ihm zu rufen, konnte aber kein einziges Wort aus meiner Kehle pressen.

Als mein Vater plötzlich umfiel, wachte ich auf. Der Traum hatte mir Herzklopfen verursacht. Ich setzte mich auf den Bettrand und versuchte, ruhig zu atmen. Nach ein paar Minuten fühlte ich meinen Puls. 97. Das war viel zu hoch. Ich legte mich wieder hin und begann, über mein Herz nachzudenken. Hatte ich ein Leben geführt, wodurch das Risiko eines Herzinfarkts bestand? Vergeblich versuchte ich, den Gedanken zu verscheuchen. Ich nahm eine Beruhigungstablette aus einer Dose, die ich immer bei mir trug, und wartete auf die Wirkung.

Das Handy klingelte. Es war Lisa Modin.

»Ich bin in Paris. Wo bist du?«

»Ich bin in dem Hotel, in dem du für mich ein Zimmer gebucht hast.«

»Ist es gut?«

»Ja. Wo bist du?«

»Am Bahnhof. Gare du Nord.«

»Nicht Gare Montparnasse?«

»Ich bin dahin unterwegs.«

»Wohnst du in meinem Hotel?«

»Nein. Aber in der Nähe.«

»Ich hole dich ab. Sag mir nur, wo im Bahnhof du wartest, dann komme ich dorthin.«

»Das ist nicht nötig. Ich weiß, wo mein Hotel liegt.«

»Ich habe immer davon geträumt, eine Frau zu treffen, die in Paris ankommt.«

Sie lachte auf. Kurz und ein bisschen verlegen.

»Ich habe meine Tochter gefunden«, sagte ich. »Aber ich erzähle später mehr.«

»Hol mich in einer Stunde ab. Ich bin gerade angekommen. Ich muss mich eine Weile hinsetzen und mich daran gewöhnen, hier zu sein.«

Ich versprach ihr zu kommen. Dann ging ich hinunter in die Bar und trank Mineralwasser.

Monsieur Pierre machte sich gerade für die Übergabe an den Nachtportier bereit.

Nach einer halben Stunde rief Lisa Modin an und sagte, sie befinde sich in einem kleinen Café mit einem großen Dubonnet-Schild.

In den Bahnhofshallen hatte der Abendtrubel nachgelassen, auch wenn immer noch viele Leute dort unterwegs waren. Ich entdeckte das Dubonnet-Schild sofort. Lisa Modin saß allein neben einem der Blumenkübel, die das Café von dem übrigen Wartesaal trennte. Sie trug einen dunkelblauen Mantel und hatte einen Koffer neben ihren Beinen und vor sich auf dem Tisch ein Teeglas stehen.

Ich dachte, wie schön sie war, und sie war gekommen, um mich zu besuchen.

Ich wollte gerade zu ihr hingehen, als das Handy in meiner Tasche klingelte. Da es Louise sein konnte, meldete ich mich. Es war natürlich Jansson.

»Störe ich dich?«, fragte er. »Wo bist du?«

»Es spielt keine Rolle, wo ich bin. Was willst du? Wenn du an einem neuen eingebildeten Gebrechen leidest, habe ich dafür gerade keine Zeit.«

»Ich wollte nur anrufen und berichten, dass es brennt«, sagte Jansson.

Zuerst begriff ich nicht, was er meinte. Dann wurde mir ganz kalt.

»Was brennt? Mein Bootshaus?«

»Das Wohngebäude auf Källö. Das Haus der Witwe Westerfeldt.«

»Ist es niedergebrannt?«

»Es brennt gerade jetzt. Ich wollte nur, dass du das weißt.«

Das Gespräch brach ab. Vermutlich hatte Jansson wie üblich sein Handy nicht geladen.

Ich dachte über das nach, was er erzählt hatte, und hoffte, die Witwe Westerfeldt hatte es geschafft zu entkommen. Ihr Haus glich dem meinen. Tüchtige Zimmerleute hatten es Ende des 19. Jahrhunderts nach demselben Muster erbaut.

Ich blieb stehen und umklammerte mein Handy. Es fiel mir schwer, die Auswirkungen von Janssons Nachricht zu begreifen. Immerhin musste es bedeuten, dass man mich jetzt unmöglich als Verdächtigen betrachten konnte. Falls es nun ebenfalls keine natürlichen Ursachen für das Feuer gab.

Ich wusste es nicht. Trotzdem war ich sicher: Draußen auf den Inseln gab es einen Pyromanen oder Brandstifter.

Ich steckte das Handy in die Tasche. Als ich wieder zu Lisa Modin hinsah, hatte sie mich bereits entdeckt. Sie winkte zögernd, als wollte sie das eigentlich verbergen.

Ich winkte zurück.

Dann ging ich zu ihrem Tisch.

17.

Wir begannen, wie Fremde miteinander zu reden, die zufällig nebeneinandersaßen. Ich bestellte ein Glas Wein, und wir stießen an. Ich berührte ihre Hand leicht und sagte, wie sehr ich mich freute, sie zu sehen. Dann stellte ich ihr unverbindliche Fragen zu ihrer Reise. Ihre Antworten waren genauso nichtssagend.

Sie schlug vor zu zahlen. Ich wollte sie einladen, aber das lehnte sie ab. Als ich mich erbot, ihren Koffer zu tragen, schüttelte sie den Kopf.

Gemeinsam machten wir uns auf den Weg zu ihrem Hotel. Noch immer hatte ich nichts über Louise gesagt. Sie hatte auch nicht gefragt. Vor allem dachte ich an das unheimliche Gespräch mit Jansson über das Haus der Witwe Westerfeldt, das in diesem Augenblick brannte.

Wir gingen schweigend die Straße entlang.

»Paris ist immer Paris«, sagte ich.

»Immer«, antwortete sie.

Wir kamen zu ihrem Hotel. Es wirkte einfacher als das, in dem ich wohnte, und hieß Mignon.

Ich folgte ihr hinein. Ein junger dunkelhäutiger Mann stand in der engen Rezeption. Statt schwerer Schlüssel hatte das Hotel kleine Plastikkarten. Ich wartete, während Lisa Modin sich eintrug, ihre Kreditkarte überreichte und die Schlüsselkarte bekam.

»Ich bin müde. Ich brauche Schlaf.«

»Zimmer 312«, sagte ich. »Das ist bestimmt ein gutes Zimmer. Der dritte Stock liegt so hoch über der Straße, dass der Verkehr einen nicht stört.«

»Können wir uns für morgen verabreden?«

Die Bar neben der Rezeption wurde gerade geschlossen.

»Nur ein paar Minuten«, sagte ich. »Etwas trinken. Ich habe Neuigkeiten.«

Sie zögerte. »Ich muss mir die Hände waschen«, sagte sie. »Ich komme gleich wieder runter.«

Ich sah sie im Aufzug verschwinden. Ein lautes Paar, das Dänisch sprach, bat um seine Schlüsselkarte. Ich betrat die Bar. Die Frau hinter dem Tresen sah mich mürrisch an.

»Ich bleibe nicht lange«, sagte ich entschuldigend. »Ein Glas Rotwein. Ein Hotelgast kommt gleich herunter. Wir wollen nur kurz etwas trinken.«

Sie nickte stumm, stellte mir ein Glas Wein hin und ging in die Küche hinter der Bar. Ich dachte daran, wie viele Bars ich in meinem Leben besucht hatte. An all die endlosen Stunden, die ich über Weingläsern oder Kaffeetassen gehockt hatte.

Als Lisa Modin kam, sah ich, dass sie ihre Haare gekämmt und die Bluse gewechselt hatte. Die Frau hinter dem Tresen fragte nach ihren Wünschen. Sie deutete auf mein Glas und wurde bedient.

»Die Bar schließt gerade«, sagte ich. »Die Barkeeperin scheint ein bisschen verstimmt zu sein über unseren Besuch.«

»Das Zimmer ist klein«, sagte Lisa Modin. »Ich war fast enttäuscht. Aber ich habe gemerkt, dass es still ist. Du hattest recht. Der Verkehr ist nicht zu hören.«

»Ich habe Louise gefunden«, erzählte ich. »Sie hat jetzt eine Anwältin, die ihr hilft. Wir hoffen, dass sie morgen oder übermorgen freigelassen wird. Wenn die Anwältin ein bisschen Glück mit dem zuständigen Richter hat.«

»Du musst erleichtert sein. Entschuldige, ich hätte dich natürlich schon im Bahnhof danach fragen sollen.«

»Ich bin erleichtert. Ein Mann von der schwedischen Botschaft hat mir geholfen. Ohne ihn hätte ich Louise nie gefunden.«

Die Barkeeperin kam mit der Rechnung. Diesmal ließ mich Lisa Modin bezahlen. Wir leerten die Gläser und standen auf. Noch ehe wir die Bar verlassen hatten, wurde das Licht hinter uns gelöscht.

»Ich habe auch noch etwas anderes zu berichten«, sagte ich, als wir am Aufzug standen und warteten. »Jansson, der dich zu mir herausgefahren hat, hat angerufen und erzählt, in einem anderen Haus auf einer Nachbarinsel sei ein Feuer ausgebrochen. Heute Abend.«

»Ist das wahr? Wurde dieser Brand auch gelegt?«

»Ich weiß es nicht. Aber es kommt selten vor, dass es draußen auf den Inseln brennt. Das ist etwas unheimlich. Erschreckend.«

Zum ersten Mal, seit sie mich in der Bahnhofshalle entdeckt hatte, schien sie das Gespräch mit mir zu interessieren. Das enttäuschte mich wiederum. Ein Haus, das brannte, war wichtiger als ein Mann, der vor ihr stand und nichts anderes wollte, als ihr näherzukommen.

»Wir müssen morgen weiterreden«, sagte ich und wandte mich zum Gehen. »Wann passt es dir, dass ich dich abhole?«

»Lass mich zu deinem Hotel kommen«, entgegnete sie. »Damit ich sehen kann, was ich für dich gebucht habe.«

Wir verabredeten uns für zehn Uhr. Als ich auf die Straße hinaustrat, überkam mich das gewaltige Bedürfnis, mich in die Nacht hinauszubegeben und zu sehen, wohin sie mich führte. Ohne mich zu besinnen, ging ich zu einem Taxi am Straßenrand und gab als Ziel die Place Pigalle an. Der Fahrer war Nordafrikaner und ließ im Wagen laute Musik laufen. Ich bat ihn, sie leiser zu stellen. Er tat so, als würde er mich nicht hören.

Plötzlich hatte ich genug. Ich schrie ihn an, er solle an die Bordsteinkante fahren und halten. Dann warf ich ihm ein paar Euro hin und stieg aus.

»Diese verdammte Musik«, schrie ich ihm durch das offene Vorderfenster zu.

Er rief etwas zurück, was ich nicht verstand. Ich hatte ihm schon den Rücken gekehrt und ging davon. Aber ich hatte Angst, er könnte mir nachkommen. Würde er mich angreifen, wäre ich zum Verlieren verdammt. Ich hörte, wie das Auto einen Blitzstart machte, dann fuhr es an mir vorbei, ohne dass der Fahrer sich auch nur nach mir umdrehte.

Ich hatte solche Angst, dass ich zitterte. Es wäre besser, zum Hotel zurückzukehren. Aber ich nahm ein anderes Taxi, das von einem grauhaarigen Mann gefahren wurde, von dem ich vermutete, er gehörte zu den traditionsreichen russischen Taxifahrern in Paris. Sein Radio schwieg. Im Wagen roch es nach Wurst und starkem Tee. Als ich ihn bat, zur Place Pigalle zu fahren, antwortete er nur mit einem Nicken. Er setzte mich in der Nähe des Moulin Rouge ab, und ich ging direkt zum nächsten Bistro.

Ich ließ mich volllaufen. Aus Erleichterung. Einerseits, da ich glaubte, Louise würde bald freikommen. Andererseits wegen des Handygesprächs mit Jansson. Ich konnte mir nur schwer vorstellen, dass er sich auch dann gemeldet hätte, wenn der aktuelle Brand nicht ebenfalls von jemandem gelegt worden wäre.

Aber vor allem trank ich, weil ich eingesehen hatte, welche Gründe auch immer Lisa Modin bewogen hatten, nach Paris zu kommen, es war kein von mir erhoffter darunter. Als Mensch war ich für sie vielleicht interessant, nicht aber als Mann.

Ich bestellte und trank. Nach einer weiteren Runde rief ich Jansson an. Es dauerte lange, bis er sich meldete. Er schien atemlos zu sein, als er mit seiner schrillen Stimme in mein Ohr schrie.

»Ich bin es«, sagte ich. »Wo bist du?«

»Wir versuchen zu verhindern, dass der Brand auf Westerfeldts alte Scheune übergreift«, rief er. »Aber das feine alte Wohnhaus brennt ab.«

»Halt mal das Handy vom Ohr weg«, sagte ich.

»Warum denn?«

»Ich will hören, wie es brennt.«

Er tat es. Und ich meinte wirklich, das Donnern der Flammen zu vernehmen.

»Habt ihr die Witwe herausholen können?«, fragte ich, als er das Ohr wieder am Telefon hatte.

»Sie haben sie zu den Sundells auf Ormö gebracht. Sie soll das hier nicht mit ansehen.«

»Mach ein Bild«, sagte ich.

»Ein Bild?«

Jansson schien mich nicht zu verstehen.

»Hast du ein Handy, mit dem man fotografieren kann?«

»Wieso?«

»Weil ich sehen möchte, ob du die Wahrheit sagst. Ich möchte ein Bild hierher auf mein Handy bekommen, wo ich in einer Bar sitze und mich besaufe.«

»Wieso?«

»Warum ich trinke oder warum ich ein Bild haben möchte? Das erzähle ich dir, wenn ich nach Hause komme. Sicherheitshalber sage ich noch einmal, dass ich in Paris bin. Ich warte auf das Bild.«

Jansson tat, worum ich ihn gebeten hatte. Nachdem ich noch ein Glas getrunken hatte, klingelte das Handy. Ich sah mir das Foto an. Es war sehr schlecht. Von dem Haus war nichts zu sehen. Auf dem Bild war nur ein unförmiger Feuerschein.

Ich hielt dem Mann hinter dem Tresen das Handy hin.

»Hier brennt mein Haus ab«, sagte ich.

Er sah mich an, entgegnete aber nichts. Ich verstand ihn.

Schließlich ging ich hinaus in die Nacht. Mit den Frauen, die entlang der Straße stolzierten, wollte oder wagte ich nicht, Kontakt aufzunehmen. Aber ich erinnerte mich plötzlich an den Silvesterabend in dem Jahr, bevor ich Harriet traf. Damals hatte ich ein Verhältnis mit einer jungen Frau, die in einem Eisenwarenladen arbeitete. Um Weihnachten herum bemerkte ich, dass ich nicht mehr mit ihr zusammen sein wollte. Aber ich wusste nicht, wie ich es ihr sagen sollte, da mir klar war, in welche Verzweiflung sie das stürzen würde. Ich brauchte Zeit zum Nachdenken. Ein paar Tage vor Silvester war ich zu Hause bei ihr in der Wohnung, wo sie mit ihren vorübergehend verreisten Eltern lebte. Geplant war, zusammen einen ruhigen Silvesterabend zu feiern, was mir als eine Option erschien, die ich um jeden Preis vermeiden wollte.

Ich sagte zu ihr, ich müsse ein Paar neue Schuhe kaufen. Da hatte ich schon einen Brief unter ihr Nachthemd gelegt und wusste, sie würde ihn abends entdecken.

Statt einen Schuhladen aufzusuchen, fuhr ich geradewegs nach Arlanda und nahm einen Flug nach Paris. In meiner verlogenen Mitteilung unter dem Nachthemd hatte ich geschrieben, ich würde sie natürlich lieben, bräuchte aber ein paar Tage für mich allein. Die Liebe sei zu überwältigend.

In Paris quartierte ich mich in einem billigen Hotel unweit von Clichy ein, schlief bis mittags um zwölf und verbrachte meine Nächte in verschiedenen Bars im Pigalle oder im Quartier des Halles, die damals noch beide mitten in der Stadt lagen. Die ganze Zeit versuchte ich, Mut zu fassen, um eine Prostituierte anzusprechen. Die Frauen auf der Straße erschreckten mich. Doch unter den Frauen, die sich in einer Bar aufhielten, gab es eine, auf die ich scharf war. Aber auch an sie traute ich mich nicht heran. Abend für Abend, Nacht für Nacht strich ich wie eine verängstigte Katze an den Häuserwänden entlang. Erst an Silvester, dem Abend vor meiner Heimreise, wagte ich mich endlich in eine dieser einschlägigen Bars. Schwere Vorhänge waren vor den Fenstern zugezogen. Als ich die Klinke herunterdrückte, wusste ich nicht, was mich erwartete. Waren da viele Gäste, viele Frauen? Nachdem ich in die Dunkelheit eingetreten war, entdeckte ich, dass die Bar fast leer war. Der schattenhafte Umriss eines Mannes bewegte sich hinter dem Tresen, wo die Flaschen im Spiegel glitzerten. Er taxierte mich, um zu prüfen, ob ich ein Kunde war, den man einlassen sollte, oder jemand, der Schwierigkeiten machen würde, nickte mir dann aber zu. Ich hatte die Wahl zwischen leeren Tischen mit roten Stühlen oder einem der lederbezogenen Hocker am Tresen. Die einzige Frau im Raum saß ganz hinten am Tresen und rauchte eine Zigarette. Ich vermied es, sie anzusehen, bestellte ein Glas Wein und versuchte, so unbeschwert wie möglich zu wirken. Musik strömte aus unsichtbaren Lautsprechern. Ich bestellte ein weiteres Glas Wein, und der Mann hinter dem Tresen fragte mich, ob ich mir vorstellen könnte, die Frau am Ende des Tresens auf einen Drink einzuladen. Das konnte ich natürlich. Der Barkeeper brachte ihr ein Getränk, vielleicht einen leichten Martini. Sie hob ihr Glas, und wir prosteten uns zu. Trotz des Schummerlichts konnte ich sehen, dass sie in den Dreißigern war. Sie hatte eine braune Pagenfrisur, war nicht übermäßig geschminkt und so weit von meiner Vorstellung von einer Prostituierten entfernt wie nur möglich. Aber natürlich erregte mich der Gedanke, dass sie käuflich war. Ich hatte dreihundert Franc in der Innentasche meiner Jacke, aber ich wusste nicht, ob das ausreichte. Von dem Preis für Frauen in Paris hatte ich keine Ahnung, damals ebenso wenig wie heute.

Ich blieb in der Bar sitzen, bis das neue Jahr im Radio hinter dem Tresen eingeläutet wurde. Während des gesamten Abends tauchte nur ein männlicher Gast auf. Er und die Frau kannten einander. Soweit ich das beurteilen konnte, war er ihr Zuhälter. Als er gehen wollte, entstand ein Streit um ihr Feuerzeug, das er angeblich eingesteckt hatte. Da die beiden laut wurden, überlegte ich, ob dies nicht ein günstiger Moment für mich wäre, die Bar zu verlassen. Aber das Feuerzeug tauchte auf, alles beruhigte sich, und der Mann verschwand. Als die Tür zuschlug und die Draperie, die die Kälte draußen halten sollte, sich wieder schloss, stand die Frau plötzlich auf, kam herüber und setzte sich auf den Hocker neben mir. Sie sagte, sie heiße Anne. Ich weiß nicht mehr, was ich erwiderte. Vielleicht nannte ich mich Erik oder Anders. Dann fragte sie, woher ich komme. Ich sagte Dänemark. Was ich in Paris mache? Mich von der Arbeit als stellvertretender Bankdirektor erholen. Ich verwischte alle Spuren, die auf mein eigentliches Leben hätten verweisen können. Sie bat um einen weiteren Drink. Ich nickte dem Barkeeper zu, während ich zugleich besorgt war, die Getränke könnten schändlich teuer sein. Wie konnte die Bar mit einem einzigen Gast am Silvesterabend rentabel sein?

Während ich trank, fragte ich mich, was meine Freundin in Stockholm machte. Saß sie in der Wohnung ihrer Eltern und dachte an mich? Ich wusste es nicht. Aber ich war froh darüber, dass ich weggegangen war, um Schuhe zu kaufen, und mich dann nach Paris aufgemacht hatte. Nach meiner Rückkehr müsste ich den Mut aufbringen, ihr zu erklären, dass unsere Beziehung keine Zukunft hatte.

Anne stieß mich vorsichtig mit einem Fuß an.

»Du weißt, dass wir im Hinterzimmer Liebe machen können«, sagte sie.

»Ja«, antwortete ich. »Ich weiß.«

Dann sagte ich nichts mehr. Ich war dankbar, dass sie nicht darauf bestand.

Inzwischen war es halb eins. Von draußen waren vereinzelte Böller und Rufe von feiernden Menschen zu hören. Ich lud Anne auf einen weiteren Drink ein. Die ganze Zeit über fürchtete ich jedoch, sie würde mit dem direkten Vorschlag kommen, uns in das Hinterzimmer zurückzuziehen. Die Versuchung, mich in weitere Bars zu schleichen, war verflogen. Jetzt suchte ich nichts anderes als einen Fluchtort.

Schweigend saßen wir am Tresen. Jede fünfzehnte Minute, als würde sie einem stummen Klingelzeichen folgen, zündete sie sich eine Zigarette mit ihrem Ronson-Feuerzeug an. Als die Flamme aufflackerte, sah ich, dass ihre Nägel abgebissen waren.

Schließlich bat ich um die Rechnung. Nachdem ich gezahlt hatte, gab ich ihr hundert Franc. Sie nahm sie entgegen und lächelte. Ich stand auf und ging hinaus.

Menschen grölten in der kalten Winternacht. Aus der Ferne waren die Lichter der Raketen zu sehen, die am Montmartre hochgeschossen wurden. Ich blieb ein Stück entfernt von der Bar stehen. Nach zehn Minuten, als ich mich gerade zum Gehen entschlossen hatte, kam Anne heraus. Sie trug einen Wildledermantel mit Pelzbesatz und eine Baskenmütze auf dem Kopf. Als sie an mir vorbeikam, grüßte ich sie. Sie sah mich an, als würde ich sie belästigen. Jedenfalls war ich kein Mensch, den sie kannte.

In dieser langen kalten Winternacht ging ich noch eine ganze Weile durch Paris. Am nächsten Tag fuhr ich nach Hause. Neue Schuhe hatte ich nicht gekauft. Ich hatte auch nicht den Mut, unsere Beziehung zu beenden. Es dauerte bis Anfang Februar, bis ich es über mich brachte, die entscheidenden Worte auszusprechen, ihr verzweifeltes Weinen zu ertragen und dann auf Nimmerwiedersehen zu gehen. Dreißig Jahre später traf ich sie durch einen Zufall. Da war sie verheiratet und hatte drei Kinder. Fast als Erstes sagte sie zu mir, sie sei jetzt, im Nachhinein, dankbar dafür, dass ich sie verlassen hatte. Hätte ich das nicht getan, hätte unser gemeinsames Leben in einer Katastrophe geendet.

Ich ging rund um die Place Pigalle herum und versuchte mich zu erinnern, wo die Bar gelegen hatte. Alle Häuser schienen dieselben zu sein wie damals. Trotzdem fand ich mich nicht zurecht. Schließlich glaubte ich doch, die Tür und die Fenster mit den zugezogenen Vorhängen wiederzuerkennen. Es gab die Bar noch. Ich zögerte, ehe ich hineinging, da ich fürchtete, ich könnte hier eine Tür zur Vergangenheit öffnen. Nicht zuletzt war ich davon überzeugt, dass dieselbe Frau am Tresen sitzen und ihre Gitanes rauchen würde. Um in die Wirklichkeit zurückzufinden, nahm ich mein Handy heraus und sah mir noch einmal das Foto von dem Brand an. Ich dachte, ich sollte Jansson anrufen. Aber ich ließ es sein, steckte das Handy wieder in die Tasche und betrat dann die Bar.

Alles war verändert. Der Tresen war neu, das Licht etwas schärfer, und ein Fernseher lief ohne Ton. Ein paar einsame Menschen saßen am Tresen, die Barkeeperin dahinter war jung und trug einen Ring in der Nase und einen Edelstein im linken Ohr.

Andere Frauen waren nicht anwesend. Das war für mich keine Enttäuschung, sondern eine Erleichterung. Aber die Erleichterung beunruhigte mich auch. Wusste ich nicht mehr, was ich wollte? Vertrug ich es nicht mehr zu trinken, hatte ich dann meine Gedanken nicht mehr unter Kontrolle?

Ich verließ die Bar wieder. Oben an der Place Pigalle nahm ich ein Taxi und fuhr zurück in mein Hotel. Im Zimmer warf ich die Kleider in einem Haufen auf den Boden und schlüpfte unter die Decke. Aus dem Nebenraum drang das Geräusch eines Fernsehers. Ich sah auf meine Uhr. Es war Viertel nach zwei. Ich schlug ein paarmal mit der Faust gegen die Wand hinter dem Bett. Das Fernsehgeräusch verstummte.

So weit ist es mit mir gekommen, dachte ich. Jetzt bin ich nur noch ein älterer Mann, der allein und mit Übelkeit in seinem Bett im Hotel liegt. Meine Tochter sitzt in der Unterwelt der französischen Polizei in Haft, und eine Frau, die mich überhaupt nicht liebt, wohnt in einem Hotel in der Nähe.

Ich wachte davon auf, dass Jansson anrief. Es war sechs Uhr morgens. Die Vorhänge bewegten sich leicht, weil es von den undichten Fenstern her zog. In den Morgenstunden war in Paris ein Wind aufgekommen.

»Der Brand ist gelöscht«, sagte Jansson. »Habe ich dich geweckt?«

»Nein«, sagte ich. »Weiß man etwas darüber, wie der Brand entstanden ist?«

»Alexandersson meint, es sei offenbar genauso gewesen wie bei deinem Haus.«

»Was?«

»Dass der Brand an verschiedenen Stellen zugleich ausgebrochen ist.«

»Wir haben also einen Verrückten draußen im Schärengarten. Ich schlief in meinem Bett, als mein Haus anfing zu brennen. Jetzt steckt man ein Haus in Brand, in dem eine fünfundachtzigjährige Frau wohnt.«

»Es war vermutlich der Hund, der sie geweckt hat«, sagte Jansson nachdenklich. »Hätte sie den nicht gehabt, hätte der Rauch sie töten können, ehe wir dort eintrafen.«

»Danke, dass du mich angerufen und berichtet hast. Hat die Polizei nach mir gefragt? Meinen die Leute, ich hätte mein eigenes Haus in Brand gesteckt?«

»Was die Leute denken, weiß ich nicht.«

»Ich komme in ein paar Tagen.«

»Ich bin noch nie in Paris gewesen. Manchmal kommt es mir so vor, als wäre ich nie weiter als bis Söderköping gekommen.«

»Warst du nicht vor vielen Jahren auf den Kanarischen Inseln?«

»Ich kann mich kaum erinnern.«

»Schick mir noch ein Bild«, sagte ich schließlich. »Wenn du noch dort bist?«

Das Bild kam nach ein paar Minuten. Das Haus war eine Ruine. Das Feuer war verglommen, nur noch Glutherde und Rauch waren geblieben. Doch die Küstenwache hatte starke Scheinwerfer installiert, die die Hausreste in gespenstisches Licht tauchten. Auf dem Bild ahnte ich Schatten von Menschen, die beim Löschen geholfen hatten.

Ich stand auf und sah hinunter auf den Hinterhof. Laub und Papier wirbelten in dem starken Wind umher, der plötzlich aufgekommen war. Ich versuchte, eine Ratte zu entdecken, die ich am Tag davor gesehen hatte, sah sie aber nicht.

Lisa Modin saß in der Rezeption und wartete, als ich um zehn herunterkam. Als sie mich sah, stand sie auf.

»Wir gehen hinaus«, sagte sie. »Ich brauche frische Luft.«

Sie bog in die Rue de Vaugirard ein, aber ich glaubte nicht, dass sie es bewusst tat. Ich hatte ihr nicht erzählt, dass diese längste Straße von Paris einmal mein Weg gewesen war. Wir folgten ihr in Richtung der Porte de Versailles. Nach etwa einer halben Stunde, als der böige Wind immer lästiger wurde, führte sie mich in ein Bistro, das ich von der Zeit her kannte, als ich in der Nähe gewohnt hatte.

Ich erinnerte mich plötzlich an einen Tag, als ich Geld gehabt hatte und mir ein Frühstück leistete, ehe ich meine lange Fahrt nach Jourdain antrat, wo ich die Klarinetten auseinanderbaute. Ich hatte eine Tasse heiße Schokolade und ein Sandwich bestellt. Und plötzlich hatte der ältere Mann, der bediente und vermutlich auch der Besitzer des Bistros war, aufgestöhnt, hatte sich zusammengekrümmt und war mit dem Kopf auf dem Zinktresen aufgeschlagen. Alle konnten sehen, dass er von jähen und schweren Schmerzen gepeinigt war.

So früh am Morgen war das Bistro voll mit Menschen, die auf dem Weg zur Arbeit eingekehrt waren, um zu frühstücken. Neben mir stand ein Mann in einem blauen Overall und trank ein Glas Rotwein, das er in dem Moment herunterkippte, als der Mann hinter dem Tresen zusammenbrach.

Was weiter geschah, weiß ich nicht mehr. Sein Stöhnen veranlasste mich, meine Tasse zu leeren, das Sandwich in die Hand zu nehmen, Geld in die kleine Plastikschale zu legen und davonzugehen.

Am folgenden Tag kehrte ich zurück. Einen Monat lang ging ich fast jeden Tag dorthin. Aber den alten Mann sah ich nicht wieder.

Eines Tages, mehr als einen Monat nach dem morgendlichen Ereignis, trugen die Kellner Trauerflor um ihre weißen Hemdsärmel. Danach kehrte ich nie wieder dorthin zurück. Bis jetzt. Ich erkannte die Farbe der Wände wieder, während die Stühle und Tische in den vielen Jahren meiner Abwesenheit ausgetauscht worden waren.

Lisa Modin führte mich an einen Tisch in einer Ecke neben der Glasfront der Veranda. Dort standen Stühle und Tische gestapelt und mit Ketten gesichert. Ich hatte das Gefühl, Tiere in Erwartung des Winters in einem Stall zu betrachten.

»Hier in der Nähe habe ich einmal gewohnt«, sagte ich. »Aber das kannst du unmöglich wissen.«

»Du wirst dich fragen, warum ich überhaupt hergekommen bin? Wir kennen einander nicht. Du bist hier, um nach deiner Tochter zu suchen. Aber warum komme ich her, nachdem ich meinen Redakteur über den Grund meiner Reise belogen habe?«

»Was hast du zu ihm gesagt?«

»Das ist meine Sache. Es ist für dich nicht interessant.«

Ihre Stimme wurde scharf, als sie mir diese Antwort gab. Danach schwiegen wir.

Nach der kurzen Unterbrechung in dem Bistro setzten wir unsere Wanderung fort. Die Straße war genauso unendlich, wie ich sie von früher in Erinnerung hatte. Ich entsann mich an einen Samstagnachmittag, als Horden von Jugendlichen die Straße entlanggekommen waren. Später erfuhr ich, dass sie zu einem Konzert an der Porte de Versailles unterwegs gewesen waren. Sie wollten zu dem Konzert einer sensationellen englischen Popgruppe. Sie hieß The Beatles. Ich wusste nichts von deren Musik. Ich lebte in der Welt des Jazz, auch wenn ich manchmal Orgelkonzerte in der Kirche Saint-Germain-des-Prés besuchte.

Plötzlich empfand ich diesen Spaziergang auf der langen Straße als sinnlos. Ich blieb stehen.

»Wohin sind wir unterwegs?«

»Nirgendwohin. Oder zu einem anderen Café.«

»Weshalb bist du eigentlich hierher nach Paris gekommen?«

»Jetzt gehen wir weiter«, erwiderte sie bloß.

Als wir zu einem Bistro in der Rue de Cadix kamen, betraten wir es. Vor der Mittagszeit waren nur wenige Gäste da. Wir setzten uns ganz hinten in das Lokal. Der Kellner war alt und hinkte. Lisa Modin bestellte eine Flasche Rotwein. Sie wählte den teuersten, der auf der abgegriffenen Weinkarte stand. Ihre Wahl verstärkte meine Unruhe. Der Kellner brachte die Flasche und zwei Gläser. Er roch streng nach Achselschweiß. Lisa Modin fiel das ebenfalls auf. Sie lächelte.

»Ich bin gekommen, weil ich wissen will, was du eigentlich glaubst.«

»Was glaubst?«

»Ich merke, wie du mich ansiehst. Schon beim ersten Mal, als ich mich nach dem Brand erkundigte. Als du dann an diesem Abend aufgetaucht bist, um bei mir zu übernachten, war ich eigentlich nicht sonderlich erstaunt. Du bist nicht der erste Mann, der vor meiner Tür gestanden und gewinselt hat.«

»Ich winsele nicht. Außerdem war das, was ich dir gesagt habe, wirklich wahr.«

Sie runzelte die Stirn, als wäre sie von meiner Entgegnung irritiert. Als sie antwortete, merkte ich, dass sie auch wütend war.

»Du musst mich nicht anlügen.«

»Ich lüge nicht.«

Sie schob ihr Glas weg und beugte sich rasch über den Tisch.

»Du lügst«, sagte sie erneut.

»Nein.«

»Doch!«

Letzteres schrie sie heraus. Ich meinte plötzlich, meine Tochter zu hören.

Aus dem Augenwinkel sah ich, dass der alte Kellner die Szene mitbekommen hatte. Aber er wandte nur den Blick ab und wischte weiter an einem Tisch herum.

So sieht die Welt aus, dachte ich unscharf. Überall Menschen, die sich abwenden.

Ich versuchte, die Ruhe zu bewahren und mein Glas zu nehmen, ohne zu zittern. Ich leerte es und stand auf. Wortlos legte ich das Geld auf den Tisch und ging. Als ich auf die Straße hinauskam, lief ich, so schnell ich konnte. An der Métro-Station Porte de Versailles eilte ich in die Unterwelt hinab und stieg in den Zug nach Montparnasse ein.

Sofort bereute ich es, sie verlassen zu haben. Was hatte sie mir sagen wollen? Ich saß in dem rüttelnden Zug und fühlte mich bloßgestellt. Sie hatte meine muffigen Altmännergedanken durchschaut und sich schließlich entschlossen herauszufinden, was ich eigentlich wollte. Bildete ich mir wirklich ein, eine Liebesgeschichte zwischen uns wäre möglich? Verstand ich nicht, dass sie, als sie meine eigentlichen Absichten erkannt hatte, verletzt war?

Ich fuhr am Montparnasse vorbei und stieg erst aus, als die Métro das rechte Ufer erreicht hatte. Wieder war ich am Châtelet. Als ich ins Tageslicht hinaufkam, begann es zu regnen. Ich ging in einen Zeitungsladen und kaufte einen Regenschirm.

Kaum hatte ich ihn aufgespannt, klingelte mein Handy. Ich stellte mich unter ein hervorspringendes Dach an einem Schuhladen.

Es war Olof Rutgersson. Er fragte sofort, wo ich mich befände. »Draußen im Regen«, antwortete ich. »Mit einem frisch erworbenen Regenschirm.«

»Ich wollte nur mitteilen, dass Madame Riveri Ihre Tochter heute gegen drei Uhr abholen wird. Sie ist sehr effektiv, aber das ist trotzdem sensationell. Sie muss einen sehr guten persönlichen Kontakt zu dem zuständigen Richter haben. Ihre Tochter wird freigelassen. Madame Riveri wird Sie anrufen und einen Treffpunkt vereinbaren. Für einen Austausch.«

»Austausch von was?«

»Eine Tochter gegen eine Rechnung für ihre Arbeit.«

»Wird Louise ausgewiesen?«

»Das weiß ich nicht. Aber wenn unsere liebe Riveri sagt, sie werde freigelassen, dann ist es so. Was das Wichtigste ist.«

»Ich muss mich für all die Hilfe bedanken.«

»Das schwedische Außenministerium und die Botschaften sind froh über jede Angelegenheit, die wir auf gute Art regeln können. Lassen Sie ruhig von sich hören, wenn Sie und Louise nach Schweden zurückgekehrt sind. Vielleicht sollte Ihre Tochter es künftig vermeiden, als Taschendiebin in Frankreich zu arbeiten. Sie verschwindet nicht aus den Registern. Das französische Recht ist nachtragend.«

Wir beendeten das Gespräch mit ein paar Höflichkeitsfloskeln. Ich steckte das Handy in die Tasche und dachte, ich würde es nie wieder zulassen, dass ich mich über Lisa Modin aufregte. Auch würde ich sie nicht mehr mit meinen Träumen von irgendeiner Form von Gemeinschaft belästigen.

Aufs Geratewohl streifte ich durch den Regen, bis ich ein Café aufsuchte. Ich fragte mich, ob ich je zuvor in meinem Leben so viele Cafés besucht hatte wie in diesen Tagen in Paris.

Erneut rief ich Jansson an. Ich erkundigte mich, ob es Neuigkeiten zu dem Brand gab. Das war nicht der Fall. Aber es verbreitete sich schon das Gerücht über einen Zusammenhang zwischen dem jüngsten Feuer und dem, der aus meinem Haus eine Ruine gemacht hatte.

»Man hält mich vielleicht nicht mehr für einen Brandstifter?«

»Das hat man nie getan.«

»Du sollst mich nicht anlügen. Das lohnt sich nicht.«

»Die Leute haben Angst, es könnte wieder brennen.«

Ich verstand ihn. Angst ist etwas, das sich schnell verbreitet, besonders unter älteren Menschen. Ich saß an meinem Cafétisch und dachte ironisch, dass ich draußen im Schärengarten zu den

Jüngeren gehörte. Zumindest im Herbst, Winter und Vorfrühling.

Der Gedanke an Lisa Modin ließ mich nicht los. Die Verachtung, die ich gegen sie zu richten versuchte, hatte keinen Stachel. Ich hätte nicht gehen sollen, ohne sie ausreden zu lassen. Dann hätte ich bestimmt einen Weg finden können, um sie davon zu überzeugen, dass sie sich täuschte. Ich war nicht der Mann, für den sie mich hielt.

Ich blieb sitzen, bis die Mittagszeit vorüber war. Bald waren nur noch ich und ein paar wenige andere Gäste im Lokal. Eine blinde Frau streichelte ihren Führerhund, der zu ihren Füßen lag. Wie ihre gealterte Hand über das Fell des Hundes strich, schien es, als würde diese Bewegung in alle Ewigkeit geschehen.

Mein Großvater hatte meine Kindheit draußen auf der Insel dominiert. Aber Großmutter war auch immer da gewesen, sie bot die Geborgenheit, die ich erst als Erwachsener zu schätzen gelernt hatte. In ihren letzten Lebensjahren war sie schwer dement und lebte in einem Heim. Sie war nachts hinausgegangen, da sie meinte, Großvater befinde sich im Sturm auf dem Meer. Auch wenn vollständige Flaute herrschte, rasten in ihr der Sturm und die Sorge um Großvater, die sie nie zu verlassen schien.

Sie waren im Abstand von wenigen Stunden gestorben. Erst Großmutter, dann Großvater. Es gab kein Leben mehr für den, der zurückblieb, wenn der andere fort war. Soviel ich gehört hatte, natürlich von Jansson, der alles wusste, hatte Großvater morgens erfahren, dass sie tot war. Er hatte die Zeitung, die er gerade las, weggelegt, seine Brille ins Futteral gesteckt und sich auf sein Bett gelegt. Zwei Stunden später war auch er tot.

Das Klingeln des Handys unterbrach meine Gedanken. Es war Madame Riveri. Sie schlug vor, dass wir uns am Montparnasse trafen. Den Namen und die Adresse meines Hotels habe sie notiert. Ob ich in einer guten Stunde dort sein könnte? Dann würde sie mit Louise hinkommen.

Ich dankte ihr, zahlte und wollte ins Hotel zurückkehren. Ein kurzer Stromausfall in der Métro machte mich unruhig. Was würde geschehen, wenn ich Louise und Madame Riveris Rechnung nicht pünktlich entgegennahm? Aber der Nothalt währte nur wenige Minuten. Ich kam rechtzeitig zu meinem Hotel. Während ich wartete, fragte ich Monsieur Pierre, ob es eventuell freie Zimmer für die kommende Nacht gäbe. Das gab es, aber ich buchte keines, da ich nicht wusste, welche Pläne Louise hatte.

Inzwischen hatte der Regen aufgehört. Ich ging hinaus auf die Straße, um auf Louises Eintreffen zu warten. Plötzlich meinte ich, Lisa Modin auf der anderen Straßenseite zu erblicken. Ich dachte, dass ich sie nie wieder treffen wollte. Aber der Gedanke war nicht wahr. Ich wollte meinen Traum nicht aufgeben, wie hoffnungslos er sich auch erwiesen hatte.

Madame Riveri und Louise kamen in einem Taxi. Louise war sehr blass. Wir gingen in die Rezeption des Hotels. Madame Riveri verschwand in einer Damentoilette und ließ mich mit Louise allein.

»Ich weiß nichts von dem Leben, das du hier führst«, sagte ich. »Aber wenn du willst, kannst du heute Nacht hier schlafen. Es gibt freie Zimmer.«

Sie nickte stumm. Ich begleitete sie in die leere Bar und ging dann hinaus in die Rezeption, um ein Zimmer bei Monsieur Pierre zu buchen.

»Es ist für meine Tochter«, sagte ich.

»Ich vermute, dass es die Dame ist, die in der Bar sitzt? Darf ich fragen, ob die andere Dame Ihre Frau ist?«

»Nein«, antwortete ich. »Louises Mutter ist tot. Ich bin alleinstehend.«

»Das tut mir leid«, sagte Monsieur Pierre traurig. »Es ist für keinen Menschen gut, allein zu leben.«

Madame Riveri kam aus der Damentoilette. Sie hatte es eilig. Ich dankte ihr für ihren Einsatz und fragte, ob es schwierig gewesen sei, Louise freizubekommen.

»Ich habe erklärt, dass sie schwanger ist und keine Vorstrafen hat. Da war es nicht schwer, zumal der Richter und ich uns gut verstehen. Ich habe ihm auch mitgeteilt, dass ihr Vater in Paris ist, um sie abzuholen.«

»Sie wohnt heute Nacht hier«, sagte ich. »Dann wird man weitersehen.«

Madame Riveri zog einen Umschlag aus ihrer Handtasche.

»Es eilt nicht mit der Bezahlung«, sagte sie. »Aber vergessen Sie es nicht. Sonst werde ich ungnädig.«

Sie verabschiedete sich von Louise und schwebte aus dem Hotel.

Ich begleitete Louise zu ihrem Zimmer. Es lag im selben Stockwerk wie meines. Louise hatte keine Reisetasche dabei. Ich fragte sie, ob sie Geld hätte. Das hatte sie auch nicht.

»Ich brauche Kleidung«, sagte sie.

Ich gab ihr Geld. Natürlich wollte ich sie fragen, wo sie in Paris wohnte. Wo hatte sie ihre Siebensachen? Aber ich wusste, dass es die falsche Gelegenheit war. Sie war bestimmt dankbar dafür, dass ich ihr geholfen hatte. Aber zugleich wollte sie sich nicht von mir abhängig machen.

Ehe ich ihr Zimmer verließ, fragte ich sie, ob sie abends mit mir essen gehen wolle.

»Ich bin zu müde«, entgegnete sie. »Ich muss den Schmutz vom Gefängnis abwaschen. Und dann schlafen.«

»Ich habe Zimmer 213«, sagte ich. »Wir frühstücken morgen zusammen, wenn du ausgeschlafen hast.«

Abends aß ich in einem chinesischen Restaurant in der Nähe des Hotels. Danach sah ich in meinem Zimmer einen schwarzweißen Fernandel-Film im Fernsehen. Nicht nur Louise war müde.

Kurz nach Mitternacht klopfte es an der Tür. Schlaftrunken ging ich hin und öffnete. Draußen stand Louise. Sie schien zu frieren.

»Kann ich hier schlafen?«

Ich fragte nicht, warum. Mein Bett war groß. Sie legte sich auf die unbenutzte Seite und drehte mir den Rücken zu.

Ich löschte das Licht. Nach einer Weile merkte ich, dass sie ihre Hand ausstreckte.

Ich nahm sie und hielt sie fest. Dann schliefen wir beide ein.

18.

Ich erwachte davon, dass mein Haus wieder zu brennen begonnen hatte. Im Traum erschien mir die Treppe vom Obergeschoss hinunter unendlich zu sein. Nicht die dreiundzwanzig Treppenstufen, die ich als Kind gezählt hatte. Wie lange ich auch lief, die Treppe wurde immer länger, während das Feuer sich näherte wie ein angreifender Feind. Vor dem Aufwachen stolperte ich und stürzte.

Louise schlief tief. Sie hatte sich nicht bewegt, seit sie eingeschlafen war. Ihre Hand lag noch immer in meiner.

Ich horchte auf ihre Atemzüge. In der Erinnerung hörte ich plötzlich viele von den Atemzügen, denen ich in meinem Leben gelauscht hatte. Die schweren, oft ruckartigen Schnarcher meines Vaters, die kamen und gingen, die Stille abgelöst von fast knurrenden Lauten, und dann wieder Stille. Die lautlosen Atemzüge meiner Mutter, die man nur mit großer Schwierigkeit wahrnehmen konnte. Der Nachtschlaf meines Großvaters, in dem er manchmal überhaupt nicht zu atmen schien, um dann die Luft heftig in die Lungen zu ziehen. Das Schnarchen meiner Großmutter, das manchmal von pfeifenden Geräuschen begleitet wurde, als zöge ein Wind durch die morschen Spalten im Bootshaus.

Merkwürdigerweise konnte ich mich nicht an Harriets Atemzüge erinnern, obwohl sie an meiner Seite geschlafen hatte. Gewöhnlich beklagte sie sich darüber, dass ich schnarchen und sie wecken würde. Sie selbst hinterließ keine Spur von ihrem Schlaf. Ich suchte im Gedächtnis nach ihren Geräuschen, fand aber keine.

Die Gedanken an all die schlafenden Menschen ließen mich selbst wieder in den Schlaf fallen. Als ich ein paar Stunden später erwachte, war Louise bereits aufgestanden. Sie stand am Fenster und schaute durch einen Spalt im Vorhang. Das graue Licht erhellte ihren Körper, und ich konnte ihren Bauch ganz deutlich sehen. Da war ein wachsendes Kind, von dessen Vater ich nicht einmal den Namen wusste. Der Anblick weckte in mir eine intensive Freude auf das Leben. Ich wusste nicht, wann ich etwas Ähnliches erlebt hatte.

Louise bemerkte, dass ich wach war. Sie drehte sich um, ohne den Vorhang loszulassen.

»Danke, dass du nicht geschnarcht hast«, sagte sie. »Ich habe mich von diesen entsetzlichen Tagen im Gefängnis freigeschlafen.«

»Du hast tief geschlafen«, entgegnete ich. »Ich bin aufgewacht und habe gedacht, du wärst weit, weit weg.«

»Ich habe von einem Hund geträumt«, sagte Louise. »Er war nass. Das Fell hing an ihm herab wie Lumpen. Immer wenn ich mich ihm zu nähern versuchte, begann er zu winseln, als hätte ich ihn aufgeschreckt.«

Sie kroch wieder ins Bett. Ich stand auf, rasierte und wusch mich und ging dann hinunter in den Frühstücksraum. Sie kam nach einer halben Stunde. Jetzt erkannte ich sie wieder. Die käsige Blässe war verschwunden. Und sie aß mit gutem Appetit.

»Warum fragst du nicht, wo ich wohne?«

»Du magst es gewöhnlich nicht, wenn ich Fragen stelle«, erwiderte ich.

»Das bildest du dir nur ein. Was hast du heute vor?«

»Das hängt ganz von dir ab. Aber vielleicht sollten wir nach Hause zurückfahren?«

Sie sah mich prüfend an, als würden sie meine Worte überraschen.

»Noch nicht«, sagte sie. »Ich will dir zeigen, wo ich wohne. Wenn du Lust hast.«

»Natürlich habe ich das.«

Ich hätte ihr erzählen sollen, dass Lisa Modin nach Paris gekommen war. Aber ich unterließ es. Auf keinen Fall wollte ich in diesem Moment meine Tochter wütend aus dem Hotel rennen sehen.

Ich erzählte von dem Gespräch mit Jansson und zeigte ihr das Bild von dem Brand, das er geschickt hatte.

»Merkwürdig«, sagte sie. »Unheimlich. Wo liegt diese Insel?«

Ich versuchte es ihr zu erklären, aber ohne Erfolg. Als Louise schließlich sagte, sie habe jetzt verstanden, wo sich das Haus der Witwe Westerfeldt befand, war ich ziemlich sicher, dass sie nicht wusste, von welcher Insel ich sprach.

Aber sie war natürlich erleichtert darüber, dass man mich jetzt nicht mehr als gefährlichen Brandstifter verdächtigen konnte.

»Hast du das geglaubt?«, fragte ich. »Hast du gedacht, ich hätte Großvaters und Großmutters Haus angezündet?«

»Eigentlich nicht. Aber du darfst nicht vergessen, dass ich dich nicht besonders gut kenne.«

»Die Taschenlampe«, sagte ich. »Warum streitest du ab, dass du geblinkt hast?«

Sie schien sich zuerst nicht an den Vorfall zu erinnern. Dann schüttelte sie lächelnd den Kopf.

»Es hat mir Spaß gemacht, dich zu verblüffen.«

»Aber warum?«

»Vielleicht, weil du Harriet so schlecht behandelt hast.«

»Ich habe sie doch gepflegt, als sie krank war?«

»Ich rede von früher. Als ihr zusammen wart. Sie hat es mir erzählt.«

»Du hast mich mitten in der Nacht zu dir rudern lassen. Hätte das nicht gereicht?«

»Nein. An diesem Abend habe ich viel über dich und Harriet nachgedacht.«

Ich wollte nicht hören, was Harriet über mich gesagt hatte. Stattdessen begann ich, von der Uhr zu sprechen. »Hast du sie genommen, als du mich gestreift hast?«

»Wenn ich auf etwas spezialisiert bin, dann Menschen die Armbanduhr abzunehmen.«

»Du musst sehr geschickt sein. Ich habe nichts gemerkt. Aber du hättest mir sagen können, dass du es warst.«

Plötzlich, offenbar ohne ihre Mahlzeit beendet zu haben, stand sie auf.

»Jetzt gehen wir«, sagte sie. »Ich will nach Hause.«

Wir holten unsere Mäntel. An diesem Tag ließ ich mich von meiner Tochter führen, auf dieselbe Art, wie ich am Tag zuvor Lisa Modin auf den Fersen gefolgt war.

Wir gingen zur Métro hinunter, stiegen am Châtelet um und fuhren mit der gleichen Linie, die ich einmal genommen hatte, als ich zur Haltestelle Jourdin wollte. Ich fragte mich, ob die Welt so klein war, dass wir glatt dort aussteigen würden. Aber erst zwei Haltestellen weiter, am Télégraphe, stand Louise auf. Viele von denen, die hier ausstiegen, waren Nordafrikaner. Um mich herum hörte ich ebenso viel Arabisch wie Französisch. Die Haltestelle war heruntergekommen. Auf mehreren Bänken saßen oder lagen Alkoholiker, als hätte es sie schon immer gegeben. Sie sahen aus wie umgestürzte Statuen.

Als wir aus der Unterwelt heraufkamen, wähnte ich mich in Marokko oder Algerien.

Louise sah mich mit einem unerwarteten Lächeln an. »Manche Menschen bekommen Angst, wenn sie hierherkommen«, sagte sie.

»Ich nicht. Vielleicht weiß ich es nicht, aber ich ahne, wie die Welt wirklich aussieht.«

Wir folgten einer gewundenen Straße, die es sicher schon lange gab. Die Häuser waren alt, mit abgebröckeltem Putz und zahlreichen Schichten Graffiti, die das Grau nicht aufhellten, sondern es eher verstärkten. Eine Frau mit Burka ging mit einem schreienden Kind an uns vorbei. Einige Männer saßen rauchend vor einem Hauseingang. Als ich einen Blick in das Dunkel warf, sah ich einen alten Mann, wie er mit langsamen Bewegungen einen anderen Mann mit einem Suppenlöffel fütterte.

Louise ging schnell. Ich dachte, sie hätte es eilig, nach Hause zu kommen, nach den Tagen in dem unterirdischen Gefängnis.

Sie bog in eine Sackgasse ein. Vor dem letzten Haus, das neben einer hohen Mauer stand, blieb sie stehen. Das Haus hatte vier

Stockwerke und war genauso verfallen wie alle anderen, die ich auf dem Weg von der Métro bis hierher gesehen hatte.

»Hier liegt meine Insel«, sagte sie und schob die Tür auf. Wir kamen in ein Treppenhaus, wo es nach fremden Gewürzen roch. Aus einer Wohnung drang Musik, die vor allem aus eintönigen, aber wunderbar klagenden Flötenklängen bestand. Wir gingen zur obersten Wohnung hinauf. Es irritierte mich, dass ich dabei außer Atem geriet. Louise stand auf der obersten Treppenstufe und wartete auf mich.

»Hier wohne ich«, sagte sie. »Aber ich wohne hier nicht allein.«

Sie hatte einen Schlüsselbund in der Hand und drehte sich zur Tür um.

»Lass mir ein bisschen Zeit«, sagte ich. »Jetzt muss ich wissen, was mich erwartet.«

»Meine Wohnung.«

»Du hast gesagt, du wohnst hier nicht allein?«

»Ich wohne zusammen mit meinem Mann.«

»Deinem Mann?«

Sie legte die Hand auf ihren Bauch.

»Mein Kind hat einen Vater.«

»Ich habe dich nach ihm gefragt. Aber da hast du nicht geantwortet. Jetzt soll ich ihn plötzlich treffen dürfen?«

»Ja.«

»Hat er einen Namen?«

»Ja.«

»Kannst du vielleicht sagen, wie er heißt? Was er macht? Wie lange ihr schon zusammen seid?«

»Müssen wir hier im Treppenhaus stehen und reden? Er heißt Ahmed.«

Ich wartete auf die Fortsetzung, die nicht kam. Sie schloss die Tür auf. Ich folgte ihr in einen dunklen Flur. Die Wohnung erinnerte mich an jene, die ich in der Rue de Cadix gehabt hatte.

»Ahmed schläft«, sagte sie. »Er arbeitet als Nachtwächter. Er kommt aus Algier.«

Sie führte mich in die Küche, die klein und eng war. An der einen Wand gab es eine geschlossene Tür. Ich versuchte mir Ahmed vorzustellen, mit dem ich jetzt durch das erwartete Kind verwandt wurde. Aber ich sah niemanden vor mir.

Die Küche war frisch gestrichen und roch nach Terpentin. Herd und Kühlschrank waren alt. Der Tisch und die beiden Stühle konnten aus einem Container stammen. Ich erkannte, dass Louise und der Mann namens Ahmed arm waren. Das Leben als Nachtwächter und Taschendiebin bot offenbar keine großen Einkünfte.

Louise kochte Kaffee, während ich mich auf den Stuhl, der dem Fenster am nächsten stand, setzte. Davor sah ich die Brandmauer eines anderen Hauses, nur wenige Meter entfernt. In der Ferne lärmte ein Radio.

»Ich muss es wissen«, sagte ich. »Lebst du wirklich davon, Taschendiebin zu sein? Und offenbar bist du keine besonders geschickte, da du geschnappt worden bist.«

»Du weißt, wie ich früher war«, sagte sie. »Als wir uns zum ersten Mal kennengelernt haben.«

Ich erinnerte mich gut daran. Wie Louise plötzlich auf einem Zeitungsbild aufgetaucht war, das natürlich Jansson entdeckt hatte. Da hatte sie sich vor einigen internationalen Politikern nackt ausgezogen, um gegen etwas zu protestieren, woran ich mich nicht mehr erinnere. Damals hatte ich begriffen, dass meine Tochter eine Rebellin war, so ganz anders als ich. Wo ich nur ängstlich und unsicher gewesen und mit vorgetäuschtem Mut aufgetreten war, hatte sie wirklich für ihre Ideen gebrannt und geglaubt, sie könnte sich in einer ganz eigenen Form des Protests verwirklichen.

Das war auch der eigentliche Hintergrund meiner Frage. Was war aus ihrer früheren Wut geworden, die sich gegen Politiker und eine Welt gerichtet hatte, die sie nicht ertrug?

»Ich muss von etwas leben.«

»Deshalb bist du Taschendiebin geworden?«

»Ich habe nie jemanden bestohlen, der es sich nicht leisten konnte zu verlieren, was ich ihm weggenommen habe.«

»Woher willst du das wissen?«

Sie zuckte mit den Schultern.

»Weiß Ahmed davon?«

»Ja.«

»Ist er also auch ein Taschendieb?«

Ich sah, dass sie zögerte, ehe sie antwortete: »Ich werde dir von einem Teil meines Lebens erzählen, den du nicht kennst. Ein Jahr nach Harriets Tod fuhr ich nach Barcelona. Ich trampte den ganzen Weg dorthin. Ein paarmal musste ich mich mit Männern prügeln, die glaubten, ich wäre zu ihnen ins Auto gestiegen, um ihnen zu Diensten zu sein. Ich hielt immer einen Kamm mit einer Stahlspitze bereit. In den Pyrenäen musste ich einmal einem Mann in die Backe stechen. Ich hatte Angst, er würde sterben, weil das Blut so spritzte. Aber ich kam aus dem Auto, ohne dass etwas geschah.

Ich wollte in Barcelona an einer Kundgebung gegen die Abtreibungsgesetze im Land protestieren. Ich hatte dort eine Freundin, Carmen Rius, die in dem Stadtteil Poble Sec wohnte. Eine Gegend, in der die Menschen wirklich nicht reich waren. Wir nahmen an der Demo teil, aber danach bat mich Carmen, sie zu den Ramblas zu begleiten. Das ist eine Promenade, wo sich viele Touristen aufhalten. Carmen erklärte nicht, was wir tun würden, sie sagte nur, ich solle in ihrer Nähe bleiben und etwas entgegennehmen, was sie mir geben würde. Sie sprach ein schlechtes Englisch, und ich ein noch schlechteres Spanisch. Aber ich folgte ihr, ohne verstanden zu haben, was ich tun sollte. Dann sah ich, wie sie sich einer japanischen Touristin näherte, einer *guiri*, wie sie Ausländer nannte. Es war eine Frau mit einem Rucksack, an dem eine der Außentaschen nicht verschlossen war. Carmen zog eine Brieftasche so schnell heraus, dass ich kaum mitbekam, wie sie es machte. Dann reichte sie sie mir und zischte, ich solle sie verstecken. Ich steckte sie in meine Handtasche, während Carmen im Gewühl verschwand. Die japanische Touristin hatte nichts bemerkt. Ich begriff, dass Carmen eine *carterista* war, eine Taschendiebin, und staunte darüber, wie einfach es für sie gewesen war.

Als ich sie später fragte, wie es sich anfühlte, eine Diebin zu sein, bestand sie darauf, dass niemand wegen des Verlusts seiner Brieftasche oder seines Handys untergehen würde. Mit armen Menschen gab sie sich nie ab, nur mit Touristen, die sich eine Reise leisten und es daher auch verkraften konnten, ein paar Habseligkeiten zu verlieren. Sie hat mich überzeugt und mich angeleitet. Ich blieb ein halbes Jahr und wurde Teil einer Gruppe von vier Frauen, die zusammenarbeiteten. Nach ein paar Monaten schickte Carmen mich allein los. Ein asiatischer Tourist, der Geld in der Gesäßtasche hatte, wurde mein erstes Opfer. Alles ging glatt. Danach sagte Carmen zu mir, ich sei jetzt eine richtige *carterista*. Merkwürdigerweise hat mich das nicht gestört.«

Sie verstummte und wartete auf meine Reaktion.

»Jetzt weißt du, wie es anfing«, fügte sie hinzu.

Ich hatte bei ihrem Bericht sofort erkannt, dass sie die Wahrheit sagte. Sie wollte es mich wirklich wissen lassen.

»Ahmed«, sagte ich. »Er kam aus Algerien. Jetzt erzählst du von deiner Zeit in Barcelona?«

»Ich habe ihn nicht dort kennengelernt. Carmen wurde von der Polizei verhaftet. Ich flüchtete von Barcelona nach Paris. Dort habe ich Ahmed durch Freunde von Freunden kennengelernt. Und plötzlich waren wir zusammen.«

»Hast du ihm erzählt, dass du Taschendiebin bist?«

»Nicht sofort. Nicht ehe ich sicher war, dass wir zusammengehörten.«

»Was hat er dazu gesagt?«

»Nicht viel. Nichts. Aber er ist kein Taschendieb. Auch wenn er phantastisch geschickte Finger hat.«

»Aber er lässt zu, dass du das tust? Was für ein Mann ist das?«

Louise beugte sich über den Tisch vor und packte meine Hand.

»Ein Mann, den ich liebe. Der einzige Mann, den ich zuvor geliebt habe, nur auf andere Weise, war der Schuhmacher Giaconelli. Als ich Ahmed traf, verstand ich, was Liebe sein kann.«

Ich zuckte zusammen. Ein Mann stand in der Küchentür. Er

hatte sich lautlos genähert. Wie lange er schon da stand, wusste ich nicht. Er hatte dunkle kurzgeschnittene Haare, war unrasiert und trug ein weißes Unterhemd und gestreifte Pyjamahosen. Auf seinen nackten Füßen wuchsen viele Haare.

»Das ist mein Vater Fredrik«, sagte Louise auf Englisch. »Das ist Ahmed, mein Mann.«

Ich stand auf und reichte ihm die Hand. Wie ich erkannte, war er bedeutend jünger als meine Tochter, kaum älter als dreißig. Er betrachtete mich mit einem abwartenden Lächeln, zog dann einen Hocker unter dem Spülbecken hervor und setzte sich an den Tisch. Er sah mich weiterhin an, als würde er darauf warten, dass ich etwas sagte. Ich dachte wieder einmal, dass alles, was mit meiner Tochter zu tun hatte, mir unbegreiflich erschien. Wie sie zu dem heutigen Menschen geworden war, würde ich nie herausfinden können.

»Wie ich höre, bist du Nachtwächter?«, sagte ich mich herantastend. »Ich hoffe nur, wir haben dich nicht gestört.«

»Ich schlafe nicht sehr viel«, antwortete Ahmed. »Vielleicht bin ich im Grunde schon ein alter Mann? Da schläft man weniger, habe ich gehört.«

Ich nickte.

»Vor dem letzten Schlaf schläft man eine Reihe von Jahren immer weniger. Da ich Arzt bin, sollte ich wissen, warum es so ist. Aber ich kann keine befriedigende Antwort darauf geben.«

Louise goss Kaffee in unsere Tassen. Ahmed wollte keinen. Ich sah, wie Louise ihn liebevoll betrachtete. Als sie mit der Kaffeekanne in der Hand an ihm vorbeiging, strich sie ihm rasch über die Haare.

Ich fragte ihn nach seinen Eltern.

»Mein Vater ist tot«, sagte er. »Er hat im Hafen von Algier gearbeitet und wurde vom Drahtseil eines Schiffs getroffen. Es war zu fest gespannt und zerriss. Er verlor beide Beine und verblutete.«

»Mein Beileid.«

»Danke.«

»Und deine Mutter?«

»Tot.«

»Hast du Geschwister?«

»Zwei, die leider tot sind. Und einen Bruder, der noch lebt.«

Ich dachte, dass Ahmed wahrlich von vielen toten Menschen umgeben war. Um das Thema zu wechseln, fragte ich ihn nach seiner Arbeit als Nachtwächter.

»Ich kontrolliere Geschäfte, in denen ich selbst nicht einkaufen könnte. Jede Nacht gehe ich in eine Welt, die mir verschlossen ist.« Er sah Louise an. »Uns«, korrigierte er sich. »Und auch unserem Kind.«

»Ich gratuliere natürlich«, sagte ich. »Ich weiß, dass man heutzutage feststellen lassen kann, ob es ein Junge oder ein Mädchen wird?«

Ahmed runzelte die Stirn. »Das würden wir nie tun«, sagte er.

»Wir lassen nur untersuchen, ob alles in Ordnung ist, da ich ja ziemlich alt bin«, erklärte Louise.

Ich empfand die Situation als belastend, weil ich argwöhnte, dass Ahmed mich mit einer gewissen aufgestauten Verachtung betrachtete. Außerdem ärgerte mich Louises Verliebtheit in ihn. Es war etwas Untertäniges an der Art, wie sie ihn anschaute und ihm ständig über seine kurzgeschnittenen Haare strich. Ich sah eine Louise, die ich noch nicht kannte.

Mir fiel nichts mehr ein, was ich hätte sagen können. Die gesamte Situation kam mir irgendwie kränkend vor. Ich verstand Louises Lebensentscheidungen nicht. Sie war eine schwangere Taschendiebin, die mit einem algerischen Einwanderer zusammenlebte, der seinerseits von einer trostlosen Arbeit als Nachtwächter lebte.

Ahmed stand auf. Flüchtig fragte ich mich, ob er meine Gedanken durchschaut hatte. Er verschwand aus der Küche.

»Er wirkt sehr nett«, sagte ich zu Louise.

»Glaubst du wirklich, ich hätte einen unangenehmen Mann gewählt, um mit ihm ein Kind zu haben?«

Ich schaffte es nicht zu antworten, ehe Ahmed wieder in die

Küche kam. Er hatte sich ein hellblaues Hemd und kurze Hosen angezogen, die entlang der Schenkel mit arabischen Buchstaben verziert waren. In der Hand hielt er eine Glasflasche, die auf einem Holzgestell lag wie ein klassisches Flaschenschiff.

»Ein Geschenk für dich«, sagte er. »Ich arbeite zwar momentan als Nachtwächter, aber eigentlich will ich mich mit solchen Dingen beschäftigen.«

Vorsichtig stellte er die Flasche ab und richtete die Tischlampe so darauf, dass ich den Inhalt sehen konnte.

Es war kein Segelschiff auf erstarrten blauen Wellen, das durch den engen Flaschenhals geschoben und dann mit der besonderen geduldigen Kunstfertigkeit wieder aufgebaut worden war. Am Boden der Flasche befand sich ein Sandmeer mit sanft wogenden Dünen, einer anderen Art von Wellen, als das Meer sie formte. Darauf stand ein Beduinenzelt mit Wimpeln und einer Zeltöffnung, die Einblick in das Innere bot, wo verschleierte Frauen Kaffee servierten oder Wasserpfeifen brachten. Vor dem Zelt saß ein schwarz gekleideter Beduine auf einem Pferd und übergab gerade einem Diener die Zügel. Sein Turban war geschickt um seinen Kopf geknotet.

Ein wenig verstand ich von der Kunst, Flaschenschiffe zu bauen. Der Vater meines Großvaters, der im Nordseeverkehr gesegelt war, ehe er endgültig an Land geblieben und Fischer geworden war, hatte ein Modell des Schiffs *Daphne* geschaffen, das an einem Dezembertag 1862 vor den tückischen Skagen-Riffen Schiffbruch erlitten hatte. Acht der dänischen Fischer, die sich in den Sturm hinausbegeben und es geschafft hatten, die Besatzung zu retten, kamen selbst ums Leben. Als ich ein Kind war, hatte Großvater mir erklärt, das Schiff mit seinen hohen Masten und den aufgespannten zerfetzten Segeln sei liegend durch den engen Flaschenhals geschoben worden. Mit einem kunstvollen System von dünnen Fäden war es dann möglich, die Masten aufzurichten, die Segel aufzuspannen und das Schiff fest auf dem Grund zu verankern, der aus gefärbtem Modellierton bestand.

Doch das Beduinenlager, das Ahmed angefertigt hatte, imponierte mir mehr als alle Schiffe in Flaschen, die ich je gesehen hatte. Seine Technik und Fingerfertigkeit waren einzigartig. Ich vermutete, mit dieser Gabe wäre er auch ein ausgezeichneter Lehrer für jemanden, der die Absicht hatte, vom Taschendiebstahl zu leben.

»Es ist sehr schön«, sagte ich. »Hast du diese Szene mit dem Zelt und dem Reiter auf dem Pferd selbst gesehen?«

»Ich bin in der Kasbah von Algier aufgewachsen«, sagte er. »Die Wüste liegt weit außerhalb der Stadt. Aber ich hatte Bilder und Filme gesehen. Außerdem stammte mein Vater von Beduinen ab. Seine ganze Kindheit über lebte er als Nomade, was bedeutete, dass die Zelte jeden Abend an einem anderen Ort aufgeschlagen wurden.«

»Ich hätte euch natürlich etwas mitbringen sollen«, sagte ich. »Aber diese Reise kam sehr überstürzt zustande.«

»Ich bin dankbar, dass du Louise aus dem Gefängnis geholt hast.«

»Man sollte sich davor hüten, als Taschendieb in Paris zu leben«, sagte ich und bereute sofort meine Wortwahl.

»Das ist jetzt vorbei«, erwiderte Louise irritiert. »Nichts wird besser davon, dass du mich daran erinnerst.«

Ahmed streckte die Hand aus und legte sie auf ihren Arm.

»Dein Vater hat natürlich recht«, sagte er. »Aber ich glaube nicht, dass Fredrik dich unnötigerweise daran erinnern wird.«

Er sprach meinen Namen mit französischem Akzent aus. Vermutlich tat er das aus Höflichkeit. Ich bedauerte meinen früheren Argwohn.

Ahmed stand auf. »Vielleicht muss ich doch noch ein paar Stunden schlafen«, sagte er.

Er verbeugte sich leicht und verließ die Küche. Louise folgte ihm. Ich würde nun aufbrechen. Als Louise zurückkam, war ich bereits mit der Beduinenflasche in der Hand aufgestanden.

»Es gibt noch etwas anderes, das du wissen solltest«, sagte sie. »Stell die Flasche ab.«

Ich tat es, und sie öffnete die Tür zu dem Zimmer, das neben der Küche lag.

»Das hier gehört auch zu meinem Leben«, erklärte sie.

Das Zimmer war klein, weiß gestrichen und sparsam möbliert. Ein Bett, ein Teppichboden, eine Deckenlampe. Und ein Rollstuhl. Der Stuhl war zum Fenster hingedreht. Ich erkannte den Nacken und das Haar eines Menschen. »Das ist Muhammed«, sagte Louise. »Wir brauchen nicht zu flüstern, er ist taub.«

Louise ging zu dem Rollstuhl. Sofort kam ein Schwall von unbegreiflichen Lauten von der Person, die da saß. Louise drehte den Rollstuhl um.

Muhammed war ein sieben oder acht Jahre alter Junge. Sein Gesicht war von einer Grimasse verunstaltet, die zu einer Narbe erstarrt zu sein schien. Seine Augen stierten mich an. Ich hatte das Gefühl, der verzerrte Mund könnte jederzeit einen Angstschrei ausstoßen.

»Das ist mein Vater Fredrik«, sagte Louise auf Französisch, während sie etwas auf einem Bildschirm tippte, der an einen Computer neben dem Stuhl angeschlossen war.

Sie nickte mir zu, damit ich näher kam.

»Er kann seine Hände nicht bewegen. Du kannst ihn begrüßen, indem du seine Wange berührst.«

Ich tat, was sie gesagt hatte. Dann zuckte meine Hand fast zurück, als ich spürte, dass der Junge eiskalt war.

Ich wusste, dass es verschiedene chronische Krankheiten gab, bei denen die Menschen kein Unterhautfett haben. Sie haben eine niedrige Körpertemperatur und können außerdem oft an psychischen und anderen physischen Problemen leiden. Vielleicht war er ein Fall von Hydrocephalus oder Wasserkopf, wie es auch genannt wurde. Da sein Kopf nicht übermäßig angeschwollen wirkte, zweifelte ich jedoch an meiner eigenen Diagnose.

»Der Junge hat eine Mutter«, sagte ich.

»Muhammed ist Ahmeds Bruder«, sagte Louise. »Die Mutter wurde geisteskrank, als er geboren wurde, und alle begriffen, dass er nie ein normales Leben wird führen können. Sie flüchtete in ihre Krankheit. Aber Ahmed beschloss, seinen Bruder zu sich zu nehmen und sich um ihn zu kümmern. Das war der Grund, warum er nach Frankreich gezogen ist. Die ersten Jahre pflegte er Muhammed allein. Dann kam ich. Und er wird der Bruder des Kindes, das ich erwarte.«

»Wie lautet seine Diagnose?«, fragte ich.

»Er hat viele verschiedene Krankheiten. Außer der Taubheit ist sein Gehirn nicht voll entwickelt. Wie du merkst, kann er nicht sprechen. Außerdem wird er in ein paar Jahren blind sein.«

Wir kehrten in die Küche zurück.

»Lass die Flasche stehen«, sagte sie. »Ich werde sie ordentlich verpacken, damit sie nicht kaputtgeht.«

»Wie ich jetzt begreife, wirst du mich nicht nach Schweden zurückbegleiten.«

»Nicht jetzt. Nicht ehe das Kind geboren ist. Dann ziehen wir vielleicht nach Schweden. Wenn das Haus wieder aufgebaut ist.«

Ich wusste nicht, was ich tun sollte. Ein Teil von mir wollte sie umarmen und sie so fest wie möglich an mich drücken. Ein anderer Teil, der genauso stark war, wollte nur vor all dem fliehen und zum Wohnwagen zurückkehren.

»Ich fliege morgen«, sagte ich. »Jetzt bist du aus dem Gefängnis entlassen worden. Du bist nicht aus Frankreich ausgewiesen worden. Und ich weiß nun, wie du lebst. Nichts hält mich noch. Außerdem ist es teuer, im Hotel zu wohnen.«

»Du kannst hier schlafen.«

»Ich passe nicht mehr in die Städte. Ich muss nach Hause fahren. Ich sehne mich nach meiner Insel und meinem niedergebrannten Haus.«

Louise überlegte, ehe sie antwortete.

»Ich komme heute Abend in dein Hotel«, sagte sie. »Ich bringe die Flasche mit.«

Schweigend verabschiedeten wir uns in dem dunklen Flur. Ich fühlte mich unsicher wie ein sehr junger Mensch. Es missfiel mir, nichts zu verstehen.

Als ich auf die Straße hinauskam, blieb ich stehen. Wir würden uns erst in vielen Stunden wiedersehen. Ohne einen Entschluss gefasst zu haben, nahm ich die Métro und fuhr nach Süden, wechselte den Zug und stieg schließlich an der Bastille aus. Langsam ging ich hinauf in Richtung Hôtel de Ville. Ich sollte meine Heimreise buchen. Etwas war unwiderruflich zu Ende. Die Begegnung mit Louises Familie hatte mir klargemacht, dass wir in verschiedenen Welten lebten. Trotzdem hoffte ich, dass eine Änderung möglich sein würde und unsere Welten verschmelzen könnten.

Wieder begann ich die Menschen zu betrachten, die mir auf der Straße begegneten. Wenn ich vereinzelt ältere Menschen sah, war es nur die Bestätigung dafür, dass wir die Ausnahme waren.

Ich wählte die Nummer, die ich bekommen hatte, um meine Heimreise zu buchen. Nach langem Warten und vielen Weiterverbindungen gelang es mir, eine Maschine am nächsten Tag um 11.30 Uhr zu bekommen.

Ich setzte meine lange Wanderung Richtung Montparnasse fort. Eine Straßenmusikantin ließ mich stehen bleiben. Sie sang alte Jazzlieder mit starker, vibrierender Stimme. Ihr Hut auf der Straße war gut gefüllt. Ich legte einen Euro zu den anderen Münzen. Sie lächelte zum Dank. Ihr fehlten viele Zähne.

Als ich zum Hotel kam, schmerzten meine Beine. Monsieur Pierre saß hinter der Theke und sortierte eine Wechselkasse.

»Ich fahre morgen nach Hause«, sagte ich.

»Mein Herr ist für diesmal fertig mit Paris?«

»Vielleicht für immer. Das weiß man in meinem Alter nie.«

»Das ist ganz richtig. Zu altern heißt, auf immer dünnerem Eis zu gehen.«

Die Bar war offen, aber leer. Ich bestellte einen Kaffee.

Als ich danach an der Rezeptionstheke vorbeikam, hörte ich Monsieur Pierre aus einem hinter einer dunkelroten Draperie verborgenen Hinterzimmer. Er summte eine Melodie, die ich erkannte. Nachdem ich eine Weile zugehört hatte, kam ich darauf, dass es ein Stück von Offenbach war.

Auf dem Bett in meinem Zimmer lag die Mitteilung, Rachel hätte an diesem Tag geputzt. Ich legte mich hin und schlief sofort ein. Als ich aufwachte, nach einem langen Schlaf, wie ich dachte, stellte ich fest, dass nur zwanzig Minuten vergangen waren. Ich legte den Überwurf über meine Beine und lehnte mich an das Kopfende. In Gedanken kehrte ich zu der Wohnung zurück, in der Ahmed plötzlich in die Küche getreten war. Ich sah seinen behinderten Bruder und dachte an die sanfte Art, wie Louise Ahmed und dem Jungen übers Haar gestrichen hatte. Sie hatte mir Einblick in ihr Leben gegeben, aber mir war es so vorgekommen, als hätte ich einen Raum betreten, in dem alles fremd war.

Ich hatte eine Tochter, deren Mitgefühl für andere sehr groß war, da sie beispielsweise die Verantwortung für den schwerbehinderten Jungen mit übernahm. Wie sie ihre Hilfe für schwerkranke Menschen wie etwa auch jene, die Rembrandts Gemälde zum letzten Mal sehen wollten, mit ihrer Tätigkeit als Taschendiebin vereinbaren konnte, überstieg allerdings meinen Verstand. Aber ich existierte in ihr, und sie existierte in mir. Es war eine Geschichte, die kaum begonnen hatte. Ich fragte mich, ob ich mich durch Louise würde selbst besser verstehen können.

So weit war ich gekommen. Vom Kellnerhaushalt in Stockholm zu einem Hotelzimmer in Paris. Einst war ich ein erfolgreicher Chirurg gewesen, der einen Fehler beging. Jetzt war ich ein älterer Mann, dessen Haus niedergebrannt war. Viel mehr war ich nicht.

Ich fürchte mich nicht vor dem Tod. Der Tod muss die Freiheit von Angst sein. Die äußerste Freiheit.

Ich stieg aus dem Bett, nahm ein paar Bögen Briefpapier aus der braunen Mappe auf dem Schreibtisch und versuchte, meine Gedanken zu formulieren. Aber es wurden keine Worte daraus, keine Sätze. Nur spielerische Karten von erfundenen Archipelen, auf denen Meerengen, geheimnisvolle Buchten, eigentümliche Tiefen, in denen das Lot nirgends den Boden erreichte, beide Seiten des Papiers füllten. Es war die einzige Karte von meinem Leben, die ich zustande brachte.

Ich dachte an Ahmed und die bemerkenswerte Flasche mit dem Beduinen, die er mir geschenkt hatte. Vielleicht sollte ich ihm eines meiner erfundenen Archipele von einem ihm unbekannten Teil der Welt geben?

Ich ging wieder auf die Straße und ließ mich treiben. Ich wanderte um den Montparnasse herum, ehe ich mich an den Métro-Ausgang stellte, wo ich Louise erwartete. Es war dunkel und kühl. Menschen mit abgewandten Gesichtern eilten in die Unterwelt hinunter und aus ihr herauf.

Niemand sah mich, niemand vermisste mich.

Louise kam ein paar Minuten vor sieben. In der Hand hielt sie die Flasche mit dem Beduinen, eingewickelt in Zeitungen und braunes Packpapier. Sie stutzte, als sie mich entdeckte, und fragte, ob irgendetwas geschehen sei. Ich hatte das Gefühl, dass sie wirklich um mich besorgt war.

»Ich fliege morgen nach Hause«, erklärte ich. »Ich mag keine dramatischen Abschiede. Genauso wenig wie du.«

Sie lachte. Genau wie Harriet, dachte ich verdutzt. Das war mir bisher nicht aufgefallen.

»Da sind wir uns wenigstens in einer Hinsicht einig«, sagte sie. »Dramatische Begegnungen oder Abschiede werden oft unangenehm.«

Sie überreichte mir das Päckchen und bat mich, es behutsam zu behandeln. Besonders, wenn ich es in das Gepäckfach über meinem Sitzplatz im Flugzeug legte.

»32 B«, sagte ich. »Ich bin zwischen zwei Personen eingeklemmt.«

Recht viel mehr gab es nicht zu sagen.

»Ich werde kommen«, versprach sie. »Wir werden kommen. Aber du musst nach Hause fahren und ein neues Haus bauen. Vorher darfst du nicht sterben.«

»Ich habe nicht die Absicht zu sterben«, sagte ich. »Und natürlich werde ich dafür sorgen, dass das Haus gebaut wird. Ich habe nicht vor, eine Ruine zu hinterlassen.«

Sie umarmte mich und ich sie. Dann drehte sie sich um und nahm die Treppe hinunter in die Unterwelt. Ich sah ihr lange nach. Vielleicht hoffte ich, sie würde zurückkommen?

Zum Abendessen suchte ich ein Bistro in der Nähe auf. Auf das weiße Papiertischtuch zeichnete ich mein niedergebranntes Haus. Aus dem Gedächtnis, mit allen Details. Ich konnte mir nicht vorstellen, woanders zu wohnen.

Es war halb zehn, als ich zum Hotel zurückkehrte. Ein schwacher Nieselregen fiel über Montparnasse. Ich hoffte, die vielen langen Wanderungen würden mir helfen zu schlafen.

Als ich ins Hotel kam, war Monsieur Pierre nach Hause gegangen. Den Nachtportier hatte ich noch nie gesehen. Er war sehr jung, hatte einen Pferdeschwanz und einen Ring im Ohr. Ich fragte mich flüchtig, wie es für Monsieur Pierre war, den Arbeitsplatz mit ihm zu teilen.

Im nächsten Moment entdeckte ich Lisa Modin, die in einem der beiden Sessel der Rezeption saß. Sie stand auf und fragte, ob sie störe.

»Nein«, erwiderte ich. »Ich habe mich gerade von meiner Tochter verabschiedet. Sie ist aus dem Gefängnis entlassen worden. Aber sie bleibt hier in Paris.« Ich sagte nichts von Ahmed und seinem Bruder, aber ich fuhr fort: »Ich habe eine Flasche mit einem Beduinenzelt darin bekommen. Eines Tages werde ich hoffentlich in einem Haus leben, in dem es ein Regal gibt, in dem ich sie aufstellen kann.«

Sie entgegnete nichts, sondern sah mich nur unverwandt an.

Wir gingen zum Aufzug. Als wir in mein Zimmer kamen, legte ich das braune Päckchen auf den Schreibtisch. Dann setzte ich mich auf die Bettkante. Sie setzte sich neben mich. Keiner von uns sagte ein Wort. Als das Schweigen zu lang wurde, erzählte ich, dass ich am nächsten Tag nach Hause reisen würde.

»Ich auch«, sagte sie.

»Vielleicht nehmen wir beide dasselbe Flugzeug?«

»Ich fahre mit dem Zug. Habe ich das nicht erwähnt? Ich habe Flugangst. Mein Zug geht morgen um 16.20 Uhr.«

»Über Hamburg, Kopenhagen und Stockholm?«

»Ja. Ich bin hergekommen, weil ich dich treffen wollte. Warum, weiß ich nicht. Dass ich dich angeschrien habe, bereue ich nicht. Was geschehen ist, ist geschehen. Aber ich will, dass die Reise hierher nicht ganz sinnlos gewesen sein soll.«

»Vielleicht teilen wir die Einsamkeit«, sagte ich.

»Sentimentalität passt nicht zu dir. Unsere Erwartungen sind verschieden. Ich habe keine, aber du hast welche. Keine Erwartung zu haben ist auch eine Erwartung.«

»Wir legen uns aufs Bett«, sagte ich. »Nichts weiter.«

Sie schlüpfte aus ihrer Jacke und ihren Schuhen. Sie waren rot und hatten höhere Absätze als die Schuhe, in denen ich sie früher gesehen hatte. Ich zog meinen Pullover aus.

Es war die zweite Frau, mit der ich während dieser Reise nach Paris das Bett teilte. In der Nacht zuvor hatte Louise mit ihrem schweren Atem hier gelegen. Jetzt hatte ich Lisa Modin an meiner Seite.

Ich dachte an den Sand, das Zelt und das Pferd des Beduinen.

Es war ein Augenblick tiefster Ruhe, eine beginnende Freiheit. Plötzlich waren der Brand und meine Flucht vor dem blendenden Licht weit entfernt.

19.

In dieser Nacht berührten wir uns nicht. Lange lagen wir wach und sprachen über die Stadt, in der wir uns befanden.

Lisa Modin begann, von sich zu erzählen. Ihre gesamte Kindheit war fast unbegreiflich harmonisch verlaufen. Sie konnte sich an Augenblicke erinnern, in denen sie so gelangweilt gewesen war, dass sie sich gefragt hatte, ob das Leben wirklich nur ein endloser, eintöniger Weg war. Sie sprach auch von der Flugangst, die sie nicht hatte besiegen können. Sie war auf einer weiten Heimreise aus Sri Lanka über sie gekommen. Irgendwann in der Nacht, als sie in dem abgedunkelten Flugzeug auf ihrem Sitz kauerte, hatte sie in aller Klarheit begriffen, dass sie sich eine Meile über dem Erdboden in der Luft befand.

»Mir wurde klar, dass ich auf den Schultern der Leere getragen wurde«, sagte sie. »Früher oder später würde die Last zu schwer werden. Nach dieser Erkenntnis habe ich mich nie wieder in ein Flugzeug gesetzt.«

Unser nächtliches Gespräch verlief in Wellen. Plötzlich erzählte sie, sie hätte mit dem Pfarrer telefoniert.

»Ich habe ihn nach dem Bärenzahn gefragt, der auf Vrångskär entdeckt wurde. Aber er wusste nicht, wovon ich sprach. Er meinte, einen Bärenzahn gäbe es weder in seiner Wohnung noch in der Gemeinde oder in der Kirche.«

»Das habe ich doch gesagt«, erwiderte ich. »Dass ich nur davon gehört habe. Auch ein nicht vorhandener Bärenzahn kann zur Legende werden.«

Wir sprachen von all den armen Leuten, die wir in den Straßen von Paris gesehen hatten.

»Die Armut rückt uns immer näher«, sagte sie. »Niemand entkommt ihr.«

»Ich denke manchmal, die Zeit und das Land, in dem ich all

die Jahre gelebt habe, sind eine große und wunderbare Ausnahme«, erklärte ich. »Mir hat es nie an Geld gefehlt, es sei denn, ich habe es selbst so gewollt. Von der Welt, in der unsere Kinder leben werden, wissen wir sehr wenig.«

»Vielleicht habe ich deshalb keine Kinder gewollt«, sagte sie. »Da ich ihnen kein gutes Leben hätte garantieren können.«

»So soll man nicht denken«, sagte ich. »In der Welt der Biologie sind Kinder der einzige Sinn. Alles andere ist belanglos.«

Es war nach halb drei, als wir einschliefen. Erst sie, dann ich. Ihr Atem ging schnell, dann langsam, dann wieder schnell, mal lautlos, mal schnarchte sie leise. Sie schlief, als wäre sie wach. Vorsichtig lehnte ich meinen Kopf an ihre Schulter. Sie bewegte sich nicht.

Wir wachten fast gleichzeitig auf. Als ich die Augen aufschlug und den Kopf drehte, lag Lisa Modin da und sah mich an.

»Ich bin gerade aufgewacht«, sagte sie.

Es war sieben. Sie setzte sich auf.

»Ich bin froh, dass du mich gestern nicht rausgeworfen hast«, meinte sie.

»Warum hätte ich das tun sollen?«

»Ich habe dich angeschrien.«

»Du fandest wohl, du hättest einen Grund dafür?«

Sie legte sich wieder hin, hob aber vorher meinen ausgestreckten Arm zur Seite.

»Danke, dass du nicht zudringlich geworden bist«, sagte sie. »Du hättest ja annehmen können, ich wäre hergekommen, um mich dir anzubieten.«

»Warum hätte ich das glauben sollen?«

»Weil es ganz natürlich gewesen wäre.«

»Nicht für mich.«

Sie sprang aus dem Bett und zog die Vorhänge auf.

»Woran liegt es, dass du anders bist als andere Männer?«, fragte sie.

»Ich bin, wie ich bin. Nicht wie andere.«

Lisa Modin schüttelte irritiert den Kopf und verschwand im

Badezimmer. Ich stand auf, ging zum Fenster und schaute auf den Hinterhof hinab, während ich wartete. Sie war ins Hotel gekommen und über Nacht geblieben. Irgendetwas musste das doch bedeuten, auch wenn ich es noch nicht verstand.

Als sie aus dem Badezimmer kam, hatte sie dasselbe energische Aussehen wie bei unserer ersten Begegnung. Ich schlug ihr vor, gemeinsam zu frühstücken. Sie schüttelte lächelnd den Kopf.

»Wir hätten im Zug essen können, wenn du nicht den Flug gebucht hättest«, sagte sie.

Sie strich mir flüchtig mit der Hand übers Gesicht, ehe sie aus dem Zimmer verschwand. Aus irgendeinem Grund hoffte ich, Rachel würde sie nicht sehen.

Ihr Abgang war rasch erfolgt. Obwohl ich nicht hungrig war, ging ich hinunter in den kleinen Frühstücksraum. Monsieur Pierre saß hinter der Theke an seinem Monitor.

Der Frühstücksraum lag verlassen da. Hier und da hockten an den Tischen vereinzelte Gäste über gekochten Eiern und Kaffeetassen.

Als ich es satthatte, dort zu sitzen, ging ich zu Monsieur Pierre, um auszuchecken. Ich bezahlte mit meiner Kreditkarte und fürchtete plötzlich, es würde nicht genug Geld auf dem Konto sein.

Diese Furcht war natürlich unbegründet. Wenn ich nicht mehr ausgab als jetzt, würde immer genug vorhanden sein. Immerhin hatte ich als Arzt eine gute Pension.

Ich gab Monsieur Pierre zehn Euro Trinkgeld und bat ihn, dafür zu sorgen, dass Rachel einen Teil davon bekam.

»Sie ist eine ausgezeichnete Person«, sagte Monsieur Pierre. »Wir sind dankbar für sie.«

Ich war bereits auf dem Weg zum Aufzug, drehte mich aber noch einmal um.

»Wem gehört das Hotel?«, fragte ich.

»Madame Perrain, deren Vater das Hotel 1922 gegründet hat«, erwiderte er. »Sie ist siebenundneunzig Jahre alt und leider sehr krank. Das letzte Mal war sie hier vor zwölf Jahren zu Besuch.«

Ich dankte und ging weiter zum Aufzug. Als ich im dritten Stock ausstieg und den Schlüssel schon in der Hand hielt, fasste ich einen Entschluss, ohne diese Möglichkeit zuvor erwogen zu haben. Ich würde mit demselben Zug wie Lisa Modin zurückfahren und nicht das Flugzeug nehmen. Platz 32 B würde vielleicht besetzt sein. Aber nicht von mir.

Ich schlief ein paar weitere Stunden und verließ dann das Hotel. Obwohl ich noch mehrere Stunden bis zur Abfahrt des Zuges vom Gare du Nord hatte, nahm ich ein Taxi dorthin. Ich war fertig mit der Stadt und dachte, ich würde nur wieder hierherkommen, um Louise und ihre Familie zu treffen. Die Stadt Paris wollte ich endgültig hinter mir lassen.

Der Taxifahrer hatte eine Rastafrisur und spielte Bob Marley. Ich summte mit. An einer roten Ampel drehte er sich um und lächelte. Seine Zähne waren weiß, aber mit Lücken im Oberkiefer. Ich dachte an meinen Besuch in dem ehemaligen Jazzclub, wo jetzt stattdessen Reggae gespielt wurde, und fragte ihn, ob er das Lokal kenne.

»Natürlich«, antwortete er, als die Ampel gerade auf Grün sprang.

Ich verließ Paris zu der Melodie von »Buffalo Soldier«. Als wir den Bahnhof erreicht hatten, gab ich ihm ein gutes Trinkgeld. Hier war ich angekommen, als ich Paris zum ersten Mal besuchte, ein sehr junger Mann mit starken Zahnschmerzen und fast ohne Geld. Jetzt würde ich von hier abreisen. Hier hatte ich damals ein Taxi genommen, jetzt stieg ich aus einem aus. Trotz des Abstands zwischen diesen beiden Reisen hatte ich das Gefühl, als hingen sie zusammen.

Ich kaufte eine Fahrkarte und dachte, Lisa Modin würde sicher zweiter Klasse fahren. Dann ging ich im Bahnhof herum und versuchte mich zu erinnern, wie er ausgesehen hatte, als ich vor gut fünfzig Jahren hierhergekommen war. Dass der Zug damals von einer Dampflokomotive betrieben wurde, wusste ich mit Sicherheit. Und außerdem, dass ich im letzten Wagen gesessen hatte.

Ich rief Jansson an, sagte aber nichts davon, dass ich auf dem Heimweg war. Von dem Brand hatte er nichts Neues zu berichten. Aber draußen auf den Inseln machte sich Unruhe breit, da man fürchtete, ein wirklich bösartiger Mensch treibe dort sein Unwesen.

Er verwendete genau das Wort: bösartig. Aus Janssons Mund klang es nicht ganz echt. Hätte er es mit seinem schönen Tenor gesungen, hätte es vielleicht glaubwürdiger gewirkt. Ich fragte nicht, ob die Polizei Ähnlichkeiten zu dem Brand entdeckt hatte, der mein Haus zerstört hatte. Jansson hatte ohnehin keine Antworten für mich. Er kam immer wieder auf die Angst vor etwas zurück, das noch nicht eingetroffen war.

Ich zahlte und ging.

Eine halbe Stunde vor Abfahrt des Zuges hatte ich den richtigen Bahnsteig gefunden. Ich stellte mich neben den Eisenpfeiler, der das große Dach stützte. Denn ich wollte Lisa Modin entdecken, ehe sie mich sah.

Sie kam eine Viertelstunde vor der Abfahrt. Der Zug war gerade eingefahren. Ich folgte ihr in einigem Abstand, wie ein schäbiger Detektiv, nach dem Mittagessen ein wenig beschwipst und nicht ganz sicher auf den Beinen. Als sie in einen Wagen einstieg, sah ich, dass ich zumindest erraten hatte, welcher Klasse sie fuhr.

Kurz bevor einer der Schaffner die Wagentür schloss, stieg ich ebenfalls ein. Ich blieb neben der Toilette stehen, bis der Zug losruckelte. Nach all diesen Jahren hatte meine Rückreise begonnen.

Ich entdeckte Lisa Modin in dem spärlich besetzten Wagen. Sie saß mit geschlossenen Augen da und lehnte den Kopf an die Wand neben dem Fenster. Glücklicherweise hatte sie einen Platz gewählt, dem gegenüber ein freier Sitz war. Ich setzte mich leise hin. Es verging vielleicht eine Minute, ehe sie die Augen aufschlug. Sie lächelte.

»Ich sollte überrascht sein«, sagte sie. »Aber trotzdem bin ich das nicht.«

»Das erste Mal bin ich mit dem Zug nach Paris gekommen«,

sagte ich. »Das habe ich dir heute Nacht erzählt. Aber ich habe Paris nie mit dem Zug verlassen. Mehrmals habe ich mit dem Rucksack an einer der Ausfahrten von Paris gestanden und gehofft, mitgenommen zu werden. Jetzt habe ich die Möglichkeit, diese ausstehende Rückreise mit dem Zug zu unternehmen.«

»Ich freue mich«, sagte sie. »Auf diese Reise habe ich mich nicht gefreut. Jetzt wird es vielleicht anders.«

»Warum bist du gekommen?«, fragte ich. »Ich kann diese lange Zugreise nicht machen, ohne zu wissen, warum.«

Ehe sie antworten konnte, hielt der Zug mit kreischenden Bremsen. In diesem Augenblick erinnerte ich mich im Detail an das erste Mal, als ich nach Paris kam. Die gleichen Bremsen hatten gekreischt, Menschen hatten die Balance verloren, jemand hatte geflucht. Als hätte ich mich durch eine Schale geklopft und den Kopf in eine Welt gestreckt, die es nicht mehr gab.

Wir fuhren durch die Vorstädte von Paris, während der Zug Geschwindigkeit aufnahm. In diesem Teil des Wagens waren wir allein. Lisa Modin saß mit dem Rücken gegen die Fahrtrichtung. Ich fragte sie, ob sie den Platz mit mir tauschen wollte.

»Mit dem Rücken gegen die Fahrtrichtung reisten diejenigen, die hingerichtet werden sollten«, sagte ich. »Sie sollten den Galgen oder das Henkerbeil nicht sehen.«

Plötzlich erinnerte ich mich an ein Ereignis aus meiner Jugendzeit. Abgefüllt mit Arrak-Punsch vom Bäckersohn Hasse, mit dem alle befreundet sein wollten, hatte ich in der Winterkälte neben einem verschüchterten Mädchen gestanden, das, glaube ich, Ada hieß und eine aufgeplusterte Farah-Diba-Frisur trug. Ehe sie reagieren konnte, hatte ich mich auf ihre weißen Schuhe übergeben, und sie ergriff die Flucht. Das war bei einem Schulball gewesen, bei dem ich wegen Trunkenheit rausgeworfen worden war und sie mir, da sie sich als meine Freundin betrachtete, in die Erniedrigung hinausgefolgt war. Jetzt floh sie zurück in die Wärme, wo sittsame Schüler paarweise zu einem Jazzorchester mit einem blinden Bassisten tanzten.

Was dachte ich jetzt, als wir durch die Pariser Vorstädte fuhren und ein kleiner Mann einen großen schweren Koffer durch den Mittelgang des Waggons schleppte? Dass ich die Hoffnung hatte, diesmal nicht verlassen zu werden wie damals?

Ich lehnte meinen Kopf an die Wand und kreuzte die Arme vor der Brust.

Wir passierten die belgische Grenze. Unsere Fahrscheine lagen auf dem Tisch. Ich gab vor zu schlafen, als der Schaffner zu seiner Kontrolle vorbeikam.

Danach stand Lisa Modin auf.

»Ich gehe in den Restaurantwagen«, sagte sie. »Ich bin hungrig.«

Ich folgte ihr. Auf der anderen Seite des Mittelgangs saß ein Mann und schaute auf seinem Laptop einen Film an. Ich bat ihn, unser Gepäck im Auge zu behalten. Er nickte. Wir gingen durch die Waggons, sie voraus, ich ein paar Schritte hinter ihr. Der Restaurantwagen war vollbesetzt, und wir mussten auf einen Platz warten. Draußen vor den Zugfenstern hatte sich die Dunkelheit herabgesenkt. Als wir einen Platz ergattert hatten, bestellten wir beide Hühnchen. Der Kellner sprach Französisch mit osteuropäischem Akzent.

»Du hast im Schlaf geweint«, sagte sie plötzlich.

»Habe ich das?«

»Es kommt selten vor, dass man ohne Grund weint.«

»Ich habe keine Erinnerung daran. Auch nicht an einen Traum.«

Der Kellner füllte unsere Gläser. Er war es gewöhnt, in einem ruckelnden Zug zu servieren, ohne etwas zu verschütten. Selbst als der Wagen schwankte, schenkte er weiter ein, ohne einen Tropfen zu vergießen.

»Ich bin einmal mit dem Nachtzug durch die Schweiz gefahren«, sagte ich. »Auf dem Weg nach Italien. Im Restaurantwagen wurde mir ein Tisch zugewiesen, den ich mit einer jungen Frau teilte. Ich war damals sehr jung. Aus einem geheimnisvollen Grund wollte sie eine Art Punsch trinken. Während sie ein Glas trank, trank ich drei. Ich hatte die wahnsinnige Hoffnung, dass ich sie in mein Schlafwagenabteil würde locken können, den ich in einem Anfall von Größenwahn und da ich gut bei Kasse war in der ersten Klasse gebucht hatte. Woher ich das Geld hatte, weiß ich nicht mehr. Ich befand mich am Anfang meines Medizinstudiums. Wenn ich mich nicht täusche, hatte ich während der Osterferien plötzlich beschlossen, nach Rom zu fahren. Aber natürlich wurde nichts aus meinem heimlichen Plan mit der jungen Frau. Als der Restaurantwagen schloss, bedankte sie sich und verschwand. Ich wankte zu meinem Abteil, öffnete das Fenster und versank von all dem Zuckerpunsch, den ich getrunken hatte, in Bewusstlosigkeit. Als ich morgens aufwachte, war das Bett mit Schnee aus dem offenen Fenster bedeckt. Mein Mund fühlte sich an wie erstarrte Zuckerlösung. Nie zuvor und auch später nicht mehr hatte ich einen solchen Kater gehabt. Ich war mehrere Tage krank. Von Rom habe ich nur die Erinnerung, dass der Verkehr erstickend war und dass ich wütend herumlief, weil ich mein Geld für diese misslungene Reise verschwendet hatte. Ich hatte das Erlebnis gegen eine Unmenge Gläser mit Punsch eingetauscht.«

»Ich habe auch eine Erinnerung an Rom«, sagte sie. »Meine Reise war weniger missglückt. Ich bin mit zwei Freundinnen hingefahren. Eine von ihnen sollte als Au-pair bei einer schwedischen Diplomatenfamilie arbeiten. Wir begleiteten sie, um sie während der ersten Woche zu unterstützen. Eines Tages, als ich einen Spaziergang machte, während die anderen beiden mit einer Erkältung im Bett blieben, traf ich einen Mann, der Marius hieß. Einige Abende später habe ich meine Unschuld im Park der Villa Borghese hinter einem Baum verloren. Es war ein hilfloses Gefummel von ihm und von mir. Wir wollten uns dann am nächsten Tag wiedertreffen. Aber ich ging nicht hin. Manchmal frage ich mich, was aus ihm geworden ist. Und ich wüsste gern, ob er auch mal an mich denkt.«

Der Restaurantwagen leerte sich allmählich. Wir tranken Kaffee. Lisa Modin hatte einen Nachtisch bestellt, den sie jedoch fast unberührt stehenließ, weil er viel zu süß war.

Plötzlich fragte sie, warum ich an jenem Abend zu ihr gekommen sei.

»Das weißt du.«

»Ich weiß gar nichts. Aber ich vermute etwas.«

»Was?«

»Dass du gehofft hast, ich würde dich bei mir im Bett schlafen lassen. Wie konntest du das glauben?«

»Ich habe nicht geglaubt. Ich habe gehofft.«

»Du hast in meinen Papieren herumgeschnüffelt. Du hast ein Geheimnis in meiner Kleiderkammer entdeckt.«

Wütend warf sie die Serviette weg, die sie vor sich auf dem Tisch liegen hatte. Dann winkte sie dem Kellner, der schläfrig auf einem Hocker vor der Küchenzeile saß. Er reagierte sofort und brachte die Rechnung, die schon vorbereitet war. Ich wollte bezahlen, aber Lisa Modin nahm sie an sich. Ich hätte schon genug gezahlt, meinte sie. Sie gab dem Kellner ein unangemessen hohes Trinkgeld. Er sah sie freudig überrascht an. Es war sein erstes Lächeln an diesem Abend.

Wir kehrten zurück zu unserem Wagen. Diesmal ging ich voran und öffnete die trägen Türen zwischen den Waggons.

Der Mann, der auf unser Gepäck aufgepasst hatte, schlief mit dem Laptop auf den Knien. Die Koffer waren noch da.

»Wo sind wir?«, fragte Lisa Modin, nachdem wir uns gesetzt hatten. Sie hatte den Mantel über sich gebreitet und kauerte mit hochgezogenen Beinen auf dem Sitz.

»Vielleicht in Deutschland«, antwortete ich.

Ich schaute auf meine Uhr. »In fünf oder sechs Stunden sind wir in Hamburg. Da gibt es immer einen Aufenthalt.«

»Weck mich dann«, sagte sie. »Ich liebe es, wenn niemand weiß, wo ich bin. Ein Zug, der durch die Nacht rast. Könnte ich Romane schreiben, würde ich über diese Reise schreiben.«

»Komme ich in dieser Geschichte vor?«

Sie antwortete nicht mehr. Sie hatte schon die Augen geschlossen und den Mantel über den Kopf gezogen.

Ich musste selbst eingeschlafen sein. Denn ich wachte davon

auf, dass der Zug anhielt. Im bleichen Licht des Bahnsteigs sah ich, dass wir Hamburg erreicht hatten. Der Mann mit dem Laptop verließ seinen Platz und verschwand. Lisa Modin schlief weiterhin mit dem Mantel über dem Kopf. Eines ihrer Beine hing vom Sitz herab.

Wir waren pünktlich in Hamburg angekommen. Es war frühmorgens um Viertel vor drei. Im Unterschied zu der Reise in meiner Jugend mussten wir jetzt nicht umsteigen. Aber es gab einen Aufenthalt von fünfunddreißig Minuten. Ich berührte ihre Schulter, die unter dem Mantel verborgen war. Sie warf ihren Mantel ab, als wäre sie überfallen worden. Aus dem Schlaf gerissen, starrte sie mich an.

»Wir sind in Hamburg. Hier bleiben wir für eine halbe Stunde stehen.«

»Ich bin eingenickt«, murmelte sie schlaftrunken. »Gott, ich habe geschlafen. Ich habe von einem Loch geträumt, das sich plötzlich öffnete.«

»Ich gehe hinaus, ein bisschen Luft schnappen«, sagte ich.

Sie schlüpfte immer noch schlaftrunken in die Schuhe und richtete rasch ihre Frisur mit den Händen.

»Können wir das Gepäck dalassen?«

»Gewöhnlich geht jemand am Bahnsteig entlang und überwacht den Zug. Außerdem können wir es selbst im Auge behalten.«

Wir traten auf den Bahnsteig, es war kalt. Die Lok unseres Zuges stand nahe an der Treppe, die zum oberen Teil des Bahnhofs führte, wo sich Geschäfte, Fahrkartenschalter und Restaurants aneinanderreihten. Auch von dort hatte man den Zug im Blick. Außerdem patrouillierte tatsächlich ein Mann in Schaffneruniform den Zug entlang.

Wir fuhren die Rolltreppe hinauf. Ich fragte, ob sie hungrig sei.

»Um drei Uhr morgens?«, entgegnete sie. »Hast du denn Hunger?«

Wir blieben an einem nachts geöffneten Café stehen und bestellten zwei Tassen Tee zum Mitnehmen. An einem Tisch saß ein langhaariger Mann mit einem schmutzigen Rucksack und schlief. Ich dachte, dass er vielleicht schon immer da saß, der zeitlose Vagabund, der immer wiedergeboren wurde und immer gleich aussah. Ein paar Jugendliche, vielleicht obdachlos, hockten apathisch an einem anderen Tisch und bildeten einen scharfen Kontrast zu einem Paar in den Dreißigern, das einander zärtlich über die Wangen und die Haare strich.

Wir nahmen unsere Teebecher und gingen hinaus. Lisa Modin blieb am Geländer stehen, von wo aus man alle Bahnsteige in dem fast verlassenen Bahnhofsgebäude mit seinem gewölbten Eisendach und den verrußten Glasfenstern sehen konnte. Sie stellte den Becher auf dem Geländer ab.

Ich riskierte den Versuch, sie zu umarmen. Sie leistete keinen Widerstand. Aber sie zog sich vorsichtig zurück.

»Halte mich nicht fest«, sagte sie. »Bleib einfach da stehen, wo du stehst. Alles, was zu schnell geht, wird immer falsch.«

Ein zerlumpter und ausgemergelter Junkie kam an und bettelte. Ich gab ihm einen Euro. Als er plötzlich darauf bestand, mehr zu bekommen, schrie ich ihn an, er solle verschwinden. Er verzog sich. Lisa Modin sah ihm nach.

»Ich verstehe nicht, wie Menschen den Mut haben, Kinder zu bekommen«, sagte sie. »Wenn das Ergebnis ist, dass sie Bettler in einem Bahnhof werden können.«

»Das ist zynisch«, sagte ich. »Das Leben garantiert nichts anderes als ständige Risiken. Das gilt auch, wenn man Kinder bekommt.«

»Hast du immer so gedacht?«, fragte sie. »Als du auf die Geburt deiner Tochter gewartet hast?«

»Ich wusste nicht einmal, dass sie unterwegs war. Das habe ich dir schon einmal erzählt.«

Wir warfen unsere leeren Pappbecher in eine Mülltonne und kehrten zum Zug zurück. Neue Reisende waren in unseren Wagen gekommen. Ich dachte, ich sollte vorschlagen, auf die leeren Plätzen hinüberzuwechseln, wo wir nebeneinandersitzen konnten. Aber ich merkte, dass sie das nicht wollte. Dafür musste ich sie nicht fragen. Sobald sie sich gesetzt hatte, markierte sie den Abstand zwischen uns und schloss die Augen, als hätte ich überhaupt keinen Zutritt zu ihrer Welt.

Wir fuhren weiter nach Norden. Ob sie schlief, weiß ich nicht, aber sie breitete wieder den Mantel über sich aus. Ich saß da und schaute in die Nacht hinaus. Versprengte Erinnerungssequenzen rasten mir wie zerschnittene Filmschnipsel im Kopf herum. Als der Schaffner vorbeikam, fragte ich ihn, ob eine Bar im Zug geöffnet sei. Er schüttelte den Kopf. Es gebe einen Automaten mit verschiedenen Getränken weiter hinten im Zug. Mir war klar, dass kaum etwas Alkoholisches dabei sein würde.

Wir kamen pünktlich in Stockholm an. Da hatten wir im Zug gefrühstückt und zu Mittag gegessen. Lisa Modin hatte auch zugestimmt, mit mir im Auto nach Hause zu fahren. Keiner von uns beiden ließ sich etwas von der kurzen Umarmung im Hamburger Bahnhof anmerken. Ich wusste nicht, ob sie die Szene für etwas Traumhaftes hielt, was vielleicht nicht in Wirklichkeit geschehen war. Für mich war es das Gegenteil.

Ich hatte ihr gegenübergesessen, Stunde um Stunde, in dem Zug, der uns nach Kopenhagen brachte und weiter hinein in die schwedische Herbstlandschaft. Und ich fragte mich, ob es möglich war, sich nach einem Menschen zu sehnen, der sich weniger als einen Meter entfernt befand.

Später vertiefte sich Lisa Modin lange Stunden in ein Buch, das von der Geschichte des schwedischen Journalismus handelte. Ich selbst hatte nichts anderes zu lesen als meinen Taschenkalender. Also ging ich alle Namen durch, die sich darin befanden. Und ich versuchte, mir für mich einen anderen Namen vorzustellen als Fredrik. Kein anderer Name als Filip erschien mir möglich. Als ich keine weiteren Namen zu lesen und zu überdenken hatte, nahm ich meinen Stift und formte Anagramme aus meinem und Lisa Modins Namen. Es war leichter, lustvolle Anagramme von ihrem Namen zu erstellen, als von meinem.

Refrik Nilew war nicht so interessant wie Masdi Olin.

In Stockholm nahmen wir den Zug vom Hauptbahnhof nach Arlanda. Ein kalter Regen fiel über Schweden. Ich holte das Auto und kreiste um alle Abfahrten herum, ehe ich Lisa Modin am Terminal 3 auflas.

Weiter ging es südwärts durch den Regen. Der Verkehr war dicht und hektisch. Erst nach Södertälje wurde es ruhiger. Wieder fragte ich, ob sie hungrig sei.

»Ich genieße nur die Reise, von der ich wünschte, sie würde nie enden. Ich bin wie ein Kind, das niemals genug bekommen kann.«

»Genug wovon?«

Sie schüttelte nur abweisend den Kopf. Ich sah, wie die nasse Fahrbahn im Licht der Scheinwerfer glitzerte, und dachte, dass ich derselben Meinung war. Diese Reise könnte ewig dauern.

Wir waren in dem dunklen Kolmården-Wald angekommen, als sie mich plötzlich bat, an einer Raststelle zu halten. Sie stieg aus und verschwand in der Dunkelheit. Ich stellte das Radio an und hörte die Nachrichten, aber es kam mir so vor, als hätte ich die Berichte schon einmal gehört. Ich stellte das Radio ab, als Lisa Modin die Autotür öffnete und sich wieder setzte. Jetzt regnete es stärker. Ihre Haare waren nass.

»Was geschieht in der Welt?«, fragte sie.

»Alles. Aufs Neue. Wieder und wieder. Immer gleich, immer verschieden.«

Wir fuhren weiter. Außerhalb von Norrköping hielten wir an einem Straßenrestaurant und aßen etwas. Sie probierte ihr Gericht und schob dann den Teller weg.

»Man sollte sich beschweren«, sagte sie. »Das ist nicht genießbar.«

»Das kann ich machen.«

»Nein«, wehrte sie ab. »Wenn ich es nicht schaffe, mich zu beschweren, soll das auch kein anderer tun.«

Sie zog den Teller wieder zu sich heran und nahm kleine Bissen von dem Fischgratin.

An einem der Tische hinter uns gab es plötzlich Streit. Ein

paar erregte junge Männer fingen an, sich zu prügeln, ehe es den anderen aus der Gruppe gelang, sie zu beruhigen.

Wir fuhren weiter durch die Dunkelheit. Kurz nach Söderköping lief ein Hase über die Straße und zwang mich zu einer Vollbremsung. Während der Fahrt sagten wir wenig, sondern teilten vielmehr ein Schweigen, das zumindest ich als bedrückend empfand. Ich wollte mir ihr reden, ohne zu wissen, worüber.

Gegen zehn Uhr waren wir in dem Ort angekommen. Ich fuhr zu ihrem Haus. Noch immer fiel kalter Regen. Die Jacke über den Kopf gezogen, holte ich ihren Rollkoffer aus dem Kofferraum.

»Wie kommst du heute Abend nach Hause?«, fragte sie.

»Das weiß ich noch nicht«, erwiderte ich.

»Bleib hier«, sagte sie.

Ich konnte hören, dass sie sich schon entschlossen hatte. Es war kein Gedanke, der erst in diesem Moment auftauchte. Ich nahm meinen Koffer, verriegelte das Auto und folgte ihr.

Kurz vor dem Haus, an den Fahrradständern, stolperte ich und riss mir das eine Bein auf. Als wir in ihre Wohnung heraufkamen, blutete ich stark. Sie wusch mir die Wunde im Badezimmer aus und verband sie.

Während ich auf dem Toilettendeckel saß und zusah, wie sie meine Verletzung versorgte, wusste ich, dass wir uns etwas Entscheidendem näherten.

Aber ich wusste noch nicht, was es war.

Die Reise nach Paris war vorüber.

TEIL IV

Die Trommel des Kaisers

20.

Nachdem sie meine Wunde versorgt hatte, öffnete sie als Erstes die Balkontür sperrangelweit. Kühle Luft strömte aus der Abenddunkelheit herein.

Ich sah zu, wie sie die Post im Flur aufsammelte. Offensichtlich war sie eine Frau, die viele Zeitungen las und Werbung ablehnte.

Dann fragte sie, was ich essen wolle. Es gebe Tee, Butterbrote, Leberpastete und Sardinen. Sie bat mich, auf dem Sofa Platz zu nehmen, während sie den Tisch deckte. Als ich mich erbot, ihr zu helfen, schüttelte sie nur den Kopf.

Ich spürte ihren Zweifel, ob es richtig gewesen war, mich nach Hause einzuladen. Auf dem Sofa sitzend dachte ich an all die Gelegenheiten, in denen ich mich in ähnlichen Situationen befunden hatte. Allein mit einer Frau, ohne zu wissen, was zu erwarten war.

Plötzlich erinnerte ich mich an das erste Mal, als ich mit einer Frau geschlafen hatte. Es war bald sechsundfünfzig Jahre her. Ein paar Freunde hatten sie mir als leichtsinnig und immer bereit beschrieben. Ich glaube, sie hieß Inger. Ich war vierzehn Jahre alt. Inger tauchte gewöhnlich bei verschiedenen Schulbällen auf. Ich war ein schlechter Tänzer und betrachtete es vor allem als notwendige Pirouette, um Mädchen zu anderen Abenteuern zu verleiten. Zumindest stellte ich mir vor, dass es so war. Ich fand Inger an der Wand, an der die Mädchen auf den Ansturm von der gegenüberliegenden Wand warteten, wo die Jungen in ihren unsichtbaren Startlöchern standen. Auch damals hatte ich mich mit dem Arrak-Punsch des Konditorsohns Hasse gestärkt, den er im Lager seines Vaters gemopst hatte, um ihn dann teuer in kleinen Glasflaschen aus der Apotheke zu verkaufen. Ich war nicht betrunken, aber benebelt genug, um den Sprung über die Tanzfläche zu wagen. Das Mädchen namens Inger wusste nicht, wer ich war. Wir bewegten uns wie kleine, verschwitzte Eisbrecher durch die dichte Menge, die sich manchmal unsanft drängelte. Es war ein Abend des Schubsens, nicht des Tanzens. Wie ich es in Erinnerung habe, sprachen wir kein einziges Wort miteinander.

Nach zwei Tänzen schlug ich ihr vor zu gehen. Sie fragte wohin. Das wusste ich nicht. Nur weg von dieser verdammten Tanzfläche, wo es nach Schweiß, herbem Jugendsuff und billigem Parfum roch. Da sagte sie mit der größten Selbstverständlichkeit, sie sei allein zu Hause.

Sie wohnte in einem Vorort, an dessen Namen ich mich nicht erinnere. Wir fuhren mit der U-Bahn und sprachen noch immer nicht miteinander. Sie trug einen braunen Rock, Stiefel, die verrieten, dass sie große Füße hatte, eine weiße Bluse und einen dunkelroten Mantel. Damit sah sie überhaupt nicht aus wie ein leichtsinniges Mädchen, das im Grunde mit jedermann ins Bett ging. Aber wie sah so eine eigentlich aus?

Inger wohnte in einem Genossenschaftshaus aus den fünfziger Jahren. Die Wohnung hatte drei Zimmer. Auf einem Regal sah ich ein Foto ihres Vaters in Schaffneruniform. Ich setzte mich aufs Sofa, das mit Kissen bedeckt war, auf denen verschiedene Weisheiten verkündet wurden.

Inger verschwand ins Badezimmer. Ich hörte die Spülung und fragte mich, was ich jetzt tun sollte. Was mir bevorstand, die fast verzweifelte Verlockung, war ebenso beängstigend wie lustvoll.

Sie kam aus dem Bad, stellte sich vor mich hin und bot mir eine Unterstützung, mit der ich nicht gerechnet hatte.

»Willst du jetzt vögeln, oder sollen wir ein wenig warten?«, fragte sie.

Worauf wir warten sollten, erklärte sie nicht.

»Jetzt«, sagte ich und errötete.

Sie nickte, ging durch zu ihrem kleinen Zimmer, drehte sich um und sah mich fragend an. Ich stand sofort auf und folgte ihr. Sie zeigte auf das Badezimmer.

»Du kannst das blaue Handtuch benutzen.«

An das, was dann geschah, kann ich mich kaum noch erinnern. Sie hatte das Licht gelöscht, sich ausgezogen und sich in dem Bett, auf dem sich Stofftiere tummelten, unter die Decke gelegt. Ich riss mir die Kleider vom Leib und folgte ihr. In einer täppischen Umarmung, bei der ich manchmal nicht wusste, ob es ihre Teddybären oder ihre Brüste waren, nach denen ich tastete, drang ich in sie ein und hatte sofort eine Ejakulation. Ich hörte sie kichern, verfluchte mein Elend und warf irritiert einige ihrer Schmusetiere aus dem Bett.

»Man kann nicht zwischen einem Haufen Plüschbären vögeln«, sagte ich trotzig.

Sie kicherte erneut, antwortete aber nicht.

Weiterhin wechselten wir kein Wort. Ich blieb eine Stunde. Dann zog ich mich an und ging.

»Wir sehen uns«, sagte ich.

»Nein, das tun wir bestimmt nicht.«

Ich saß auf Lisa Modins Sofa und fragte mich jetzt, sechsundfünfzig Jahre später, was Inger damit gemeint hatte. Sollten wir uns nicht wiedersehen, weil sie es nicht wünschte? Oder war sie sicher, dass ich bekommen hatte, was ich wollte, und nicht mehr an ihr interessiert war?

Meine Gedanken an das erste, täppische und verheerende Liebeserlebnis meines Lebens wurden verdrängt, als Lisa Modin mich in die Küche rief. Ich hätte gern gewusst, was mit dieser Inger geschehen war, die einen braunen Rock trug und als leichtsinnig galt. Hatte sie ein gutes Leben? Ich habe sie nie wiedergesehen.

Wir aßen und sprachen über nichts Besonderes. Dann bat mich Lisa Modin, abzuräumen und das Geschirr zu spülen, während sie selbst ins Badezimmer verschwand. Ich kehrte Brösel vom Tisch, schloss die Balkontür und setzte mich auf das Sofa, bis sie in ihrem Bademantel aus dem Bad kam und in ihrem Schlafzimmer verschwand.

»Für dich liegt ein Handtuch auf dem Badewannenrand«, sagte sie.

Ich dachte an Inger. So ganz anders, und doch so gleich.

»Ist es blau?«

»Es ist weiß. Wieso?«

Als ich mich gewaschen und die Haare getrocknet hatte und wieder herauskam, hatte sie das Licht im Schlafzimmer gelöscht und nur eine Bodenlampe im Wohnzimmer angelassen. Ich ging zu dem Bett, ließ das Handtuch fallen und kroch zu ihr zwischen die Laken.

Schweigend lagen wir in der Dunkelheit. Ich tastete nach ihrer Hand. Sie war zur Faust geballt. Ich versuchte nicht, sie zu öffnen.

Sie schlief noch, als ich gegen sechs aufstand, mich anzog und die Wohnung verließ.

Es war kalt, als ich zum Auto ging. Der Ort lag verlassen da. Als ich auf der einzigen Straße entlangfuhr, hatte ich das Gefühl, mich durch eine geschickt konstruierte Kulissenwelt zu bewegen, in der es niemals Filmaufnahmen geben würde. Ich stellte mir vor, alle Bewohner der Ortschaft würden eine Filmklappe bei sich tragen und hoffen, sie würde einmal zum Einsatz kommen.

Ich fuhr hinunter zum Wasser und stieg aus dem Wagen. Obwohl es kalt war, ging ich auf dem Holzkai auf und ab und versuchte zu verstehen, was am Abend zuvor geschehen war. Ich kam lediglich zu dem Schluss, dass ich nicht besonders viel von Lisa Modin verstand. Warum war sie nach Paris gefahren?

Darauf gab es keine Antwort. Ich fuhr weiter, hinunter zum Hafen. Ein Auto auf der Gegenfahrbahn zwang mich zu einer Vollbremsung. Ich meinte den Bootsmechaniker zu erkennen, der vermutlich betrunken war. Jansson hatte einmal angedeutet, der Mann sei ein schwerer Alkoholiker. Aber bei Jansson konnte man nie wissen. Alle Menschen, die er missbilligte, waren Alkoholiker.

Als ich zum Hafen hinunterkam, rollte ich zu meinem Parkplatz bei Oslovskis Haus. Ein schwacher Nieselregen hatte eingesetzt. Ich nahm meinen Koffer und wollte Jansson anrufen, um ihn zu bitten, mich abzuholen. Aber dann beschloss ich nachzusehen, ob Oslovski zu Hause war und schon angefangen hatte, in der Garage an ihrem Auto zu werkeln. Ich wusste, sie war ein Morgenmensch. Der Kiesweg hinauf zum Haus war frisch geharkt, die Vorhänge an den Fenstern zugezogen. Ich horchte auf Geräusche aus der Garage. Aber es war nichts anderes zu hören als der Wind, der vom Meer hereinzog. Trotzdem ging ich zur Garage hinauf. Als ich um die Hausecke bog, sah ich, dass die Garagentür halb offen stand. Das würde sie nicht, wenn Oslovski nicht da wäre. Sie war vorsichtig und schloss immer ab.

Nordin hatte erzählt, Oslovski hätte einmal in ihrer Tasche nach Geld gesucht und dabei einen Schlüsselbund herausgezogen, der der größte war, den Nordin je gesehen hatte. Später war er oft auf die Frage zurückgekommen, warum ein Mensch, der in einem so kleinen Haus lebte, so viele Schlüssel brauchte wie ein Gefängniswärter.

Ich klopfte an die Garagentür und schob sie gleichzeitig auf. Das Licht brannte.

Oslovski lag auf dem Zementboden hinter dem aufgebockten Auto. Sie trug ihren üblichen alten blauen Overall, auf dem das Markenzeichen »Algots« in verblichenen Buchstaben prangte.

Ich brauchte nicht zu ihr hinzugehen, um zu wissen, dass sie tot war. Sie lag rücklings, das eine Bein unter den Rücken gedreht, als hätte sie versucht, ihren Sturz abzufangen. In der rechten Hand hielt sie einen Schraubenschlüssel, und aus ihrem Kopf war an der Stelle Blut geflossen, wo er auf den harten Boden aufgeschlagen war. Ihre Augen waren geschlossen. Ich ging zu ihr hin, kniete mich nieder und fühlte ihren Puls. Sie war tot, aber noch nicht kalt. Außerdem war ihre Haut noch nicht gelblich und wächsern. Oslovski war höchstens seit einer Stunde tot. Nichts deutete auf eine Gewalttat hin. Vermutlich hatte sie einen Schlaganfall oder einen Herzinfarkt erlitten. Vielleicht war auch eine Schlagader geplatzt und hatte sie ohne Warnung oder Vorahnungen in den Tod geschickt.

Ich setzte mich auf einen schmutzigen Hocker, der neben der

Wand stand, an der die Werkzeuge an ihren markierten Plätzen hingen. Ich trauerte um sie. Vielleicht nicht wie um eine Freundin. Aber sicher wie um einen Menschen, der allein schon deshalb eine Geborgenheit vermittelte hatte, weil er in meiner Nähe lebte.

Erst Nordin. Jetzt Oslovski. Ich war von immer mehr toten Menschen umgeben. Der Gedanke an das Kind, das im Bauch meiner Tochter heranwuchs, konnte nur zum Teil das Gleichgewicht zwischen der Waagschale mit den Lebenden und der mit den Toten aufrechterhalten.

Ohne zu wissen weshalb, tat ich, was ich tat. Ich erhob mich von dem Hocker, zog den Schlüsselbund aus Oslovskis Overalltasche und ging hinunter zum Haus. Vom Hafen her hörte ich den Morgenbus widerwillig den steilen Hang zu der Ortschaft hinaufstreben. Ich wartete, bis das Motorengeräusch verklungen war. Dann schloss ich die Tür von Oslovskis Haus auf und ging hinein.

Ich war noch nie hier gewesen. Hin und wieder, wenn Oslovski gerade aus der Tür trat, hatten wir uns auf ihrer engen Veranda unterhalten. Dabei hatte ich immer das Gefühl, als würde sie nicht da stehen, um mit mir zu schwatzen. Vielmehr war sie ihr eigener Türhüter, der Unbefugte daran hinderte, die Grenze zu überschreiten, die die Schwelle des Hauses bildete.

Ich blieb in dem dunklen Flur stehen. Da war dieser deutliche herbe Geruch, der ein ständiger Begleiter der Einsamkeit zu sein schien. Hatte es nicht in meinem eigenen Haus ebenso gerochen, ehe es niederbrannte?

Ich knipste ein paar Lampen an und ging dann langsam durch die drei Zimmer. Auf der steilen Treppe zum Dachboden lagen Zeitungshaufen und eine unendliche Anzahl von Plastiktüten aus verschiedenen Lebensmittelläden. Ich begriff, dass Oslovski in ihrer Einsamkeit zu einer manischen Sammlerin geworden war. Beim Rundgang durch ihre Zimmer betrat ich eine chaotische Unordnung. Kleider, Stoffbündel, Schuhe, Galoschen, Mützen, Skier, ein defekter Tretschlitten, Möbel, kaputte Lampen, Fischnetze. Das Durcheinander war unbeschreiblich. Nur in dem Zimmer, in dem sie ihr Bett hatte, herrschte eine gewisse Ordnung. Dort blieb ich in der Türöffnung stehen, von etwas getroffen, was ich nicht sofort identifizieren konnte. Dann wurde mir klar, dass trotz all der Unordnung das ganze Haus sauber war. Die Zeitungsstapel waren abgestaubt, die Laken in dem Bett frisch. In der vollgestopften Küche gab es eine Waschmaschine und einen Trockner. In einer Mülltüte, die neben der Spüle auf dem Boden stand, lag der Karton eines französischen Fischgratins, das vielleicht Oslovskis letzte Mahlzeit gewesen war. An dem kleinen Küchentisch mit einer dunkelgrünen Resopalplatte stand ein einsamer roter Stuhl mit einer Sitzfläche aus Plastik.

Oslovski hatte offenbar keinen Gast erwartet.

Ich ging noch einmal durch das ganze Haus. Unordnung und pedantische Ordnung, Seite an Seite.

Plötzlich blieb ich stehen. Ich hatte das Gefühl, etwas gesehen zu haben, worauf ich reagieren sollte. Zuerst kam ich nicht darauf, was es gewesen war. Dann fiel mir ein, dass es mit ihrem Schlafzimmer zu tun hatte.

Ich ging noch einmal die Treppe hinauf. Sobald ich das Zimmer betrat, in dem ihr bezogenes Bett stand, wurde mir klar, was mir aufgefallen war. Die Laken hatten eine himmelblaue Borte mit Sternen darauf. Und erst kürzlich hatte ich dasselbe Laken gesehen. In dem verlassenen Haus in Hörum. Es gab keinen Zweifel. Die Laken in dem Bett, das dort gestanden hatte, waren die gleichen wie in Oslovskis Bett.

Oslovski muss eine einsame Füchsin gewesen sein, dachte ich. Sie lief nicht gen Golgatha. Aber vielleicht hatte sie einen Bau mit zwei Ausgängen. Einem, in dem ich mich jetzt befand, und einem anderen in dem verfallenen Haus in Hörum. Vielleicht versteckte sie sich da, wenn ihre Angst vor dem mir Unbekannten zu stark wurde?

Oslovski hatte viele Jahre in unserer Nähe gewohnt. Aber sie war immer eine Fremde geblieben. Hatte sie jemals gewünscht, uns nahezukommen? Vielleicht war ihre Angst, worauf auch immer sie beruhte, so groß, dass sie allein in ihrem Bau mit den verschiedenen Eingängen leben wollte?

Sie nahm wirklich alles mit in den Tod, dachte ich. Zurück blieben nur ein bezogenes Bett in einem verlassenen Haus und ein nicht ganz fertig reparierter DeSoto in einer Garage. Und ein Rätsel, das niemand wird lösen können. Das Rätsel der Einsamkeit.

Ich war sicher, dass Oslovski diejenige war, die das Bett in dem verlassenen Haus benutzt hatte. Warum, würde ich nie erfahren.

Stumm war sie verschwunden und hatte kalte, unlesbare Spuren hinterlassen.

Die muffige Luft verursachte mir Übelkeit. Ich ging hinaus. Auf der Veranda rief ich Jansson an.

»Ich bin es.«

Ich wusste, dass Jansson meine Stimme auf Anhieb erkannte.

»Wo bist du?«

»Mir geht es gut, danke der Nachfrage«, sagte ich. »Ich bin am Hafen. Oslovski ist tot.«

Es dauerte, bis Jansson antwortete. An seiner Stimme hörte ich, dass er bestürzt war.

»Ist sie auch tot?«

»Was meinst du mit auch?«

»Ich denke an Nordin.«

»Ja, Oslovski ist tot. Ich habe sie in der Garage gefunden. Entweder ein schwerer Schlaganfall oder eine geplatzte Schlagader, vermute ich.«

Als Jansson nach längerem Schweigen sprach, hörte ich, dass er den Tränen nahe war.

»Sie war so einsam.«

»Das sind wir alle. Man stirbt allein. Wenn man geboren wird, hat man zumindest Gesellschaft.«

»Was zum Teufel meinst du damit?«

Janssons Trauer schlug plötzlich in Wut um.

»Genau das, was ich sage. Immerhin hast du deine Mutter dabei, wenn du geboren wirst. Auch wenn sie halb verrückt vor Schmerzen ist.«

Jansson antwortete nicht. Diesmal wartete ich sein Schweigen nicht ab.

»Ich will, dass du mich abholst«, sagte ich. »In zwei Stunden. Zuerst muss ich mich um die Sache mit Oslovski kümmern.«

»Was hast du in der Garage gemacht?«

»Ich begrüße sie gewöhnlich«, antwortete ich. »Sie ließ niemanden in ihr Haus. Aber in die Garage, wo sie an ihrem alten Auto herumgebastelt hat.«

»War es nicht ein Cadillac?«

»Es ist ein DeSoto.«

»Und sie ist ganz plötzlich gestorben?«

»Wir sprechen darüber, wenn wir uns sehen. In zwei Stunden. Ich muss jetzt die Polizei anrufen.«

Jansson beendete widerwillig das Gespräch. Ich ging zurück zur Garage und steckte den Schlüsselbund in Oslovskis Tasche. Sicherheitshalber fühlte ich noch einmal ihren Puls.

Oslovski war und blieb tot.

Ich wählte den Notruf und berichtete. Die Frage, ob eventuell ein Verbrechen vorliege, verneinte ich.

Das unnatürliche Leben, das Oslovski geführt hatte, endete mit einem natürlichen Tod.

Ich ging hinaus auf die Straße und wartete. Als es zu kalt wurde, setzte ich mich ins Auto. In Gedanken glitten meine Fingerkuppen über Lisa Modins Schultern.

Es dauerte fünfundvierzig Minuten, ehe ein Streifenwagen und ein Rettungswagen eintrafen. Als sie den Hang vom Hafen heraufkamen, ging ich zur Straße vor, um sie zu begrüßen. Die beiden Polizisten kannte ich nicht. Es waren ein Mann und eine Frau. Die Polizistin ähnelte meiner Tochter. Der gleiche bestimmte Blick, der auch scheu wirken konnte.

Zusammen mit den Sanitätern, die ältere und kräftigere Männer waren, gingen wir hinauf zur Garage. Ich erzählte von Oslovski und meiner Erlaubnis, auf ihrem Grundstück zu parken. Vor der Garage blieben wir stehen.

»Sie liegt da drinnen«, sagte ich. »Ich bin Arzt, und ich bin sicher, sie ist tot.«

Ich wartete draußen, während sie hineingingen. Der Gedanke, dass Oslovski fort war, bedrückte mich immer mehr. Ich hatte sie nicht gekannt. Aber wir hatten zur gleichen Zeit gelebt. Sie gehörte zu denen, mit denen ich mein Leben teilte. Jetzt war sie fort. Ein Stück meiner Welt war untergegangen.

Die Sanitäter kamen heraus.

»Wir können keine Toten im Krankenwagen befördern«, sagte der eine.

»Wir haben einen Leichenwagen bestellt«, sagte der andere. »Es sieht nach einem Schlaganfall aus.«

Ich ging zu den beiden Polizisten in die Garage. Sie standen da und betrachteten den toten Körper.

»Sie hat eine Wunde am Kopf«, sagte die Polizistin.

»Die hat sie sich bestimmt zugezogen, als sie gestürzt ist«, erklärte ich. »Wenn man einen starken Schlaganfall bekommt, stürzt man wie ein angeschossener Vogel auf den Zement.«

»Wir müssen ins Haus gehen und uns umsehen«, meinte der Polizist.

»Sie hat die Schlüssel gewöhnlich in der Tasche«, sagte ich.

Ich folgte ihnen auf die Veranda und wartete draußen. Sie stöberten eine Weile herum und kamen heraus, als sie Oslovskis Personalausweis gefunden hatten.

»Pfui Teufel, wie die Leute leben«, sagte die Polizistin.

Ich erwiderte nichts, sondern gab meine Personalien an, schloss meinen Wagen ab und ging hinunter zum Hafenkai. Ein anderer Arzt würde kommen. Während ich auf Jansson wartete, kaufte ich Lebensmittel und Zeitungen. Da Veronika das Café schon geöffnet hatte, frühstückte ich dort.

Als Veronika aus der Küche kam, merkte ich, dass sie nicht mitbekommen hatte, was mit Oslovski geschehen war. Sie hatte die Einsatzwagen weder gehört noch gesehen.

»Du bist früh dran«, sagte sie mit einem Lächeln. »Kaffee? Die Mazarin-Törtchen kann ich nicht empfehlen.«

»Setzen wir uns«, sagte ich und deutete auf den nächsten Tisch am Fenster.

Sie sah mich fragend an.

»Rut ist tot«, erklärte ich. »Rut Oslovski. Ich habe sie in ihrer Garage gefunden, wo sie an ihrem alten Auto herumwerkelte. Sie holen gerade die Leiche ab.«

Veronika zuckte zusammen, wie jemand es tut, wenn etwas völlig Unvorhergesehenes eingetroffen ist. Ihre Augen wurden sofort blank. Ich wusste, sie gehörte zu den wenigen Menschen, mit denen Oslovski geredet hatte. Vielleicht nur über Wind und Wetter. Aber sie hatten immerhin miteinander gesprochen.

»Was ist geschehen?«

»Sie lag auf dem Betonboden, einen Schraubenschlüssel in der Hand. Ich vermute einen Schlaganfall oder eine geplatzte Schlagader. Jedenfalls liegt kein Verbrechen vor.«

Wir blieben sitzen und sprachen leise miteinander. Keiner von uns konnte schon ganz begreifen, was geschehen war. Veronika holte Kaffee und ein paar Butterbrote, die sie vom vorigen Tag eingefroren hatte.

»Sie war einsam«, sagte Veronika.

»Ich hatte das Gefühl, sie hätte in letzter Zeit Angst gehabt«, entgegnete ich.

Veronika runzelte die Stirn.

»Was meinst du mit in letzter Zeit?«

»Ich fand, sie hätte sich verändert.«

»Sie hatte in all den Jahren, die ich sie kenne, Angst.«

»Weißt du, wovor? Hat sie etwas gesagt?«

»Nein.«

»Was glaubst du?«

»Ich weiß nicht. Man kann doch Angst haben, ohne zu wissen, wovor.«

»Weißt du, woher sie kam?«

»Nein. Sie hatte immer etwas Unnahbares.«

»Sie baute Brücken und werkelte an ihrem Auto herum. Wer war sie eigentlich?«

»Ich weiß es nicht.«

Jansson würde bald kommen. Ich wollte versuchen, Veronika auf andere Gedanken zu bringen, ehe ich ging.

»Wie geht es der Frau, die fünfundzwanzigtausend Kronen im Monat für fünfundzwanzig Jahre gewonnen hat?«, fragte ich.

»Nur weil man eine Fotze hat, muss man ja keine sein«, sagte Veronika nachdenklich. »Aber das ist sie. Sie prahlt damit, dass sie im Winter in Thailand leben wird.«

Ich hatte Veronika noch nie auf diese Weise reden hören. Für mich war sie immer die freundliche Cafébesitzerin gewesen. Jetzt kam plötzlich etwas hinzu. Es machte mich verlegen.

Als ich sah, wie Jansson sich mit seinem Boot näherte, erhob ich mich, um zu gehen. Veronika stand hinter dem Tresen und war in Gedanken versunken.

»Sie wird uns fehlen«, sagte ich.

Veronika nickte, antwortete aber nicht.

Jansson wartete auf dem Kai.

»Ist es wirklich wahr, dass Oslovski tot ist?«

»Du kennst mich schlecht, wenn du glaubst, ich würde so etwas erfinden.«

Jansson verzog das Gesicht.

»Es sind zu viele, die sterben«, sagte er. »Es ist wie eine Epidemie.«

»Nur Zufälle«, sagte ich. »Der Tod atmet uns auf den Nacken. Aber niemand weiß, wann der Biss kommt.«

Ich stellte meinen Koffer und meine Einkaufstüten ins Boot. Das Gespräch mit Jansson wollte ich nicht in die Länge ziehen. Ich wollte heim in meinen Wohnwagen. Jansson begriff es, machte die Leinen los und kletterte selbst mühsam ins Boot hinunter. Gerade die Art, wie man in ein Boot steigt, verrät, wie sich das Alter nähert. Ungefähr fünf Jahre zuvor hatte ich selbst bemerkt, dass ich nicht mehr leicht in mein Boot kam, ohne das Gleichgewicht zu verlieren. Die Gelenke waren steifer geworden. Das Alter ist eingetreten, wenn man nicht mehr ins Boot springen kann. Jetzt sah ich, wie Jansson, fast wütend auf seine steifen Gelenke, in das Boot hinunterkrabbelte und den Rückwärtsgang einlegte, um den Kai zu verlassen. Ich setzte mich in den Bug und kauerte mich in der Herbstkälte und dem Wind zusammen.

Schweigend fuhren wir zu meiner Insel. Wieder überraschte es mich, dass das Haus nicht zwischen den kahlen Laubbäumen stand. Noch immer hatte ich mich nicht an die schwarze Ruine gewöhnt.

Jansson legte behutsam an. Die Fähigkeit, einen Steg mit einem kaum merklichen Schubs zu erreichen, hatte den alten Postboten nicht verlassen. Ich hob den Koffer und die Einkaufstüte an Land und wollte Jansson gerade einen Hunderter geben, als er sein Käppi abnahm. Wie ich wusste, bedeutete das, dass er etwas sagen wollte.

»Was willst du? Hat das nicht Zeit? Ich bin müde nach der langen Reise.«

»Ich spüre etwas an meinem Herzen. Ich habe Angst.«

Wenn Jansson mit einem seiner Zipperlein ankommt und mich um eine Untersuchung bittet, weiß ich gewöhnlich von vornherein, dass er sich nur etwas einbildet. Aber gerade an diesem Tag verstand ich, dass es anders war. Ich deutete mit einem Nicken zur Bank auf dem Steg hin und stieg aus dem Boot. Jansson folgte mir. Ich ging ins Bootshaus und holte mein Stethoskop. Jansson war schon dabei, seine dicke gefütterte Arbeitsjacke auszuziehen.

»Den Pullover und das Hemd auch«, sagte ich.

Jansson tat, worum ich ihn gebeten hatte. Dann saß er mit nacktem Oberkörper da. Ich sah, wie er von dem kalten Wind eine Gänsehaut bekam, hörte die Lungen und das Herz ab und bat ihn, tiefe Atemzüge zu tun. Die Lungen klangen, wie sie sollten. Aber als ich sein Herz abhörte, merkte ich, dass da etwas nicht stimmte. Im Laufe der Jahre hatte ich Janssons Herz bestimmt hundertmal abgehört. Nie war da ein Nebengeräusch gewesen, das mir aufgefallen wäre. Aber jetzt war es anders. Sein Herz klang unrhythmisch.

Als ich das Stethoskop abnahm, sah ich die Angst in seinen Augen. Jansson war plötzlich ein sehr alter Mann geworden.

»Du musst ins Behandlungszentrum fahren und ein EKG machen lassen«, sagte ich.

»Ist es ernst?«

»Nicht unbedingt. Es ist vielleicht überhaupt nicht schlimm. Aber in unserem Alter sollte man hin und wieder ein EKG machen lassen.«

»Ist es tödlich?«

»Wenn du das Behandlungszentrum nicht aufsuchst, könnte es das werden. Zieh dich an und fahr nach Hause. Morgen nimmst du den Bus in den Ort. Das Behandlungszentrum wird sich um dich kümmern.«

Jansson zog sich schweigend an. Ich hängte das Stethoskop wieder ins Bootshaus. Als ich wieder herauskam, saß er vorgebeugt auf der Bank. Er hatte die Hände gefaltet, als hätte er plötzlich das Bedürfnis zu beten. Er blickte auf, als die Tür kreischend zufiel.

»Warum sagst du nicht, wie es ist?«

»Das tue ich. Du musst das Behandlungszentrum aufsuchen. Mach dir keine unnötigen Sorgen«, fuhr ich fort. »Es ist nur ein kleines Nebengeräusch am Herzen, das sich bestimmt erklären lässt und mit einem Medikament behandelt werden kann.«

»Ich habe über das Herz nachgelesen«, sagte Jansson. »Dass es zu schlagen beginnt, lange bevor man geboren wird. Ich glaube, viele Menschen bilden sich ein, das Herz würde erst dann in Gang kommen, wenn die Nabelschnur durchtrennt wird.«

»Am 28. Tag«, sagte ich. »Dann beginnt der wunderbare Muskel zu arbeiten. Um schließlich normalerweise nur noch einmal stehenzubleiben und Puls und Blutdruck auf null zu senken. Der Tod ist trotz allem ein Endziel. Aber man zerschneidet keine Zielschnur und kein Band. Wäre das Herz ein Vogel, wärst du vielleicht ein paarmal zum Mond hin- und zurückgeflogen, ehe der Muskel entschieden hätte, dass es für die Flügel Zeit ist zu ruhen.«

Jansson nickte. Ich merkte, dass er vom Leben und Tod des wunderbaren Herzmuskels wusste.

Wir saßen schweigend auf der Bank. Zwei alte Männer auf einem Platz für große und kleine Wahrheiten. Jansson war neunundsechzig Jahre alt, ich siebzig. Zusammen waren wir also hundertneununddreißig Jahre alt. Rechnete ich in der Zeit zurück, landete ich im Jahr 1875. Die Chirurgen dieser Zeit operierten in Stehkragen und manchmal auch im Frack.

»Wir lernen nicht, wie man stirbt«, sagte Jansson plötzlich und unterbrach damit das Schweigen.

»Was meinst du?«

»Früher gehörte der Tod zum Leben. Ich erinnere mich, dass ich sechs Jahre alt war, als Großmutter starb. Sie wurde auf einer Tür im Wohnzimmer aufgebahrt. Daran war nichts Merkwürdiges. Der Tod war ein natürlicher Teil des Lebens. Nicht wie jetzt. In diesem Land lernen wir nicht mehr zu sterben.«

Ich verstand, was Jansson meinte. Seine Angst war echt. Trotzdem wunderte ich mich über seine Reaktion. Es kam mir so vor, als wäre der Jansson, den ich kannte, überraschend dabei, sich zu häuten.

»Wie kann man lernen zu sterben?«, fragte er klagend.

Ich blieb stumm, da ich keine Antwort hatte. Keiner der Toten, vor denen ich im Leben gestanden hatte, hat mir eine vernünftige Erklärung oder Handhabe gegeben, mit dem Tod umzugehen, der auch mich früher oder später treffen würde.

Aber man stirbt nicht nur allein. Man stirbt auf unbekannte Weise, auch wenn sich eine medizinische Diagnose stellen lässt.

Als ich so neben dem beunruhigten Jansson saß, erinnerte ich mich an eine Schwarzweiß-Fotografie, die ich vor vielen Jahren gesehen hatte. Ein Bild, das mich mehr erschreckt hatte als jede andere Fotografie, vor der ich gestanden hatte.

Es war irgendwann in den frühen fünfziger Jahren. Ein Schornsteinfeger auf einem Blechdach in Stockholm beschließt, es sei für ihn an der Zeit, das Leben zu beenden. Er knotet sich das Drahtseil eines seiner Werkzeuge um den Hals und befestigt das andere Ende an dem viereckigen Schornstein. Dann steht er auf dem Dachfirst und balanciert. Offenbar muss er lange dort gestanden haben, da er rechtzeitig entdeckt wird. Ein paar Männer auf einer Leiter versuchen ihn zu überreden, sich nicht das Leben zu nehmen. Auf einer anderen Leiter, für mich als Betrachter unsichtbar, steht ein Fotograf. Der Schornsteinfeger ist gut sechzig Jahre alt. Aber sie können ihn nicht daran hindern, sich hinabzustürzen. Plötzlich springt er vom Dach. Der Auslöser der Kamera wird in dem Bruchteil einer Sekunde gedrückt, ehe das Seil sich spannt und der Mann daran stirbt, dass es ihm einen Halswirbel bricht und Haut und Sehnen des Halses durchtrennt. Der Schornsteinfeger hängt für immer in der letzten Leere. Sein Gesicht leuchtet in einer Art, die ich nie entschlüsseln konnte, vielleicht war es Entschlossenheit oder Verzweiflung. Obwohl ich viele Stunden damit verbracht habe, das Foto anzusehen.

Hat der Schornsteinfeger mich gelehrt zu sterben? Lüftet das Bild etwas von dem Geheimnis, das sich in dem letzten Augenblick verbirgt? Was an dem Bild des Schornsteinfegers, der hinaus aus dem Leben ins Unbekannte springt, hat mich in all den Jahren erschreckt und zugleich verlockt?

Das ist es, was einem bleibt, dachte ich. Mit einem anderen alten Mann auf einer Bank zu sitzen, der es auch nicht mehr schafft, in sein Boot zu springen, ohne sich die Knie zu verletzen oder das Gleichgewicht zu verlieren. Hier sitzen wir zusammengekauert in der Stille und klagen darüber, dass wir nicht wissen, wie man sich verhält, wenn man sterben muss.

Ich wurde unruhig. Ich wollte nicht mit Jansson so dasitzen und schweigend über das Elend des Alters stöhnen. Ich stieß ihn mit dem Ellbogen an.

»Möchtest du einen Kaffee?«

»Ich denke an Oslovski«, erwiderte er. »Und du schubst mich, als würdest du mich hassen.«

»Ich hasse dich nicht«, sagte ich verdutzt. »Warum glaubst du das? Ich habe dich nur leicht in die Seite gestoßen.«

»Du schlägst mich.«

»Ich habe dich doch verdammt noch mal nicht geschlagen? Ich habe dich nur leicht in die Seite gestoßen.«

»Ich weiß schon, dass du all die Jahre daran gedacht hast, mich umzubringen«, sagte Jansson. »Auf die gleiche Weise, wie ich es gelernt habe, Briefe durch den Umschlag hindurch zu lesen, kann ich sehen, welche Gedanken du hast.«

Er stand auf, riss die Leinen los und tat das, was er nicht konnte. Er sprang ins Boot. Natürlich fiel er um, als das Boot schwankte. Er schlug mit dem Kopf gegen die Reling. Eine kleine Wunde begann sofort zu bluten. Ich dachte an Oslovski, die neben ihrem alten DeSoto tot in ihrer Garage gelegen hatte.

Jansson setzte rückwärts vom Steg zurück, während ihm das Blut von der einen Augenbraue tropfte. Vielleicht war er dabei, dement zu werden?

Ich wartete nicht einmal, bis er hinter der Landzunge verschwunden war, ehe ich zum Wohnwagen hinaufging. Eine kleine Maus flitzte heraus, als ich die Tür öffnete. Wie Mäuse in vollständig abgedichtete Räume gelangen können, ist eines der großen Rätsel des Lebens.

Gerade als ich mich mit einer Tasse Kaffee hinsetzte, klingelte das Handy. Es war Lisa Modin. Sie fragte gleich nach Oslovski. Ich stellte mir vor, wie sie mit ihrem Notizblock in der Hand dasaß.

»Woher weißt du das?«, fragte ich zurück.

»Ich habe Leute, die mich auf dem Laufenden halten.«

»Polizisten?«

»Manchmal.«

»Sanitäter?«

»Selten.«

»Sagst du das jetzt, weil du deine Quellen nicht preisgeben willst?«

»Ja.«

»Ich habe die Tote gefunden.«

»Das wusste ich nicht.«

Ich erzählte, wie ich die Tür zu der Garage aufgeschoben hatte und Oslovski ausgestreckt auf dem Zementboden entdeckt hatte, den Schraubenschlüssel in der Hand. Und erst jetzt, als ich Lisa Modin von meiner Entdeckung erzählte, hatte ich das Gefühl, tatsächlich zu verstehen, was geschehen war. Der Tod, der andere genauso unbegreiflich trifft, wie er eines Tages auch mich treffen wird.

»Gibt es irgendetwas an ihrem Tod, was verdächtig erscheint?«

»Was sollte das sein?«

»Ich frage dich.«

»Die Obduktion wird ergeben, dass es natürliche Todesursachen waren. Ein Schlaganfall oder eine geplatzte Schlagader. Es kann natürlich auch etwas anderes sein.«

»Was?«

»Ich weiß nicht. Die Obduktion wird es erweisen.«

»War ihr Glasauge noch eingesetzt?«

Ihre Frage überraschte mich. Wer hatte ihr von Oslovskis künstlichem Auge erzählt?

Hatte ich das getan?

»Du hast über sie gesprochen, als wir draußen auf der verlassenen Insel waren«, sagte sie als Antwort auf eine Frage, zu der ich noch gar nicht gekommen war.

Ich erinnerte mich vage.

»Das Auge war noch drin«, sagte ich.

Es wurde still in der Leitung. Ich nahm an, sie würde sich Notizen machen.

»Was machst du?«, fragte sie dann.

»Kaffee trinken.«

Damit war das Gespräch zu Ende, obwohl ich es gern fortgesetzt hätte.

Nach ein paar Minuten klingelte es erneut. Ich hoffte, es wäre wieder sie. Aber der Anruf kam vom Kirchendiener. Er stellte sich als Lars Tyrén vor. Als er fragte, ob ich bereit sei, Nordins Sarg zu tragen, verstand ich, warum er angerufen hatte.

Die Beerdigung sollte am Freitag um elf Uhr stattfinden. Ich versprach, rechtzeitig da zu sein, um die Zeremonie zu besprechen.

»Aber wird er nicht verbrannt?«, fragte ich erstaunt.

»Er soll im Familiengrab beerdigt werden.«

Ich trank meinen Kaffee und dachte, ich müsste einen dunklen Anzug kaufen.

Lisa Modin meldete sich nicht mehr. Ich rief auch nicht an. Hingegen sprach ich jeden Tag mit Louise. Zwischen uns herrschte jetzt ein anderer Tonfall. Bei jedem Gespräch widmeten wir Harriet eine Weile. Außerdem merkte ich, dass sie mich drängte, wenn es darum ging, Geld von der Versicherungsgesellschaft zu verlangen, um den Bau des neuen Hauses in Gang zu bringen.

Ich fuhr in die Stadt und kaufte einen Anzug. Dafür ging ich zu dem exklusivsten Herrenausstatter und wählte einen schwarzen Armani-Anzug. Da ich nicht wusste, ob die Beerdigungskrawatte weiß oder schwarz sein sollte, kaufte ich zwei. Ehe ich ein weißes Hemd wählte, ließ ich mir garantieren, dass es nicht in China hergestellt worden war, sondern in einer Hemdenfabrik in Turin.

Der Anzug kostete sechstausend Kronen. Ich verspürte eine widerstrebende Freude darüber, dass ich es mir erlaubte, verschwenderisch zu sein.

Der Beerdigungstag kam mit einer steifen nordöstlichen Brise. Es war ohnehin ein ungewöhnlich windiger Herbst gewesen. Janssons Boot stampfte und schwankte in den Wellen. Er trug eine schwarze Krawatte zu seinem Anzug.

Oslovskis Haus war verschlossen, als wir das Auto holten. Ich nahm Jansson mit zur Garage, da er darauf bestand, zu sehen, wo Oslovski gelegen hatte. Aber auch die Garagentür war zugeschlossen.

Wir fuhren zur Kirche. Mit Hilfe des Rückspiegels band ich mir die schwarze Krawatte um.

Nordins Sarg war hellbraun. Ein Rosenstrauß zierte den Sargdeckel. Der Pfarrer sprach von Nordin als dem ewigen Diener. Mir wurde übel von den Worten, die sich nur falsch anhörten. Nordin war ein guter Mensch gewesen. Aber dass er hin und wieder bedürftigen Leuten einen Kredit verweigert hatte, hatte keiner der Schärenbewohner vergessen. Sicherlich gab es viele, die ihn als Schuft ansahen.

Wir trugen den Sarg durch den böigen Wind zum Grab in der westlichen Ecke des Friedhofs, dem Familiengrab der Nordins. Die älteste Inschrift verkündete, dass der Bauer Hjalmar Nordin am 12. März 1872 verstorben war.

Als wir den Sarg herabließen, wechselte ich einen Blick mit Jansson. Er sah aus, als wäre es sein eigener Sarg, den er herabließ.

Die Zeremonie war beendet. Wir gingen zum Gemeindehaus, um den Beerdigungskaffee zu trinken. Aber ich hatte nur Lust, davonzulaufen. Die Nähe des Todes erschreckte mich plötzlich.

Das kam ganz unerwartet.

Ich eilte zu dem wartenden Kaffee hinein.

Ich suchte Schutz in der Höhle.

21.

In der Nacht zum 2. November fiel der erste Schnee auf den Schärengarten. Als ich aufwachte und nackt aus dem Wohnwagen trat, um mein Morgenbad in dem kalten Wasser zu nehmen, war der Boden weiß, und es war windstill. Die Natur hielt den Atem an, der Herbst ging in den Winter über. Meine nackten Füße hinterließen Abdrücke auf der dünnen Schneedecke.

Ich stieg von der Leiter des Stegs ins Wasser hinunter, hielt den Atem an und zählte mit dem Kopf unter Wasser bis zehn. Die Kälte brannte auf der Haut. Als ich zurück auf den Steg kletterte, zitterte ich so, dass meine Zähne klapperten. Aber ich wollte nie auf mein Bad verzichten, wie kalt es auch wurde und wie dick das Eis wäre, das ich aufhacken müsste.

Ich eilte zurück in den Wohnwagen und bereitete mein Frühstück zu. An diesem Morgen zog ich eines der blauen chinesischen Hemden an, das am Kragen schon anfing auszufransen. Im Rasierspiegel konnte ich mein Gesicht sehen. Es war bleich und wirkte immer stärker eingesunken. Der Haaransatz war höher, dünner. Im linken Mundwinkel hatte ich eine Wunde, die nicht heilte. Möglicherweise eine Warze, die nach innen wuchs. Als ich mir in die Augen sah, erblickte ich eine Person, die ich nur teilweise erkannte.

Es war wie ein Duell. Zwischen dem Mann im Spiegel und dem, der auf dem Boden des Wohnwagens stand.

Die Zeit war vergangen und verging immer weiter. Schon war es ein paar Wochen her seit der Reise nach Paris, Oslovskis Tod und Nordins Beerdigung. Veronika, die sich über alles, was in den Schären geschieht, auf dem Laufenden hält, hatte berichtet, die Obduktion von Oslovski hätte meine Vermutungen bestätigt. Sie hatte einen massiven Schlaganfall im Gehirn erlitten und war innerhalb weniger Sekunden gestorben. Außerdem hatte die Obduktion einen Tumor in der einen Nebenniere aufgedeckt, der bereits gestreut hatte.

Es waren keine Angehörige von Oslovski ausfindig zu machen, und sie hatte den Wunsch geäußert, verbrannt zu werden. Ich nahm an der Beerdigung teil. In der Kirche waren die Bänke spärlich besetzt. Dass Jansson nicht kam, konnte ich nicht verstehen. Es empörte mich sogar. Zumindest seine Neugier hätte ihn in die Kirche führen sollen.

Mit Lisa Modin telefonierte ich hin und wieder. Immer wenn wir ein Gespräch beendeten, wünschte ich, es würde fortgesetzt werden. Am Tag danach rief sie oft wieder an. Ich begann zu verstehen, dass sie trotz allem dasselbe Bedürfnis hatte wie ich, mit jemandem zu sprechen.

Jansson war meinem Rat gefolgt und hatte das Behandlungszentrum aufgesucht, wo sein EKG genau das zeigte, was ich geahnt hatte, Anzeichen einer Störung im Reizleitungssystem des Herzens. Jetzt nahm er Medikamente und hatte keine Symptome mehr. Aber wie ich bemerkte, war er die ganze Zeit darauf gefasst, dass die Unpässlichkeit wiederkehren würde. Jedes Mal, wenn er am Steg anlegte, horchte ich sein Herz ab. Wenn ich sagte, es klinge ganz normal, glaubte er mir nicht.

Er erzählte von der Angst vor einem erneuten Brand, die draußen auf den Inseln umging. Und von der Polizei, die nichts herausfand.

Jansson meinte, der Brandstifter sei ein Außenseiter. Genau dieses Wort benutzte er. Ein Außenseiter. Jemand, der angereist kam und einen Brand legte, um dann rasch wieder zu verschwinden.

Die Zeit verging. Es brannten nicht erneut Häuser in den Nächten. Louise und ich kamen einander bei jedem unserer Handygespräche näher. Ich erhielt Besuch von Vertretern der Versicherungsgesellschaft. Kolbjörn Eriksson und ein Verwandter, der ebenfalls Bauschreiner war, hatten den Auftrag bekommen, den gesamten Hausbau zu übernehmen. Bestenfalls konnte das Haus im Frühling und Sommer des folgenden Jahres errichtet werden.

An dem Tag, als der erste Schnee gefallen war, fuhr ich in den Ort, um Lebensmittel einzukaufen. Wie üblich parkte ich das Auto vor Oslovskis verrammeltem Haus. Was damit geschehen würde, wusste niemand. Es gab keine Angehörigen, kein Testament.

Ich hatte das Auto abgestellt und verriegelt, als ich plötzlich die Eingebung hatte, zur Garage hochzugehen, wo sich ihr DeSoto befand.

Die Tür war aufgebrochen. Wer sie aufgestemmt hatte, musste so viel Kraft aufgebracht haben, dass der Schlosskolben aus dem Holz gerissen worden war.

Der Wagen war weg. Ein Lastwagen oder Abschleppwagen musste vorgefahren sein und dann den DeSoto herausbugsiert haben. Alle Werkzeuge hingen an ihrem Platz an den Wänden. Nur das Auto fehlte.

Ich zögerte nicht lange, rief die Polizei an und meldete den Diebstahl. Da mein Anruf nicht als dringlich eingestuft wurde, teilte die Telefonistin mit, es würde wohl über zwei Stunden dauern, ehe ein Streifenwagen geschickt werden könne.

Ich gab meine Adresse an, da ich nicht die Absicht hatte, so lange zu warten.

Der Einbruch und der gestohlene Oldtimer berührten mich unangenehm. Dieser Übergriff auf Oslovski betrübte mich. Ein toter Mensch ist tot. Aber ein Auto zu stehlen, mit dem sie sich so viele Jahre abgemüht hatte, um es zu restaurieren, war doch ein Übergriff.

Als ich in den Ort kam, kaufte ich lange Unterhosen, Fäustlinge, eine Strickmütze, einen Schal und eine dicke Winterjacke. Ich achtete sorgfältig darauf, dass nichts davon in China hergestellt war. Die Mütze kam merkwürdigerweise aus Indonesien. Danach ging ich zum Essen in das Bowlingrestaurant. Seit ich aus Paris zurück war, hatte ich keinen Tropfen Alkohol getrunken. Er fehlte mir nicht.

Ehe ich wieder zum Hafen fuhr, besuchte ich noch ein kleines Fernsehgerätegeschäft, das sich noch gehalten hatte.

Der Laden gehörte einem Buckligen, der Johannes Rudin hieß. Er war schon da gewesen, als ich als Kind meinen Großvater begleiten durfte, um ein neues Radio zu kaufen. Jansson zufolge war er kürzlich fünfundachtzig Jahre alt geworden und hatte nicht die Absicht, sein Geschäft aufzugeben.

Ich hatte beschlossen, einen Fernseher für den Wohnwagen zu kaufen. Dem alten Transistorradio zu lauschen war nicht genug. Ich wollte etwas zu sehen haben.

Johannes lauschte mit einer Hand hinter dem Ohr, während ich ihm von meinem Wohnwagen erzählte. Dann zeigte er auf den kleinsten Fernseher mit Flachbildschirm, den er hatte.

»Du brauchst eine Antenne«, sagte er. »Die kannst du selbst anschrauben, wenn du nur ein wenig geschickt bist.«

Ich zahlte und nahm den Fernseher und die Antenne mit. Nachdem ich die Sachen im Auto verstaut hatte, richtete ich mich auf und sah ein Plakat, das verkündete, es sei jetzt an der Zeit, im Bowlingrestaurant einen Tisch für Weihnachten und Silvester zu buchen.

In dem Augenblick, in dem ich das Angebot sah, beschloss ich, ein eigenes Silvesterfest zu organisieren. In meinem Wohnwagen. Ich würde Jansson und Lisa Modin einladen. Zusammen wären wir drei. Das würde eng und warm werden. Aber ein Silvesterfest in einem Wohnwagen war etwas anderes. Und so weit entfernt von einer Veranstaltung in einem Bowlingrestaurant wie nur möglich.

Ich würde Veronika bitten, das Essen vorzubereiten, für Schnaps und Wein würde ich selbst sorgen.

Ich fuhr zurück zum Hafen. Mein Entschluss fühlte sich wie eine Herausforderung an. Aber ich hatte gute Gründe, mich von einem schweren Jahr zu verabschieden, mit meinem niedergebrannten Haus. Zugleich konnte ich feiern, dass meine Tochter und ich zueinander gefunden hatten. Außerdem würde hoffentlich ein Kind zur Welt kommen. Natürlich wären auch Louise, Ahmed und Muhammed willkommen, wenn sie wollten und es schafften, aus Frankreich in den Schärengarten zu reisen. Das

Gedränge im Wohnwagen würde sehr groß werden. Aber es war möglich.

Zu meinem Erstaunen sagte Lisa Modin zu, als ich sie anrief und sie zu Silvester einlud. Sie meinte, sie würde sich auf das Fest freuen. Als ich sie fragte, wie sie Weihnachten verbringen würde, erzählte sie, sie würde nach Kreta reisen. Das machte mich eifersüchtig. Aber ich sagte natürlich nichts.

Jansson versprach, ein kleines Feuerwerk zu organisieren.

Veronika machte einen Vorschlag für ein einfaches Essen. Wir einigten uns auf den Preis und alles Praktische.

Hin und wieder fiel Schnee, der bald wegschmolz. Die Angst glitt weiter wie ein Nebel über die Inseln und ihre spärliche Bevölkerung. Aber es brannten keine Häuser mehr. Die Polizei schien jedoch keine Spuren zu finden. Jansson hielt mich auf dem Laufenden. Aber offenbar waren die Untersuchungen gänzlich eingestellt. Ich grübelte ständig darüber nach, wer mein Haus angezündet hatte. Und warum es geschehen war. Manchmal dachte ich, es gäbe etwas, worauf ich hätte kommen müssen. Was es war, wusste ich allerdings nicht.

Was mit Oslovskis Haus geschehen sollte, blieb ungeklärt. Aber eines Tages kam Jansson überraschend zu Besuch. Er kletterte mit einer Zeitung in der Hand auf den Steg, und wir setzten uns auf die Bank. In der Zeitung ging es um Oldtimer. Es gab Reportagen, aber auch eine Menge Anzeigen. Jansson blätterte bis zu dem Teil, in dem Autos mit Bildern und Preisen präsentiert wurden.

Er zeigte auf eine der Anzeigen.

Dort stand Oslovskis DeSoto zum Verkauf. Außerdem war das Bild in der Garage aufgenommen worden. Die Diebe hatten den Wagen also fotografiert, ehe sie ihn abtransportiert hatten.

Oslovskis DeSoto Fireflite, Jahrgang 1958.

Ich konnte mich noch daran erinnern, dass Oslovski erzählt hatte, gerade von diesem Modell seien nur viertausendeinhundertzweiundneunzig Exemplare produziert worden. Eines der merkwürdigsten Details war es, dass das Abgasrohr durch die

Stoßstange geleitet wurde. In der Anzeige stand auch, das Auto sei in Wedgewood Blue und Haze Blue lackiert worden.

Es war kein Preis angegeben. Für Nachfragen sollte man eine bestimmte Handynummer wählen.

»Wie hast du diese Anzeige gefunden?«, fragte ich. »Ich wusste nicht, dass du dich für alte amerikanische Autos interessierst.«

»Mein Neffe hat mich angerufen«, erklärte Jansson. »Ich habe ihm von dem Einbruch und dem Autodiebstahl erzählt. Er kennt sich mit amerikanischen Oldtimern aus. Und er hat vermutet, dass es genau dieses Auto ist. Er hatte recht.«

»Du hast einen Neffen?«, fragte ich.

Anstatt einer Antwort reichte mir Jansson sein Handy.

»Es ist besser, wenn du anrufst. Mir zittert die Stimme, wenn ich nervös bin.«

Ich wählte die Nummer. Eine Frauenstimme antwortete.

»Es geht um das Auto«, sagte ich. »Den DeSoto. Ich wüsste gern den Preis?«

»Hundertfünfundachtzigtausend.«

Ihre Stimme klang fern, als spräche sie durch ein Taschentuch.

»Können Sie mir etwas von dem Auto erzählen? Den Hintergrund, die Besitzer?«

»Darüber müssen Sie mit meinem Bruder reden. Aber er ist nicht zu Hause.«

»Wann kommt er?«

»Das weiß man nie.«

»Kann ich kommen und mir das Auto ansehen? Wo ist es?«

»Darüber müssen Sie mit meinem Bruder reden.«

»Sie können mir doch wenigstens sagen, wo sich das Auto befindet?«

Die Frau durchschaute mich.

»Rufen Sie noch mal in ein paar Stunden an«, sagte sie abweisend.

Das Gespräch wurde abgebrochen. In dem Versuch mitzuhören, hatte Jansson den Kopf ganz nah zu mir hin gebeugt. Als wären wir ein altes Liebespaar, das da im Schneewetter auf der Bank saß.

Zwei Schwäne flogen vorbei. Wir folgten ihnen mit dem Blick, bis sie aus dem Sichtfeld verschwanden.

»Was für Schweine«, sagte Jansson. »Das Auto einer toten Frau zu stehlen.«

Wir gingen hinauf zum Wohnwagen und tranken Kaffee. Dann spielten wir Karten. Casino. Jansson gewann ununterbrochen.

Nach eineinhalb Stunden, als wir beide genug vom Kartenspiel hatten, rief ich die Nummer wieder an. Niemand meldete sich. In einem plötzlichen Energieschub wählte ich die Nummer des Anzeigenteils der Zeitung an und teilte mit, dass eines der Autos, die unter der Rubrik »Zu verkaufen« abgebildet waren, gestohlen sei. Der Mann, mit dem ich sprach, wurde unruhig und bat mich, den Diebstahl der Polizei zu melden.

Ich tat, was er sagte, und sprach mit einem Polizisten, der meine Diebstahlanzeige aufnahm. Als er vorschlug, ich solle die Information auf der Website der Polizei vermerken, wurde ich wütend. Ich erklärte, ich säße in einem Wohnwagen auf einer einsamen Insel und hätte keinen Zugang zum Internet.

Ich glaube nicht, dass ihm meine Situation wirklich klar war. Er nahm meine Anzeige gleichgültig auf, als wollte er schon von vornherein deutlich machen, dass die Untersuchung ins Leere laufen würde. Ein Staatsanwalt würde die Voruntersuchung sofort einstellen.

Oslovski war wie ein menschliches Treibgut, das an unseren Stränden an Land gespült worden war. Während des Spätherbsts geschah nichts mit ihr und ihren Habseligkeiten. Jansson hatte eine Initiative ins Leben gerufen, um Geld für einen Grabstein zu sammeln. Aber es war schwierig, die Menschen zum Spenden zu bewegen. Ich glaube, letztlich bezahlte er den überwiegenden Teil der benötigten Summe selbst. Aber ich war dabei gewesen, als der Stein auf dem Friedhof errichtet wurde. Oslovski bekam ihren Platz zwischen den letzten Lotsen des Schärengartens, einem Verwandten von Veronika mit ihrem Café und einem

Bauern von Röda Furholmen, der für seine Bösartigkeit in betrunkenem Zustand berüchtigt war. Gelegentlich legte ein Unbekannter Blumen auf ihr Grab.

Mitte November zog ein Sturm mit Orkanwinden in Böen über den Schärengarten. Er kam aus dem Baltikum im Südosten und schlug mitten in der Nacht mit voller Kraft zu. Die Windböen waren so stark, dass der Wohnwagen schwankte. Ich war mit einer Taschenlampe draußen in der Dunkelheit und dem Schneeregen und stützte den Wagen mit Holzstümpfen und ein paar mit Wasser gefüllten Tonnen. Gerade als ich fertig geworden war, fiel der Strom aus. Ich zog mich im Dunkeln aus und trocknete mich mit einem frisch eingekauften Handtuch ab, das in Kambodscha hergestellt worden war. Auf dem Gaskocher, den ich behalten hatte, kochte ich Kaffee, obwohl es Viertel vor vier Uhr morgens war. Ich hatte eine Kerze auf den Tisch gestellt. Die Flamme flatterte in dem zugigen Wohnwagen.

Da klingelte mein Handy. Ich dachte sofort, es wäre Jansson, der wissen wollte, ob auch bei mir der Strom ausgefallen war. Aber es war ein Mann, der gebrochen Englisch sprach. Ich dachte erst, er hätte sich verwählt. Dann begriff ich, dass es Ahmed war.

»Ich bin im Krankenhaus. Louise bekommt das Kind.«

Dafür war es viel zu früh. Ich hörte, dass Ahmed nervös war. Aber er sagte, ich müsse mir keine Sorgen machen. Louise habe ihn gebeten, mich anzurufen. Er versprach, sich zu melden, sobald das Kind geboren sei.

In dieser Nacht schlief ich nicht mehr. Ich errechnete, dass man das Kind als Frühgeburt in einen Brutkasten würde legen müssen. Der Sturm und die Orkanböen, die draußen um den Wohnwagen herum tosten, wirkten wie eine bedrückende Kulisse für das Ereignis, dass ich mein erstes und vielleicht einziges Enkelkind erwartete.

Ich dachte an Harriet. Wieder kam sie mit ihrem Rollator übers Eis gegangen. Es fiel mir schwer, ihr Aussehen von damals heraufzubeschwören.

Aber ich sah auch Harriet als junge Frau vor mir, vor vielen Jahren, als wir unsere chaotische Beziehung hatten. Plötzlich empfand ich eine intensive Sehnsucht nach ihr. Oder war es ein Verlangen? Was nicht ganz dasselbe ist.

Eines Nachts hatten sie, ich und Louise zusammen in dem Wohnwagen geschlafen. Das war, noch ehe er hierher umgesetzt worden war. Jetzt war Harriet tot, und Louise lag in einem Krankenhaus in Paris und gebar ein Kind.

Die Flamme auf dem Tisch flackerte. Erinnerungsbilder strichen wie unruhige Schatten durch meinen Kopf. Mein Vater war da, meine Mutter, Großvater und Großmutter. Aber auch verschiedene Frauen, mit denen ich entweder ein Verhältnis gehabt hatte oder die ich nicht hatte erobern können. Ich selbst war unter den Schatten. Vielleicht einer, der meistens entlang der Wohnwagenwände strich und das Licht scheute?

Es war zehn nach sechs, als das Handy wieder klingelte. Ahmed war am Telefon. Louise hatte eine Tochter geboren. Sie wog nicht viel, aber alles war gut gegangen. Tatsächlich lag das Mädchen im Brutkasten.

Ahmed sagte, das Mädchen ähnele mir.

Das stimmte natürlich nicht. Neugeborene Kinder, besonders zu früh geborene, gleichen niemand anderem als sich selbst. Neugeborene sind unfertige Skizzen, die sich in verschiedene Richtungen entwickeln.

Ich trat aus dem Wohnwagen hinaus in die Dunkelheit und den Wind. Noch immer gab es keinen Strom. Ich leuchtete mir mit meiner Taschenlampe voran. Mir war schwindlig vor Glück. Ich hatte nicht erwartet, dass das Gefühl für das Kind so stark sein würde.

Ich ging ins Bootshaus, wo der Wind durch die Ritzen heulte und pfiff. Dort setzte ich mich auf eine von Großvaters alten Aalkisten, die er bis zu seinem letzten Lebensjahr benutzt hatte. Jetzt war das Netz in der Kiste so spröde vom Alter, dass jede Masche zerbröselte, wenn ich sie mit zwei Fingern an den Ecken spannte.

Irgendjemand musste ich unbedingt von dem Ereignis erzählen. Aber wem? Ich hatte keine große Auswahl. Jansson oder Lisa Modin. Vielleicht Veronika oder Oslovski? Aber Oslovski war tot, und ich hatte ihre Handynummer nie gehabt.

Ich rief Lisa Modin an und hoffte, ich würde sie wecken. Das tat ich auch.

»Du«, sagte sie. »So früh? Wie viel Uhr ist es?«

»Halb sechs. Ich bin Großvater geworden.«

»Ich gratuliere. Junge oder Mädchen?«

»Mädchen.«

»Ist alles gut gegangen?«

»Wenn ich es richtig verstanden habe, ja. Aber das Kind ist zu früh geboren. Das bedeutet immer ein Risiko.«

»Wird es im Brutkasten liegen?«

»Sie liegt schon dort. Ich gebe zu, ich bin sprachlos.«

»Und du rufst mich an? Das ist nett.«

»Ich habe niemanden sonst, den ich anrufen könnte.«

»Das hast du bestimmt.«

»Wir könnten vielleicht ein Glas zusammen trinken?«

»Doch nicht jetzt, am Morgen.«

»Am Wochenende?«

»Vielleicht. Ruf in ein paar Tagen an.«

»Ruf du an.«

Sie versprach, von sich hören zu lassen. Ich begann mich sofort darauf zu freuen, sie wiederzusehen. Seit der Reise nach Paris war eine lange Zeit vergangen.

Dann rief ich Jansson an.

»Ich habe keinen Strom«, sagte er. »Falls du das wissen willst.«

»Louise hat heute Nacht ein Kind zur Welt gebracht. Ein Mädchen.«

Jansson schwieg verdutzt, sagte dann aber: »Ist das nicht ein wenig zu früh?«

»Ja. Aber es ist gut gegangen. Hoffe ich.«

»Dann möchte ich im Namen des ganzen Schärengartens gratulieren.«

Jansson drückt sich manchmal sonderbar aus. Seine Worte können ans Pompöse grenzen. Aber gerade jetzt hatte ich das Gefühl, dass er es ernst meinte und die Freude der gesamten Inselbewohner repräsentieren wollte.

Mit seinen Worten machte er mich tatsächlich zum Mitglied der immer spärlicher werdenden Schärengartenbewohner. Ich gehörte nicht mehr zu den Auswärtigen.

»Danke«, sagte ich.

Dann sprachen wir über das Unwetter. Jansson war mit dem Stromlieferanten in Kontakt getreten, der glaubte, der Strom würde um neun Uhr wieder angeschlossen sein. Jansson zufolge war eine Trafostation zusammengebrochen, an der das Schärenkabel das Festland verlässt. Außerdem seien viele Bäume in den Orkanböen niedergemäht worden.

Nachdem das Gespräch beendet war, ging ich zurück in den Wohnwagen, legte mich auf die Pritsche und erwartete die Morgendämmerung. Als das graue Licht durch die Fenster sickerte, trieb es mich wieder hinaus. Oben auf dem Berg, nicht weit von Großvaters Bank, war eine Eiche umgestürzt. Das Wurzelwerk ragte wie ein zertretener Riesenpilz auf. Nachdem ich einen Rundgang um die Insel herum gemacht hatte, wusste ich, dass nur diese Eiche vom Sturm herausgerissen worden war. Alle anderen Bäume hatten ihn überstanden. Draußen auf den Inseln war die Erde vielleicht nicht tief. Aber die Wurzeln der Bäume sind zäh wie Klauen.

Ich sägte eine Holzscheibe von dem Eichenstamm ab. Mit meinem Fuchsschwanz dauerte das mehrere Stunden. Ich war schweißgebadet, als ich fertig war, nahm ein kurzes Bad im Wasser am Steg und trocknete mich im Wohnwagen ab. Dann setzte ich mich mit einer Lupe ins Bootshaus und zählte die Jahresringe. Zu meinem Erstaunen war die Eiche älter als vermutet. Nachdem ich nachgerechnet hatte, kam ich zu dem Ergebnis, dass der erste Jahresring von 1847 stammte. Im Jahr darauf, als die Eiche noch eine zarte Pflanze war, kam es zu den Revolutionen von 1848. Ich durchstreifte die Jahresringe, als befände ich mich am Rand der Ewigkeit. Schließlich legte ich den Finger auf die Jahrhundertwende zwischen 1899 und 1900. 1914 begann ein Krieg, 1939 ein anderer. Mein eigenes Geburtsdatum ist 1944, ehe der Krieg zu Ende war. Und jetzt fiel der Baum in einem Dezembersturm 2014, hundertvierundsechzig Jahre später.

Ich legte die Holzscheibe ins Bootshaus und setzte mich auf die Bank, wo der Wind nicht hinreichte. Noch immer gab es hohe Schaumkronen in der Bucht. Hier und da fiel ein einzelner Regentropfen.

Der Strom kam zurück, genau wie es die Elektrizitätsfirma angekündigt hatte. Morgens um fünf Minuten nach neun gingen alle Lichter an. Spätnachmittags merkte ich auch, dass der Wind allmählich nachließ. Noch einmal machte ich einen Rundgang um die Insel. Weit draußen auf dem offenen Meer schlugen die Wellen hart gegen die Klippen an der Wasseroberfläche.

Fortwährend dachte ich an Louise und meine Enkeltochter. Abends rief Ahmed wieder an. In seinem gebrochenen Englisch erklärte er, Louise und dem Kind gehe es gut. Er sprach natürlich nicht an, was wir beide wussten, nämlich dass es viele Risiken für ein so früh geborenes Kind gab.

»Wie soll das Mädchen heißen?«, fragte ich, in Ermangelung eines Besseren.

»Das haben wir noch nicht entschieden.«

Ich hörte, dass er auflachte. Noch immer konnte ich nicht verstehen, was Louise in ihm sah. Aber sein Lachen führte dazu, dass ich mich ganz allmählich einer Erklärung für ihre Liebe annäherte.

An diesem Abend setzte ich mich hin und bereitete das Silvesterfest vor. Ich skizzierte die Mahlzeit, die ich mit Veronika besprochen hatte. Ich schrieb eine Liste mit den Weinen, dem Schnaps und dem Bier, die ich kaufen wollte. Aber immerzu sah ich das kleine Kind im Brutkasten vor mir.

Nachdem der Sturm vorbeigezogen war, fuhr ich zum Hafen und ging die Liste mit Veronika durch. Sie fand es überflüssig, Geschirr zu kaufen. Sie könne mir das, was ich brauchte, aus dem Café leihen. Außerdem würde sie ein paar Stühle mitbringen, da ich neben dem Hocker nur einen hatte.

»Tischtuch?«, fragte sie.

»Gern«, sagte ich.

Sie notierte es auf die Rückseite eines Rechnungsblocks.

Dann sprachen wir über Oslovski. Die Geschichte mit dem gestohlenen Auto und Janssons und meinem eigentümlichen Handygesprächen mit der Frau, deren Bruder offenbar das Auto verkaufen wollte, war schon im Umlauf. Veronika wusste Bescheid.

»Es muss jemand aus der Gegend sein«, sagte sie. »Jemand, der wusste, was sie in der Garage hatte.«

»Sind es spezielle Personen, über die man spricht?«

»Nein.«

Ich weiß nicht, ob ich ihr glaubte. Ihre Antwort war zu schnell gekommen. Vielleicht verdächtigte sie jemanden. Aber ich ließ die Sache auf sich beruhen. Ich war davon überzeugt, man würde Oslovskis Auto nicht wiederfinden.

Dann sprachen wir über die finanziellen Schwierigkeiten des Cafés. In einem Anfall von Vertraulichkeit erzählte Veronika, sie denke über einen Umzug nach.

»In ein anderes Café?«

»Ein anderes Land. Vielleicht ein Café, vielleicht nicht.«

»Du würdest uns fehlen.«

Die Türglocke klingelte. Etwa zehn Personen kamen herein.

»Die Provinzialregierung«, flüsterte sie. »Sie wollen planen, wo die neuen Freizeittoiletten in den Schären plaziert werden sollen. Ganze zehn Beamte brauchen sie dafür.«

Ehe ich das Auto holte, ging ich in den Schiffsbedarfsladen. Meine Stiefel waren natürlich noch nicht gekommen.

Ich fuhr in den Ort und kaufte für das Silvesterfest ein. Es wurden fünf Tüten, die ich ins Auto stellte. Danach besuchte ich die Bank und die Apotheke und füllte meine Vorräte an Bargeld und Medikamenten auf. Schließlich blieb ich vor dem Schuhladen stehen. Er war geschlossen und das Schaufenster leer.

Hin und wieder wette ich auf Pferde. Ich kenne mich mit Trabrennen nicht aus und bin zu faul, um mich über die Wettrennen und Derbys zu informieren, auf die ich setze. Aber vor zwanzig Jahren, als ich ein kleines V5-System eingereicht hatte, gewann ich einmal, fast zu meiner Bestürzung, nicht weniger als sechsundneunzigtausend Kronen. Die exakte Summe war sechsundneunzigtausenddreihundertzweiundzwanzig. Ich werde diesen Augenblick nie vergessen. Als ich das Geld abgeholt hatte, reiste ich nach Südafrika, obwohl in dem Land noch das Apartheidsystem herrschte. Auf dem Flugplatz in Nelspruit mietete ich einen Wagen und fuhr zum Kruger National Park. Dort verbrachte ich eine Woche damit, zwischen den verschiedenen Übernachtungsmöglichkeiten herumzufahren. Ich erlebte die ständig gegenwärtige Arroganz der Weißen gegenüber den Schwarzen. Überall herrschte eine merkwürdige Stille. Die Weißen sprachen die Schwarzen oder Farbigen nur an, wenn sie einen Befehl gaben. Nie hörte ich eine entspannte Konversation zwischen den verschiedenen Rassen. Ich war empört und versuchte, mich den Schwarzen gegenüber freundlich zu verhalten, die mir die Mahlzeiten servierten oder mein Auto auftankten. Aber meine Freundlichkeit machte sie abwartend und misstrauisch.

Ich fuhr in dem endlosen Park umher und sah all die wilden Tiere, wie ich es mir erhofft hatte. Immerzu hatte ich dabei das Gefühl, die Tiere würden mich doppelt so oft sehen wie ich sie.

Eine Boa hatte ein Wildschweinferkel verschlungen. Ein Löwenrudel zerrte an einem Zebra. Ich war bei den Tieren zu Besuch, ein stiller Gast, der vorsichtig an die Tür der wilden Natur klopfte.

Für den Rest des Geldes erstand ich ein paar teure Anzüge und aß in exklusiven Restaurants. Auf einer Antiquitätenauktion ersteigerte ich sogar eine Buddhastatue für fünfzehntausend Kronen. Auch sie verschwand, als mein Haus niederbrannte.

Jetzt suchte ich das Wettbüro im Ortszentrum auf. Dort gab ich ein improvisiertes System von ein paar hundert Zeilen für

Trabrennen in Solänget ab. Gott weiß, wo diese Trabrennbahn lag. Ich kannte mich natürlich überhaupt nicht mit den Namen der Pferde und der Jockeys aus. Aber ich setzte lieber auf ein Pferd, das Hummelbruder hieß, als auf ein anderes Pferd im selben Rennen, das den sonderbaren Namen Wolfspelz trug.

Der Besitzer des Wettbüros war ein Mann, der an der linken Schläfe seines kahlen Schädels eine deutlich sichtbare Einbuchtung hatte. Jansson zufolge, der wusste, an welchen Gebrechen die Menschen im Schärengarten und in der Ortschaft litten, hatte der Ladenbesitzer einen Traktorunfall gehabt, als er in einem Frühling vor vielen Jahren sein altes Motorboot zu Wasser lassen wollte. Dass er überlebt hatte, ohne mentale Schäden zu nehmen, fand Jansson bemerkenswert. Aber während meiner Jahre als Arzt habe ich viele Male Menschen gesehen, deren Kopf nach Unfällen eigenartige Formen angenommen hatte, ohne dass das zu Gehirnschäden geführt hätte. Unter anderem erinnere ich mich an einen jungen akademischen Forscher, der als mathematisches Genie galt, sowohl vor wie nach einem Autounfall. Sein Kopf sah hinterher aus wie eine Schultüte.

Ich reichte meine Reihe ein, steckte die Quittung in die Innentasche der Jacke und ging dann zum Essen ins Bowlingrestaurant.

Vereinzelte Schneekörner segelten durch die Luft. Gerade als ich das Restaurant verlassen wollte, rief Louise an. Ich ging wieder hinein und stellte mich neben die Bowlingbahn, wo gerade niemand mit den schwarzen Kugeln polterte.

Es ging ihr gut. Aber natürlich machte sie sich Sorgen um das Mädchen.

Ich befragte sie genau zu der Frühgeborenenstation, auf der sich das Kind befand. Louise hatte das Gefühl, die Leute dort seien erfahren und kompetent.

»Was kann ich für dich tun?«, fragte ich.

»Beten«, erwiderte sie.

»Beten? Ich bin nicht gläubig!«

»Du kannst trotzdem beten.«

»Ja«, sagte ich. »Ich kann ein Gebet sprechen, das ich in alle Richtungen schicke, vor und zurück in der Zeit, aber auch in die Tiefe des Meeres.«

»Danke.«

»Gibt es noch etwas, was ich für dich tun kann?«

»Im Moment nicht.«

Louise berichtete, sie bekomme alle denkbare Unterstützung von Ahmed.

Dann begann sie plötzlich von Muhammed in seinem Rollstuhl zu sprechen.

»Ich stelle mir vor, dass seine Augen wie Licht sind. Sein Blick bewegt sich mit Lichtgeschwindigkeit zu fremden Welten. Irgendwann wird er Antwort auf die Fragen bekommen, die er aussendet.«

»Ich verstehe wohl nicht ganz, was du meinst«, sagte ich.

Ich fragte, ob sie einen Namen für das Kind ausgewählt hätten.

»Sie wird drei bekommen, zwischen denen sie sich später entscheiden kann. Rachel, Anna und Harriet.«

Ich dachte an Rachel, die mein Hotelzimmer in Paris geputzt hatte und der ich fünf Euro gegeben hatte. Ich dachte an Harriet. Anna hatte niemand in unserer Familie geheißen. Vielleicht gab es bei dem Namen eine Verbindung zu Ahmed und dem Islam?

»Schöne Namen«, sagte ich. »Wie nennt ihr sie gerade?«

»Wir wechseln von Tag zu Tag.«

»Ich möchte sie sehen«, sagte ich.

»Aus diesem Grund rufe ich dich an. Ich schicke ein Bild auf dein Handy.«

»Kommt ihr zu Weihnachten nach Hause?«

»Zu Hause ist hier. Außerdem liegt sie noch in ihrem Brutkasten.«

»Wenn es euch an Geld fehlt, kann ich aushelfen.«

»Es geht nicht um Geld. Bau lieber ein neues Haus.«

Da ich den Gedanken nicht ertrug, wir würden uns wieder anschweigen, sagte ich nichts dazu. Sie fragte, ob es regnete oder schneite. Das Gespräch übers Wetter ist das Einzige, was schließlich bleibt. Es beruhigte uns beide. Keine heftigen Ausrufe, keine stummen, feindlichen Signale.

Das Bild von Rachel Anna Harriet kam sofort, nachdem unser Gespräch beendet war.

Meine Enkelin, die im Brutkasten kaum zu erkennen war, glich nur sich selbst. Ich sah niemand anderen in dem kleinen Gesicht. Auch nicht Ahmed. Ich stand da neben der Bowlingbahn und merkte, dass ich gerührt war. Auf meinem Handy konnte ich sehen, dass ein neuer Mensch begonnen hatte, am Reigen des Lebens teilzunehmen. Ein Mädchen mit drei Namen, das, wenn es ein hohes Alter erreichen würde, bis Ende des 21. Jahrhunderts leben würde.

Ich schaltete das Handy mit dem Bild erst aus, als ein paar junge Männer hereinkamen, um zu bowlen. Sie verständigten sich in einer Sprache, die ich nicht kannte. Vermutlich gehörten sie zu der Gruppe Flüchtlingen, die gerade in den Ort verlegt worden waren.

Ich fuhr zum Hafen hinunter und hielt dabei nach Füchsen Ausschau. Aber der Wald war leer. Ich sah nur ein paar Krähen, die von den Überresten eines toten Dachses auf der Fahrbahn aufflatterten.

Oslovskis Haus lag verlassen da. Es schien auch niemand den sorgfältig geharkten Kiesweg betreten zu haben. Ich trug meine Tüten hinunter zum Boot, das an den Zapfsäulen lag.

Dann ging ich hinauf zu Veronika und zeigte ihr das Bild meiner Enkelin.

»Ein schönes Kind«, sagte sie.

»Das weiß ich nicht. Es braucht noch einige Zeit, bis man darüber etwas sagen kann.«

»Ich habe nachgedacht«, erklärte Veronika. »Vielleicht ist Paris eine Stadt, in die ich ziehen könnte? Ich weiß, dass du da gewesen bist.«

»Paris ist eine sehr große Stadt«, sagte ich. »Man kann leicht darin verlorengehen, wenn man nicht weiß, warum man da ist.«

Ich ging wieder hinunter zum Kai. Doch auf dem Weg zum Boot machte ich kehrt und ging zu dem Schiffsbedarfsladen, wo Frau Nordin vor einem Teller mit Kopenhagenern saß und Kaffee trank. Als Arzt sollte ich sie wegen ihres starken Übergewichts warnen. Aber ehe ich etwas sagte, entdeckte ich, dass sie feuchte Augen hatte, als hätte sie gerade geweint. Sie trauerte sicher um ihren Mann.

Ich konnte mich nicht einmal aufraffen, ihr das Bild auf meinem Handy zu zeigen. Ich bat nur um Batterien für meine Taschenlampe.

Als ich nach Hause fuhr, durchbrach die Sonne die Wolkendecke.

Ich würde Jansson bitten, bei meinem Silvesterfest zu singen, so wie er damals bei Harriets Mittsommerfest gesungen hatte.

Ich konnte mir keinen besseren Abschluss eines alten und keinen schöneren Beginn eines neuen Jahrs denken.

Vielleicht könnte ich ihn auch bitten, das »Ave Maria« zu singen?

Jetzt wie damals.

22.

Eines Tages entschieden Louise und ihr Mann, das neugeborene Kind solle Agnes heißen. Weg mit allen Gedanken an Rachel oder Harriet.

Agnes. Ein schöner Name, den keiner in unserer Familie getragen hatte. Ein schöner Name für einen sehr kleinen Menschen.

Ein paar Jahre vor ihrem Tod waren meine Eltern von einem plötzlichen Eifer erfasst worden, mehr über die Familien zu erfahren, aus denen sie stammten. Beide wussten sie nur, wer ihre Großeltern waren. Weiter zurück in der Zeit breitete sich ein dichter Nebel über ihre Vergangenheit aus. Jetzt begannen sie, in Kirchenbüchern und Landesarchiven zu forschen. Und sie baten die wenigen Verwandten, die noch lebten, um Auskunft. Ich erinnere mich, dass sie einen stillen Zweikampf darum führten, wer seine Verwandtschaft weiter zurückverfolgen konnte. Jeder von ihnen meinte, sich nur dadurch adeln zu können, indem er tiefer in die Geschichte vordrang als der andere.

Bei ihrem Tod hatten sie einen einigermaßen zusammengewachsenen Stammbaum hinterlassen. Aber eine Agnes war nicht darunter. Seitens meiner Mutter hatten sie zu ihrer grenzenlosen Scham entdeckt, dass ein Bruder ihres Urgroßvaters durch Enthauptung auf einem Hügel bei Västerås hingerichtet worden war. Er war Gardesoldat gewesen und im Suff mit einem Kameraden in Streit geraten, den er mit einundzwanzig Stichen getötet hatte, wie das alte Gerichtsprotokoll genau vermeldete. König Karl XV. hatte ihm die Begnadigung verweigert, und der Gardesoldat Karl Evert Olaus Tell hatte an einem frühen Morgen im Oktober 1867 seinen Kopf verloren.

Es zog ein kalter Wind durch ihre Familienforschung. Als ich während meines Medizinstudiums zu Besuch kam, bemerkte ich sofort, dass alle Papiere, die damit zu tun hatten, von ihrem Ehrenplatz auf dem Sekretär verschwunden waren. In dessen Geheimfächern hinter den herausgezogenen Schubladen hatte ich als Kind alte Brillen gefunden, aber keine richtigen Schätze. Eines Abends, als meine Mutter eingeschlafen war und mein Vater einiges getrunken hatte, enthüllte er die demütigende Wahrheit über den hingerichteten Gardesoldaten. Eine stille, ätzende und völlig groteske Anklage gegen meine Mutter schwang in dieser Entdeckung mit.

Allmählich nahmen sie ihre hilflose Forschung wieder auf, aber ohne die frühere Spannung und Freude, stattdessen mit einer gewissen Sorge vor dem, was sich in den nächsten vergilbten Dokumenten verbergen mochte, die sie ausgraben konnten.

Ich kann mir kaum zwei widerwilligere Ahnenforscher vorstellen als meine Eltern. Sie hatten eine Aufgabe übernommen, für die sie sich jetzt schämten. Aus den Archiven holten sie ein Gift, das in ihre Adern eingeimpft wurde.

Natürlich fanden sie keine weiteren Mörder in den Dokumenten. Doch zum Erstaunen meiner Eltern zeigte sich, dass sie beide aus den spärlich besiedelten Gegenden im Inneren von Västerbotten und den ebenso verlassenen Härjedals-Wäldern stammten. Im Familienzweig meines Vaters gab es finnisches Blut, in dem meiner Mutter eine plötzlich abweichende Spur, die nach Russland führte.

Aber keine Agnes. Das Mädchen in Paris war Agnes die Erste.

Hin und wieder meldete sich die Polizei. Manchmal mit einer Frage, aber meistens mit der Feststellung, sie hätten noch immer keine Erklärung. Der Brand war aus dem Nichts entstanden.

Louise und ich telefonierten jeden Tag. Dann und wann rief auch Ahmed an. Wir wechselten ein paar kurze Worte, ehe er das Handy an Louise weitergab. Ich meinte, einen neuen Tonfall in ihrer Stimme zu hören, den ich nicht richtig deuten konnte. Brachte das Kind keine ungeteilte Freude mit sich? War Louise erschöpft? War sie von der Angst befallen, die eine frische Mutterschaft oft mit sich bringt? Und zwar besonders, wenn es sich um eine Frühgeburt handelt.

Jedes Mal beendete ich unser Gespräch mit der Versicherung, ich sei da, falls sie meine Hilfe bräuchte.

Wir sprachen auch über das niedergebrannte Haus. Louise erzählte, sie würde oft davon träumen, wie es sich aus der Asche zu erheben begann. Einen anderen, oft wiederkehrenden Traum tat sie als peinlich und kindisch ab: Jeden Morgen konnte man feststellen, dass Zimmerleute über Nacht den altmodischen Ecken neues Holz hinzugefügt und das Haus einen weiteren Meter hochgezogen hatten. Niemand wusste, woher diese nächtlichen Zimmerleute kamen, niemand hörte ihre Hammerschläge. Aber das Haus wuchs. Auch wenn die Ruine noch genauso schwarz und kalt dalag wie nach der Nacht, in der der Unbekannte Feuer gelegt hatte.

Ich versicherte Louise, das Haus würde neu gebaut werden. Nicht zuletzt versprach ich es an dem Tag, an dem sie erzählt hatte, das Mädchen solle Agnes heißen.

»Früher gab man Kindern viele Namen«, sagte ich. »Auch wenn man arm war, konnte man einen Namensreichtum über den neugeborenen Kindern ausschütten. Ich erinnere mich an einen Mitschüler, der sieben Vornamen hatte. Obwohl er in meiner Klasse der Ärmste aller Armen war.«

»Erinnerst du dich an die Namen?«, fragte sie.

»Karl Anton Axel Efraim Hagbert Erik Olof«, sagte ich. »Johansson mit Nachnamen.«

»Meine Tochter soll nur Agnes heißen«, entgegnete sie. »Sie soll nie daran zweifeln müssen, welcher Name ihr eigentlicher ist.«

An einem Morgen im Dezember dieses Jahres, als ich zum eiskalten Wasser ging, taufte ich diesen Monat auf den Namen von Agnes. Das Wetter war unruhig, launisch wie ein cholerischer Mensch. Es schneite und taute, wehte stark aus allen Himmelsrichtungen und ging dann in eine Flaute über, die eigentlich im Hochsommer auftritt. Es konnte vier Tage lang ununterbrochen regnen, endlose Wolkenbrüche, die gegen das fragile Dach des Wohnwagens trommelten.

Was mit Oslovskis Haus geschehen sollte, wusste niemand. Da sich bald ein Gerücht verbreitete, es würde dort manchmal leuchten, begannen die Leute an Wiedergänger und Gespenster zu glauben. Jemand sprach von ihrem Glasauge, das sich in den Nächten in ein funkelndes Prisma verwandelte, das in der kompakten Dunkelheit Licht aufzufangen schien. Das hatte zur Folge, dass das Gebäude von Einbruch oder Beschädigung verschont blieb.

Der Kiesweg war immer frisch geharkt. Niemand war dort unterwegs. Es schien so, als zweifelten die Menschen daran, dass Oslovski tatsächlich gestorben war. Vielleicht war sie nur auf einer ihrer sonderbaren Reisen unterwegs, von denen keiner wusste, wohin sie führten und warum sie sie unternahm. Außer um Reserveteile für den Oldtimer zu finden, der verschwunden war und blieb.

»Hier ist es im Winter immer wie ausgestorben«, sagte Jansson eines Tages. »Aber jetzt ist es schlimmer denn je. Als könnte Leeres leerer werden.«

Ich ahnte, was er zu sagen versuchte. Die Stille im Schärengarten wurde während der Winter immer tiefer. Es war nicht nur so, dass der Zementkai verwitterte und die Eisenpoller verrosteten. Es schien, als hätte das Meer fast keine Lust mehr, das Hafenbecken mit Wasser zu füllen.

Bei Oslovskis Begräbniskaffee nahm ich die Gelegenheit wahr, Jansson zu fragen, ob er sich vorstellen könnte, bei unserem Silvesterfest zu singen. Er erschrak, als hätte ich etwas Unpassendes gesagt.

»Das würde das Fest zu einem vollendeten Ereignis machen«, fügte ich freundlich hinzu.

Jansson biss sich auf die Unterlippe. Er sah plötzlich aus wie ein verlegener Schuljunge, der seine Hausaufgaben nicht gemacht hatte.

»Ich kann nicht mehr singen«, sagte er.

»Natürlich kannst du das!«

»Gut, aber ich singe nicht das ›Ave Maria‹«, erklärte er widerstrebend.

»Genau das«, sagte ich. »Genau das.«

Wir sprachen nicht mehr über die Angelegenheit. Aber ich wusste, ich hatte sein Versprechen bekommen. Er würde singen, wenn wir uns im Wohnwagen versammelt hätten und die Zeiger der Uhr sich Mitternacht näherten.

Ein letztes Mal ging ich die geplante Mahlzeit mit Veronika durch. Wir hatten uns auf geräucherten Lachs als Hauptspeise geeinigt. Als Vorspeise Suppe, zum Nachtisch Apfelkuchen.

»Ich sollte dich einladen«, sagte ich. »Aber wir haben nicht genug Platz im Wohnwagen.«

»Ich reise über Silvester nach Island«, sagte sie.

Ich sah sie überrascht an.

»Island? Da ist es doch noch kälter als hier?«

»Das Wetter ist mir egal. Ich mag die isländischen Pferde.«

»Vielleicht willst du dorthin umziehen?«

»Vielleicht.«

Ihr Handy klingelte. Ich bekam mit, dass es jemand war, der sich wegen einer Geburtstagsfeier erkundigen wollte. Also nahm ich meine Jacke, zog die Mütze über die Ohren und winkte ihr zu. Sie lächelte, während sie anfing, sich Notizen auf einem türkisfarbenen Block zu machen, der neben dem Handy lag.

Anhand einer alten Zeitung, die auf einem Tisch lag, kontrollierte ich meine Wettscheine vom Trabrennen. Natürlich hatte ich nichts gewonnen.

Ich fuhr nach Hause. Das Boot stampfte und schaukelte in der unruhigen See. Jeden Augenblick konnte das Meer erstarren und die Wellen, den Schaum, das Boot und mich selbst in tote, steinerne Gegenstände verwandeln.

Ein graues Meer, das gerade an diesem Tag wie ein Zifferblatt ohne Zeiger war. Oder ein Zimmer, in dem die Wände eingestürzt waren. Manchmal hatte ich eine vage Vorstellung davon, dass das Meer jene Kraft war, die mir einmal das Leben rauben würde.

Als ich in die Bucht kam, die zum offenen Meer hin lag, folgte ich dem inneren Fahrwasser, um dem zunehmenden Stampfen auszuweichen. Es war länger, schützte aber vor dem Nordwind, außer auf dem allerletzten Teil der Strecke. Ich fuhr an Inseln vorbei, auf denen die Eichen kahl mit ihrem Astwerk in den Himmel zeigten. Irgendwo meinte ich ein Wildschwein zu entdecken, das rasch im Gebüsch verschwand. Ich stellte auf Leerlauf und ließ das Boot mit den Wellen treiben in der Hoffnung, das Tier würde sich wieder zeigen. Die nächste Insel hieß Hästholmen. Dort stand ein baufälliges Sommerhaus, das einmal ein Geologieprofessor Sandmark erbaut hatte. Als Kind hatte ich ihn manchmal gesehen, wenn ich mit Großvater zum Hafen fuhr. Er trug eine schwarze Baskenmütze, war immer in eine schlackernde englische Khakiuniform gekleidet und wurde hundertsieben Jahre alt. Damals fuhr Janssons Vater die Post aus. Jansson zufolge starb Professor Sandmark unten auf dem Steg, als er gerade seine Pension entgegennehmen wollte. Janssons Vater stand mit den Scheinen in der Hand da, als Sandmark plötzlich umfiel, ohne einen Laut, und auf der Stelle tot war.

Danach regte sich Janssons Vater besonders darüber auf, dass der Professor verstorben war, ohne einen einzigen Ton von sich zu geben. Er war auf dem Steg einfach zu Boden gestürzt, ohne auch nur ein Stöhnen vor Schmerz, Angst oder Protest vernehmen zu lassen.

Sein Haus auf der Insel verfiel. Ich wusste es nicht sicher, aber ich glaubte, dass es jetzt zwei Enkelinnen gehörte. Zwei Schwestern, die sich im Grunde hassten, da die eine reich geworden und die andere am Leben gescheitert war.

Das Handy in meiner Jackentasche klingelte. Es war Jansson.

»Ich bin sicher«, sagte er.

»Sicher?«

»Dass der Brandstifter nicht aus dieser Gegend stammt.«

»Hat irgendjemand das je angenommen? Abgesehen von der Zeit, als ich der Verdächtige war.«

»Ich bin alle Menschen durchgegangen, die hier auf den Inseln wohnen. Es kann keiner von ihnen sein.«

»Was weiß man eigentlich über Menschen«, sagte ich. »Was weißt du über mich? Was weiß ich über dich?«

»Genug, um mir meiner Sache sicher zu sein.«

Ich hatte das Gefühl, unser Gespräch drehte sich im Kreis.

»Was glaubt die Polizei?«, fragte ich, um etwas hinzuzufügen.

»Die Polizei glaubt wohl dasselbe wie ich«, antwortete Jansson. »Aber wo sollen sie suchen?«

Ich hörte Jansson glucksen, als hätte er einen Scherz gemacht. Dann wurde er wieder ernst.

»Ich würde gerne deine Meinung hören«, sagte er. »Darüber, wer dahintersteckt. All die Häuser, die brennen.«

»Ich werde darüber nachdenken. Aber im Moment bin ich mit dem Boot unterwegs. Es ist kalt.«

»Wir müssen darüber sprechen.«

»Ja«, sagte ich. »Wir müssen darüber reden. Irgendwann.«

Das Gespräch war beendet. Ich steckte das Telefon in die Tasche. Plötzlich fühlte sich meine Hand kalt an. Irgendetwas an dem Gespräch hatte mich beunruhigt. Auch wenn Jansson wie üblich geklungen hatte, stimmte da irgendetwas nicht. Aber ich kam nicht darauf, was es war.

Was wusste ich eigentlich über Jansson? Außer dass er in all den Jahren bei Wind und Wetter die Post ausgefahren hatte. Oder dass er das meiste über alle wusste, die draußen auf den Inseln wohnten. Alle kannten Jansson, den hilfsbereiten Postillion im Schärengarten. Aber wer kannte ihn wirklich?

Ich überdachte unser Gespräch noch einmal. Aber ich fand nicht heraus, woher dieses merkwürdige Gefühl kam.

Ich drehte das Gas hoch und fuhr nach Hause. Ein paar Kanadagänse irrten über den grauen Himmel, ohne sich entscheiden zu können, wo ihr südlicher Kurs eigentlich lag.

Ich fuhr nach Hause und löste ein Schachproblem im Lokalblatt, das allzu einfach war. Der einfältigste Schachamateur konnte ausrechnen, dass eine Zugkombination zwischen einem Turm und einem Läufer die schwarzen Figuren rasch mattsetzen würde. Ich hatte Lust, die Zeitung zu kontaktieren und gegen diese Art zu protestieren, Leser als Idioten zu betrachten. Aber natürlich rief ich nicht an. Die Gelegenheiten in meinem Leben, bei denen ich Lust gehabt hatte, gegen etwas zu protestieren, und es wirklich tat, sind rar.

Im Wohnwagen war es warm. Obwohl es schon dunkel geworden war, zog ich mich aus und ging mit einer Taschenlampe in der Hand hinunter zum Bootshaus. Ich stieg ins Wasser und zwang mich, ein paar Schwimmzüge zu machen, bis die Kälte so überwältigend wurde, dass ich die Leiter wieder hochkletterte. Ich war schon unterwegs zurück zum Wohnwagen, als ich es klingeln hörte. Ich hatte die Tür des Wohnwagens einen Spaltbreit offen gelassen. Daher konnte ich das Handy hören. Ich begann zu laufen, rutschte aber auf den feuchten Steinen aus, die aus dem Gras aufragten.

Erst zog ich mich an, ehe ich auf dem Display nachsah, wer angerufen hatte. Ich konnte mir nur zwei Personen denken. Louise oder Jansson.

Es war Lisa Modin. Ich rief zurück. Viele Klingelzeichen vergingen, ohne dass sie antwortete. Ich wollte den Versuch gerade beenden, als sie abnahm. Sie klang überrascht darüber, dass ich es war.

»Du hast angerufen«, sagte ich. »Aber ich konnte nicht rechtzeitig abnehmen. Ich habe gerade unten am Steg gebadet.«

»Ich habe dich nicht angerufen.«

»Es war aber deine Nummer, die angezeigt wurde?«

»Das verstehe ich nicht. Ich habe nicht angerufen.«

»Ich irre mich nicht.«

Sie atmete schwer, als wäre sie gerade lange bergauf gelaufen.

»Ich rufe zurück«, sagte sie. »Ich muss das untersuchen.«

Ich setzte mich an den Tisch und wartete. Nach neun Minuten meldete sie sich wieder.

»Ich habe nicht angerufen«, wiederholte sie. »Ich muss an einen Knopf gekommen sein, als ich das Handy in der Tasche hatte.«

»Du hattest also nicht die Absicht, mich anzurufen?«

»Nein. Nicht in diesem Moment.«

»Dann können wir das Telefonat ebenso gut jetzt beenden.«

Ich brach das Gespräch ab, ehe sie noch etwas sagen konnte. Wütend warf ich das Handy auf die Pritsche. Da lag es, als es wieder zu klingeln begann. Ich antwortete nicht. Aber ich begriff auch nicht, was ich da trieb.

Hingegen schickte ich eine Stunde später eine SMS. *Du bist immer noch zu dem Silvesterfest willkommen. Falls du es dir nicht anders überlegt hast.*

Sie antwortete erst nach Mitternacht. Ich hatte die Hoffnung schon aufgegeben, dass sie zu meinem Fest erscheinen würde. Da leuchtete ein einziges Wort auf dem Display auf. *Ja.*

Ich lag lange wach und dachte über dieses einzige Wort nach. *Ja.*

In der Morgendämmerung erwachte ich von einem Wadenkrampf. Ich fragte mich, ob ich Diabetes bekommen hätte. Wadenkrämpfe sind ein übliches Symptom. Ich trank allerdings keine großen Mengen Wasser und stand auch nachts nicht ständig zum Pinkeln auf.

Ich suchte ein Blutzuckermessgerät in einer der Plastiktüten, in denen ich Medikamente verwahre. Der Blutzuckerwert lag bei 6,9. Diabetes hatte ich nicht.

In einem Anfall von ungeduldigem Tätigkeitsdrang räumte ich den Wohnwagen auf. Das hatte ich nicht mehr getan, seit das Haus abgebrannt und ich hier eingezogen war. In dem alten Ölfass, in dem Großvater Müll verbrannt hatte, machte ich Feuer und legte alles hinein, was sich angesammelt hatte, seit ich in den Wohnwagen gezogen war. Ich verbrannte auch eines der blauen chinesischen Hemden. Die Farbe war schon verwaschen, die Ärmel ausgefranst, die Nähte in den Knopflöchern waren locker. Ich steckte das Hemd Stück für Stück in die Flammen.

Als ich ein Kind war, konnte ich mich für Zahnschmerzen rächen, indem ich Insekten die Flügel ausriss. Einen blauen Fleck, der wehtat, konnte ich an einem schönen Schmetterling auslassen, den ich ertränkte, oder an Barschen, die ich an Land legte und qualvoll ersticken ließ.

Jetzt rächte ich mich, indem ich tote Dinge quälte. Ich legte chinesische Hemden auf den Scheiterhaufen.

Später am Tag ruderte ich zur Schäre. Das Zelt stand noch, obwohl ein paar Pflöcke vom Wind der letzten Zeit herausgerissen worden waren. Aber benutzt hatte es niemand. Die Steine und abgebrochenen Äste, die ich ausgelegt hatte, um zu kontrollieren, ob der Eindringling wiedergekommen war, befanden sich noch an ihrem Platz. Es hatte auch niemand zwischen den verrußten Steinen Feuer gemacht.

Das Meer hatte sich beruhigt. Als ich zurückruderte, hielt ich Ausschau nach dem losen Treibnetz, das ich früher in diesem Herbst gesehen hatte. Das Netz, das weiter fischte, obwohl niemand es je einholen würde.

In der Nacht fiel reichlich Schnee auf den Schärengarten. In der Morgendämmerung zog ich mich aus und ging nackt hinunter zum Wasser. Ich leuchtete mit der Taschenlampe auf meine Fußspuren im Schnee.

Der Winter war gekommen. Bald war Weihnachten, dann Neujahr.

Der Schnee blieb bis Weihnachten liegen, schmolz aber drei Tage später, als Tauwetter von Süden heraufzog. Ich hängte bunte Lampions an eine vom Bootshaus zum Wohnwagen gespannte Schnur. Veronika brachte die Extrastühle und einen Teil des Essens sowie das Geschirr, das mir fehlte. Zur Probe deckten wir den Tisch im Wohnwagen. Es würde gehen, wenn es auch beengt sein würde.

Der Silvesterabend war kalt und klar. Außerdem windstill. Gegen drei Uhr nachmittags bereitete Veronika alles vor und instruierte mich ein letztes Mal. Um es mir zu erleichtern, hatte sie die Suppe, die serviert werden sollte, in Thermosflaschen gegossen. Außerdem hatte sie mir einen zusätzlichen Gasofen geliehen, der im Windschutz hinter dem Hauswagen stand.

Wir nahmen beide einen Schluck aus einer Flasche, wünschten einander ein gutes neues Jahr und verabschiedeten uns unten am Steg. Ich winkte ihr auf ihrer Reise nach Island nach.

Um sieben kam Jansson, der Lisa Modin abgeholt hatte. Flackernde Partylichter führten hinauf zum Wohnwagen. Jansson widmete zunächst der Vorbereitung seines Feuerwerks eine halbe Stunde.

Dann setzten wir uns an den kleinen Tisch und aßen und tranken zu dritt von halb acht bis kurz nach elf. Da waren wir alle beschwipst, die Speisen waren aufgegessen, und es war so warm geworden im Wohnwagen, dass Jansson sein Hemd ausgezogen hatte und mit nacktem Oberkörper dasaß. Als Lisa Modin zum Pinkeln hinausging, fragte ich Jansson, ob es jetzt nicht an der Zeit sei, dass er für uns sang. Er strahlte, offenbar hatte er befürchtet, ich hätte es vergessen. Aber er wollte erst singen, wenn das neue Jahr angebrochen war.

»›Ave Maria‹«, sagte ich. »Das musst du uns hören lassen.«

»Ich verspreche es. Aber nicht nur das. Noch ein anderes Lied.«

Ich konnte nicht umhin, ihn zu fragen, welches.

»›Buona Sera‹«, sagte er. »Das hat Little Gerhard in der fünfziger Jahren in Schweden bekannt gemacht.«

Ich meinte mich an das Lied zu erinnern, von dem er sprach. Aber eigentlich wäre es mir lieber gewesen, wenn er das »Ave Maria« mit etwas anderem als Little Gerhard kombiniert hätte.

»Gut«, sagte ich. »Sehr gut.«

Lisa Modin kam wieder zur Tür herein. Ihre Augen waren blank. Sie stolperte und lachte über ihre eigene Ungeschicklichkeit.

Ich hatte eine Flasche Champagner im Kühlschrank, Veuve Cliquot. So einen hatte auch mein Vater einmal zu einem Hochzeitstag gekauft, den er zur Überraschung meiner Mutter nicht vergessen hatte. Wenn Louise eines Tages mit Agnes, Ahmed und Muhammed kommen würde, würde ich auch Veuve Cliquot anbieten.

Wir warteten mit dem Champagner und leerten den letzten Rest einer Rotweinflasche.

Ich ging hinaus und rief Louise an, die im Krankenhaus war.

»Du bist betrunken«, sagte sie. »Das freut mich wirklich!«

Die Uhr näherte sich Mitternacht.

Jansson behauptete, seine Uhr gehe auf die Sekunde genau. Wir verließen uns darauf und gingen hinaus. Das Thermometer, das ich vor die Tür des Wohnwagens gehängt hatte, zeigte zwei Plusgrade. Mit Taschenlampen leuchteten wir uns den Weg hinauf zu Großvaters Bank. Die bunten Lampions warfen ihren Schein aufs Wasser, das ganz still dalag. Eine zerrissene Wolkendecke trieb langsam über unseren Köpfen dahin. Jansson ging auf dem Weg zum Berg voran. Ich konnte hören, wie er fast lautlos seine Stimmbänder geschmeidig machte. Als Lisa Modin stolperte, griff ich nach ihrem Arm. Sie ließ ihn mir.

Dann standen wir oben auf dem Berg, ganz still. Jansson hatte eine Taschenlampe auf seine magische Armbanduhr gerichtet. Ich versuchte, Louise, Agnes und ihre Familie vor mir zu sehen. Muhammed in seinem Rollstuhl, vielleicht alle an einem Fenster versammelt.

Wir standen auf dem Berg wie die letzten Erdenbewohner. Jansson begann, rückwärts zu zählen, was vom alten Jahr noch blieb. Ich nahm Lisa Modins kalte Hand. Sie ließ es ebenfalls zu. Mit der anderen Hand fühlte ich in der Tasche nach, ob das Feuerzeug parat war. Gleich würde ich es Jansson geben, damit er sein Feuerwerk anzünden konnte.

»Jetzt«, sagte Jansson mit einer Stimme, die vor Aufregung und Rührung zitterte.

Das Jahr war vorüber. Jansson stimmte »Buona Sera« an. Lisa Modin kannte die Melodie, war aber über Janssons gewaltige Singstimme genauso erstaunt wie ich damals bei Harriets letztem Mittsommerfest. Er beleuchtete sein Gesicht mit der Taschenlampe von unten, wodurch es gespenstisch weiß war. Aber weder Lisa Modin noch ich kümmerten uns um sein Aussehen. Es war die Stimme, die uns ermahnte, die Zukunft zu betrachten. Und dann kam das »Ave Maria«. Die kalte Winternacht verschwand. Rings um uns her blühte der Sommer. Ich sah Harriet dasitzen, mit einem Glas Weißwein in der Hand, und Jansson stand am

Ende des Tisches und sang auf eine Art, die uns förmlich den Atem raubte.

Als er verstummt war, sah ich, dass Lisa Modin Tränen in den Augen hatte. Genau wie ich – und vielleicht auch Jansson selbst.

Wir ließen den Champagner die Runde machen. Dabei tranken wir direkt aus der Flasche, wie man es tut, wenn man mit Freunden zusammen ist, wünschten einander ein gutes neues Jahr und lobten Janssons wunderbare Stimme. Dann ermahnte ich ihn, das Feuerwerk zu entzünden. Die Böllerschläge und das Zischen der nicht sehr imponierenden Raketen hallten zwischen den Felsen wider und stiegen wie vereinzelte Fackeln zum Nachthimmel empor, um fast sofort zu erlöschen. Aber Lisa Modin und ich applaudierten Janssons tapferem Versuch, die Dämonen mit Rauch und Feuer in die Flucht zu schlagen.

Danach gingen wir zurück zum Wohnwagen. Jansson wirkte plötzlich müde und lehnte dankend ab, als ich ihm einen Grog mit Gin einschenken wollte.

»Ich muss jetzt nach Hause fahren«, erklärte er. »Es ist schon zu spät für einen alten Postillon, der es nicht gewohnt ist zu singen.«

»Ich konnte ja nicht ahnen, was du für eine Kehle hast«, sagte Lisa Modin. »Ein Jussi Björling hier draußen zwischen den Steinen und Schären!«

»Ich fühle mich am wohlsten, wenn ich still bin«, entgegnete Jansson und stand auf.

Er wirkte plötzlich unruhig, rastlos.

Wir begleiteten ihn hinunter zum Steg. Ich war erstaunt darüber, dass er ganz nüchtern zu sein schien, als er dem Pfad mit den glatten Steinen hinunter zum Boot folgte.

Er ging schnell, als hätte er es plötzlich eilig. Das Gefühl, das ich schon früher einmal gehabt hatte, ihn plötzlich nicht zu verstehen, kehrte zurück. Aber jetzt war ich nur darauf bedacht, dass er wirklich verschwand, ehe er es sich plötzlich anders überlegte.

»Du hast sehr schön gesungen«, sagte ich.

»Mozart und Little Gerhard«, ergänzte Lisa Modin. »Das war sehr bemerkenswert.«

»Schubert«, erwiderte Jansson. »Nicht Mozart.«

»Wer hat das italienische Lied geschrieben?«

Jansson schüttelte den Kopf. Er wusste es nicht.

»Fahr jetzt«, sagte ich. »Wer ›Buona Sera‹ geschrieben hat, spielt keine Rolle.«

Jansson begann, seinen Glühkopfmotor anzuzünden. Lisa Modin und ich standen frierend auf dem Steg. Jansson hatte seine Pelzmütze aufgesetzt, die nach all den Jahren, die er sie als Postbote getragen hatte, verschlissen war.

Aus der Ferne waren Böller und Raketen zu hören.

»Sie schießen auf dem Vattenholmen«, sagte Jansson.

»Wie heißen die Leute, die da wohnen? Erlandsson?«

»Sie betreiben einen Versandhandel mit Gesundheitsprodukten«, erklärte Jansson. »Man hat sie mehrmals angezeigt, weil sie unter falschen Versprechungen Kräuter und Salben angeboten haben, die angeblich alles zwischen Ekzem und Krebs heilen können.«

»Das Haus, das sie gebaut haben, kann nicht billig gewesen sein, oder?«

»Nein«, sagte Jansson. »Aber du weißt doch, dass jedes übertriebene Vermögen nach Schwindel riecht?«

Er verschwand durch die Luke hinunter und startete den Motor mit einem kräftigen Griff um das Schwungrad. Dann kam er wieder hinauf und legte rückwärts vom Steg ab. Wir blieben stehen, bis die rote und die grüne Laterne hinter der Landzunge verschwunden waren.

Ich ging zum Bootshaus und löschte die bunten Lampions. Dann gingen wir hinauf zum Wohnwagen.

»Er hat so schön gesungen«, sagte Lisa Modin.

»Es sollte eine Überraschung für dich sein«, erklärte ich. »Er verbirgt seine Singstimme, als würde er ein großes und vielleicht gefährliches Geheimnis mit sich herumtragen.«

»Warum hatte er es jetzt so eilig?«

Wir blieben vor dem Wohnwagen stehen. Ich hatte keine passende Antwort parat.

Jansson glich oft einer trägen Katze, die sich nicht unnötig bewegte. Dann konnte er sich verwandeln und in ein anderes Katzentier verkleiden, das sich blitzschnell über die Klippen bewegte.

Wir gingen hinein. Veronika hatte mich mit ein paar großen schwarzen Müllsäcken und ein paar Papiertragetüten ausgestattet. Das Leergut ließ ich Lisa Modin auf die Papiertüten verteilen, gefärbtes und ungefärbtes Glas. Die Essensreste auf den Tellern kratzte ich in eine der Mülltüten. Ich hatte Veronika gefragt, warum sie mir mehr als eine Mülltüte gegeben hatte.

»Es kann gut sein, einen Beutel zu haben, wenn man sich übergeben muss«, hatte sie geantwortet.

Aber keinem von uns war all das, was wir getrunken hatten, schlecht bekommen. Ich konnte es natürlich nicht beschwören, doch ich glaubte nicht, dass einer von uns heimlich hinter dem Wohnwagen gespien hatte.

Ich verknotete den Müllsack mit den Essensresten, ging hinaus und schob ihn unter den Wohnwagen. Dann stellte ich einen Kasten Bier davor, das bei unserem Silvesterfest keinen reißenden Absatz gefunden hatte.

Anschließend konnte ich der Versuchung nicht widerstehen, vorsichtig durch das Wohnwagenfenster zu spähen. Lisa Modin saß auf der Pritsche. Sie hatte eine nicht angezündete Zigarette in der Hand. In der anderen Hand hielt sie ein Feuerzeug, das Jansson benutzt hatte, um sein Feuerwerk zu entfachen.

Plötzlich schaute sie auf und direkt zum Fenster. Ich konnte mich nicht rechtzeitig wegducken. Ich hörte sie rufen, ich solle hereinkommen. Dann streckte sie sich nach dem Schalter und löschte das Licht im Wohnwagen.

Als ich hereinkam, hatte sie die Matratze auf dem Boden ausgerollt und sich ins Bett gelegt. Ich wollte meine Hand ausstrecken, um sie zu streifen. Aber ich wagte es nicht. In diesem Moment war ich einfach nur dankbar, nicht allein sein zu müssen. Ich überlegte, ob dasselbe für sie galt.

Dann begann sie plötzlich zu erzählen. Vielleicht, weil sie getrunken hatte, vielleicht aus anderen Gründen.

Sie sprach von einem Mann, den es einmal in ihrem Leben gegeben hatte und den sie noch immer nicht vergessen konnte.

»Das war, ehe ich mich als Journalistin zu versuchen begann«, sagte sie. »Ich konnte mich nicht entscheiden, was ich überhaupt zustande bringen wollte. Und ob ich überhaupt etwas zustande bringen wollte. Um mich zu ernähren, arbeitete ich lange Zeit in einem Farbengeschäft. Frage mich nach irgendetwas, was mit verschiedenen Farben oder Pinseln zu tun hat, und ich habe eine Antwort für dich. Eines Tages kam ein Mann in den Laden und kaufte eine kleine Dose blaue Farbe. Ich wusste vom ersten Moment an, dass ich mit genau diesem Mann leben wollte. Ein paar Tage später kam er wieder und kaufte noch eine Dose. Wir begannen uns zu unterhalten. Er war dabei, einen alten Schrank zu streichen. Und dann wurden wir ein Paar. Er hatte eine mörderisch langweilige Arbeit als untergeordneter Bürokrat in einer Kommunalverwaltung. Jedes Mal, wenn er nach Hause kam, war er von einer großen Düsternis umgeben. Besonders ansehnlich war er auch nicht. Aber ich liebte ihn besinnungslos. Und er mich. Vier Jahre waren wir zusammen. Aber eines Tages, als er nach Hause kam, umgeben von der schwarzen Wolke, sagte er, er wolle nicht mehr mit mir leben. Das ist fast fünfzehn Jahre her. Aber wenn ich ehrlich bin, habe ich ihn immer noch nicht vergessen.«

Sie verstummte.

»Warum erzählst du mir das?«

»Damit du es weißt.«

»Ich will es nicht wissen.«

»Was willst du dann?«

»Im Moment bin ich zufrieden damit, dass du hier bist. Morgen vielleicht etwas anderes.«

Wir lagen beide wach. Das Gespräch tastete sich voran. Vorsichtig öffnete sie ein paar ihrer Türen einen Spaltbreit und ließ mich hineinsehen.

Im Wohnwagen war es sehr warm. Der Heizkörper war voll aufgedreht. Aber weder sie noch ich schafften es, aufzustehen und ihn abzustellen.

In dieser Neujahrsnacht begann ich zaghaft daran zu glauben, dass wir trotz allem eine Gemeinschaft werden könnten. Jenseits meiner früheren Einbildungen.

Plötzlich klingelte mein Handy. Für Louise war es zu spät, noch anzurufen. Es musste mindestens drei Uhr nachts sein. Ich fluchte laut und wischte mir den Schweiß vom Gesicht. Lisa Modin sagte in der Dunkelheit, ich solle das Gespräch annehmen. Jemand, der so spät in der Neujahrsnacht anrief, war vermutlich so betrunken, dass das Telefonat schnell beendet werden könnte.

Der Anrufer war überhaupt nicht betrunken. Es war Jansson, und er hatte Angst. Ich konnte hören, dass sein Körper genauso zitterte wie seine Stimme.

»Es brennt«, schrie er in mein Ohr. »Im Namen aller Götter, das Haus von Karl-Evert Valfridsson brennt. Es steht in Flammen. Geh raus, dann siehst du den Feuerschein im Nordwesten.«

Das tat ich. Der Feuerschein war leicht zu entdecken. Die Feuersbrunst loderte empor, als würde Krieg auf Karstensön herrschen, wo die Valfridssons ihr großes Haus hatten.

»Ich war kaum eingeschlafen, und ich weiß nicht, was mich geweckt hat. Aber jetzt bin ich hier«, rief Jansson. »Alle, die helfen können, müssen herkommen.«

»Sind die Valfridssons da draußen?«

»Sie sind nicht da«, schrie Jansson. »Das Haus steht leer. Es wird niederbrennen.«

»Was ist geschehen?«

Jansson antwortete nicht. Das war für mich Antwort genug. Der Brandstifter hatte wieder zugeschlagen.

»Ich komme«, sagte ich. »Wir kommen alle beide.«

Ich kehrte zurück zum Wohnwagen, wo Lisa Modin das Licht angeschaltet hatte. Sie war schon fast fertig angezogen.

»Ich habe mitbekommen, dass es brennt«, sagte sie. »Ist es das, was ich glaube?«

»Es ist sicher wieder eine Brandstiftung. Wir müssen hinfahren und helfen.«

»Gibt es Tote?«

»Nein.«

Wir machten uns schweigend fertig und eilten hinunter zum Bootshaus.

Ich bat sie, sich zu setzen und die Taschenlampe geradeaus zu richten. Laternen hatte ich nicht. Ich selbst saß ganz hinten mit einer Seekarte auf dem Schoß. Hin und wieder leuchtete ich mit meinem Handy. Es waren nur knapp zwei Seemeilen bis zu den Karstens-Inseln, aber es gab unterwegs ein paar Untiefen, mit denen ich mich nicht genau auskannte.

Als wir in die Harfjärden hineinbogen, leuchtete Valfridssons Haus wie ein blutiges Opferfest im Mittwinter.

Wir fuhren direkt in den Feuerschein hinein.

Von allen Seiten näherten sich Boote.

Das neue Jahr hatte mit einem weiteren brennenden Haus begonnen.

23.

Noch einmal sah ich vor mir, wie sich mein Haus in eine schwarze Ruine verwandelte.

Das Haus der Valfridssons brannte mit derselben Raserei, die mein eigenes Haus vernichtet hatte. Das Feuer war übermächtig, aber das alte Haus leistete hartnäckigen Widerstand. Ich meinte, ein Bild von einem Löwen zu sehen, der eine eingefangene Gazelle in den tödlichen Prankengriff nahm.

Wir waren etwa dreißig Personen, die mit Wassereimern und Schläuchen herumliefen und einander Befehle zuschrien. Als die Küstenwache eingetroffen war und die Pumpen in Gang gebracht hatte, hörte das Gerenne auf. Alexandersson war leicht betrunken und hatte ein gebieterisches Kommando übernommen. Ich kannte alle, die da waren. Mitten im Chaos und der Unordnung wünschten wir einander ein gutes neues Jahr, während wir herumliefen, um uns nützlich zu machen.

Ich merkte, dass Lisa Modin tatkräftig war. Sie ergriff eigene Initiativen, und man folgte ihren Vorschlägen.

Aber natürlich war nichts mehr zu machen. Das Haus hatte sofort in Flammen gestanden und würde bis aufs Fundament niederbrennen. Gegen fünf Uhr morgens begann das Dach einzustürzen. Die heißen Dachziegel zerbarsten, als sie auf dem Boden aufschlugen. Die Fensterscheiben wurden gesprengt, Sauerstoff strömte durch die Splitter herein und gab den Flammen neue Kraft. Alle, die sich um das Haus herum befanden, mussten sich zurückziehen, um die Hitze zu ertragen.

Für einen kurzen Moment blieb ich neben Alexandersson stehen. Rußiger Schweiß lief ihm übers Gesicht.

»Noch ein Haus«, sagte er. »Wer brennt unsere Besitztümer hier draußen auf den Inseln nieder? Was haben wir getan, um das zu verdienen?«

»Ist es genauso wie bei meinem Haus?«, fragte ich. »Ein Brand, der überall und nirgends beginnt?«

»Das wissen wir noch nicht. Aber so ist es natürlich trotzdem, auch wenn wir es nicht wissen. Dieselbe Methode, derselbe Irre.«

Er schüttelte den Kopf, spuckte etwas Schwarzes und Rußiges aus, vielleicht einen Klumpen Kautabak, den er im Mund gehabt hatte. Dann kehrte er zu seinen Schläuchen und Pumpen zurück.

Lisa Modin hatte sich auf einen alten verrosteten Tretschlitten gesetzt, neben einem Außengrill, der mit einem zerrissenen Bootsüberzug bedeckt war. Ihr verschwitztes Gesicht glänzte in den Flammen. Von Paris zu einem nächtlichen Brand auf einer unserer Inseln, dachte ich. Wir hatten fast eine ganze stille Nacht zusammen gehabt, ehe Janssons Handygespräch uns herausriss.

Ich sah mich nach Jansson um. Erst konnte ich ihn nicht entdecken. Doch dann sah ich, dass er sich in den Schatten verbarg, wo der Flammenschein sein Gesicht kaum beleuchten konnte. Es war etwas Eigentümliches an seiner Körperhaltung. Ich trat ein paar Schritte näher. Noch immer hatte er mich nicht entdeckt. Seine Augen waren auf das Feuer fixiert. Jetzt sah ich, was so merkwürdig an seiner Körperhaltung war. Er hatte die Hände vor sich gefaltet, als spräche er ein stilles Gebet, für sich selbst oder einen Feuergott, dessen Namen ich nicht kannte. Die gefalteten Hände hatten seinen Körper erstarren lassen, als wäre er eigentlich eine Holzskulptur oder eine Vogelscheuche.

Er entdeckte mich im selben Moment, in dem mir der Gedanke mit der Vogelscheuche kam. Sofort löste er seine Hände, als hätte ich ihn bei etwas Schändlichem ertappt.

Ich wusste, Jansson fürchtete nichts so sehr wie die Schande. Etwa Briefe an einem Steg zu verlieren, sich eine Pensionsanweisung entreißen und übers Wasser wegwehen zu lassen. Vielleicht benutzte er deshalb seine schöne Singstimme nicht, weil er fürchtete, eines Tages könnte ein falscher Ton aus seiner Kehle kommen?

Ich stellte mich neben ihn. Er roch nach Schweiß und Alkohol, wie er da in seinem feinen Festtagshemd stand, das der Ruß geschwärzt hatte.

»Immerhin war niemand zu Hause«, sagte ich. »Kein Mensch ist in den Flammen umgekommen.«

»Aber es ist trotzdem schlimm«, erwiderte Jansson.

»Du meinst, es ist erneut Brandstiftung?«

Jansson zuckte zusammen, als hätte ich etwas völlig Unerwartetes gesagt.

»Was sollte es sonst sein?«

»Aber wer fährt in der Neujahrsnacht hier zwischen den Inseln herum?«

Wir schwiegen. Ich sah die Menschen, die sich langsam um das Feuer herumbewegten, und fragte mich, ob Jansson dasselbe dachte wie ich. Dass sehr wohl einer derjenigen, die jetzt um die wachsende Brandruine versammelt waren, das Feuer gelegt haben konnte.

Ich warf einen Seitenblick auf Jansson. Aber er verriet seine Gedanken nicht.

Es war sieben geworden, als Lisa Modin und ich uns ins Boot setzten und davonfuhren. Valfridssons Haus würde noch viele Stunden brennen. Aber niemand konnte etwas dagegen tun. Alexandersson hatte die Besitzerfamilie erreicht, die sich in einem Hotel in Marseille befand. Ehe wir losfuhren, sagte er zu mir, die Frau hätte ihm direkt ins Ohr geschrien, so laut, dass er glaubte, sein Trommelfell würde platzen.

Ich kannte Frau Valfridsson. Sie war mager und in meinem Alter. Einmal war sie in einem kleinen Motorboot angekommen und hatte mich gefragt, ob ich ihr in den Hals schauen könnte. Sie glaubte, eine Geschwulst zu haben. Ich setzte sie auf die Bank vor dem Bootshaus, leuchtete ihr in den Hals und schob die Zunge beiseite. Da war keine Geschwulst. Als ich ihr mitteilte, dass ich nichts finden konnte, begann sie völlig unbeherrscht zu weinen. Ich war ganz bestürzt. Bei manchen Patienten denkt man sofort, sie würden auf einen Bescheid stark reagieren, ob er nun gut oder schlecht war. Vor Hanna Valfridsson stand ich indessen völlig unvorbereitet.

Und jetzt schrie sie ihre Verzweiflung in einem Luxushotel in Marseille heraus.

Wir fuhren in der Dunkelheit zum Hafen. Bevor ich den Motor startete, hatte ich Lisa Modin gefragt, wohin ich sie bringen solle. Auf dem Weg zum Hafen dachte ich, ich hätte zu viel Alkohol im Blut, um noch Auto fahren zu dürfen. Aber ich konnte mir nicht vorstellen, dass an diesem frühen Neujahrsmorgen Polizisten unterwegs waren, um in dünn besiedelten Gebieten Betrunkene am Steuer zu jagen.

Schweigend gingen wir durch den Ort. Als ich das Auto holte, war Oslovskis Haus noch immer verlassen und verrammelt. Aber ich blieb stehen und musterte das Fenster links neben der Haustür. Ich war mir nicht sicher. Aber vielleicht hing der zugezogene Vorhang anders. Ich konnte nicht exakt ausmachen, was mich aufmerksam gemacht hatte. Es mochte Einbildung sein oder der Wunsch, jemand wäre in dem Haus und es wäre nicht ganz verlassen.

Lisa Modin fragte, worauf ich starren würde.

»Der Vorhang«, sagte ich. »Aber eigentlich weiß ich es nicht. Ich dachte vielleicht, es gäbe einen Menschen, der da drinnen steht und uns anschaut.«

»Mir reicht der Brand«, sagte Lisa Modin. »Keine weiteren gespenstischen Ereignisse, bitte.«

Wir fuhren durch den Morgennebel, der hier und da den Wald und die Bäume entlang der Straße verschluckte. Lisa Modin hatte das Radio eingeschaltet, um die Nachrichten zu hören.

In ein paar Vororten von Paris hatte es Neujahrskrawalle gegeben. Ein Feuerwehrmann war von einem Stein an der Schläfe schwer verletzt worden. In Moskau hatte man an diesem Morgen einen Raub à la Rififi in einem der größten Juweliergeschäfte Russlands entdeckt. Und jemand war an einer Droge namens Spice gestorben.

Langsam würde Schnee von Osten heranziehen. Es war unsicher, wie weit südlich der Niederschlag fallen würde.

Lisa Modin stellte das Radio ab und bat mich anzuhalten. Ich fuhr in einen Forstweg hinein. Sie stieg aus. Als ich merkte, dass sie nicht pinkeln wollte, schnallte ich den Sicherheitsgurt ab und folgte ihr. Es war windstill und kein Geräusch zu hören.

Sie war ein paar Meter auf dem Weg gelaufen und für mich fast nicht mehr zu sehen. Noch ein paar Meter mehr, und sie wäre ganz und gar unsichtbar. Das machte mir Angst. Ich wollte nicht, dass sie aufhörte zu existieren und sich spurlos zwischen den krummen Kiefern verlor.

»Es fühlt sich an, als würde ich in eine andere Geschichte gehören«, sagte sie.

Sie sprach mit leiser Stimme, als wollte sie die uns umgebende Stille nicht durchbrechen. Wie ich sie schräg von hinten betrachtete, glich sie einem Tier. Einem Reh, das bereit war, jeden Moment angegriffen zu werden.

»Eine andere Geschichte als welche?«, fragte ich.

Sie antwortete, ohne sich zu mir umzudrehen.

»Die, in der ich mich immer befinde. Manchmal kann ich all die sinnlosen Meldungen verabscheuen, die ich in der Zeitung schreibe. Worte, die schon in dem Augenblick, in dem sie gelesen werden, tot sind. Man entlaust die Zeitung von Worten, auf die gleiche Art, wie man Ungeziefer von der Tapete oder dem eigenen Körper zupft.«

Ich verstand kaum, was sie sagte. Aber sie meinte jedes Wort ernst, daran gab es keinen Zweifel.

»Ich will etwas anderes schreiben«, sagte sie. »Keine Bücher, dazu tauge ich nicht. Ich würde in einer totalen Dunkelheit von Neid auf die Schriftsteller leben, die wirklich die Worte wählen und die Texte erschaffen können, die man nie vergisst. Vielleicht will ich unbekannte Karten über Gelände zeichnen, die niemand je zuvor betreten hat? Früher ließ man die Kühe frei, weil sie selbst den kürzesten und besten Weg nach Hause finden würden. Lass mich frei, dann werde ich die vergessenen Pfade finden.«

Wir standen still im Wald. Es war mein siebzigster Neujahrstag.

Der Gedanke daran, wie wenige mir noch blieben, machte mir Angst. Mich schauderte. Lisa Modin wandte sich mir zu, als ich zitterte.

Sie lächelte.

»Kaffee«, sagte sie. »Ich werde einen ausführlichen Bericht über den nächtlichen Brand schreiben.«

In ihrem Treppenhaus war es ganz still. Wie um gegen die ungastliche Stille zu protestieren, stampfte sie hart auf die Betonstufen der Treppe. Ein Hund begann zu bellen, hörte aber auf, als eine wütende Männerstimme erklang. Ich ging einen Schritt hinter ihr und streckte meine Hand aus. Aber ich berührte sie nicht.

Sie kochte Kaffee. Ich saß auf dem Sofa, auf dem ich einmal versucht hatte zu schlafen.

Wir tranken den Kaffee am Küchentisch, aßen ein paar Butterbrote und sagten nicht viele Worte.

»Ich sollte schlafen«, meinte sie schließlich, während sie den Tisch abräumte. »Sonst werde ich glauben, es war alles nur ein Traum.«

»Ich kann dir versichern, das Haus ist wirklich niedergebrannt.«

Sie lehnte sich an die Spüle und sah mich fragend an.

»Was geschieht da draußen auf euren Inseln?«, sagte sie. »Häuser brennen nachts wie gewaltige Scheiterhaufen. Ich habe noch nie gehörte, dass ein Feuer brüllen kann. Aber so war es heute Nacht.«

»Es war Brandstiftung«, erklärte ich. »Niemand weiß es genau, aber alle wissen es trotzdem. Vermutlich hat einer, der beim Löschen half, den Brand gelegt.«

»Es sollte nicht unmöglich sein, den Täter aufzuspüren«, meinte sie fast gereizt. »Ihr seid nicht besonders viele. Die Anzahl der bewohnten Inseln ist begrenzt.«

»Niemand hat einen Nutzen davon gehabt, mein Haus abzufackeln«, sagte ich. »Wer hat etwas davon, wenn Valfridssons Haus brennt? Wer hat etwas davon, wenn das schöne Fischerhaus der Witwe Westerfeldt brennt? Mir erscheint das wie reiner Irrsinn.«

»Kann es Rache sein?«

»Die Leute zanken schon mal miteinander. Der Neid zehrt. Aber er geht kaum so weit, dass man riskiert, Menschen bei lebendigem Leib zu verbrennen.«

»Rachsucht kann verrückt machen.«

»Hier draußen auf den Inseln sind wir zu einfach gestrickt.«

»Du kommst nicht von hier.«

Ich sah sie erstaunt an.

»Ich nicht, aber die Familie. Außerdem habe ich einen anerkannten Beruf. Ich bin Arzt. Deshalb werde ich als nützlich angesehen. Ich genieße eine Art Ehrenbürgerschaft. Im Schärengarten gelte ich wohl nicht als richtig dazugehörig. Ich habe keinen Stempel auf der Seele. Aber ich werde anerkannt.«

Dabei beließen wir es. Ihr stilles Mienenspiel ließ mich erkennen, dass sie mir nicht zustimmte. Aber darauf Zeit zu verschwenden war es nicht wert.

Als wäre es die selbstverständlichste Sache der Welt, legten wir uns dann auf ihr großes Bett. Ich lauschte ihren gleichmäßigen und immer tieferen Atemzügen. Zuerst tanzten die Flammen, dann schlief ich ein.

Es war halb zehn, als ich aufwachte. Ich hatte einen schweren Kopf und einen trockenen Mund. Aus der Küche hörte ich gedämpft das Radio. Eine Kaffeetasse klirrte. Ich hustete kurz im Bett. Ein Stuhl scharrte. Lisa Modin stand in ihrem blauen Morgenmantel in der Türöffnung. Sie hielt ein Glas Wasser in der Hand.

»Geht es dir wie mir?«, fragte sie. »Dann willst du Wasser haben.«

Ich leerte das Glas, während sie zuschaute.

»Kopfschmerztabletten?«, fragte ich.

Sie kam mit demselben Glas zurück, jetzt mit einer sprudelnden Tablette darin.

Ich trank und lehnte mich gegen das Kissen zurück.

»Wie geht es mit deinem Zeitungsartikel?«, fragte ich.

»Noch nicht angefangen. Aber bald.«

»Wirst du über den freiwilligen Feuerwehrmann schreiben, der in deinem Bett schläft?«

»Ich glaube, das ist nicht von Interesse.«

Mein Handy klingelte. Es war Kolbjörn Eriksson, der Elektriker. Er fragte nicht, wo ich mich befand, wünschte nur ganz kurz ein gutes neues Jahr und brachte sein Anliegen vor. Kolbjörn ist kein Mensch, der unnötige Konversation betreibt.

Offenbar hatte eine kleinere Gruppe derjenigen, die bei den Löscharbeiten geholfen hatten, einen Entschluss gefasst. Jetzt war man dabei, die anderen Schärenbewohner anzurufen. Man hatte Kolbjörn ausersehen, mich zu kontaktieren.

Seiner rauhen Stimme war anzuhören, dass er einen Kater hatte. Oder vielleicht noch betrunken war. Es gab Gerüchte, er sei ein Quartalssäufer, ohne dass man das eigentlich beweisen konnte. Wenn er mir geholfen hatte, war er nie angetrunken gewesen. Auch nicht zu Großvaters und Großmutters Zeiten, als er ein noch junger Elektriker war, der bei einem Mann namens Ruben in die Lehre ging. Das war, bevor er sich bei der Handelsflotte anstellen ließ.

»Wir wollen ein Schärentreffen im Gemeindehaus abhalten«, sagte er. »Wir haben beschlossen, nur bis zum Dreikönigsfest zu warten. Um zwei Uhr nachmittags. So viele wie möglich müssen kommen. Wir werden über diese Brandstiftungen reden und was wir tun können.«

»Um sie zu stoppen?«

»Um den zu finden, der das tut. Dann werden die Brände aufhören.«

»Gibt es einen Verdächtigen?«

»Nein.«

»Ich komme«, sagte ich. »Um zwei?«

Während des kurzen Handygesprächs hatte Lisa Modin das Schlafzimmer verlassen. Die Tür zum Arbeitszimmer war angelehnt.

Sie saß am Schreibtisch und schrieb mit der Hand auf einen Kollegblock. Der Morgenmantel war über ihre Schenkel hochgeglitten. Ich merkte, dass mein Bedürfnis nach einem Liebesleben keine versiegte Quelle war, die für das restliche Leben ausgetrocknet bleiben würde. So war es nicht.

Aber ich wollte sie nicht sehen lassen, dass ich am Türspalt stand. Ich zog mich zurück, klirrte mit einem Wasserglas und setzte mich an den Esstisch.

Sie kam mit dem Block in der Hand heraus.

»Ich schreibe über den Brand«, erklärte sie. »Aber ich gebe nur an, dass ich dort gelandet bin, weil ich mich auf einem Silvesterfest draußen auf einer der Inseln befand. Ich nenne keine Namen.«

»Solltest du nicht wenigstens Janssons Namen erwähnen? Der alte Postillion, mit dem du Silvester gefeiert hast. Immerhin würdest du ihm eine große Freude damit bereiten, im Lokalblatt zu erscheinen. Er heißt Ture mit Vornamen.«

Plötzlich merkte ich, dass sie nicht zuhörte. Sie schien unruhig zu sein. Aber ihre Stimme war entschlossen, als sie sprach.

»Ich bin es gewöhnt, allein zu sein. Gerade jetzt brauche ich die Einsamkeit. Außerdem muss ich schreiben.«

»Du wirst nicht merken, dass ich hier bin. Ich habe die Kunst, still zu sein, erlernt.«

»Das meine ich nicht. Ich muss die Türen hinter mir schließen.«

Ich setzte mich auf den Stuhl im Flur, um die Schnürsenkel zu binden. Sie stand in der Türöffnung zur Küche, den Kollegblock in der Hand. Als ich aufstand und versuchte, sie zu umarmen, wich sie zurück.

»Nicht jetzt«, sagte sie. »Ich meine es nicht böse. Es ist, wie es ist.«

Ich fuhr nach Hause. Auf einem Feld an der langen Meeresbucht sah ich einen Skiläufer, der sich über die dünne Schneedecke dahinschlängelte. Vor ihm schnürte ein Hund, als würde er eine unbekannte Beute aufspüren.

Ich stellte das Auto an seinen üblichen Platz. Eine beißende Kälte zog vom Meer herein. Ich konnte der Versuchung nicht widerstehen, zu Oslovskis Garage hochzugehen. Sie war verrammelt. Durch die schmutzigen Fenster konnte ich in die Leere hineinsehen, die nach dem Diebstahl ihres DeSoto Fireflite dort herrschte. Sie fehlte mir so, dass ich einen Kloß im Hals hatte. Oder war es vielleicht sogar Trauer um eine Person namens Oslovski, die ich kaum gekannt hatte? Die mir trotzdem nahegestanden hatte. Ihr Glasauge hatte mich deutlicher gesehen als andere Augen.

Ich ging hinunter zum Hafen, der an diesem Neujahrsmorgen verlassen dalag. Das schwarze Meer, durch das ich nachher fuhr, schien genauso sehr zu frieren wie ich.

In der Nacht zum Dreikönigsfest hatte es geschneit. Als ich am Gemeindehaus ankam, das in einer Bucht unterhalb der Kirche lag, konnte ich die Fußspuren sehen, die vom Steg, wo die Boote versammelt waren, hinführten. Ich klemmte mich zwischen ein altes Holzboot von Krutholmen und das Pettersson-Boot des Lotsen Holmén. Viele waren gekommen, das konnte ich an der Anzahl der Schiffe sehen. Die Spuren im Schnee glichen einem Krähenschwarm, der lange umhergeirrt war, ehe er abhob und verschwand.

Als ich den großen Saal des Gemeindehauses betrat, hatte man Kaffee gekocht und ein Kaminfeuer angezündet. Kolbjörn Eriksson nickte mir zu, kam heran und gab mir die Hand. Seine Faust war groß wie eine Bärenpranke.

»Gut, dass du gekommen bist«, sagte er.

»Gut, dass so viele kommen«, erwiderte ich.

»Willst du etwas sagen?«

»Warum sollte ich das tun?«

»Dein Haus war immerhin das erste, das gebrannt hat.«

Ich schüttelte den Kopf. Ich hatte nichts zu sagen.

In der Schlange, die um Kaffee anstand, wechselte ich ein paar Worte mit Menschen, die ich selten traf. Meine Fähigkeit, mir die Namen von Leuten zu merken, hat mit den Jahren rasant abgenommen. Manchmal glaube ich, das gefürchtete Tor öffnet sich langsam vor mir. Eines Tages werde ich in das Land eintreten, in dem das Gedächtnis vom Vergessen verschluckt wird.

Gerade als ich die Kaffeetasse in der Hand hielt, rief Louise an. Sie wusste bereits, dass es gebrannt hatte. Aber von dem Treffen heute am Dreikönigstag hatte ich noch nicht erzählt. Ich erklärte ihr rasch, wo ich mich befand, und versprach, sie anzurufen, wenn die Versammlung beendet wäre. Sie erzählte, das Mädchen würde den Brutkasten verlassen dürfen. Das erleichterte mich ebenso, wie es mich freute.

Ich hatte gezählt, dass sechsundfünfzig Personen anwesend waren, als Wiman, der pensionierter Pfarrer war und auf Almö wohnte, in die Hände klatschte und um Ruhe bat. Auch wenn ich ihn selbst nie predigen gehört hatte, wusste ich von vielen Kirchgängern, dass er nie von der Hölle oder dem Teufel sprach. Das hatte die Bewohner des Sprengels entzweit. Aus einem mir unbegreiflichen Grund hatte ein Teil derer, die draußen auf den Inseln wohnten, sich darüber geärgert, dass er bei seinen Predigten die ständige Gegenwart der Hölle und des Teufels nicht erwähnte. Die Bewohner des Festlands fanden hingegen, er sei ein ausgezeichneter Pfarrer, der nie unnötig die böse Finsternis heraufbeschwor, wenn er auf der Kanzel stand.

Wiman hieß uns willkommen, schneuzte sich, wünschte ein gutes neues Jahr und schneuzte sich noch einmal. Dann rief er mit der plötzlich erhobenen Stimme eines Marktschreiers aus, jetzt müsse Schluss sein mit den verrückten Hausbränden draußen auf den Inseln. Wir müssten lernen, besser auf die Häuser unserer Nachbarn zu achten, und fremde Schiffe, die sich in unseren Gewässern bewegten, genau unter die Lupe nehmen. Wir müssten Verantwortung für unsere Brüder und Schwestern übernehmen. Einer formellen Organisation bedürfe es nicht. Hingegen würden er selbst, Kolbjörn Eriksson und Ture Jansson einen Ausschuss bilden. Immer erreichbar, wenn etwas geschah, was Argwohn oder Besorgnis erweckte.

Dann gab er das Wort frei. Stille trat ein, da man nicht daran gewöhnt war, dass ein Pfarrer anderen das Wort überließ. Wiman forderte erneut zu Fragen und Kommentaren auf. Schließlich erhob sich der alte Fischer Alabaster Wernlund vom Torpholmen, einem der kleinsten Fischerhöfe des Schärengartens, mit einem gewaltigen Klappern von seinem Stuhl. Alle wussten, dass er schlecht hörte, cholerisch sein konnte und nicht selten die Küstenwache anrief, wenn er sich einbildete, ein umfangreicher Schmuggel finde rings um seine Klippen herum statt. Aber auch wenn er eigen war, schätzten ihn die Leute für seinen scharfen Verstand und wussten, dass er sich nicht mit Kommentaren oder Antworten abspeisen ließ, die er nicht für ausreichend hielt.

Er hatte eine rote Wollmütze auf dem Kopf und trug eine orange Weste wie ein Straßenarbeiter.

»Was sollen wir tun, wenn sich herausstellt, dass der Pyromane sich hier im Saal befindet? Und genauso gut kann er aus Dänemark kommen.«

Sofort stand Pontus Urmark auf, ein magerer Schreiner von den äußersten kleinen Inseln im Kattkärsvarpen. Er hatte vielleicht weniger Verstand als Wernlund, konnte aber genauso wütend werden.

»Warum zum Teufel sollte der Brandstifter aus Dänemark kommen?«, rief er. »Haben die nicht ihre eigenen Inseln?«

»Dann eben Belgien, wenn das besser ist«, brüllte Wernlund.

Wiman versuchte einzugreifen, um zwischen den beiden wütenden Männern zu vermitteln und sie zur Räson zu bringen. Sie standen an je einem Ende des Saals, in dem es jetzt so warm war, dass ihnen der Schweiß übers Gesicht lief. Dabei wirkten sie wie zwei Schauspieler, die sich um das Recht auf einen Satz auf der Bühne zankten. Urmark, der im Profil Karl XII. glich, hatte die schrillere Stimme. Aber Wernlund leistete Widerstand, indem er sicherer war, in welchem Augenblick er sein giftiges Kontra geben sollte.

Der Streit endete genauso schnell, wie er begonnen hatte. Weder Urmark noch Wernlund hatte noch etwas zu sagen. Beide setzten sich in einem mürrischen Schweigen. Aber auch in diesem Schweigen belauerten sie einander und konnten sehr wohl wieder zum Angriff übergehen.

Wiman hatte neue Kräfte gesammelt und nutzte die Stille, um darüber zu reden, wie wichtig es sei, dass wir, die wir auf den Inseln wohnten, Fremde im Auge behielten, die sich im Hafen oder in Booten draußen im Archipel zeigten. Das war der Moment, in dem die Versammlung zum Leben erwachte. Viele meldeten sich zu Wort oder hoben zumindest die Hände, um ihre Anwesenheit in der Debatte zu demonstrieren. Ein junger Fischer aus dem südlichen Teil des Schärengartens, dessen Namen ich nicht kannte, stand auf und erklärte mit zitternder Stimme, ob nun aus Angst vor dem Auftritt oder der Empörung über das, was er zu sagen hatte, dass nämlich die Fremden der Grund dafür seien, dass Schweden immer tiefer ins Elend zu stürzen schien. Vielleicht könne man diese unbekannten Fremden nicht beschuldigen, den Fisch im Meer ausgerottet zu haben. Dies sei die Schuld »der verdammten Polacken«, behauptete er mehrmals. Auf keinen Fall waren es Leute aus dem Baltikum oder die Russen. Immer waren an dem verschwundenen Barsch die verdammten Polen schuld. Aber an allem anderen, den Verbrechen, nicht zuletzt den Motordiebstählen, Einbrüchen und Brandstiftungen, seien all die Fremden schuld. Schweden habe seine Grenzen aufgegeben. Das Schweden, das einst unseres gewesen sei, sei den Horden überlassen worden, die jetzt über die Grenzen strömten und sich bedienen dürften.

Ich saß in meiner Ecke und lauschte dem erregten jungen Fischer, dessen sommersprossiges Gesicht in der Wärme glühte. Ich konnte hören, dass er vollkommen überzeugt davon war, die Wahrheit zu sagen, nichts als die Wahrheit. In diesem Augenblick war er gläubiger, als es der Probst Wiman je gewesen war. Er wetterte weiter gegen die Fremden und die Politiker, die ihnen erlaubten, in unserem Land zu wüten, wie sie wollten. Er verdammte die unkontrollierte Einwanderung und stempelte mit seinen verbalen Brandzeichen die Stirn aller Menschen mit bösen Absichten, ob nun Bettler oder Taschendiebe, die vor allem die Städte heimsuchten, aber auch immer mehr die Provinz und, in diesem Fall, unsere Inseln hier draußen.

Dann brach er in Tränen aus. Es kam so überraschend, dass der gesamte Gemeindesaal den Atem anhielt. Er hielt die Hände vors Gesicht, und sein Körper zitterte, als er auf den Stuhl zurücksank. Er war allein gekommen. Es gab keine Frau und keine Verwandten, um ihn zu trösten.

Sein Weinen war eine Aufforderung zum Aufruhr, wie ich später begriff. Jetzt stand ein Inselbewohner nach dem anderen auf und bezeugte, wie recht der junge Fischer habe. Die Fremdenfeindlichkeit, die sich kaum auf etwas anderes gründete als auf Mythen, Gerüchte und irgendwelche Erzählungen, die Bekannte von Bekannten gehört zu haben behaupteten, aber nie derjenige, der selbst redete, legte sich wie ein dampfendes Unbehagen über den Raum. Wenige widersprachen. Wiman versuchte es, doch ihm fehlte die Kraft, vielleicht auch die Überzeugung. Die einzige, die protestierte, war Annika Wallmark, die ganz in der Nähe des Ortes eine Keramikwerkstatt betrieb. Aber da sie eine bekennende Radikale war, hörte ihr niemand zu. Ein unterschwelliges Gemurmel entstand jede Mal, wenn sie zu Wort kam.

Was sagte Veronika? Sie war hinkend aus Island zurückgekehrt, nachdem sie bei einer Reittour vom Pferd gefallen war und sich einen Fuß verstaucht hatte. Sie sagte das, was wir alle wussten, nämlich dass wir vorläufig im Nebel stocherten. Das Risiko sei groß, dass wir anfangen würden, nach Sündenböcken zu suchen, und noch mehr giftige Gerüchte verbreiteten.

Was sagte ich? Der Arzt mit einer schwangeren Tochter in Paris, die Taschendiebin war? Ich pflichtete dem jungen Fischer nicht bei. Meine Ansichten stimmten aber auch nicht mit denen von Annika Wallmann überein.

Ich schwieg. Die Stimmen bildeten schließlich ein Labyrinth, das zugleich bedrohlich und eine Sicherheit war. Wir sollten unsere Nachbarhäuser im Auge behalten, wir sollten fremden Booten mit unseren Blicken folgen, die sonst eher gewohnt waren, in den Jagdzeiten nach Seevögeln Ausschau zu halten. Wir, die wir uns im Gemeindehaus versammelt hatten, hatten alle Verdächtigungen von uns selbst auf die Unbekannten gelenkt, die in unser Land eingedrungen waren.

Ich protestierte nicht. Als Wiman das Treffen zusammenzufassen begann, hatte ich einen scheußlichen Geschmack im Mund, den ich noch nicht gekannt hatte. Ich dachte an Louise und ihren Ahmet. Hätte er sich hier im Schärengarten gezeigt und erlebt, wie er zum Repräsentanten für alle Fremden gemacht worden wäre, er wäre sicher geflohen. Hätte ich ihn verteidigen können?

Ich hatte eine Oberfläche, die ich kannte, aber etwas verbarg sich darunter, was mir unbekannt war und mich jetzt erschreckte.

Zusammen mit Jansson ging ich hinunter zu den Booten. Es war stockdunkel. Hier und da führten Gemeindemitglieder murmelnde Gespräche. Der Atem aus ihren Mündern war wie Rauchsignale, die sich zu unverständlichen Mitteilungen vermischten.

Unten an der Brücke gab es einen kleinen Schuppen, in dem der Heimatverein Flaggenleinen und Flaggen verwahrte. Ich stand in der Türöffnung und betrachtete Jansson, während er seinen Anzug gegen warme Seefahrerkleidung tauschte. Es klingelte in meinem Kopf, als ich diese Szene sah, ohne dass ich verstand, woran sie mich erinnerte.

Sorgfältig faltete Jansson den Anzug zusammen und steckte ihn in eine Plastiktüte. Noch immer kam ich nicht darauf, woran mich der Kleidertausch erinnert hatte.

Irgendetwas beunruhigte mich, ohne dass ich sagen konnte, was es war.

Wir gingen hinunter zum Steg. Verschiedene Boote verschwanden mit leuchtenden Laternen hinaus in die Bucht. Hinter uns löschte jemand das Licht im Gemeindehaus.

Jansson und ich nickten einander zu. Er stieg hinunter in sein Steuerhäuschen, um seinen Glühkopfmotor anzuzünden. Ich zog meinen Außenbordmotor in Gang, knipste meine Taschenlampe an und machte mich auf den Heimweg.

Der späte Nachmittag war sehr kalt. Allmählich bildete sich das Eis in den Buchten und bis weit hinein ins Festland. Wenn die Kälte andauerte, würde sich das Eis bald über den größeren Teil des Schärengartens ausbreiten.

Als ich in der Wärme des Wohnwagens angekommen war, konnte ich das Unbehagen vom Gemeindehaus abschütteln. Dort hatte ich Menschen gesehen und gehört, die ich zu kennen glaubte, die aber für mich völlig unerwartete Ansichten vertraten.

Was hatte ich mir vorgestellt? Was hatte ich von der Weltsicht dieser Menschen da draußen auf den Inseln gedacht?

Ich saß da, die Kaffeetasse in der Hand und immer noch ohne Antwort auf diese Fragen, als das Handy klingelte. Es war Lisa Modin. Nach dem Morgen des Neujahrstags hatten wir ein paarmal telefoniert. Aber jedes Mal, als ich vorschlug, sie zu besuchen oder hierher einzuladen, hatte sie keine Lust. Ich hatte mich davor gehütet, sie zu drängen. Das könnte zur Folge haben, dass sie sich ganz und gar zurückzog.

»Wie war es auf dem Treffen?«, fragte sie.

»Wer will das wissen?«

»Ich will das wissen.«

»Lisa Modin oder die Journalistin?«

»Wir sind ein und dieselbe Person.«

Ich hatte ihr von der Versammlung berichtet. Immerhin hatte Kolbjörn Eriksson angerufen, als ich am Neujahrstag auf ihrem Bett lag. Aber woher konnte sie wissen, dass das Treffen vorüber war? Dass ich gerade nach Hause gekommen war?

»Mit wem hast du gesprochen?«

»Ich spreche mit dir.«

»Woher weißt du, dass die Versammlung vorüber ist?«

»Ich habe geraten.«

Das nahm ich ihr nicht ab. Mit irgendjemandem musste sie gesprochen haben. Es konnte nur die Person gewesen sein, der niemand zuhörte, Annika Wallmark.

»Du hast mit jemandem gesprochen, und ich weiß, mit wem. Mit Annika Wallmark.«

»Ich würde meine Quelle nie preisgeben.«

»Sie lugt hinter ihrer Drehscheibe hervor und verbreitet Klatsch und behauptet Dinge, die keinen kümmern.«

»Kannst du mir nicht lieber erzählen, wie das Treffen verlaufen ist? Statt Antworten auf unmögliche Fragen zu finden.«

»Wir waren viele, und wir waren uns einig. Wir sollen ein Auge darauf haben, was mit den Häusern unserer Nachbarn geschieht. Wir Inselbewohner haben ein elftes Gebot hinzugefügt. Wir alle werden uns in Überwacher verwandeln. Das klingt pathetisch, und es ist pathetisch. Aber auch wahr. Es war Wiman, der Pfarrer, der diese Worte gesagt hat.«

»Hast du noch etwas zu berichten?«

»Nein.«

»Wie war die Stimmung?«

Ich bekam sofort das Gefühl, dass sie bedeutend mehr wusste, als sie vorgab. Konnte sie andere Kontakte haben? Jansson? Wohl kaum. Auch nicht den jungen Fischer, der in Tränen ausgebrochen war. Vielleicht Wiman?

Mir wurde bewusst, dass ich keinem der Teilnehmer traute.

Ich versuchte, das Gespräch in eine andere Richtung zu lenken. Wann wollte sie meinen Wohnwagen wieder besuchen?

»Noch nicht«, sagte sie.

»Vielleicht bin ich zu alt und zu langweilig. Dann ist es besser, du sagst, wie es ist. Alte Ärzte vertragen gewöhnlich die Wahrheit.«

Letzteres war eine Lüge. Wenn wir Ärzte uns von anderen Menschen unterschieden, dann eher darin, dass wir weniger vertrugen.

»Nein«, sagte sie. »Du bist nicht zu alt. Aber wir sind beide einsame Naturen.«

Als das Gespräch vorüber war, kehrte ich zu meiner Kaffeetasse zurück. Ich glaubte immer noch, dass es trotz allem eine Möglichkeit gab, meine Einsamkeit durch meine Begegnung mit Lisa Modin zu durchbrechen.

Ich verspürte eine Freude, die immer stärker wurde. Es gab

Lisa Modin, und es gab Louise und das Kind. Für Ahmed und Muhammed empfand ich nichts. Aber das würde sich vielleicht eines Tages ändern.

Ich streckte mich auf der Pritsche aus. Das Radio hatte ich leise auf einem Kanal laufen, der Musik spielte, die als beruhigend galt.

Kaum war ich eingeschlummert, erwachte ich mit einem Ruck. Erst wusste ich nicht, was mich aus dem Schlaf gerissen hatte. Dann erkannte ich, dass es um Janssons Kleiderwechsel ging.

Als er uns in der Neujahrsnacht verlassen hatte, um ein paar Stunden später mitzuteilen, dass es brannte, hatte er gesagt, er sei zu Hause gewesen und sei selbst geweckt worden.

Trotzdem hatte er noch das Hemd von der Silvesterfeier getragen, als ich später an der Brandstätte auf ihn gestoßen war. Das hatte mich irritiert, ohne dass ich näher darüber nachgedacht hatte.

Ich blieb im Bett liegen. Das Radio lief immer noch. Ich erkannte eine alte Melodie, die »Sail Along Silvery Moon« hieß.

Der Gedanke an Janssons Kleidung machte mich unruhig. Aber noch immer wusste ich nicht, was genau ich entdeckt hatte.

Es war wie eine unbekannte Untiefe in einem, wie ich glaubte, genau kartierten Fahrwasser.

24.

Während der Woche, die auf den Dreikönigstag folgte, hielt die Kälte ununterbrochen an. Das Eis begann, sich in Buchten und Förden auszubreiten. Wenn ich morgens hinunterging, um mein Bad zu nehmen, brauchte ich zwar immer noch keine Axt, um ein Loch aufzuhacken. Aber der Dunst lag dicht über dem Wasser, das immer schwärzer wurde. Bald würden sich die Kräuselungen in frisches Eis verwandeln.

Zwei Tage nach dem Treffen im Gemeindehaus saß ich im Wohnwagen und legte eine Patience, als ich eine Übelkeit verspürte, die nicht vom Magen kam, sondern vom Kopf. Es war wie ein Krampf. Ich schob die Karten weg, zog meine Jacke an und ging hinaus. Was die Übelkeit verursacht hatte, weiß ich nicht. Am Abend zuvor hatte ich mit Louise geredet. Alles war gut gewesen. Sie versprach, mir neue Bilder von Agnes zu schicken. Als ich sie fragte, ob sie finanzielle Hilfe bräuchten, lachte sie nur und sagte, sie würde Bescheid sagen, wenn die Armut ernstlich in ihrer Wohnung Einzug gehalten hätte.

Auch mit Lisa Modin hatte ich telefoniert. Sie war in ihrem Wagen unterwegs nach Stockholm. Das Gespräch war kurz ausgefallen. Sie fuhr zu einem Klassentreffen, zu dem sie nach langem Zögern zugesagt hatte. Wir versprachen einander, nach ihrer Rückkehr wieder zu telefonieren.

Ich machte einen Rundgang um die Insel. Über der Brandstätte und den verrußten Resten glänzte der Frost wie Glas. Ich ging hinauf zu Großvaters Bank und zog die Fäustlinge an, die ich in der Jackentasche hatte. Der Winter hatte an Kraft gewonnen. Jedes Jahr kommt ein Punkt, an dem die Inseln und Buchten scheinbar die Türen schlossen. Niemand wird hereingelassen, und es wird auch niemand herausgelassen. Der Laden war geschlossen, die Jalousien heruntergezogen. Manchmal geschah das schon Ende November oder Anfang Dezember. Manchmal konnte es bis Februar dauern. In einigen Jahren machte der Schärengarten hingegen überhaupt nicht zu. Mein Großvater pflegte zu sagen, wenn das Eis sich nicht bildete und der Schnee die kahlen Schären nicht bedeckte, würde es im Sommer wenig Fisch geben. Ich habe Jansson einmal gefragt, ob das stimme. Er hatte mit einem entschiedenen Nein geantwortet. Aber als ich erwähnte, dass diese Weisheit von meinem Großvater stammte, änderte er sofort seine Meinung.

Die Übelkeit im Kopf war einem vagen und bohrenden Schmerz gewichen. Ich beschloss, hinüber zu meinem Zelt zu rudern. Vielleicht rührte die Übelkeit daher, dass ich zu lange und zu oft an meinem Tisch im Wohnwagen gesessen hatte. Ich musste mich bewegen. Also ging ich hinunter zum Bootshaus und schubste das Boot hinaus. Momentan war es windstill. Ich ruderte mit kräftigen Schlägen und geriet sogleich ins Schwitzen. Alle fünfzehn Minuten hielt ich die Ruder eine Weile still, ehe ich fortfuhr.

Als ich ungefähr fünf Jahre alt gewesen war, hatte mein Großvater für mich ein Badeboot angefertigt. Er hatte Sperrholzplatten benutzt, die er mit Heck und Bug aus Kiefernholz zusammenfügte. Die Ruder waren aus Erlenholz. Ich erinnerte mich an das Boot als liebstes Besitztum aus meiner Kindheit.

Würde ich für Agnes ein ähnliches Boot bauen können? Ich zweifelte daran, dass mir das gelingen würde. Es war eine große Arbeit für einen viel zu kleinen Schreiner. Aber ich könnte vielleicht Kolbjörn Eriksson beauftragen? Ich hatte gehört, er hätte überraschend gute Kenntnisse in der schweren Kunst des Bootsbaus.

Das Boot stieß an Land. Ich kletterte heraus und zog es hoch. Das Zelt stand gut verankert an dem Felsen neben der kleinen Mulde. Während des Herbstes hatte ich die Schäre nach jedem Sturm besucht. Aber das Zelt stand fest.

Sofort sah ich, dass wieder ein unbekannter Besucher dort gewesen war. Die Steine, die die Mauer für den Koch- und Bratring bildeten, waren größer. Und eine neue Aufhängevorrichtung für einen Kaffeekessel war konstruiert worden. Ich öffnete das Zelttuch. Im Inneren herrschte ein Geruch, den ich sofort identifizieren konnte. Aceton. Konnte es eine Frau sein, die hin und wieder heimlich die Schäre besuchte? Aceton führte meine Gedanken zu Nagellack. Harriet hatte ihn verwendet. Und bestimmt hatte Louise lackierte Nägel gehabt, als ich sie in Paris besuchte?

Natürlich fiel mir auch ein, dass es eine düsterere Möglichkeit gab. Aceton war ein wichtiges Mittel bei der Herstellung von Drogen, vor allem bei dem sogenannten Spice. War es ein Drogensüchtiger, der hin und wieder Zuflucht in meinem Zelt suchte?

Der Gedanke empörte mich. Mein ganzes Leben lang hatte ich Widerwillen gegenüber Menschen empfunden, die ihren Körper mit Drogen vergifteten. Als Chirurg hatte ich oft zugedröhnte Personen operieren müssen, die entweder Unfälle erlitten oder bei Auseinandersetzungen um die kostbaren Präparate Messerstiche davongetragen hatten. Wenn sie da auf dem Operationstisch lagen, hilflos unter meinen Skalpellen, hatte ich oft gedacht, ich tue meine Pflicht, kümmere mich aber nicht weiter darum, was später aus ihnen wird.

Keiner meiner Kollegen, mit denen ich über meine Erfahrungen mit der Operation von Drogensüchtigen zu sprechen versuchte, schien mir zuzustimmen. Ich verstummte bald und dachte, ich wäre vielleicht äußerst ungeeignet für meinen Beruf, was den Blick auf den Wert der Menschen anging.

Das trug sicher auch dazu bei, dass der Geruch mich ärgerte. Ich kroch aus dem Zelt, zog den Reißverschluss zu und überlegte, ob ich es abbauen sollte. Dann machte ich einen Kontrollgang über die restliche Schäre. In einer schmalen Felsspalte, notdürftig von herausgerissenem Moos bedeckt, lag ein kleiner Müllhaufen. Als ich in dem Abfall herumstocherte, der vor allem aus Verpackungen von Milch und Brot bestand, fand ich einen Schnipsel aus abgerissenem schwarzem Gummi. Zuerst hielt ich ihn für ein Stück von einem Fahrradreifen. Dann erkannte ich, dass es vermutlich ein Fetzen von einem Taucheranzug war. Aber die Antwort war nicht zufriedenstellend. Im Winter trieb sich niemand auf meinen Inseln herum. Das Gummistück konnte auch kaum auf der Südseite der Schäre angetrieben worden sein, wo ich es gefunden hatte. Der Wind hier draußen war fast immer ablandig.

In diesem Moment begriff ich, dass es nicht zu einem Taucheranzug gehörte. Was ich gefunden hatte, war ein Stück von einem Neoprenanzug, wie ihn die Surfer benutzen, um der Kälte des Windes und des Wassers standzuhalten.

Mein Besucher war also der schwarz gekleidete Windsurfer gewesen, der im Herbst aufgetaucht war und mehrfach sein Brett direkt hinaus aufs offene Meer gesteuert hatte.

Ich blieb stehen und spähte zum Horizont. Aber da war nichts zu sehen, bis auf die Wolkenbänke, die langsam vom Finnischen Meerbusen hereintrieben.

Noch einmal ging ich rund um die Schäre herum, ohne jedoch neue Spuren zu entdecken.

Ich konnte meine Zeit nicht damit verschwenden, darüber nachzudenken, wer mein unbekannter Besucher war. Als ich hinunter zum Boot gegangen war, um nach Hause zu rudern, entschied ich, es wäre jetzt an der Zeit, den Kampf mit der Versicherungsgesellschaft aufzunehmen und dafür zu sorgen, dass der Prozess für den Neubau in Gang kam. Ich konnte nicht länger abwarten, weder um meiner selbst noch um meiner Tochter und Enkelin willen.

Ich ruderte heimwärts. Hin und wieder hielt ich die Ruder still und sah hinab in das dunkle Wasser. Ich hoffte, wieder ein losgerissenes Treibnetz zu entdecken, das lautlos da unten in der Tiefe herumdriftete wie ein Raubtier auf der Jagd nach Beute. Aber das Meer war leer. Schwarz, ohne Licht.

Auf der Insel angekommen, ging ich hinauf zur Ruine und sah in Gedanken, wie das Haus sich aufs Neue erhob. Zwar hatte der Brand meine eigenen Fotografien zerstört, aber ich wusste, dass der Heimatverein irgendwann zu Großvaters und Großmutters Lebzeiten einen Fotografen engagiert hatte. Er hatte die Höfe und Bootshäuser im Schärengarten dokumentiert, und die Bilder wurden jetzt im Archiv des Vereins aufbewahrt. Ich hätte daran denken sollen, als ich bei der Gemeindeversammlung war. Wiman war der Archivar des Vereins und hätte mir helfen können.

Bei verschiedenen Gelegenheiten hatte ich die Aufforderung bekommen, in den Vorstand des Heimatvereins einzutreten. Ich hatte immer abgelehnt. Jedes Mal mit immer schlechterem Gewissen. Von Jansson, der in mehreren Perioden im Vorstand gesessen hatte, wusste ich, dass höchstens vier Versammlungen pro Jahr abgehalten wurden. Die Arbeit war nicht belastend. Man tat etwas Nützliches für den Verein, der mehr als alle anderen die Sache der Schärenbewohner vertrat.

Zugleich wusste ich, dass Jansson nicht die ganze Wahrheit sagte. Mich hatten Gerüchte erreicht, dass es gewaltige Gegensätze zwischen verschiedenen Mitgliedern und Gruppen innerhalb des Heimatvereins gab. Periodisch schien offener Krieg zwischen den verschiedenen Fraktionen zu herrschen. Ich hatte nicht ganz verstehen können, was die auslösenden Faktoren für die starken Spannungen waren. Aber vieles sprach dafür, dass es darum ging, dass es nur einen Misthaufen gab und zu viele rivalisierende Hähne.

Ich rief Wiman an. Er war selbst am Apparat. Ich lobte ihn für die Art, wie er das Treffen geleitet hatte, und fragte dann nach den Fotografien von meinem Haus. Er versprach, im Archiv nachzuforschen, was vorhanden war.

»Hier hat man früher keine besonders gute Ordnung gehalten«, sagte er. »Im Archiv herrscht ein Mittelding zwischen Chaos und Unordnung, geschaffen von den Archivaren, damit es unmöglich sein sollte, zu finden, wonach man sucht.«

Wimans Stimme verfiel rasch in ihren Predigerton. Ich beeilte mich, das Gespräch zu beenden, versprach, mich wieder zu melden, und legte das Handy zwischen die Karten, die auf dem Tisch ausgebreitet waren.

Die nächste Stunde spielte ich Poker mit mir selbst. Das ist der traurigste Ausdruck von Einsamkeit, den ich kenne. Niemals sonst kann ich mich so vernichtet von Langeweile und Müdigkeit fühlen, wie wenn ich versuche, für mich selbst um Geld zu spielen.

Tiefer kann niemand in die Einsamkeit vordringen.

Am Abend saß ich dann lange da und machte Notizen für den Hausbau, der, wie ich jetzt hoffte, schon im Vorfrühling in Gang kommen würde. Da keine neuen Kellerräume zu sprengen waren, musste zunächst nur die Brandruine weggeschafft werden. Ich wollte sowohl Jansson wie Kolbjörn Eriksson um Rat fragen. Nicht, dass mich Janssons Meinung kümmerte. Aber ich wollte mich nicht seinem Unwillen und Ärger aussetzen, weil ich ihn nicht konsultiert hätte. Auch wenn es in diesem Fall Kolbjörns Meinung war, auf die ich mich verließ.

Nachts träumte ich von Höhlen. Ich irrte in einer Dunkelheit umher, die schließlich so belastend war, dass ich kaum atmen konnte. Davon wachte ich auf. Auf dem Dach des Wohnwagens liefen Mäuse herum. Ich lauschte auf den Wind. Aber der war nicht zu hören. Bald darauf schlief ich wieder ein.

Kurz zuvor dachte ich für einen Augenblick, ich würde vielleicht nicht mehr aufwachen, wenn ich jetzt einschliefe. Der Tod war mir plötzlich ganz nah.

Aber ich schlief wieder ein, mitten in dem Gedanken, umgeben von Mäusen, die Schutz vor der Kälte suchten.

Am Tag darauf rief ich die Versicherungsgesellschaft an. Ich hatte eine lange und verwickelte bürokratische Auseinandersetzung mit unwilligen Versicherungsangestellten erwartet. Aber als ich schließlich mit den Angestellten verbunden wurde, mit denen ich schon früher gesprochen hatte, ging alles ganz leicht. Ein bisschen zu leicht, schien es mir. Vielleicht lagen unsichtbare Probleme vor mir, die nur langsam zum Vorschein kommen würden? Aber ich entschied mich dafür, den Leuten zu glauben. Das Haus würde Anfang des Frühjahrs gebaut werden.

Nach dem Mittagessen beschloss ich, Kolbjörn anzurufen, als ich hörte, dass Janssons Boot sich in der Bucht näherte. Ich ging hinunter zum Steg, um ihn zu begrüßen. Manchmal meinte ich, Janssons Laune am Knattern seines Bootsmotors erkennen zu können. Natürlich war das nur Einbildung. Aber der Gedanke amüsierte mich.

Jansson legte am Steg des Bootshauses an, stellte aber den Motor nicht ab. Das hieß, er hatte die Absicht, nur für einen kurzen Besuch zu bleiben. Daher musste ich nicht fürchten, dass er mich bitten würde, eines seiner eingebildeten Zipperlein zu untersuchen.

Er kletterte auf den Steg, wir gaben uns die Hand, und dann reichte er mir einen Brief, den er in der Innentasche seiner dicken Arbeitsjacke verwahrt hatte.

»Du bist in Pension«, sagte ich. »Du fährst keine Post mehr aus.«

»Wiman bat mich, dir das zu bringen.«

Ich nahm den Umschlag entgegen. Er war nicht zugeklebt. Darin lagen alte Schwarzweiß-Fotografien von Großvaters und Großmutters Haus. Ich spähte nur kurz hinein, um Jansson den Inhalt nicht preiszugeben. Aber nachdem ich den Umschlag eingesteckt hatte, wurde mir klar, dass es natürlich nichts gab, was ihn überraschen könnte. Selbstverständlich hatte er den Umschlag geöffnet. Mich überkam eine unwiderstehliche Lust, ihn in das kalte Wasser zu schubsen. Vielleicht bemerkte er etwas, da er einen Schritt nach hinten tat. Ich lächelte.

»Vielleicht kannst du deinem Nachfolger sagen, dass ich ab sofort meine Post gern wieder bekommen möchte?«

»Du hast es dir also anders überlegt?«

»In diesem Augenblick habe ich es mir anders überlegt. Danke, dass du mit den Fotografien gekommen bist.«

»Was für Fotografien?«

Ich dachte, ich sollte jetzt sagen, wie es war. Nämlich dass alle im Schärengarten wussten, dass Jansson in seinen langen Jahren als Postillion Mahnungsbriefe, Trauerbriefe, Drohbriefe, freundliche Briefe, nichtssagende Briefe gelesen hatte. Er hatte alles gelesen. Und nun stand er hier und tat so, als wüsste er nicht, dass in Wimans Umschlag Fotografien lagen.

»Du musst jetzt fahren«, sagte ich freundlich. »Ich habe heute viel zu tun. Ich zahle gern dafür, dass du mit dem Brief hergekommen bist.«

Jansson schüttelte den Kopf und stieg ins Boot. Aber er blieb mit der Hand auf dem Poller stehen, an dem das Boot vertäut war.

»Kann es Oslovski gewesen sein?«, fragte er.

Ich verstand seine Frage nicht.

»Die das Haus niedergebrannt hat.«

»Warum um Himmels willen sollte sie das getan haben?«

»Niemand wusste etwas über sie. Sie war eine Fremde. Gott weiß, was sich ein Mensch mit nur einem Auge ausdenken kann.«

Ich wunderte mich über Janssons groteske Logik. Was hatte Oslovskis Einäugigkeit mit den Brandstiftungen zu tun? Ausnahmsweise konnte ich nicht umhin zu reagieren. In gewöhnlichen Fällen ließ ich Janssons Dummheiten einfach versickern. Aber diesmal nicht.

»Von allen denkbaren und undenkbaren Pyromanen ist Oslovski die am wenigsten Wahrscheinliche. Außerdem ist sie tot.«

Jansson war gekränkt. Er ließ den Poller los, löste die Vertäuung und kroch ins Steuerhäuschen.

Ausnahmsweise winkten wir uns nicht zu, als er rückwärts vom Steg ablegte.

Ich ging wieder hinauf zur Brandstätte. Ein paar Krähen, die in den verrußten Ruinen herumpickten, flogen auf und flatterten davon. Ich würde Giaconellis Schuhspanner begraben, wenn das Fundament des Hauses neu gemauert werden würde. Als ein Mahnmal und eine Erinnerung an das Haus, das einmal dort gestanden hatte. Aber auch als Erinnerung an einen Menschen, der ein Meister in der Anfertigung von Schuhen gewesen war.

Einmal hörte ich zufällig Radio, als ein weltberühmter Sopran, der auf allen großen Bühnen der Welt aufgetreten war, interviewt wurde. Sie war gefragt worden, was das Wichtigste für eine Opernsängerin sei.

»Gute Schuhe«, hatte die Sängerin ohne Zögern geantwortet.

Ich glaube, ich verstand sie sofort. Gute Schuhe zum Gehen, Stehen und Arbeiten waren genauso entscheidend für einen Fischer wie für einen Chirurgen.

Im Augenblick fehlten mir mehr als alles andere die Gummistiefel, die ich vor so langer Zeit bestellt hatte und die noch nicht angekommen waren.

Ich holte mein Handy hervor und gab die Nummer des Schiffsbedarfsladens ein. Nach vielen Klingelzeichen meldete sich Frau Nordin. Ich fragte mich, ob ich sie geweckt hatte. Vielleicht hatte sie sich für diese Jahreszeit, in der die Kunden rar waren und die Türglocke selten klingelte, im Lager einen Schlafplatz eingerichtet? Ich vermutete, sie könnte zu den Menschen im Schärengarten gehören, die sich in den Winterschlaf zurückziehen, wenn der Schnee auf dem Boden lastet.

Die Stiefel waren noch nicht gekommen.

Ich setzte mich in den Wohnwagen, Wimans Fotografien vor mir ausgebreitet. Das älteste Bild stammte vom Beginn des 20. Jahrhunderts. Da war die Vortreppe noch nicht errichtet. Großvater und Großmutter waren auch auf dem Bild zu sehen. Großvater steht neben der Haustür, während Großmutter auf einem Hocker daneben sitzt. Sie sind noch jung. Großvater trägt einen Schnurrbart. Noch ist der Vollbart weit entfernt. Auf der Rückseite des Bildes steht, dass es vermutlich vom Fotografen Robert Sjögren aufgenommen worden war, der Anfang des Jahrhunderts zwischen den Inseln herumfuhr.

Ich ging Bild für Bild durch. Die meisten Fotografien waren natürlich direkt von vorn aufgenommen. Die Rückseite des Hauses kam auf keinem einzigen Bild vor.

Auf einer der Fotografien, von unbekannter Hand auf der Rückseite mit »Sommer 1946« datiert, waren die weißen Gartenmöbel an ihren Platz gekommen. Die Vortreppe steht jetzt seit zwanzig Jahren. Mit Kaffeetassen und Kuchentellern sitzen Großvater und Großmutter auf den weißen Sprossenstühlen. Ein wenig im Halbschatten, als scheute er sich vor dem Fotografen, einem Unbekannten, sitzt ein Mann, der auf der Rückseite als Bauer Adolf Sundberg bezeichnet wird.

Plötzlich sah ich ihn vor mir. Er kam als ferne Erinnerung auf mich zu, immer näher, immer deutlicher. Adolf Sundberg wurde hundertvier Jahre alt. Da er 1899 geboren war, hatte er schon als junger Mann gesagt, er hätte die Absicht, während drei Jahrhunderten zu leben. Was er auch tat, da er erst 2003 starb.

Er hat Großvater und Großmutter oft besucht. Da er ein guter Erzähler war, hielt ich mich gern in der Nähe auf, wenn er auf einem der weißen Stühle saß und Kaffee trank.

Einmal erzählte er eine Geschichte aus seiner Verwandtschaft, über die Großvater und Großmutter danach häufig diskutierten. War es wahr oder nicht? Ich kann damals nicht älter als zehn Jahre gewesen sein. Aber bei dieser Gelegenheit erkannte ich ernstlich den großen, fast unermesslichen Unterschied zwischen einer Lüge und einer Wahrheit, einer Legende und einer Erzählung über ein Ereignis, das in der Sinneswelt geschehen war, die niemand anzweifeln musste.

Sundberg war einst als Fremder auf die Schären gekommen. Er stammte aus dem Inland, aus der Stadt Alingsås, weit entfernt in Västergötland auf den Lehmebenen, die sich bis hin zur Westküste erstreckten. Er war Seemann auf zweimastigen Holzfrachtern gewesen, die mit Stückgut in den Schären verkehrten. Nach einem Streit mit einem Kapitän wegen eines zerschlagenen Kompasses auf dem Väner-Frachter hatte er auf der *Blåsut* angemustert, die abgetakelt in Västervik lag, jetzt aber wieder hinaussollte, auf ihrer Route zwischen Gävle und Kopenhagen. Nach einigen Jahren hatte er ausgemustert, ein Mädchen aus Kalmar geheiratet und dann einen Hof übernommen, der ihrem Onkel gehörte. Auf diese Weise kam der Västgöte Sundberg auf die Inseln. Auf einem Erntefest, bei dem viel Branntwein getrunken wurde, erzählte er die Geschichte, die dann ewig in Frage gestellt wurde, wenn Menschen sich trafen und Adolf Sundbergs Glaubwürdigkeit anzweifelten.

In Alingsås, sagte er, hätten seine Großmutter und sein Großvater eine Apotheke gehabt. Damals, in den 1840er Jahren, gehörten Blutegel zu den begehrtesten Heilmitteln. Sein Großvater war auf die glänzende Idee gekommen, in einem alten Karpfenteich, der im Stadtpark lag, Blutegel zu züchten statt der Karpfen, die es in dem schlammigen und übelriechenden Wasser nicht mehr gab. Jedes Mal, wenn der Vorrat an Blutegeln abnahm und die Glasgefäße, in denen sie aufbewahrt wurden, sich langsam leerten, wusste seine Großmutter, was ihr bevorstand. Es lohnte sich nicht zu protestieren, auch wenn ihr damit eine wiederkehrende Kränkung angetan wurde. In der Morgendämmerung brachen sie auf, der Großvater mit einer langen Stange und die Großmutter in einem Nachthemd, das sie unter einem weiten Mantel verbarg. Wenn sie an dem Teich angekommen waren, versuchte sie zwar Widerstand zu leisten, aber vergeblich. Sie zog sich nackt aus, ihr Körper war unförmig und fett. Dann stieg sie in den Teich, bis das Wasser ihr bis über die Brüste reichte. Der Großvater hielt die Stange, damit sie notfalls danach greifen konnte. Wenn sie umfiel, würde sie ertrinken, da sie nicht schwimmen konnte und dem Großvater die Kraft fehlte, sie wieder herauszuziehen. Dort stand sie dann, während die eifrigen Blutegel die Zähne in ihren aufgedunsenen Körper schlugen. Wenn sie meinte, genug Bisse zu haben, zog sie an der Stange und wurde an Land geholt. Die schwarzen Blutegel hingen in Trauben vor allem an ihrem Hinterteil. Wenn der Großvater sie mit Salz bestreute, ließen sie los und landeten in den Glasgefäßen.

Dies wurde in regelmäßigen Abständen wiederholt. Nach einer gewissen Zeit wussten alle in Alingsås von dem seltsamen Schauspiel, das sich frühmorgens in der wärmeren Jahreszeit abspielte. Hinter Büschen und Sträuchern verbargen sich neugierige Menschen, die lüstern zusahen, wie die nackte Matrone im

Karpfenteich stand und über die Blutegel klagte, die sich eifrig an ihrem Fleisch festbissen.

Dies war die Geschichte von Adolf Sundberg, die alle tief in ihrem Inneren glaubten, obwohl die meisten großes Misstrauen äußerten. Man konnte nicht einfach eine alte Frau in einem ehemaligen Karpfenteich zur Schau stellen, mit ihrem Körper als Köder für Blutegel. Das gehörte sich nicht. Männer konnten zwar ihre Frauen durchaus schlecht behandeln, aber dies zog den Korken aus der letzten Flasche gesammelter Anständigkeit.

Lange betrachtete ich das Bild von Adolf Sundberg am Kaffeetisch. Von weit her hörte ich die Stimmen zurückkehren, Großvaters langsame, fast schleppende Art zu sprechen, Großmutter, die nicht viel sagte, aber es mit äußerster Präzision tat, in schönen Gleichnissen, die sie aus anscheinend unerschöpflichen Vorräten holte. Und dann der Gast Adolf Sundberg, mit seinem runden Hut, seinem wuchernden Bart und seiner blanken Weste, auf der die Flecken im Lauf der Jahre eine kompakte Schicht gebildet hatten, die nie abgewaschen wurde.

Sie saßen für immer dort auf den weißen Stühlen. Auch wenn sie nun tot und die Stühle in dem verheerenden Brand zerstört waren.

Die letzte schwarzweiße Fotografie war an Großvaters fünfundsiebzigstem Geburtstag am 19. Juni 1957 aufgenommen. Um die Vortreppe und die Gartenmöbel herum hatten sich viele Menschen für den Fotografen aufgereiht, der diesmal Tage Palmblad hieß. Ganz vorn saß Großvater mit Großmutter an seiner Seite. Aber als ich die Fotografie genauer studierte, entdeckte ich zu meiner Überraschung, dass ich selbst unter denen war, die sich aufgestellt hatten. Eingeklemmt zwischen zwei von Großmutters Cousinen, stattlichen Damen aus Gusum, die bedeutend mehr Wert darauf legten, sich vor der Kameralinse in Pose zu setzen, als mir Platz genug zu lassen.

Ich war dreizehn Jahre alt, als das Bild aufgenommen wurde. Die Haare kreideweiß von der Sonne, kurze Hosen, gestreiftes Hemd, Sandalen, magerer Körper, unsicher inmitten all dieser Menschen.

Mir kam der Gedanke, ich sollte die Leute, die ich in den Schären kennengelernt hatte, zu einem Einweihungsfest einladen, wenn das Haus sich aus den Ruinen erhoben hätte. Ganz vorn auf einem Stuhl würde ich sitzen, und ich würde Louise und ihre Familie um mich versammeln.

Ich rief Wiman an und dankte ihm für seinen raschen Einsatz im Fotoarchiv.

»Es kann noch mehr Bilder geben«, sagte er. »Aber wie ich schon erwähnte, herrscht Unordnung in dem archivierten Material. Ich habe es noch nicht geschafft, alles auf eine gute Art zu organisieren.«

»Es ist mehr als genug für die Leute, die das neue Haus bauen werden«, sagte ich.

»Hast du daran gedacht, dass das Haus der Öströms auf Skarshomen gleichzeitig gebaut wurde?«, fragte Wiman. »Wenn ich es recht verstanden habe, waren es auch derselbe Baumeister und dieselben Zeichnungen.«

Das bedeutete, der Baumeister, den ich engagierte, könnte das Haus der Öströms als ein detailliertes Modell für mein neues Haus benutzen.

»Darauf bin ich nicht gekommen«, sagte ich. »Aber es ist natürlich sehr wichtig, da keine Zeichnungen existieren. Die Baumeister waren ihre eigenen Architekten, zusammen mit den Leuten, für die sie bauten.«

Nach dem Gespräch mit Wiman ging ich wieder hinauf zu Großvaters Bank. Ich konnte keine Spur von einem Menschen entdecken.

Es war dämmrig geworden, und ich fror. Als ich fast am Wohnwagen angekommen war, hörte ich das Handy drinnen auf dem Tisch klingeln. Ich stolperte über eine Wurzel, die neben dem Wohnwagen aus dem Boden ragte. Dabei schlug ich mir das Kinn an einer Wagenleiste an. Als ich nachfühlte, war die Hand voll Blut. Ich kam mit tropfendem Kinn in den Wohnwagen und griff nach dem Handy. Es meldete sich niemand. Ich nahm eines der Handtücher, die auf dem Spültisch lagen, und wischte mich ab. Mit der Zungenspitze fühlte ich, dass ein Zahn rechts im Unterkiefer angeschlagen war. Mit dem Handtuch vor dem Gesicht und der Taschenlampe in der Hand ging ich hinaus und suchte das Gras an der Stelle ab, an der ich gefallen war, um zu sehen, ob sich das Zahnstück dort befand. Oder hatte ich es verschluckt, ohne es zu merken?

Ich fand keinen Zahn. Es dauerte lange, bis der beschädigte Mund zu bluten aufhörte. Daher holte ich ein paar Eiswürfel aus meinem Kühlschrank, legte sie in eine Plastiktüte und drückte diese dann gegen die Lippen.

Als die Blutung gestillt war, besah ich meinen Mund im Rasierspiegel. Der Zahn im Unterkiefer war ganz abgebrochen. Die einsame Wurzel verlor sich in geronnenem Blut. Als ich mit dem Finger auf den Gaumen drückte, verspürte ich einen starken, ziehenden Schmerz. Ich würde morgen zu einem Zahnarzt fahren müssen. Jetzt war es zu spät. Akute Behandlung könnte ich vielleicht in der Stadt bekommen. Aber dorthin wollte ich mich jetzt nicht begeben.

Ich schluckte ein paar starke Schmerztabletten und sah nach, wer angerufen hatte. Es war Louise. Ich wählte ihre Nummer. Besetzt. Ich versuchte es erneut. Immer noch besetzt. Mit dem Telefon in der Hand legte ich mich aufs Bett. Der Gedanke, Zeit bei einem Zahnarzt zu verbringen, ärgerte mich. Oder vielleicht war ich einfach nur müde. Zu altern bedeutete, mit jedem Tag ein Stück Kraft zu verlieren. Eines Tages würde sie ganz zu Ende sein.

Ich schlummerte ein, wie ich da lag. Das Klingeln des Handys weckte mich. Es war Louise. Ohne zu fragen, wie es ihr, Agnes und der Familie ging, erzählte ich von meinem blutigen Mund und meinem ausgeschlagenen Zahn. Aber ich kam nicht besonders weit, als sie mich unterbrach.

»Agnes ist krank«, sagte sie. Ihre Stimme war brüchig. Ich setzte mich auf und biss die Kiefer zusammen. Es schmerzte in dem abgebrochenen Zahn.

»Was ist es?«

»Sie wissen es nicht.«

»Was hat sie für Symptome?«

»Sie schreit. Sie hat Schmerzen.«

»Im Bauch?«

»Im Kopf.«

»Im Kopf?«

»Herrgott, ich weiß es nicht. Niemand weiß es.«

Ihre Angst hatte sich sofort auf mich übertragen. Es gab keinen Zweifel, was es auch war, ihre Reaktion war nicht unbegründet. Ich versuchte, mein Gehirn nach einer Antwort zu durchforsten. Ich war nie auf Kinder und ihre Krankheiten spezialisiert gewesen. Auch hatte ich nie etwas anderes als routinemäßige chirurgische Eingriffe bei Kindern vorgenommen. Dass es ausgerechnet der Kopf war, war natürlich beunruhigend. Die Herzen und Gehirne von Kindern sind empfindlich.

Ich versuchte, Louise ebenso zu beruhigen wie mich selbst, und bat sie zu erzählen, was geschehen war. Welche Symptome hatte sie genau? Was hatten die Ärzte im Detail gesagt? Ihren Worten entnahm ich, dass es sehr schnell gegangen war. An diesem Morgen hatte Agnes plötzlich angefangen zu schreien. Nichts hatte geholfen, nicht einmal, ihr die Brust zu geben. Louise hatte sie ins Krankenhaus gebracht, während Ahmed zu Hause bei Muhammed blieb. In der Notaufnahme für Kinder hatte man ihren Fall sofort ernst genommen. Jetzt war Agnes zur Überwachung und für diverse Tests eingewiesen worden. Louise rief aus dem Krankenhaus an. Ich schrieb den Namen der Klinik auf die Innenseite einer Knäckebrotverpackung.

Aus Louises Bericht war nicht ersichtlich, was Agnes fehlen könnte. Dass sehr kleine Kinder eine Gehirnblutung bekommen, war sehr unwahrscheinlich, aber nicht ganz ausgeschlossen. Gehirnhautentzündungen hingegen konnten kleine Kinder betreffen und lebensgefährlich werden. Auch ein Gehirntumor war nicht auszuschließen. Die französischen Ärzte versuchten jetzt, eine sichere Diagnose zu stellen.

Ich fragte, ob Agnes Fieber habe. Das hatte sie nicht. Aber die Schmerzen im Kopf hielten an. Im Moment wartete Louise darauf, dass Agnes untersucht würde.

Ich fragte sie, ob ich kommen solle. Sie sagte Nein. Aber ich hörte ihrer Stimme an, dass sie es sich plötzlich anders überlegen könnte.

Da sie einen Anruf von Ahmed erwartete, wollte sie nicht unnötig lange reden. Sie versprach, sofort anzurufen, wenn sie etwas Neues zu berichten hätte.

»Wenn nichts geschieht, ist das auch berichtenswert«, sagte ich. »Ich werde das Handy bereithalten. Der Akku ist geladen.«

Noch immer mit dem Telefon in der Hand, so fest umklammert, als wäre es ein Rosenkranz, dachte ich plötzlich, der Tod wäre im Wohnwagen anwesend. Ich wollte ihn nicht da haben.

Ich rief Lisa Modin an. Ohne zu fragen, ob ich sie störe oder wo sie sich befinde, erzählte ich auf einen Schlag alles, was geschehen war.

»Das klingt entsetzlich«, sagte sie. »Willst du herkommen?«

»Nein«, entgegnete ich. »Aber ich bin dankbar, dass du fragst.«

»Willst du wirklich allein da draußen in deinem Wohnwagen sitzen?«

Ich antwortete nicht. Mehr als auf alles andere hatte ich Lust, zum Boot hinunterzuwanken, zu hoffen, dass der Motor startete, und zum Festland zu fahren.

»Vielleicht kannst du herkommen?«, fragte ich.

»Im Wohnwagen ist es zu eng für eine so starke Unruhe.«

Ich fragte sie, ob ich sie den Abend über erreichen könne. Sie sagte Ja.

»Was machst du jetzt?«, fragte ich. »Genau in diesem Augenblick?«

»Ich wünsche mir, dass deine Enkelin nicht von einer schweren Krankheit betroffen ist.«

»Das denkst du. Aber was machst du?«

»Ich stehe hier mit meinen Handschuhen in der Hand. Ich habe eine Tüte mit Lebensmitteln und will nach Hause gehen.«

Das Schweigen wanderte. Eine Windbö zog vorüber und ließ den Wohnwagen erzittern.

»Danke«, sagte ich und beendete das Gespräch.

Ich ging hinaus und schnappte in der kalten Luft nach Atem. Dann ging ich hinunter zur Bank auf dem Steg. Da klingelte das Handy. Es war wieder Louise. Sie erzählte, Agnes sei jetzt zu einer Magnetischen Resonanztomographie unterwegs. Noch immer hätten die Ärzte keine sichere Diagnose. Aber ich meinte trotzdem, ihrer Stimme anzumerken, dass ihre Angst noch größer war als beim vorigen Gespräch. Ich glaube, auch ich konnte meine eigene Panik bei dem Gedanken daran, was auf keinen Fall geschehen durfte, nicht verbergen.

Das Gespräch endete sehr schnell. Agnes wurde auf einer Trage weggerollt. Jemand ersuchte Louise, das Handy auszustellen.

Frierend kehrte ich zum Wohnwagen zurück. Die Nähe des Todes dehnt die Zeit zu einem elastischen Band, bei dem man ständig fürchtet, es könnte reißen. Die Angaben über das, was mit Agnes geschah, waren vage. Ich dachte, ich sollte mit einem der behandelnden Ärzte sprechen. Aber mein Französisch war zu schlecht. Ich konnte hören, wie die Angst tiefe Löcher in Louise bohrte, und ich konnte nichts tun, um ihr zu helfen.

Erst in der Morgendämmerung nach einer schlaflosen Nacht konnte Louise berichten, Agnes hätte sich eine leichte Gehirnhautentzündung zugezogen. Sie müsse etwa eine Woche im Krankenhaus bleiben. Dann wäre hoffentlich alles vorüber.

Wir fingen beide an zu weinen. Wir waren erschöpft und ruhten jetzt auf einem Bett der Erleichterung.

Irgendwann am Vormittag wachte ich davon auf, dass ich einen Bootsmotor hörte. Mein Kiefer schmerzte, wo der ausgeschlagene Zahn gesteckt hatte. Ich trank einen Schöpflöffel Wasser aus dem Eimer auf dem Spültisch. Jansson war auf dem Weg hierher. Kein Motor klang wie seiner.

Ich konnte mich gerade noch auf die Bank setzen, ehe er die Landzunge umrundete. Er legte an und ließ den Motor laufen.

Ich atmete auf. Er würde auch diesmal nicht lange bleiben. Nachdem er die Fangleine festgemacht hatte, kletterte er an Land. Wir begrüßten uns und sprachen über das, was üblicherweise erörtert werden musste. Wetter, Windrichtungen, die Wolkenbänke im Osten, die Temperatur, das Eis und die Tatsache, dass die Familie Enberg, die im väterlichen Hof im Britts-Archipel Schafzucht und Fischerei betrieb, eine zehnjährige Tochter hatte, die Bassgeige spielte und vom Lions Club ein Stipendium über dreitausend Kronen erhalten hatte.

Ich wartete ungeduldig darauf zu erfahren, weshalb er gekommen war. Um nicht zu riskieren, dass er unnötig lange blieb, erzählte ich nicht, dass ich in der Nacht kein Auge zugetan hatte und was in Paris geschehen war.

»Ich will meinen Bruder besuchen«, sagte Jansson schließlich, als wir das Wetter ausreichend besprochen hatten.

»Du hast einen Bruder?«, fragte ich. »Davon habe ich noch nie etwas gehört.«

»Wir haben nicht viel Kontakt«, sagte Jansson. »Er ist ein paar Jahre jünger als ich und ist von hier verschwunden, lange bevor du hergezogen bist.«

»Aber du hast nicht einmal erwähnt, dass du einen Bruder hast.«

»Natürlich habe ich das.«

»Wo wohnt er?«

»In Huddinge.«

»In Stockholm also. Und du willst hinfahren?«

»Ich fahre morgen früh und komme am Sonntag zurück.«

Ich zählte nach. Er würde nur drei Tage weg sein.

Jansson stand auf.

»Es ist viele Jahre her, seit ich in Stockholm war«, sagte er, als er die Vertäuungsleine losmachte. »Vielleicht ist es an der Zeit nachzusehen, wie es der Hauptstadt geht.«

»Gute Reise. Und grüß deinen Bruder. Wie heißt er?«

»Albin.«

Wir winkten einander zu, als er rückwärts vom Steg ablegte.

Es war merkwürdig, dass Jansson während all dieser Jahre kein einziges Mal seinen Bruder erwähnt hatte. Oder hatte ich es vergessen?

Es gelang mir, im Ort einen Zahnarzt zu erreichen, der bereit war, mich zu empfangen. Die ganze Reise und die Behandlung dauerten drei Stunden. Als ich zurückkam, waren die Zahnschmerzen verschwunden.

Am Tag darauf erwachte ich früh. Ich hatte viele Stunden geschlafen. Gegen elf Uhr abends rief Louise an und sagte, die Ärzte hätten Agnes' Krankheit jetzt unter Kontrolle. Sie versprach mir, sich am nächsten Tag wieder zu melden. Mit einer Erleichterung, wie ich sie noch nie zuvor in meinem Leben empfunden hatte, legte ich mich abends ins Bett.

Als ich am nächsten Morgen aufwachte, war es windstill und kalt. Wie ich mit meiner Kaffeetasse am Tisch saß, kam mir ein Gedanke, den ich zuerst einfach wegschob. Aber er kehrte zurück.

Ich sollte hinüber nach Stångskär fahren und Janssons Haus besuchen. Er hatte einmal erwähnt, dass er einen Schlüssel in einer Vertiefung im Fundament seines Häuslerhofs aufbewahrte.

Warum ich dahin fahren wollte, war eine offene Frage. Vielleicht hatte das etwas mit der Unruhe zu tun, die ich verspürt hatte, als Valfridssons Haus niedergebrannt war?

Gegen zehn Uhr vormittags verließ ich die Insel und fuhr Richtung Stångskär. Hin und wieder schnitt das Boot dünne Scheiben von losgerissenem Eis durch. Noch eine Woche, und das Eis würde sich endgültig ausbreiten.

Janssons Bootshaus und die alte Helling lagen gut geschützt in einer Bucht, die nach Süden ging. Dort hatten er und seine Boote Windschutz vor den schlimmsten Stürmen von Norden und Westen. Ich stellte den Motor ab und trieb auf seinen Steg zu. Das Boot war weg. Er war tatsächlich losgefahren, um seinen Bruder zu besuchen. Ich legte an, betrat den Steg und rief ein paarmal nach ihm, um mich zu vergewissern, dass er nicht zu Hause war. Dann ging ich hinauf zu seinem roten zweistöckigen Haus, das zu den ältesten in den Schären gehörte. Ich klopfte an die Tür. Niemand öffnete. Der Schlüssel war sorgfältig im Fundament versteckt. Es dauerte eine Weile, bis ich ihn fand. Als ich ihn dann ins Schloss steckte, fragte ich mich erneut, warum ich diesen heimlichen Besuch machte. Ich dachte an Oslovskis Haus und an den verlassenen Hof mitten im Wald. Und jetzt stand ich vor Janssons rotem Häuschen mit den sauberen Fenstern und den frisch gestrichenen Holzverzierungen über der Vortreppe.

Ich betrat das Haus. Jansson hielt es sehr sauber. Die Böden waren blank, alles in der Küche glänzte. In dieser Hinsicht erinnerte er an Oslovski. Ich ging langsam in dem Haus herum, betrat Zimmer für Zimmer. In Janssons Schlafzimmer war das Bett gemacht, die Pantoffeln standen an ihrem Platz, es gab keine herumliegenden Kleidungsstücke. Die anderen Zimmer waren leer, da er nie Besuch hatte. Hergerichtete Betten standen nutzlos herum. Konnte das ein Ausdruck von Sehnsucht sein?

Ich ging die Treppe hinunter. Im Wohnzimmer hatte er ein Laken über den Fernseher gehängt. Das Haus passte überhaupt nicht zu Jansson. Er sollte unter ganz anderen Bedingungen wohnen.

Als Letztes ging ich in den Waschraum, der hinter der Küche lag. Auch hier herrschte dieselbe Ordnung wie überall in dem Haus. Bleiches Januarlicht fiel durch das Fenster herein. Sauber gewaschene Kleider hingen an Kleiderbügeln, Unterwäsche lag in Körben. Ich erinnerte mich plötzlich daran, wie Jansson nach dem Brand meines Hauses in langen Unterhosen zu mir gekommen war.

Gerade wollte ich den Raum verlassen, als mein Blick auf den gefüllten Wäschekorb fiel. Ich sah das Hemd und die Hose, die Jansson zu dem Silvesterfest angehabt und nicht gewechselt hatte, als er zu dem Feuer an Valfridssons Haus fuhr.

Ich konnte nicht umhin, die Kleidungsstücke herauszunehmen. Aber sie verrieten nichts, was ich nicht schon wusste. Ich wollte sie gerade zurücklegen, da sah ich ein anderes Hemd, das darunterlag. Ganz unten an den Hemdsärmeln hatte es schwarze Rußflecken. Als ich es aufhob, nahm ich Benzingeruch wahr.

Meine Gedanken rasten. Plötzlich meinte ich, alles ganz klar vor mir zu sehen.

Die Nacht, als mein Haus in einem starken Lichtschein aufflammte.

So musste es sich abgespielt haben.

Als ich etwas später zum Boot hinunterging, hatte ich Angst. Ich hoffte, ich hätte keine Spuren hinterlassen.

25.

Ich dachte an den japanischen Garten, den meine Tochter mir beschrieben hatte.

Der Ozean des Nichts.

So ein Gefühl hatte ich, als ich von Janssons Insel nach Hause fuhr. Es schien, als hätte sich Stångskär in eine Festung verwandelt, in der Jansson sich mit all seinen Geheimnissen verschanzt hatte. Ich wusste jetzt, was ich verstanden hatte, aber ich verstand nicht, was ich wusste. Jansson war sehr deutlich geworden, zugleich aber weit entfernt. Streckte ich eine Hand aus, würde ich ihn nicht erreichen.

Ich stellte den Motor ab und versuchte nachzudenken. Aber die Gedanken entglitten mir.

Also fuhr ich weiter heimwärts. Als ich in die Bucht einbog, entdeckte ich, dass sich jemand auf der kleinen Schäre mit dem Zelt bewegte. Auch wenn der Abstand groß war, war ich sicher. Ich steuerte auf ein enges Gatt zu, das man nur mit einem so kleinen Boot wie meinem passieren kann. Durch die Passage konnte ich mich der Schäre von der anderen Seite nähern, wo eine hohe Klippenkante es unmöglich machte, vom Zeltplatz aus gesehen zu werden. Wie ein Jäger näherte ich mich der Beute im Gegenwind. Ich stellte den Motor ab und legte die Ruder aus. Das Boot war schwer zu rudern, obwohl ich den Motor hochgeklappt hatte.

Die Gedanken an Jansson gingen mir immer noch im Kopf herum. Aber trotzdem blieb da noch ein wenig Raum, um herauszufinden, wer mein Zelt und meine Schäre benutzte.

Ich legte an der steilen Klippe an, wo einige Vertiefungen im Fels es möglich machten, an Land zu klettern. Ich erinnerte mich, dass ich irgendwann im Teenageralter meinen Namen am Wassersaum an der Stelle in den Stein geritzt hatte, wo ich mit meinem Boot anlandete. Doch da war nichts mehr. Ich stieg an Land und kroch wie eine schwerfällige Echse über die Klippe, um zu sehen, wer sich an meinem Zelt befand. Aber die Stelle war leer. Der Unbekannte war ins Zelt gegangen und hatte den Reißverschluss zugezogen. Zwei verschiedene Arten von Unbehagen rangen in mir um Platz. Janssons Verrücktheit und die Befürchtung, die Person, die sich im Zelt befand, könnte sich als gewalttätig erweisen.

Das Surfbrett mit dem Segel lag da, wo ich mein Boot hochzuziehen pflegte. Es sah aus wie ein an Land getriebenes Insekt.

Ich tat einen Schritt vom Zelt weg und stieß versehentlich ein paar Steine an, die gegeneinanderschlugen. Ehe ich zum Boot zurückflüchten konnte, öffnete sich das Zelttuch.

Der Junge war hellhaarig und kaum älter als siebzehn. Er trug den schwarzen Gummianzug. Ich entdeckte sofort den Riss an der Schulter, den er notdürftig mit Abdeckband geflickt hatte. Seine Augen waren dunkel. Ich konnte nicht erkennen, ob er Angst hatte oder nur wachsam war. Außerdem war irgendetwas mit seinen Haaren, das mich zögern ließ. Sie waren zu blond, zu weiß. Ich hatte den Eindruck, sie wären von jemandem gefärbt worden, der diese Kunst nicht richtig beherrschte. Aber warum hatte er seinen Haaren eine neue Farbe gegeben? Um jemand anders zu werden oder in dem ungeduldigen Wunsch, sich zu verändern?

Ich machte ihm ein Zeichen, herauszukommen. Aus irgendeinem Grund nahm ich an, er würde kein Schwedisch sprechen. Der Junge kroch aus dem Zelt und setzte sich hin, im selben Moment, in dem ich das auch tat.

Die Angst begann zu schwinden und machte einer wachsenden Neugier Platz.

»Ich habe nichts geklaut«, sagte er plötzlich. »Ich habe mich nur ausgeruht.«

Er sprach Schwedisch mit einem leichten Akzent. Vielleicht kam er aus dem Norden?

Ich wollte ihn gerade fragen, wie er hieß, als er sich hastig erhob und zu seinem Brett lief. Es ging so schnell, dass ich es gerade schaffte aufzustehen. Ich sah, wie er das Brett vor sich herschob und dann hinaufstieg. Er war sehr gelenkig und bewegte sich wie ein leichtfüßiges Tier mit einem blanken, schwarzen Fell. Eine Windbö blähte sein Segel.

Mich überkam eine eigentümliche Mischung aus Wut und Ohnmacht. Ich rief ihm nach.

»Du«, schrie ich. »Du, du!«

Anschließend konnte ich mir natürlich keinen sinnloseren Ruf vorstellen.

Bald würde das Meer zugefroren sein. Dann würde er nicht mehr surfen können.

Das Zelttuch bewegte sich im Wind. Ich hockte mich hin und schob es zur Seite. Das Einzige, was es dort zu sehen gab, waren eine leere Wasserflasche aus Plastik, die Reste einer Kekspackung und ein paar zerknüllte Papiere. Ich kroch in das Zelt und strich die Papiere glatt. Sie schienen aus einem Notizblock für mathematische Berechnungen zu stammen. Auf einem hatte er Dodelschach mit sich selbst gespielt. Er war vorsichtig, wie ich sehen konnte. Mehrere Spiele waren unbeendet, ohne Gewinner.

Auf einem der Papiere standen ein paar Textzeilen. Seine Schrift war fast altmodisch verschnörkelt. Es dauerte eine Weile, bis es mir gelungen war, die Worte zu entziffern.

Zweimal, wie ein Refrain, stand derselbe Text dort.

Gewisse Gedichte gehen in Tage über
Dann haben Morgendämmerungen und Träume
Sich als Sieger geeinigt

Ich verstand die Worte, doch es fiel mir schwer zu begreifen, was er meinte. War es ein Gedicht oder eine Mitteilung für einen unbekannten Empfänger, die er nicht abzuschicken beschlossen hatte? Waren die Zeilen an mich gerichtet? Den Mann, der das Zelt aufgeschlagen und ihm eine Unterkunft geboten hatte?

Ich steckte das Papier in die Tasche und verließ das Zelt. Mit Mühe schaffte ich es, den steilen Felsen zu erklimmen, von dem ich einen Überblick über die Bucht hatte, aus der er verschwunden war.

Das Meer war leer. Ich konnte den Jungen nicht entdecken. Möglicherweise verbarg er sich zwischen den Inseln in dem kleinen Archipel, das Hällarna hieß, auf der Seekarte aber keinen Namen hatte.

Etwas weiter draußen lag der Satansgrundet, der die Form einer abgeschlagenen Steinsäule hatte, die steil aus dem Meer ragte. Dort konnte er sich verbergen, wenn das seine Absicht war.

Ich blieb oben auf dem Fels stehen, bis ich anfing zu frieren. Als ich zum Zelt herunterkam, holte ich einen Stift aus meiner Jackentasche. Auf die Rückseite eines der unfertigen Dodelschachspiele schrieb ich ein paar Worte: »Schönes Gedicht. Benutze gern das Zelt. Aber natürlich bin ich neugierig darauf, wer du bist.«

Ich überlegte, ehe ich mit meinem Namen unterzeichnete. Fredrik. Ich schrieb meine Handynummer dazu. Dann legte ich das Blatt mitten auf den Zeltboden, kroch hinaus, schloss die Zeltöffnung und begab mich heimwärts.

Ich hätte gern gewusst, wie der Junge hieß. Er war kein Erik, auch kein Anders. Oder war er genau das?

Ich stellte mir vor, dass meine eigene Tochter die einzige Person war, die dasselbe gemacht haben könnte wie er. Auf irgendeine Art war er ihr Bruder.

Er war ein Besucher aus einer neuen Zeit, die ich nur würde streifen können.

Hoffentlich würde er von sich hören lassen.

Ich startete den Motor nicht, sondern ließ das Boot zu meiner Insel treiben. Die Dämmerung war angebrochen. Das Meer würde in diesem Jahr spät gefrieren.

Es vergingen einige Wochen mit anhaltender Kälte. Das Eis breitete sich immer weiter zum Meer hin aus. Ich lag im Wohnwagen und lauschte auf die Bewegungen des Meeres und des Eises.

Legte ich die Hand an die Wohnwagenwand, wurde sie kalt. Wie weit ich den Heizkörper auch hochschraubte, es herrschte eine stete Spannung zwischen der äußeren Kälte und der Wärme des Wohnwagens.

Vor allem dachte ich natürlich an Jansson und die Entdeckung, die ich in seinem Haus auf Stångskär gemacht hatte. Nicht einmal als mir die Operation misslungen war, die mein Leben als Arzt vernichtet hatte, hatte ich so viele verwirrende und widersprüchliche Gefühle gehabt wie jetzt. Tagsüber grübelte ich, und nachts träumte ich von ihm. Mehrmals saß ich mit dem Telefon in der Hand da, bereit, die Polizei anzurufen.

Doch in mir gab es auch ein großes Zögern. Der Gedanke war zu unwahrscheinlich, zu schrecklich, Jansson hätte mich tatsächlich in meinem Haus verbrennen lassen können.

Aber am meisten fürchtete ich vielleicht den Tag, an dem Jansson von seiner geheimnisvollen Reise zurückkommen würde. Wie sollte ich ihn mit all dem konfrontieren? Drei Tage, hatte er gesagt. Jetzt waren schon Wochen vergangen. Ich wusste nicht, was er trieb.

Es gab Tage, an denen ich in der stillstehenden Kälte herumging wie in einem Käfig. Ich zwang mich, weiterhin jeden Morgen zu baden. Aber nicht einmal das eiskalte Wasser ließ mich klarer denken. In meinem Kopf hatte Jansson sich von einem freundlichen seefahrenden Postillion in etwas verwandelt, das ich nicht anders beschreiben konnte denn als ein Monster.

Jeden Tag sprach ich mit Louise. Agnes war jetzt ganz gesund. Ich stellte keine weiteren Fragen nach der Lebensführung der kleinen Familie. Woher sie ihr Geld bekam. Es fiel mir schwer, mir vorzustellen, dass Louise unterwegs war und ihren Lebensunterhalt als Taschendiebin verdiente, während sie zu Hause ein kleines Kind hatte. Aber ich konnte es nicht wissen und wollte es vielleicht auch nicht wissen.

Nach einem dieser Handygespräche mit Louise fiel mir ein, dass mein Vater eines Abends viel zu früh nach Hause gekommen war. Er schwankte, als er in die Küche trat. Er war betrunken, seine Haare waren zerzaust, und er war ebenso wütend wie verzweifelt. Der Zorn zeichnete sich in seinem Gesicht ab wie eine Maske, in der jeder Muskel in einem Krampf erstarrt zu sein schien. In seinen Augen stand Verzweiflung. Ich war damals um die zehn Jahre alt. Meine Mutter schob die Küchentür zu, ließ sie aber einen Spaltbreit offen. Später habe ich verstanden, dass sie das tat, damit ich verfolgen könnte, was in der Küche gesagt wurde. Vielleicht aber auch, damit ich sah, dass ein Mensch so zerknirscht sein konnte wie mein Vater, zugleich aber auch empfänglich für Trost, und es noch einmal schaffen würde, sich aus seiner Erniedrigung zu erheben.

Ich sah nicht viel durch den Türspalt. Aber ich hörte deutlich, was sie sprachen.

Das Übliche war geschehen. Mein Vater war in einen Konflikt mit dem Wirt geraten. Eine Versöhnung war nicht möglich gewesen. In der Restaurantküche war mein Vater auf der Stelle entlassen worden. Er hatte sein Serviertuch auf den Boden geworfen und war gegangen. Der Wirt war ihm auf die Straße gefolgt. Im Zorn hatten sie einander beschimpft, bis es keine Worte mehr gab, nur Stöhnen, Seufzer, schließlich vielleicht nur noch ein hilfloses Knurren. Es hatte geregnet, und die beiden Männer hatten dagestanden wie zwei begossene Pudel.

Dass meinem Vater unter dramatischen Umständen gekündigt wurde, kam öfter vor. Es war ein ständig wiederkehrender Anblick, wenn mein Vater stöhnend am Küchentisch saß, während meine Mutter ihn langsam dazu brachte, den Glauben an die Menschen und vor allem an sich selbst wiederzugewinnen. Aber gerade an diesem Abend hatte er etwas gesagt, was von seinen üblichen Klagen über die ihm angetanen ständigen Kränkungen abstach.

Offenbar hatte er tagsüber, als im Restaurant wenig zu tun war, in einer Zeitschrift geblättert, die auf einem Tisch vergessen worden war. Darin hatte er von einem chinesischen Kaiser gelesen, der vor sehr langer Zeit eine große Trommel am Haupteingang des Palasts hatte aufstellen lassen. Dort konnte jedermann stehen bleiben, ein paar kräftige Schläge tun und dann seine Beschwerde einem Diener vortragen, der sie sofort an den Kaiser weiterleiten ließ. Alle konnten ihre Unzufriedenheit äußern, ohne Gefahr, vom kaiserlichen Zorn getroffen zu werden.

»Nirgends gibt es diese Trommeln«, klagte mein Vater. »Nirgends kann man mit Trommelschlägeln auf sich aufmerksam machen, damit sich jemand all die Ungerechtigkeiten anhört, die man ertragen muss.«

Warum dachte ich an meinen Vater und die kaiserliche Trommel, wenn ich mit Louise telefonierte? Es gab keinen Zusammenhang. Ein Kellner und eine Taschendiebin hatten nichts gemeinsam. Ich konnte mir höchstens vorstellen, weil sie beide sich auf irgendeine Weise wünschten, in einer anderen, vernünftigeren Welt zu leben, in der die Trommel ein Zeichen für eine Gerechtigkeit war, die für alle galt.

Im Wohnwagen schrieb ich ein paar Worte auf einen Zettel. *Die kaiserliche Trommel. Das Weinen meines Vaters am Küchentisch. Wie hängt das zusammen?*

Einen Tag später hörte ich, wie Janssons Boot sich näherte. Ich bekam sofort Herzklopfen, öffnete die Wohnwagentür und lauschte. Er war es, kein anderer.

Jansson wirkte wie sonst auch. Seine Art, den rechten Arm langsam zu heben, ein bisschen steif, ehe er mit gespreizten Fingern winkte. Er hörte erst auf zu winken, als ich selbst meine Hand gehoben hatte. Ich nahm nicht an, dass er meinen heimlichen Besuch auf Stångskär entdeckt hatte. Wenn das der Fall war, verbarg er es gut.

Er hatte die Fangleine vom Bug zum Dach des Steuerhäuschens gezogen. Als er am Steg anlegte, warf er sie mir mit einem flotten Schwung zu. Ich nahm sie entgegen und machte sie mit einem Webleinsteg um den nächsten Poller fest.

Jansson stieg an Land.

»Meinem Bruder ging es gut«, sagte er und setzte sich auf den äußersten Rand der Bank. »Aber die Reise wurde etwas länger als gedacht.«

Er streifte seinen linken Stiefel ab und schüttelte ein kleines Stück von einem Tannenzapfen heraus, ehe er ihn wieder anzog.

Ich stand da und betrachtete diesen Mann, den ich seit so vielen Jahren kannte. Aber erst jetzt wurde mir klar, dass ich nur über einen kleinen Teil eines gespalteten und komplexen Menschen etwas wusste. Ich hatte nicht geahnt, dass sich hinter dem Mann, der all die Jahre zwischen den Inseln die Post ausfuhr, eine komplizierte, fast erschreckende Gestalt verbarg.

Wusste er selbst, wer er war? Weiß eigentlich überhaupt jemand von uns, wer wir sind?

Ich hatte keine Antwort. Das Einzige, woran ich mich halten konnte, war das Unbegreifliche.

Ein ergrauter Postillion, der zugleich ein skrupelloser Brandstifter war.

Wäre ich nicht von dem starken Licht aufgewacht, wäre ich im Haus verbrannt. Die furchtbare Kraft des Feuers hätte auch die Witwe Westerfeldt ergreifen können. Von den Valfridssons konnte er nicht gewusst haben, ob sie draußen auf ihrer Insel waren oder nicht.

»Du kommst gewöhnlich nicht ohne ein Anliegen«, sagte ich.

»Ich wollte nur erzählen, dass es meinem Bruder gut geht. Aber in einer großen Stadt zu wohnen scheint ein unsicheres Leben zu sein.«

»Wie meinst du das?«

»Wie soll man sich zurechtfinden, wenn man die ganze Zeit riskiert, von anderen niedergetrampelt zu werden?«

Plötzlich kam mir der Gedanke, dass Jansson vielleicht keinen Bruder hatte. Konnte das genauso unwahr sein wie so vieles andere? Der Mann, der da auf der Bank saß, hatte zuerst mein Haus angezündet und mir dann angeboten, bei ihm zu wohnen, als es das Haus nicht mehr gab. Er hatte sogar Gummistiefel gebracht, um jene zu ersetzen, die verbrannt waren. Er hatte bei mir Silvester gefeiert, war nach Hause gefahren, um sich hinzulegen, hatte sich dann aber zu einem anderen Haus begeben und das angezündet. Und er hatte noch ein weiteres Haus in Brand gesteckt.

Es duldete keinen Aufschub. Ich musste die Sache beim Namen nennen.

»Warum?«, fragte ich.

Jansson sah mich an.

»Hast du etwas zu mir gesagt?«

»Hier gibt es keinen anderen.«

»Ich habe nicht richtig gehört, was du gesagt hast.«

»Doch, das hast du.«

Jansson schien noch immer nicht zu ahnen, dass ich Bescheid wusste. Wie konnte er sicher sein, dass niemand seine Spuren entdeckt hatte? Machte er sich keine Gedanken? War er nicht einmal auf der Hut?

»Kaffee wäre gut«, sagte er plötzlich.

In all den Jahren, in denen er mich besucht hatte, war es nie vorgekommen, dass er mich gebeten hatte, ihm einen Kaffee zu servieren. Jetzt geschah es. Ich fragte mich, was das bedeuten könnte. Sollte ich Angst bekommen? Wenn er Häuser abfackeln konnte, in denen Menschen schliefen, könnte er auch einen Hammer herausholen und mir damit den Schädel einschlagen.

Wir gingen hinauf zum Wohnwagen, Seite an Seite, Jansson auf seine übliche, etwas schaukelnde Art. Er setzte sich auf die Pritsche, während ich Kaffee kochte. Dann erkundigte er sich nach Louise und Agnes und sprach über Lisa Modin. Aber als er zu fragen begann, wie es mit den Plänen für das neue Haus vorangehe, hätte ich ihm fast das kochende Wasser über Gesicht und Hände geschüttet.

Ich tat es nicht. Aber ich brach die Zubereitung des Kaffees ab.

»Jetzt gehst du«, sagte ich. »Jetzt sollst du gehen und dich nie wieder hier blicken lassen.«

Jansson zuckte zusammen.

»Was meinst du?«, fragte er. »Ich verstehe nicht, was du meinst.«

Ich hatte die Tür des Wohnwagens geöffnet. Aber er blieb verblüfft auf der Pritsche sitzen.

Natürlich hatte er begriffen, worum es ging. Er hatte vielleicht nicht bemerkt, dass ich in seinem Haus gewesen war, während er verreist war, um vielleicht seinen Bruder zu besuchen. Aber dass ich wusste, dass er hinter den Brandstiftungen steckte, daran zweifelte er nicht.

»Ich sehe, du öffnest die Tür«, sagte er. »Aber ich verstehe immer noch nicht, was du willst? Jagst du mich weg?«

Ich zog die Tür ins Schloss. Jetzt wollte ich ihn vielmehr daran hindern wegzulaufen.

Warum hatte er mein Haus niedergebrannt? Während ich dalag und schlief? Wollte er mir oder dem Haus etwas antun? Oder ging es um etwas anderes?

»Ich weiß, dass du es warst«, sagte ich. »Ich weiß es und kann der Polizei so viel erzählen, dass du nach einer Untersuchung verurteilt wirst. Ich habe Beweise, da einige Kleidungsstücke in deinem Wäschekorb nach Benzin riechen. Ich frage mich, ob du nicht tief in deinem Inneren wolltest, dass ich die Wahrheit herausfinde. War das nicht der Grund dafür, dass du herkamst und erzählt hast, du wolltest deinen Bruder besuchen? Den es vielleicht gibt oder auch nicht. Du hast gehofft, ich würde zu deiner Insel fahren. Hättest du deine Spuren wirklich tilgen wollen, hättest du natürlich alles gewaschen, was mit dem Brand zu tun hatte. Du bist wie ein Verbrecher, der Briefe an die Polizei schreibt, um ihr Hinweise zu geben. Aber wer bist du wirklich? Hast du nicht immer auf eine Gelegenheit gewartet, um Häuser niederzubrennen und vielleicht auch Menschen zu vernichten? War das dein Traum? Hast du daran gedacht, wenn du mit deinen Briefen und Zeitungen und Pensionsüberweisungen herumgefahren bist? Dass du eines Tages ein ganz anderer werden würdest? Der gute, freundliche Mensch, der böse und unbegreiflich wird?«

Jansson saß da und schwieg.

»Vielleicht reicht dieses nach Benzin riechende Hemd im Wäschekorb nicht dafür aus, um dich zu verurteilen«, fuhr ich fort. »Aber die Polizei wird sicher noch andere Beweise finden. Falls du nicht von dir aus gestehst. Du wirst viele Jahre im Gefängnis sitzen. Da du so alt bist, wirst du im Gefängnis sterben. Oder man wird dich für unzurechnungsfähig erklären. Dann wird man dich zusammen mit anderen Verrückten auf unbestimmte Zeit in eine Anstalt sperren. Im Gefängnis zu sitzen ist wohl nicht das Schlimmste. Das würdest du vielleicht ertragen. Aber kannst du damit leben, dass die Menschen hier draußen auf den Inseln dich verabscheuen werden? Dass die einzige Erinnerung, die von dir bleibt, das Bild eines bösen Mannes ist, der aufhörte, die Post auszufahren, und anfing, die schönen Häuser hier auf den Inseln niederzubrennen?«

Jansson tat nicht mehr so, als würde er mich nicht verstehen. Er saß zusammengesunken auf der Pritsche, die Hände schwer auf den Knien ruhend, das Gesicht gesenkt.

»Warum?«, schrie ich. »Warum hast du mich mit einem Taschentuch vor dem Mund angerufen und mich vor der Polizei gewarnt?«

Jansson antwortete nicht. Er saß regungslos da, wie erstarrt in einer Verleugnung, die man nicht einmal mit einem Hammer hätte zerschlagen können.

Ich stand an der Tür und fühlte mich genauso hilflos, wie ich annahm, dass es Jansson ging.

»Warum?«, fragte ich wieder. »Warum wolltest du mich töten?«

Jansson richtete sich auf. Er sah mich mit einem Blick an, der nur Erstaunen ausdrückte.

»Ich wollte dich nicht töten«, erwiderte er. »Warum sagst du das?«

»Ich lag da und habe geschlafen. Ich hätte verbrennen können.«

»Dann hätte ich dich herausgeholt. Wenn du nicht aufgewacht wärst.«

»Du bist also stehen geblieben und hast zugeschaut, wie das Feuer um sich griff?«

»Ich habe darauf gewartet, dass du aufwachst.«

Ich versuchte, das gesamte Bild vor mir zu sehen. Wie ich mit den ungleichen Stiefeln aus den rasenden Flammen gerannt kam.

Und da draußen in den Schatten verbarg sich Jansson. Erst als er mich gesehen hatte, verschwand er, um bald zurückzukehren und an den Löscharbeiten teilzunehmen.

Jansson schaute mich unverwandt an. Aber er sah an mir vorbei, weit in die Ferne, zu Horizonten, die nur er kannte. Ich wusste, ich würde nie erfahren, warum er das getan hatte. Es gab keine Antwort und erst recht keine, die er selbst kannte. Etwas war in seinem Kopf erloschen, eine Dunkelheit war entstanden, die er von außen beleuchten wollte, mit Fackeln in Form von brennenden Häusern.

Jansson stand auf. Ich trat zur Seite. Er verließ den Wohnwagen und ging langsam zum Steg hinunter. Zum ersten Mal sah ich, wie er sich bewegte, ohne ein Ziel zu haben.

Das Boot fuhr rückwärts hinaus. Ich ging hinauf zu Großvaters Bank. Es war zu kalt, um sich zu setzen. Also stand ich nur da oben und sah hinaus aufs Meer, wo die Eisschollen langsam dahintrieben. Nichts war mehr eilig.

Ich fragte mich, was ich tun sollte. Das Naheliegende war, sofort Alexandersson und die Küstenwache anzurufen. Aber ich konnte nicht. Ich musste selbst erst verstehen, was passiert war, ehe ich annehmen konnte, dass andere es taten. Ich konnte nicht einfach anrufen und sagen, Jansson sei der Schuldige. Niemand würde mir glauben.

Ich stellte mir vor, wie ich mit Alexandersson im Wohnwagen saß und ihm alles erzählte. Er würde mich nur stumm betrachten und dann, nach langem Schweigen, fragen, ob ich wirklich beweisen könne, was ich da sagte. Ein nach Benzin riechendes Hemd reichte kaum aus.

Es war eine unbegreifliche Geschichte, die ich im Kopf hatte. Da half es nicht, dass ich einen Zusammenhang herstellen konnte, wenn ich alle Einzelheiten durchging.

Ich wusste, dass Alexandersson, falls ich ihn ans Handy bekäme, mich fragen würde, warum Jansson unsere Höfe und Häuser angezündet hatte.

Warum?

Darauf würde ich nur erwidern können, dass ich es nicht wusste. Diese Frage konnte nur Jansson selbst beantworten.

Was würde geschehen, wenn man ihn verhaftete? Zunächst würde sich Erleichterung breitmachen. Aber bald auch die Angst vor der Tatsache, dass einer der zuverlässigsten Bewohner des Schärengartens sich als der Gesuchte entpuppt hätte. Wenn Jansson der Schuldige war, auf wen würde man sich in Zukunft verlassen können? Irgendetwas würde hier auf den Inseln ein Ende nehmen, vielleicht das Letzte, was uns zusammenhielt. Das Vertrauen, der Wille, jedem beizustehen, der Hilfe brauchte. Nicht nur, indem wir füreinander die Särge trugen, wenn die Stunde gekommen war.

Ich konnte die Menschen vor mir sehen. Zu zweit, in leisen Gesprächen auf den Stegen oder drinnen im Hafen. Unsere hilflosen Versuche, das alles zu begreifen. Sicher würde mehr als einer im Zorn sagen, dass wir Janssons Hof auf Stångskär niederbrennen sollten. Aber natürlich wäre keiner bereit, es zu tun.

Ich dachte mit Wut und Verwunderung an Jansson. Seine Einsamkeit war trotz allem viel größer als meine.

Die Zeit verging. Ich schwieg mich weiterhin aus. Niemand schien Jansson zu verdächtigen. Soweit ich hörte, hatte die Polizei keine Spuren. Die Untersuchung der Brandstiftungen stockte.

Ich zog in Erwägung, einen anonymen Brief an die Polizei zu schicken, in dem ich Jansson beschuldigte, die Brände gelegt zu haben. Aber ich tat es nicht. Ich verließ mich nicht auf mein eigenes Urteil. Vor allem, weil ich mir im tiefsten Inneren nicht vorstellen konnte, dass Jansson ein so vollkommen anderer Mensch war als der, für den wir alle ihn gehalten hatten.

Schließlich fragte ich mich, ob er krank geworden war. Könnte er von einem Gehirntumor befallen sein, der einen Teil seines Gehirns lahmgelegt und seine Gedankenbahnen verzerrt hatte? Es gab keine Antworten, nur eine ständig zunehmende Anzahl von Fragen.

Ein paar Nächte lang träumte ich, er hätte den Wohnwagen angezündet und ich liefe schreiend hinaus in die Nacht.

Am Abend der Walpurgisnacht kam Kolbjörn mit seiner Fähre. Er hatte seinen Sohn Anton dabei und einen von Antons Kameraden, der Stöten genannt wurde. Zusammen bugsierten wir den Wohnwagen hinunter zum Steg und brachten ihn an Bord der Fähre. Kolbjörn hatte für eine provisorische Stromleitung gesorgt, die er zwischen der Insel und der Schäre verlegte. Er gluckste bei dem Gedanken, dass das durch und durch illegal war. Aber er versicherte zugleich, es bestünde keine Gefahr für gefährliche Kurzschlüsse.

Wir zogen die Fähre mit meinem Außenbordmotor hinüber. Kolbjörn machte ein paar Aufnahmen mit seinem Handy.

»Es ist fünfundvierzig Jahre her, seit wir zuletzt Kühe auf dieser Fähre transportiert haben«, sagte Kolbjörn. »Aber mein Vater bestand darauf, dass wir sie behielten. Man könne nie wissen, was die Zukunft bringt. Und jetzt benutzen wir sie, um einen Wohnwagen zu versetzen.«

Er stand still da und betrachtete seine Kuhfähre.

»Es ist komisch mit der Polizei«, meinte er dann. »Sie haben keine einzige Spur. Niemand wird wegen der Brände verdächtigt.«

»Das ist wohl auch nicht so leicht«, sagte ich. »Niemand scheint einen Vorteil davon zu haben.«

Kolbjörn verzog das Gesicht und schüttelte den Kopf.

»Ich versuche, das Ganze zu begreifen. Aber es geht nicht. Alle versuchen das wohl. Vielleicht sollte man so praktisch veranlagt sein wie Jansson?«

Ich zuckte zusammen, als Kolbjörn Janssons Namen nannte. Aber er schien meine Reaktion nicht zu bemerken.

»Was sagt Jansson?«

»Er hat einen Brief an die Kommune geschrieben und vorgeschlagen, dass alle, die das ganze Jahr über hier draußen wohnen, einen kostenlosen Feuerlöscher von der Gemeinde bekommen sollten.«

»Hat Jansson das vorgeschlagen?«

»Eine wirklich vernünftige Idee.«

Flüchtig dachte ich, ich wäre dabei, den Verstand zu verlieren. Wohin war Jansson unterwegs? Warum verhöhnte er uns Schärenbewohner alle?

»Die Kommune wird uns bestimmt unsere Feuerlöscher geben«, sagte Kolbjörn. »Aber Jansson wird keinen Dank dafür ernten.«

»Nein«, sagte ich. »Bestimmt nicht.«

Meine Stimme zitterte. Kolbjörn warf mir einen Blick zu. Ich lächelte. Das Lächeln sagte: Mit mir ist alles in Ordnung.

Kolbjörn hatte das Hochziehen des Wohnwagens zu der Mulde auf der Schäre sorgfältig vorbereitet.

Er hatte dicke Bretter ausgelegt und ein kompliziertes System von Taljen und Seilen organisiert. Alles funktionierte, und bald war der Wohnwagen an seinem Platz. Kolbjörn schloss den Strom an. Ich hatte eine Flasche Champagner gekauft, die wir uns teilten. Wir tranken aus der Flasche, als wäre es Branntwein.

Ich verbrachte meine erste Nacht auf der Schäre, ohne mein Zelt benutzen zu müssen. In der Nacht träumte ich, ich befände mich an Bord eines Bootes. Die Schäre hätte sich vom Felsgrund gelöst und würde mit mir zum fernen Öresund treiben.

Am nächsten Morgen erwachte ich früh. An diesem 1. Mai war die Luft warm. Ich hatte Kolbjörn und Anton gebeten, bis nach dem Feiertag zu warten, ehe sie mit der Arbeit an dem neuen Haus begannen.

»Man sollte es nicht unnötig aufschieben«, sagte Kolbjörn.

Nach dem Frühstück fuhr ich hinüber, um sie zu empfangen. Die Fähre mit dem kleinen Bagger, der Bude und den vielen Werkzeugen kam gegen neun. Ich saß unten auf der Bank am Steg und sah, wie alles seinen Anfang nahm. Anton war ein Schwerstarbeiter. Er hatte dieselbe intensive Freude an seiner Arbeit wie sein Vater, dachte ich. Es würde nicht lange dauern, bis er mit einem Bagger die Ruine abgetragen und Platz für das neue Haus geschaffen hätte.

Gegen sechs machten sie sich zur Heimfahrt bereit. Eine Amsel hatte sich auf dem Dach der Arbeitsbaracke niedergelassen. Es war die erste, die ich in diesem Jahr hörte.

Ich begleitete die beiden hinunter zum Steg.

»Ich möchte ein Denkmal für das neue Haus eingraben«, sagte ich, als ich mit Kolbjörn auf dem Steg stand, während Anton den Motor der Fähre startete.

»Ist es groß?«

»Eine kleine Dose mit einem Schuhspanner.«

Kolbjörn sah plötzlich sehr interessiert aus.

»Ein feiner Spanner«, sagte ich. »Er hat für mich eine besondere Bedeutung.«

»Ich werde Anton bitten, sie mitten ins Fundament einzugraben. Wenn da ein Stein ist, beseitigen wir ihn mit Quellsprengstoff.«

Ich winkte ihnen nach, während ich überlegte, was Quellsprengstoff für eine wunderbare Methode sein könnte, um Berge zu versetzen.

Kaum war die Fähre hinter der Landzunge verschwunden, als der Vordersteven eines anderen Bootes hervorlugte. Es war ein schnelles Aluminiumboot, das ich zuerst nicht erkannte. Aber als es sich näherte, sah ich die Reklame für das Café, das die Seite des Backbords zierte, und stellte fest, dass Veronika gekommen war.

Abgesehen von den Vorbereitungen für das Silvesterfest hatte sie mich noch nie auf der Insel besucht. Ich wurde unruhig. Etwas musste passiert sein.

Sie legte an und kletterte auf den Steg. Die Vertäuungsleine hielt sie in der Hand. Ich konnte ihren Augen ansehen, dass ich mit meiner Vorahnung recht gehabt hatte.

»Hat die Küstenwache dich kontaktiert?«, fragte sie.

»Nein.«

»Du weißt also noch nichts?«

Ich setzte mich auf die Bank, um nicht umzufallen, falls das, was sie zu erzählen hatte, zu schlimm war. Sie setzte sich neben mich. Ihr Boot hielt sie wie an einer Hundeleine.

»Jansson ist verschwunden. Er ist mit dem Boot weggefahren. Geradewegs aufs offene Meer zu. Die Küstenwache, die von Landsort unterwegs war, hat ihn weit draußen zwischen den Schären gesehen. Sie sind hingefahren, um zu kontrollieren, ob alles in Ordnung ist. Jansson wirkte wie gewöhnlich. Er würde bald umkehren, sagte er. Alexandersson beschloss, ihn in Ruhe zu lassen. Jansson ist schließlich Jansson. Aber als sie im Hafen angelegt hatten und ins Büro gegangen waren, gab es eine Nachricht auf dem Anrufbeantworter. Er hatte geschrien, er wolle nicht, dass man nach ihm suchte. Es würde ihn sowieso niemand finden. Sie fuhren wieder hinaus und hielten nach ihm Ausschau, bis es dunkel wurde. Alle fragen sich natürlich, ob Jansson verrückt geworden ist.«

Ich hörte Veronika mit dem Bewusstsein zu, dass ich überhaupt nicht erstaunt war.

Jansson war auf dem Weg hinüber. Er würde sich mit Schlaftabletten vollstopfen, sich mit dem Eisengewicht, dem Anker und den Ketten festzurren und ein kleines Loch in das Boot schlagen, damit es langsam versank. Niemand würde je erfahren, was geschehen war. Niemand würde ihn finden.

»Jansson ist ja schon immer etwas wunderlich gewesen«, sagte ich vorsichtig.

»Ich denke oft, dass er der normalste Mensch von allen hier draußen auf den Inseln ist. In welcher Hinsicht ist er wunderlich?«, fragte Veronika.

»Ich meine vielleicht, dass er eigen ist. Unverheiratet, keine Kinder.«

»Ich bin auch nicht verheiratet. Ich habe keine Kinder.«

»Du bist auch nicht siebzig Jahre alt.«

»Jansson ist schüchtern. Aber sonst stimmt alles mit ihm. Stell dir vor, wenn er sich das Leben nehmen wollte? Irgendetwas muss passiert sein!«

Plötzlich hatte ich das Gefühl, dass sie mir die Antwort gegeben hatte. Wir saßen auf der Bank, auf der ich Jansson so viele Male untersucht habe, ohne eine Erkrankung finden zu können. Vielleicht hätte ich es eines Tages doch noch getan.

»Als Arzt habe ich Schweigepflicht gegenüber meinen Patienten«, sagte ich. »Was ich dir jetzt sage, habe ich nie zu jemand anderem gesagt. Wenn es im Schärengarten herumgetratscht wird, weiß ich, dass du diejenige warst, die mein Vertrauen missbraucht hat.«

»Ich missbrauche kein Vertrauen!«

Ich wusste, dass sie nichts weitersagen würde.

Rasch wählte ich zwischen den denkbaren Diagnosen, bei denen es nur ein Ende gab, wenn kein Wunder geschah.

»Jansson hat Krebs«, sagte ich. »Einen schweren, unheilbaren Krebs. Bauchspeicheldrüse und Streuung bis in die Leber. Er wird kaum bis zum Sommer leben.«

Veronika verstand. Ein Arzt sagt immer die Wahrheit. Vielleicht hatte sie beschlossen, mit mir zu reden, weil sie ahnte, dass Jansson krank war? Es gab keine andere Erklärung für seine Flucht.

»Hat er Schmerzen?«

»Bisher hat man sie dämpfen können. Wie es in Zukunft wird, weiß ich nicht.«

»Ist gar nichts zu machen?«

»Nichts.«

Viel mehr gab es nicht zu sagen. Veronika saß wie erstarrt mit der Vertäuungsleine in der Hand da.

»Ich halte das nicht aus«, sagte sie schließlich. »Ich verkaufe das Café und fahre weg.«

»Wohin?«

»Jedenfalls nicht geradewegs aufs Meer hinaus.«

Plötzlich stand sie auf.

»Ich wollte es dich jedenfalls wissen lassen«, sagte sie. »Und jetzt weiß ich Bescheid.«

Sie verließ den Steg mit einem Blitzstart.

Niemand würde Jansson je finden. Falls er beschlossen hatte, zu sterben und seine Brandstiftungen mit ins Grab zu nehmen, würde er es tun. Der letzte Brief würde seinen Adressaten nicht erreichen.

Auch würde sich Jansson nicht direkt aufs offene Meer hinausbegeben, um in den Abgrund hinter dem Horizont zu fallen. Kannte ich ihn richtig, hatte er Alexandersson hereingelegt. Wenn er wieder allein wäre, würde er den Kurs ändern und zu den inneren Schären zurückkehren. Es gab viele tiefe Löcher von fast hundert Metern, in die zu versinken er wählen konnte. Niemand würde ihn finden, da alle glauben würden, er wäre weit draußen auf dem Meer verschwunden.

Ich erhob mich von der Bank. Es war ein einfacher und ganz deutlicher Augenblick in meinem Leben. Meine Klinik auf der Brücke war geschlossen und würde nie mehr öffnen.

Mein Hausbau begann. Als Handlanger, der meistens im Weg stand, assistierte ich Kolbjörn und seinem Sohn. Vor allem konnte ich mithelfen, wenn Unsicherheit darüber herrschte, wie die verschiedenen Einzelheiten in dem Haus eigentlich ausgesehen hatten. In meiner Erinnerung war das Haus niemals abgebrannt.

Schon Ende Juni sagte Kolbjörn, es würde möglich sein, das Haus im August zu beziehen.

Veronika hatte ihr Café an ein iranisches Paar verkauft. Ich entschied mich, das Einweihungsfest selbst zu organisieren.

Während dieser Zeit kam Lisa Modin oft zu Besuch und sah das Haus heranwachsen. Noch immer hegte ich eine Sehnsucht nach der Liebe, die sie mir nicht geben konnte. Aber ich wurde immer dankbarer für ihre Gesellschaft. Ich war ein alter Mann, der eine Freundin gefunden hatte. Sie schürte ein Feuer gegen meine ständige Niedergeschlagenheit.

Ich ertrug es wieder, mein Gesicht im Spiegel zu sehen. Ich rasierte mich sorgfältig und vernachlässigte mich nicht. Dank Lisa Modin hatte ich etwas, worauf ich mich freuen konnte.

Aber ich gab mich keinen Illusionen hin. Eines Tages würde sie verschwinden. Zu einer anderen Zeitung, einer Fernsehgesellschaft, in eine andere Stadt. Wie ich dann reagieren würde, wusste ich nicht. Aber Louise war da, und ihre Familie war auch die meine.

Louise versprach, zur Einweihung des Hauses zu kommen. Und sie würde ihre ganze Familie mitbringen, nicht nur Agnes.

Aber während dieser Zeit, in der das Haus heranwuchs, dachte ich natürlich auch an Jansson, an Oslovski und an Nordin. Ich konnte schlicht und einfach nicht verstehen, warum ich nicht mit alten Freunden verkehren sollte, nur weil sie tot waren.

Ich fuhr fort, mit ihnen zu reden, ihnen zuzuhören, mich zu erinnern. Ich versuchte weiterhin, mir Janssons Tod vorzustellen, Nordins letzten Augenblick und ob Oslovski die Zeit gehabt hatte zu bemerken, dass der Tod die Garage besuchte, in der sie mit ihrem DeSoto Fireflite von 1958 lebte.

In diesen Menschen sah ich mich selbst. Und mir wurde während dieses Frühjahrs und Sommers klar, dass wohl auch andere Menschen sich selber in mir sahen.

Der Juli war ein ungewöhnlich warmer Monat. In den ersten Augustwochen fiel viel Regen. Doch am 27. August zog ich in mein neues Haus ein, auch wenn einige Zimmer noch nicht möbliert waren.

Am Abend kam Lisa Modin und blieb über Nacht. Aber natürlich schlief sie in ihrem eigenen Zimmer. Am nächsten Tag würde Kolbjörn Louise, Agnes und den Rest meiner Familie am Hafen abholen und zu mir bringen.

Frühmorgens nahm ich mein Morgenbad und maß dann meinen Blutdruck auf der Bank, die jetzt für immer zu einer geschlossenen Arztpraxis gehörte.

Ich war ein alter Mann. Aber als Arzt konnte ich zu mir selbst sagen, ich sei gesund.

Ich ging zum Ende des Stegs und warf mein altes Stethoskop ins Wasser. Es sank wie eine tote Schlange hinunter auf den schlammigen Grund.

Im selben Augenblick sah ich etwas, das ich zuerst nicht für wahr hielt. Dann erkannte ich, dass es tatsächlich ein Barsch war. Er war nicht groß, aber es war zweifellos ein Barsch.

Ich sah, was ich sah. Ein Fisch war wiedergekehrt und hatte sich mir selbst zum Geschenk gemacht.

Das Stethoskop hatte sich auf dem Grund zur Ruhe gelegt. In

ein paar Tagen würde es in dem Schlamm begraben sein, der schließlich alles verzehrte.

Als ich da auf der Brücke stand, klingelte plötzlich das Handy. Es war Margareta Nordin.

Sie sagte, meine Stiefel seien jetzt endlich gekommen.

Ihre Freude war nicht zu überhören.

Ich ging hinauf zu dem Haus, das sich aus den Ruinen erhoben hatte. Dabei dachte ich an den Tag, an dem ich vor bald zehn Jahren den Ameisenhaufen weggeschaufelt hatte, der unter dem Esstisch im Wohnzimmer des alten Hauses gewachsen war. Es war ein Tag großer Freude gewesen.

In das neue Zimmer, das jenes ersetzte, in dem die Ameisen ihren Haufen gebaut hatten, hatte ich einen Tisch gestellt, der zwischen all den toten Schwalben auf dem Dachboden des Bootshauses gestanden hatte. Auf ihm befanden sich jetzt das Glasgefäß mit den Leimresten und das Gerippe des alten Vogelkäfigs. Abends vor dem Einschlafen blätterte ich gern in dem Heft mit den Anweisungen für die Haltung von Singvögeln. Eines Tages würde ich verstehen, warum Großvater und Großmutter sich damit beschäftigt hatten, kleine Vögel mit Leimruten zu fangen. Ich hatte nicht vor, klein beizugeben. Es war eine Aufgabe, die zu einem alten Mann wie mir passte.

Ich betrachtete den Apfelbaum, den ich mit Kernseife und Wasser abgewaschen hatte. Er hatte seine ursprüngliche Farbe wiedererlangt. Aber ob er Früchte tragen würde, wusste ich nicht.

Unter dem Fundament des Hauses, in der Erde, lag Giaconellis Schuhspanner in einer Blechdose begraben. Es war beruhigend, daran zu denken, dass er die heftigen Flammen überlebt hatte.

Mittlerweile war es spät im August.

Bald würde der Herbst kommen.

Aber die Dunkelheit schreckte mich nicht mehr.

Nachwort

Es gibt vielleicht Leser, die Inseln, Buchten, Schären und Menschen in dieser Geschichte zu erkennen glauben. Obwohl kein Archipel der Welt wie ein Raster auf das geographische und menschliche Kartenbild, das ich geschaffen habe, gelegt werden kann.

Beim Schreiben denke oft an die unsichtbare Landerhebung, die beständig vonstattengeht, die wir aber nicht wahrnehmen können, weder mit dem Auge noch mit anderen Sinnen. Eine Strandlinie ist etwas Unfertiges, Entgleitendes, Schwebendes. Auf die gleiche Art verhält sich in einer Erzählung die Fiktion zur Wirklichkeit. Vielleicht existiert hin und wieder eine Ähnlichkeit. Aber vor allem ist es der Unterschied, der entscheidet, was geschehen ist und was hätte geschehen können.

So muss es sein. Da die Wahrheit immer provisorisch und veränderbar ist.

Henning Mankell
Antibes im März 2015

Inhalt